El ojo espejo

David G. Torres

El ojo espejo

La autoría: del collage al comisariado de exposiciones

EDITORIAL ANAGRAMA
BARCELONA

Ilustración: «Rovesciare i propri occhi», © Giuseppe Penone, VEGAP, 1970

Primera edición: abril 2025

Diseño de la colección: lookatcia.com

Pau Claris, 172
08037 Barcelona

ISBN: 978-84-339-2921-1
Depósito legal: B 3284-2025

Printed in Spain

Especialidades Gráficas Editoriales, S. A. Carrer de Rois de Corella, 12
08025 Sabadell

A Isabel y Nicolás

No hay nada más interesante en mi vida que los demás.

GEORGE SAND, *Correspondencia*

La superficie es lo que vemos,
lo que tocamos,
lo que nos impacta.
La superficie es el principio
y el fin de todas las cosas.

GABRIELA MISTRAL, «No hay fondo»

Nuestra cabeza es redonda para que las ideas puedan cambiar de dirección.

FRANCIS PICABIA, *La pomme de pins*

Estoy tratando de contar mi historia.
Janis Ian la contó muy bien.
Janis Joplin la contó aún mejor.
Billie Holiday la contó incluso todavía mejor.

NINA SIMONE, «Stars»

¿Dónde guardo los recuerdos que no he vivido?

JUNO, «La canción que no vas a hacer hoy»

Seré tu espejo,
reflejaré lo que eres, por si no lo sabes.

THE VELVET UNDERGROUND, «I'll Be Your Mirror»

PREFACIO
BUSCAR MÁS PROBLEMAS

¿Qué es un *curator*?, ¿un comisario?, ¿un comisario de exposiciones? Un hacedor, decía Harald Szeemann. Uno de los comisarios que seguro pasará a la historia del arte. Que ya lo ha hecho. Su nombre está ligado a proyectos capitales en el arte de la segunda mitad de siglo XX como *When Attitudes Become Form. Live in Your Head* en la Kunsthalle Bern en 1969. Más tarde fue comisario de la mítica Documenta 5 en 1972. Con Achille Bonito Oliva inventó en 1980 el Aperto en la Bienal de Venecia y fue comisario general del gran evento italiano en 1999 y 2001. La exposición de Berna tenía un título brillante, que resume a la perfección de qué va la muestra pionera del arte conceptual, las actitudes son forma, y ese «está vivo en tu cabeza» tan poético. En la Documenta de Kassel protagonizó un conflicto entre el comisario como gurú y los artistas, que se sentían utilizados. Y en Venecia abrió, primero en los ochenta y luego en el cambio de milenio, el evento más carca del arte hacia una cosa más dinámica, joven y global.

Szeemann venía del mundo del teatro, había estudiado escenografía y... no escribía. No hay textos suyos. Que nadie esperase grandes disertaciones teóricas, en sus charlas simplemente narraba las cosas que había hecho, qué artistas y qué obras había juntado. Recuerdo la sensación de decepción que flotaba en el ambiente durante una conferencia suya en Barcelona en 2002 en la que básicamente fue pasando diapositivas de sus últimas exposiciones describiendo una a una en qué consistía cada obra y señalando los orígenes de los artistas y sus viajes alrededor del mundo para encontrarlos. La exposición dedicada a Harald Szeemann en el Getty Research Institute de Los Ángeles en 2018 destinaba una parte a los viajes, a la fascinación que sentía por ellos y que había empezado en 1969 con la mítica *When Attitudes Become Form* buscando artistas conceptuales y del movimiento povera por Europa y Estados Unidos. Szeemann era un hombre montado en un avión recorriendo el mundo y rastreando artistas para juntar en exposiciones. Eso era el hacedor de exposiciones: juntar artistas en exposiciones. De esos viajes y encuentros lo guardaba todo, lo recortaba y lo mantenía en lo que llamaba *El museo de las obsesiones*, que daba título a la exposición en el Getty de Los Ángeles. En un vídeo titulado *A Closer Look: Being Harald Szeemann*, que forma parte del material adicional de la muestra, se oye la voz de Una Szeemann, su hija, hablando de cómo a su padre le gustaba recorrer la casa en busca de ideas mientras la cámara avanza a través de habitaciones, una sala grande, un pasillo o lo que parece un despacho plagado de objetos, archivadores, libros, revistas... Esa es la obsesión: acumular.

Hans Ulrich Obrist también ha tenido una obsesión por los artistas, en realidad por todos los agentes del mundo del arte, desde galeristas hasta críticos u otros *curators*, y, cómo no, ha tenido también obsesión por viajar. Explica que mientras era estudiante se gastaba todo el dinero en recorrer Europa para hablar con críticos, comisarios y artistas, a los que encargaba pequeñas intervenciones para la minúscula cocina de su apartamento. «The Kitchen Show» es el título del artículo en *The Paris Review* en el que narra el origen de esas exposiciones a mediados de los noventa. Habla de sus encuentros con artistas como Hans-Peter Feldmann, Fischli & Weiss o Boltanski y cómo le habían influenciado las exposiciones del propio Harald Szeemann sobre su abuelo y la de Jan Hoet denominada *Chambres d'Amis.* Hans Ulrich Obrist escribe de sí mismo. Él sí que escribe. Pero sobre todo hace entrevistas. Habla con gente. Desde que era estudiante y se recorría Europa en tren desde Suiza al encuentro con artistas, críticos, directores de museos y quien fuese, no ha parado de viajar y de entrevistarse con gente. En una época, en el cambio de siglo, admitía que vivía básicamente de cafés y dormía veinte minutos cada dos horas, confesaba que a veces no sabía en qué ciudad estaba y a duras penas en qué país.

A principios de los años 2000, Jens Hoffmann seguía ese modelo de *curator* montado en un avión. En una conferencia en CaixaForum Barcelona solicitó conectar un teléfono a la megafonía. Al comenzar su charla, habló durante unos minutos sobre los artistas con los que había colaborado y destacó la importancia de poder conversar con una persona con la que estaba trabajando en ese momento y que residía en Nueva York. Casi no volvió a abrir la boca. Una imagen estática de su interlocutora quedó fija en la pantalla de proyección mientras se la oía hablar desde el sonido metálico del teléfono. Al cabo de media hora, Jens le agradeció sus –largas, monótonas e incomprensibles– palabras, colgó y dio por finalizada su charla.

Comisariado era la profesión de moda en arte. Lo ha sido desde los años noventa. Todo el mundo ha querido ser comisario. Se han multiplicado los manuales y guías sobre el comisariado y su historia. De la misma manera han proliferado los cursos, másteres, posgrados y escuelas. Se ha desarrollado toda una *tecné.* Un aprendizaje de oficio: cómo trabajar con artistas, hacer tu dosier, negociar con instituciones y a quién saludar. Cuando al comisario Robert Nickas, autor de *Vivre libre ou mourir*, en una entrevista con motivo de su nueva exposición en la galería White Column de Nueva York, le preguntan por los consejos que daría a jóvenes comisarias o comisarios, es tajante:

–No asistas a un programa curatorial en un colegio o universidad. No es posible enseñarle a alguien a ser artista, y tampoco es posible enseñarle a alguien a ser curador. Además, es probable que tus instructores no sean curadores en activo. Serán académicos. Lo mejor que puedes hacer es simplemente salir y organizar exposiciones. Por un lado, probablemente trabajarás junto a tus compañeros, ofreciéndoles opciones para exponer, opciones fuera del mundo de las galerías, normalmente cerrado, y aprenderás a medida que avanzas. Y tu punto de vista, con suerte, estará menos en línea con un orden establecido. Conocerás artistas, te divertirás, aprenderás a trabajar con un presupuesto modesto y a improvisar, y las exposiciones mejorarán a medida que pases de una a otra.

Thierry de Duve tampoco ve clara esa profesionalización del comisariado. En *Clement Greenberg entre líneas* escribe: «Que en los años sesenta aparecieran al lado de los artistas unos mediadores cuyo papel apenas se podía diferenciar del de los artistas, personas como Seth Siegelaub, Michel Claura o Harald Szeemann, es un indicio claro de una convencionalización del conjunto del mundo del arte en torno a unos comportamientos y actitudes que denotan un saber casi profesional de las reglas del juego, más que un conocimiento técnico de las reglas estéticas del oficio».

Cuando a Francis Alÿs le pregunté en el año 2000 en una entrevista para *Art Press* qué le parecía la primacía de los comisarios en el sistema del arte de los últimos años, contestó que si los ochenta habían sido la década de los galeristas, y si los noventa eran de los comisarios, tal vez los dos mil serían de los artistas. Se equivocaba.

O no tanto. Dependerá del tipo de autoría que consideremos que corresponde al comisariado y al artista. De eso va este libro.

Pero antes que nada, siguiendo con la lógica de Francis Alÿs y su visión equivocada, tal vez la primera década de 2000 en el sistema del arte tuvo como protagonistas a los museos y, en general, a las instituciones: centros de arte, museos de arte contemporáneo, kunsthalles, bienales, trienales... Mientras que la segunda década habría correspondido a los coleccionistas o, mejor, al mercado. Desde la irrupción de la franquicia de Art Basel en Miami, los coleccionistas empezaron comprando casa en Miami y acabaron abriendo un museo propio. Mientras escribo estas líneas, el suplemento *Smoda* del periódico *El País* dedica un amplio reportaje a Ella Fontanals-Cisneros, una de las personas más ricas de Latinoamérica y del mundo, dispuesta a abrir un museo con su colección, una de las más amplias dedicadas a arte contemporáneo, en el barrio de Usera de Madrid, un barrio popular, de tradición obrera y migrante, y declara sorprendida lo interesante que es el barrio, que, obviamente, desconocía. Por su parte Patricia Phelps de Cisneros, esposa del primo del también esposo de Ella Fontanals-Cisneros, desde principios de la pasada década ha ido haciendo donaciones de su colección al Museo Reina Sofía (MNCARS) de Madrid, que le ha dedicado salas y exposiciones. Ya en 2007, en una conferencia en el Museo Patio Herreriano de Valladolid, Elena Vozmediano advertía sobre cómo el coleccionismo estaba tomando un papel determinante en el sistema del arte. Miami Art Basel solo era el anuncio de lo que vendría. En 2003 la galería suiza Hauser & Wirth abría su primera sucursal en Londres aprovechando el enorme edificio de un banco en Piccadilly, donde utilizan la gigantesca cámara acorazada para proyectar vídeos. En 2013 una nueva sucursal abría usando la antigua discoteca y skating Roxy de Nueva York. Han seguido más sedes en Los Ángeles, otras en Nueva York, en Somerset y en la isla del Rey de Menorca, a la que solo se puede acceder en barco. En 2013, Paul Schimmel, comisario en jefe del MOCA de Los Ángeles, dejaba el museo para pasar a formar parte de la galería...

Efectivamente, Francis se equivocaba. Pero el comisariado ha aprendido a navegar entre las aguas institucionales privadas y públicas. Quizá ha sido poco fiel a las advertencias de Robert Nickas y Thierry de Duve y se ha hecho institucional y convencional también. Pero no es menos cierto que ha desbordado el propio espacio del arte. Todo se comisaría: una programación de películas; una sesión de música; un banquete; un escaparate... O el propio cuerpo. Hasta Facebook inauguró la forma de que definiésemos nuestro perfil. Eso es comisariarse a uno mismo: me gusta esta película, esta comida, leo este libro, escucho esta música, odio a los perros, adoro a los gatos. Y te puedes etiquetar en Tinder, clasificarte y definirte.

¡Me parece estupendo!

Todo el mundo es comisario o todo el mundo de una u otra manera se comisaría. Desde que salimos de casa adoptando determinado *look*. Hay una tendencia en Instagram que consiste en fotografiarse cada día en el rellano de tu casa o, mejor, en el espejo del ascensor mostrando tu *outfit*. De hecho, siempre nos hemos comisariado y etiquetado: cuando de adolescentes llevábamos la carpeta del instituto con recortes enganchados de motos, coches, bailarinas, deportes de nieve, una playa en Mallorca, películas de Hitchcock o de guerra, portadas de discos o logotipos de bandas heavy, tecno, punk, rock'n'roll, los Beatles o The Clash; al llevar unas botas Dr. Martens, unas Adidas o una imitación; o cuando decides hacerte un *tattoo*. Entonces, ¿y si cuando Joseph Beuys dijo que todo el mundo era artista en realidad debería haber dicho que todo el mundo es *curator*? También le daríamos un giro a la intuición de Francis Alÿs y podríamos decir que si hacemos una equiparación entre la práctica artística y la práctica curatorial, tal vez, después del tiempo de las carpetas del instituto, en la época de las redes sociales y los *tattoos*, tampoco estaba equivocado: todo el mundo es artista porque todo el mundo es *curator*; o estas últimas décadas son las de los artistas porque todos somos *curators*.

Los *likes*, las películas en Facebook, las fotos posando en el ascensor en Instagram, los *tattoos* o las pegatinas en la carpeta trazan los límites del sujeto. No son solo comisariado, sino que al comisariarnos nos retratamos, trazamos el perfil de un sujeto.

Pero ¿qué tipo de sujeto es un comisario?, ¿es un autor? Y ¿de qué tipo?

He dedicado buena parte de mi vida profesional al comisariado y todavía me avergüenza un poco o me ruboriza pensarme como tal o que me presenten como tal. Como si fuese algo indefinido. ¿Qué es ser una comisaria o un comisario? ¿Somos autoras o autores de algo? ¿Qué tipo de autora o autor es alguien que hace a partir de otros, que no es un sujeto bien definido, que parece que no produce sino que reproduce?

No podría responder con claridad a la pregunta. Marcel Duchamp decía que si no hay solución, no hay problema. Tal vez la auténtica respuesta sea que si no hay solución habrá que buscar más problemas. Se lo dije a Abril Witty y lo apuntó. Le dije que haría como un auténtico comisario impostor y no la citaría, pero lo he hecho.

También el problema o parte del problema es que cada vez que pensaba en comisariado, no me era útil pensar en la historia del comisariado, no me salía pensar en la historia de los comisarios, quizá a veces en la historia de las exposiciones, en la manera en la que se muestran las cosas. Y, sin embargo, pensaba en Baudelaire. Y pensaba en Foucault. Y pensaba en

Picasso. Y pensaba en Duchamp. Y pensaba en Sturtevant. Y a veces los he pensado desde lugares más personales. Por ejemplo, me he fijado en Foucault, pero no en el referente que escribió *Las palabras y las cosas*, sino en el tipo aquel con la cabeza afeitada discutiendo enfadado con Chomsky. Veía el vídeo que documenta la charla en la que ambos debatieron y Foucault se enfadaba con el moderador, observando sus gestos, la concentración, la sonrisa maliciosa... Pero también la tranquilidad que mostraba en Death Valley cuando probó el LSD y se vio fuera de sí flipando como si escuchase un disco de Pink Floyd. Más que una historia del comisariado, al preguntarme por el tipo de autoría que corresponde a la curadoría he buscado pensar en compañeras y compañeros de viaje. No tanto en referentes, sino en aquellos con los que comparto intereses y que podían ayudarme a reconstruir una genealogía del comisario como una forma de autoría contemporánea, hecha de dudas, inestable, fragmentaria.

En las largas entrevistas que durante años David Sylvester hizo a Francis Bacon hay un momento en el que le pregunta que si ve la vida tan sin esperanza, si cree que no hay nada ni somos más que carne y polvo, si es tan fatalista, cómo es que continúa pintando. Francis Bacon tiene una respuesta maravillosa con la que siempre he empatizado con él, lo he sentido muy próximo, he asentido porque pienso que me habla a mí como ahora te hablo a ti. Dice que pintar es una forma de comunicarse y de alguna manera una forma de hacer amigos a través del tiempo y el espacio. Al oírlo pensaba que se dirigía a mí. Que Francis Bacon era mi amigo. Y que, por tanto, podía llamarle Francis. Y así lo he hecho. Casi con todas y todos: con Francis, con Marcel, con Elaine, Lynda, Ana, Joseph... Con otros me cuesta más, como con Pablo Picasso o Jackson Pollock. Y con otros es directamente imposible, en especial con Carl Andre, por motivos obvios. Así que a lo largo del texto muchos nombres aparecen sin respetar las categorías correctas que usualmente aplicamos al ensayo. El primer motivo es que he tratado de escribir sobre compañeras de viaje, sobre amigos en la distancia física y temporal y que, por lo tanto, deseo traer muy cerca. También porque reproduzco la forma de hacer del comisario. Forma parte de la tarea del comisariado trabajar muy cerca de los otros creadores, a veces, como veremos, transfigurarse en ellas y ellos y estar codo con codo, charlar, compartir, tomar copas en bares y ahí solo entra el tuteo. Es una manera de aproximarse a ellas. Pero también pasa que en el fondo se me escapa el tuteo. No puedo evitarlo. Me es imposible guardar la formalidad en el trato con las personas que me caen bien, que, como decía Francis, son mis amigos en la distancia. Igual que me es imposible llamar Carl a Carl Andre, no puedo dejar de empatizar con Ana, Ana Mendieta. A veces se lo digo a los alumnos, tutearlos es una manera de hablar de arte a alguien vivo. Tiene que ver también con un posicionamiento político, con una resistencia a la autoridad, ya que las fórmulas formales de dirigirse desde el usted me parecen cargadas de autoritarismo. Yo odio cualquier forma de autoridad, no puedo soportarla. Y este texto, si piensa en qué tipo de autoría es la del comisariado, es justamente desde un cuestionamiento de la autoridad, como una autoría desautorizada. Optar por el tuteo es una manera de desbaratar el régimen distante del ensayo académico, para que todo fluya, para romper las barreras entre la práctica artística y la práctica teórica, porque todos estamos en el mismo barco. También en aras de buscar una mayor aproximación este ensayo tiene una forma novelesca: usando el presente para hechos pasados y recuperando formatos de escritura como el diálogo, más que la cita. De igual forma, he preferido recurrir a parafrasear y a esquivar la citación a favor de la descripción. Una descripción que intento que sea precisa, para podernos acercar mucho, para traer cualquier asunto a nuestro presente o porque el demonio se esconde en los detalles y trato de no sé si ser como él o de intentar aproximarme. Y en esa descripción el lenguaje con el que entendernos también tenía que ser próximo, en ocasiones coloquial, y evitar eufemismos. Asumo que tu posición será semejante a la mía, leyendo con una pantalla cerca, la del móvil o el portátil, pudiendo acudir a ella rápidamente para poder ver el vídeo en el que entrevistan a Francis completamente borracho, las fotografías de Michel en Death Valley, escuchar una canción de Pink Floyd, buscar el libro de Thierry de Duve o consultar las imágenes de Ana Mendieta, Lynda Benglis o Carolee Schneemann. Si busco encajar el comisariado como una forma de autoría contemporánea, el sujeto contemporáneo navega.

Y este es un texto que navega, que va a la deriva, que busca conexiones. No es un ensayo sobre comisariado sino un ensayo comisariado. Un ensayo que aplica el método de la deriva para explicar que la deriva es el método. La deriva es la búsqueda de conexiones, el asumir el corta y pega, el juntar cosas disímiles como estrategia narrativa y de pensamiento. Es lo que califica la labor curatorial, poner artefactos diversos para que establezcan una determinada narración. Puede ser una documentación sobre la historia del paisaje, la fotografía en Barcelona, la influencia de la música en las prácticas artísticas o lo que sea: comisariar es poner cosas juntas. Eso es el hacer a través de lo que hacen otros. Así pues, la forma de este ensayo es la misma: una narración que delimita cómo podemos pensar la autoría contemporánea a través de diferentes narrativas de lo que hacen otros. Algo que tiene que ver con asumir un pensamiento que se quiere complejo, no difícil, pero que piensa desde la complejidad. Esa complejidad obliga a no atacar las cuestiones desde el centro sino desde los extremos. Como si al atacarlas frontalmente se desvaneciesen. Como si hubiese que estar siempre atentos a lo que sucede con el rabillo del ojo. Como si asumiésemos de una vez que la periferia es el centro. O, más sencillo pero también más cursi, como si las ideas fuesen como pompas de jabón, para mantenerlas en el aire tendremos que crear corrientes a su alrededor, y si alguien la señala se desvanece. Como la teoría de la indeterminación, según la cual la observación directa afecta el objeto de análisis. Se trataría de dibujar una figura geométrica desde sus extremos, desde el afuera para poder ver el adentro.

En *El castillo*, Kafka define el camino que conduce hasta él como un trazado que sin alejarse tampoco se acercaba, es decir, un camino que traza círculos.

Aquí cada parte funciona como un calidoscopio, rodea los temas, los bordea a través de la narración de lo que hacen otros. El cortar y pegar, como forma idiosincrática de la autoría curatorial, implica también aplicar el método a la propia forma del texto. E intentar la posibilidad de escribir un ensayo desde la experiencia. ¿Se puede escribir un ensayo «gonzo», que hable desde la experiencia y te ponga a ti, lector o lectora, como actor o actora? Además de integrar la cita como narración, de incorporar el diálogo o incluso tutear, he intentado forzar la forma del texto hacia la experiencia. No he visto la manera de hablar de arte y de su complejidad si no era desde la experiencia. Es decir, aplicar la experiencia de trabajo en arte durante años, de colaboración con artistas, de estar en talleres sucios, en galerías con paredes impolutas o despachos de museos con montañas de libros sin desempaquetar, de compartir los éxitos nimios y de sentir las miserias propias y ajenas, los miedos, las penurias, de no tener para regresar a casa a las tantas en taxi pero que te inviten a cenar en un lugar carísimo, y coger todo eso y aplicarlo a pensar más allá de la distancia en la manera como asumían su trabajo esos compañeros de viaje, amigos, a través del tiempo y del espacio. Y la experiencia reclama el detalle, la observación, ver cómo eran esos espacios que Marcel Duchamp había habitado y en los que había pasado frío y dormido de manera incómoda. He querido acercarme mucho, hasta casi oler, y buscar la precisión, señalando con el dedo, «está aquí, es de esta manera, obsérvalo», para poder romper las distancias, para que empaticemos, para que sintamos, para que disfrutemos en el Cabaret Voltaire como disfrutamos en un concierto improvisado en la calle Robadors de Barcelona. Y sentir desde la empatía la potencia de algunas creaciones, la potencia de las prácticas artísticas y su complejidad, ese lenguaje a veces específico y que forma parte de una manera de pensar propia del arte, que se hace desde los extremos, la suma, el recorte, pero también la casualidad.

He hablado de cruce de datos o deriva y de una mirada calidoscópica, pero las piezas del calidoscopio, como las derivas, surgen de la casualidad. La casualidad implica asumir la complejidad y el caos. Asumir que vivimos en el caos. En el lado opuesto de la casualidad está la causalidad. La causalidad da seguridad, es propia de la religión y, por tanto, al buscar porqués encuentra culpas y moraliza: «esto es culpa de este y por lo tanto lo acuso». La casualidad es más laxa y más compleja, bajo ella entendemos también que no siempre hacemos las cosas con bondad o maldad absoluta, que el resto de las veces hacemos lo que podemos. También que no hay hilos que nos muevan, pero tampoco tenemos el control. La casualidad no es históricamente consecuente ni lineal, es compleja, fatalista y sin sentido. Y la casualidad es el método de trabajo del comisariado. Es lo que la hija de Harald Szeemann decía que hacía su padre paseándose entre los papeles, fotografías, archivos y objetos que acumulaba entre las estancias de su casa. En esos paseos hay que suponer que buscaba la chispa, esa que estalla entre objetos disímiles. Como en el encuentro casual de una máquina de coser y un paraguas en una mesa de disección que proponía Lautréamont.

Lautréamont hablaba del encuentro casual, Duchamp cruzaba objetos, Picasso metía cosas en el cuadro, Baudelaire deambulaba por París a la búsqueda de encuentros, Guy Debord se dejaba llevar borracho por las citas... Si hay que pensar el comisariado desde sus orígenes, estos están ahí, en el collage como metáfora del encuentro y de la casualidad.

Este es un libro sobre autorías compartidas, confusiones y sampleo. Creo y espero que el cruce de datos forme esa imagen calidoscópica. Una imagen en la que definir una posibilidad de autoría más allá de la emanación del yo, desde lo colectivo, desde el apropiacionismo, desde lo trans. Una autoría que bebe del collage y que se asemeja mucho a las prácticas curatoriales o que califica la autoría curatorial. Y que rastreo no desde la profesión del comisariado, sino desde una serie de confluencias, derivas, prácticas artísticas, literarias o teatrales que han definido una autoría más compleja: la de un sujeto hecho de otros y que es puro reflejo. También más difícil de asir.

Y que a veces se escapa. O se evade.

CUANDO SEA MAYOR, FUMARÉ OPIO / UN SUJETO EXTERNALIZADO

El cielo se torna en infierno. Así se describen en múltiples ocasiones las experiencias vitales con las drogas.

En la película *Trainspotting*, los protagonistas buscan el pico perfecto. Recuperar la misma intensidad en las sensaciones de escisión del sujeto, partido en dos, flotando, viajando fuera de sí, que, recuerdan, les ofreció el primer chute de heroína. Intentan recomponer un viaje seguramente idealizado. Un viaje que tantas y tantas veces se explica comparándolo con la sensación de estar en el cielo. El cielo en una doble acepción: como paraíso, por el placer que provoca la droga; y como espacio, por la sensación de elevación que conlleva el verse alejado de uno mismo, flotando, separado del cuerpo.

Un cuerpo que, luego, regresa. Y con un terrible malestar. En *Trainspotting* ese malestar se muestra de manera especialmente gráfica. Mark Renton, el protagonista, interpretado por Ewan McGregor, acusa uno de los efectos de la heroína, relajamiento del esfínter y del aparato intestinal que provoca incontinencia diarreica. Corre precipitadamente hacia un váter en un garito infame. Es un espacio estrecho, las paredes amarillentas chorrean una sustancia marronosa. La taza del váter está llena de mierda ajena, todas las tonalidades de marrón coexisten con distintas posibilidades de textura en los fluidos. Mark, en su delirio, se lanza dentro. Bucea entre mierda, literalmente. La alucinación se ha convertido en una pesadilla. El infierno. Desde el cielo ha aterrizado y ha seguido descendiendo hasta sumergirse en un lavabo asqueroso. Finalmente, caga.

Thomas de Quincey en *Confesiones de un inglés comedor de opio* habla del cielo y del infierno. Explica el placer sensorial que provoca el consumo de opio y el sumergirse en las cloacas de la adicción. Cuenta como inició su consumo en 1804. La droga debía servir para aligerar las neuralgias y los problemas estomacales. Describe como se la administra en frasquitos de láudano, en los que el opio está mezclado con alcohol, sea vino dulce u otro destilado de sesenta grados y cerveza, acompañado de azafrán, canela y otras hierbas que camuflan su amargor. Pero más allá de la automedicación y la búsqueda de efectos paliativos del dolor, el opio revela inmediatamente sus efectos placenteros. El escritor descubre el placer que provoca. Hasta 1813, De Quincey ingiere opio una vez por semana, desde entonces la ingesta pasa a ser diaria. Cada vez necesita más cantidad. A finales de la década de 1840 toma dosis enormes. Es un adicto. Y la adicción provoca momentos de confusión, nerviosismo, alteración, angustia y, además, no evita los males: el dolor de cabeza y estómago.

El texto de De Quincey es confesional. En él explica una vida atravesada por el consumo de opio, que afecta a los modos de escribir y de relacionarse, que provoca placer pero al mismo tiempo es una condena.

El váter lleno de mierda en el que se abisma Mark Renton es un infierno, pero también muestra un sujeto que se evade y a un sujeto escindido. De Quincey es un adicto, pero esa adicción es verborreica, le hace hablar, narrar, explicar con precisión. Son sujetos escindidos y verborreicos. Características de un tipo de sujeto que configuran la manera y las posibilidades de enfrentarse a la creación contemporánea. Así, tal vez habrá que bajar a los infiernos para hablar del sujeto creativo contemporáneo, sin cambiar los referentes de la modernidad, sino hurgar en ellos desde un ángulo vital, terrenal, abajo, entre las adicciones personales de cada uno. Acompañarlos. Y será cuestión de recordar a algunos de esos referentes posibles desde una perspectiva que acerque más la óptica a su experiencia. Recordar que Baudelaire no solo deambulaba por París de noche, sino que lo hacía cargado de opio y hachís. Debord caminaba por las mismas calles a la deriva... a trompicones, borracho. Huxley, Burroughs y hasta Foucault pasean sus derivas alcohólicas o drogadas con las que cortan y pegan trozos de realidad. Sujetos que recorren espacios, lugares, países, sudan, socializan, beben, fuman... Y para los que trazar, ahora, una genealogía del sujeto creativo contemporáneo implicará incurrir en los mismos autores pero desde sus dependencias. Ahí, con más intensidad, si no con más precisión, empezarán a distinguirse entre visiones calidoscópicas, deformadas, evadidas, algunos de los aspectos configuradores de las prácticas creativas en contemporaneidad.

Tendremos que, como sujetos escindidos, autores contemporaneizados, hundirnos en la experiencia ajena.

Empezaremos por la del gran referente de la modernidad, un clásico, citado como precursor de la crítica de arte, Charles Baudelaire. Baudelaire escribe sobre su propio consumo de opio y hachís. Sobre todo hachís que toma en forma de dawamesk, una especie de mermelada que disimula el sabor amargo de la pasta de la resina de cannabis. Y describe la fórmula: miel, pistachos u otros frutos secos, mantequilla y hachís. Lo relata en la segunda parte de *El poema del hachís*. En realidad, no se trata tanto de un poema, ni tan solo de un poema en prosa, como de una oda, una descripción de los efectos del consumo de hachís, de su historia, la geografía y los formatos en los que se puede ingerir. El poema forma parte de *Los paraísos artificiales*, dedicado a la droga. Aquí el cielo es directamente el paraíso, descrito como un paraíso que es fabricado, que se puede convocar o, más bien, que la droga es en sí misma un paraíso artificial.

La segunda parte de *Los paraísos artificiales* está dedicada a Thomas de Quincey y sus confesiones sobre el consumo de opio. De hecho, la edición del compendio de ensayos sobre el hachís de Baudelaire que en los años ochenta publicó la editorial Tusquets llevaba un título que hacía referencia explícita al escritor inglés: *Un comedor de opio o los fantasmas de Thomas de Quincey*. La obra de Baudelaire es una recensión del de De Quincey. Es un corta y pega. Agarra y reproduce trozos de texto del escritor inglés, los entrecomilla y a continuación los comenta. Es un texto hecho a partir de otro, deudor de otro, que explica las experiencias de otro, como si directamente Baudelaire fuese De Quincey, como si no necesitase expresarlo de otra manera mejor, ya que ya lo ha hecho el inglés.

Los paraísos artificiales están encabezados por un texto que lleva por título «Del vino y del hachís». Baudelaire habla de los efectos del vino y la embriaguez y enseguida enumera las fases que provoca la ingesta de hachís. Hay que tener paciencia, no esperar sus efectos de manera inmediata, pero: «al cabo de unos minutos las asociaciones de ideas se van haciendo tan vagas, los hilos que ligan vuestras concepciones son tan tenues, que solo pueden comprenderos vuestros cómplices, vuestros correligionarios». Primer efecto, un sentido del humor que solo se comparte con aquellos que están en el ajo. Después la risa incontenible, con la que se aceleran las ideas y las conexiones entre diferentes elementos en la mente para dar paso a las alucinaciones: «Los objetos exteriores adquieren apariencias monstruosas. Se os presentan en formas desconocidas hasta entonces. Luego se deforman, se transforman y, finalmente, penetran en vuestro ser o bien vosotros penetráis en ellos».

Placer y evasión aparecen unidos. Sumirse en un estado de extraña felicidad, en un paraíso artificial, coincide con el salir de uno mismo, evadirse y viajar. Lo dice Baudelaire, que ha descubierto la vida moderna. Una vida eminentemente urbana, hecha de paseos, de salir, dejarse llevar y nocturnidad. La ciudad es ese lugar cautivador, iluminado, en el que socia-bilizar, ver y dejarse ver, caminar y observar escaparates.

Hay una escena fascinante en la versión de *Drácula* que dirigió Francis Ford Coppola en 1992. Es el primer encuentro entre Mina y el conde. Recién llegado de Transilvania, viste como un moderno, un dandi, y pasea por las calles de Londres encantado entre el bullicio, coches de caballos que se cruzan a su paso, un vendedor de periódicos (las noticias, no había noticias ni periódicos en el mundo anterior a la explosión de la ciudad), más tarde acudirá a una proyección del cinematógrafo. Ahí, entre la multitud, distinguirá a Mina. La escena es fascinante porque justamente retrata con maestría la aparición de la ciudad y de lo urbano como espacio de la modernidad. Las revoluciones sociales y el cambio de sistema económico durante el siglo XIX, si en algún lugar se hacen palpables, es en la aparición y el desarrollo de la ciudad como nuevo espacio social. Un espacio en el que por primera vez puede darse el anonimato (del que disfruta Drácula), el vagar aleatoriamente observando los sucesos urbanos y hacer uso del ocio, diurno y nocturno. La noche convertida en continuidad del día o el día alargando horas por la noche. Son las horas en las que divagar y dejarse ir. También las de los vampiros, los no-muertos, con la cara pálida, los ojos hundidos en los pómulos... Chupasangre. Cuando muerden y succionan entran en trance, pierden el mundo de vista, una especie de orgasmo prolongado o subidón por efecto de la droga. Pálidos y con los ojos inyectados en sangre hundidos en los pómulos tal y como aparecen fotografiados los adictos en los fumaderos de opio anteriores a la Primera Guerra Mundial; con los rostros azules y verdes que retrata Toulouse-Lautrec en *En el Moulin Rouge*; como los cuerpos de Kirchner tan deformados y flacos que apenas se aguantan derechos; o como la *Sargantain* de Ramon Casas tumbada, cansada, la mirada perdida envuelta en una espacie de camisón amarillo en el que todas las arrugas y pliegues convergen hasta el coño. Cuerpos que se alimentan de otros, gozan y quedan agotados.

El Drácula de Coppola paseando fascinado por la ciudad con los ojos inyectados en sangre y elegantemente vestido me recuerda al dandi Baudelaire. Lo imagino con esos mismos ojos, con las corbatas y fulares en los que aparece en las fotografías de Nadar, impecable, paseando, en esta ocasión, por París. Podría haber sido Baudelaire, pero David Wojnarowicz eligió la máscara de Rimbaud para pasearse por Nueva York en los años setenta. La serie de fotografías que documenta la acción lleva por título, como no podría ser de otra forma, *Arthur Rimbaud in New York*. La máscara, plana, como una careta, con el retrato de Rimbaud está en la exposición que el Museo Reina Sofía de Madrid dedica al artista. También muestran la serie de fotografías: David con la máscara y una chaqueta vaquera sin mangas caminando por Manhattan, sentado en las banquetas de un vagón del metro o apoyado en una pared al lado de un grafiti que él mismo acaba de hacer y que reza «El silencio de Marcel Duchamp está sobrevalorado», una declaración tomada de Joseph Beuys. Posar en Nueva York como Arthur era para David la manera que tenía de marcar una conexión entre el escritor maldito y su propia contemporaneidad. Se siente como un Rimbaud, es Rimbaud. Como si se apropiase de una manera muy literal del verso del poeta: «yo es otro». Un yo otro que pasea la ciudad. La ciudad como espacio social y anónimo. En el que deambular y divagar entre escaparates, vehículos que exhalan humo tóxico, vapor de agua de los conductos de calefacción en medio de las calles, papeleras que rebosan botellas, papeles o un resto de comida envuelto en una bolsa, un transeúnte que corre, un cartel de publicidad semiarrancado mostrando unas letras y una pierna, un trozo de periódico o hasta una rueda de coche abandonada. A Robert Rauschenberg le sirve todo. Y lo combina. *Combine paintings* de los años cincuenta y sesenta. Son como un trozo de ciudad. A Rauschenberg le fastidiaría que los confundiesen con una pintura de algún expresionista abstracto. Dice: «Había algo en el talante autoafirmativo del expresionismo abstracto que me disgustaba; por aquel entonces mi trabajo se orientaba en una dirección totalmente opuesta. Trataba de encontrar formas pictóricas en las que la imaginería, los materiales y los significados del cuadro no reflejasen mi voluntad, sino que registrasen más bien, de manera imparcial, mis observaciones, transmitiendo el fervor que me suscitaba la ciudad». Es decir, sus pinturas nada tienen que ver con su ego ni con la expresividad, sino que son como un espejo que refleja la vida urbana.

Baudelaire escribe sobre la vida urbana y nocturna. En el texto en el que lo reconocemos más explícitamente como crítico de arte, porque habla de otro artista, *El pintor de la vida moderna*, explica que lo que más admira en el pintor Constantin Guys es lo urbano reflejado en sus imágenes de burdeles, nocturnidad, ricos y pobres, tabernas, bailes y movimiento estampadas con inmediatez en dibujos que parecen inacabados. Pero que no lo están en el sentido de la fascinación que tenían los románticos por la ruina, como belleza sublime, la provocada por la intercesión entre lo humano y la naturaleza. El inacabamiento de Constantin Guys configura el perfil de otros inacabamientos contemporáneos: tiene que ver con la inmediatez, es fotográfico, el dibujo es el mecanismo para la impresión del movimiento.

De lo primero que habla Baudelaire en *El pintor de la vida moderna* es de la negativa de Constantin Guys a aparecer con su nombre, a la renuncia a firmar sus dibujos. Habla de la firma como un garabato ególatra. Por eso describe a Constantin Guys como el Sr. G. Es más, insiste en el fastidio colérico del artista cuando alguien cita su nombre. Un desapego hacia aquello que lo identifica, hacia un sujeto cerrado, para dejarse fluir entre la multitud sobre la que dibuja. El artista es un espejo, un sujeto espejo que refleja el mundo.

El deseo de Constantin Guys es ser espejo. Sobre el Sr. G., Baudelaire escribe: «La multitud es su dominio. Su pasión y su profesión es adherirse a la multitud. Para el perfecto paseante, para el observador apasionado, es un inmenso goce el elegir domicilio entre el número, en lo ondeante, en el movimiento, en lo fugitivo y lo infinito. Estar fuera de casa, y sentirse, sin embargo, en casa en todas partes; ver el mundo, ser el centro del mundo y permanecer oculto al mundo, tales son algunos de los menores placeres de esos espíritus independientes, apasionados, imparciales, que la lengua solo puede definir torpemente. El observador es un príncipe que disfruta en todas partes de su incógnito». De nuevo Baudelaire habla de sí mismo a través de otros. Escribe sobre el Sr. G. para narrar esa recién descubierta vida moderna. Una vida hecha de encuentros sociales en torno a mesas con diferentes sustancias alcohólicas que ingerir y en interiores con literas o divanes, lugares hacinados algunos, húmedos, llenos de sudor, con cuerpos que parecen extraviados, fuera de sí mismos, en los que consumir opio. Esos espacios hacinados, nebulosos, como de caverna, iluminados por velas, aparecen en los grabados de Gustave Doré sobre los fumaderos de opio a finales de siglo XIX. La técnica de Doré parece reproducir los efectos de la droga, y los grabados, hechos como con diminutas punzadas, parecen crear una atmósfera *sfumata*, desenfocada, con cuerpos que se amoldan a los objetos, a un diván, o que encajan unos en otros, con las caras deformadas.

Gustave Doré retratando un viaje a la nocturnidad; Baudelaire y la invención de lo urbano; Drácula disfrutando del anonimato en medio de la ciudad; la experiencia de chupar sangre como una droga; chupar sangre es apropiarse de lo que hacen otros; y es agotador.

Baudelaire camina y se deja caer en el café Lamblin, cerca del Palais Royal, toma una copa de vino con el periodista Hippolyte Babou y continúa su ruta hacia el Barrio Latino: el café de Bade, el restaurant Pinson o la Brasserie des Martyrs, la Taverne Saint-Austin, el café de Madrid, el de Robespierre o un pequeño local sin nombre en la calle Faubourg Montmartre. Toma vino, come e ingiere dawamesk en alguno de esos lugares o ya de regreso, con los últimos compañeros resistentes, en el Hotel Pimodan, en el Quai d'Anjou, un poco más alejado, en el río, donde ocupa dos habitaciones con retrete. Hace lo que sea para ver mundo y al mismo tiempo quedar oculto entre la multitud. Baudelaire dice que así siente que está siempre en casa, que todos los lugares son su hogar, que se encuentra en casa en todas partes. Por ello intenta estar siempre lejos de lo que podríamos considerar un hogar. Estar siempre lejos de casa o, en el extremo, no tener casa. Vivir en un hotel es como sentirse siempre en un lugar ajeno. Baudelaire se hospeda en el Hotel du Quai Voltaire.

Voltaire, el ilustrado, uno de los enciclopedistas, aparece con una sonrisa maliciosa en un retrato de La Tour de 1737; dio nombre al hotel parisino en el que vivió Baudelaire; al cabaret de Zúrich en el que se daban cita los dadaístas en 1916; y a un garito punk en la Barcelona de los ochenta que resumía su nombre en El Volter. Voltaire descubrió un error de cálculo en la primera lotería emitida en Francia. Estudió las probabilidades, compró bonos y se forró. Marcel Duchamp intentó emularlo. Inventó un método para reventar la banca de Montecarlo. Necesitaba fondos para poder realizarlo. Emitió unos bonos. No consiguió el dinero suficiente. Pero su método aún está controlado en los casinos como uno de los sistemas que pueden llevar a saltar la banca. Duchamp, en la edición de sus bonos, aparece retratado con espuma de afeitar emulando una barba de chivo y cuernos... un pequeño demonio malicioso y sonriente.

Baudelaire apenas sonríe, mantiene una extraña mueca en las múltiples fotografías y retratos del poeta. Es el poeta de la vida moderna, ha escrito sobre el pintor de la vida moderna. De él dice que buscaba una cualidad que si le permitiésemos decirlo así llamaría «modernidad». El pintor de la vida moderna es el de la imagen de la modernidad. La persigue y le rodea. La vida moderna es una vida de imágenes, no tanto como ahora, pero imágenes. Gente fotografiada y retratada manifestando su condición de individuos y, en el caso del escritor, subrayando su condición de autor. La invención del autor también es la invención de la imagen del autor, o al menos de su representación. Es decir, de cómo deseas salir, cómo configuras tu aspecto, construyes tu perfil. De ahí la pose. La de Baudelaire en las famosas fotografías que le hizo Nadar: la mueca, el gesto, el lazo en el cuello, de medio lado y la mirada altiva. Aunque los ojos parecen llorosos, húmedos o inyectados en sangre. Parecen salirse de sus órbitas. Otra vez fuera de sí, por efecto de las drogas, y ahora evidentemente exteriorizado, escindido de sí mismo en una imagen. Como si fuese otro. Como ese yo extranjero de uno mismo sobre el que poetizaba el verso perdido de Rimbaud y que Roland Barthes recoge para aplicárselo de manera muy literal a la fotografía en *La cámara lúcida*, cuando escribe: «La fotografía es el advenimiento de mí mismo como otro».

De los retratos de De Quincey, por ejemplo, en un dibujo realista de Hamlin Fitch, llama la atención la curvatura de la boca en forma de «u» invertida, acompañada por el ángulo que configuran los ojos, que parecen caer en los extremos, subrayando un aspecto tristón. Más que de alguien desesperado es la imagen de una persona triste y cansada. Baudelaire también parece cansado por las ojeras pero esboza una mueca y los ojos están desorbitados, idos.

Vestido como un dandi, desde el Hotel Voltaire, Baudelaire pasea por el Barrio Latino y la Rive Gauche, cruzando la Île de la Cité hasta el Ayuntamiento de París. Por esas mismas calles deambula Guy Debord un siglo más tarde. Con amigos, bebiendo, abrazándose, fumando y compartiendo espacios con el grupo de la Internacional Letrista y la Internacional Situacionista, Guy Debord sonríe. Existen múltiples imágenes cotidianas de los situacionistas, en la calle y en los bares, en Chez Moineau, todos bebiendo y fumando: Jean-Michel Mension sonriendo en la calle con los ojos hinchados, los párpados forman bolsas oscuras que convierten el ojo en apenas una línea, la fotografía firmada por Garans ilustra la portada de la edición inglesa de su libro de memorias, *The Tribe*; Mension de nuevo abrazando a un amigo según echa una calada a un porro; el interior de Chez Moineau, donde se reúnen los situacionistas a beber y comer, compartiendo platos de comida preparados por la madame; Ivan Vladimirovitch literalmente empinando el codo, con una botella en la mano derecha, apoyado el brazo en una repisa, sentado, bebiendo a morro...

La tribu es el libro de memorias de Jean-Michel Mension sobre los años del situacionismo hecho a partir de múltiples conversaciones con Gérard Berréby y Francesco Milo durante 1997 en bares como Le Mabillon, Le Mazet, La Palette, Le Saint-Séverin, La Chope y Au Petit Soi, citados exhaustivamente al final, como una bibliografía. Los bares son la bibliografía. En el libro, Mension recuerda su vida en París a principios de los años cincuenta. Casi un siglo después de los paseos y el deambular entre bares de Baudelaire, rememora la vida callejera y el consumo alcohólico con sus jóvenes amigos. Insiste en que no solo tomaban alcohol, también fumaban mucho hachís. Entonces eran los únicos que lo fumaban, nadie lo hacía, no estaba generalizado su uso. Explica que les llegaba a través de un colega llamado Feuillette o a través de Midou Dahou, que lo traían vía Marruecos y Argelia. Lo compraban en la calle Xavier-Privas. Venía en un cono de papel como de patatas fritas. Allí eran los únicos franceses en la calle. En pleno Barrio Latino, frente a la Île de la Cité, y a menos de un cuarto de hora del número 22 de la rue du Tour, donde está Chez Moineau, el auténtico centro de reunión situacionista. La señora Moineau solo pone un problema, no le importan el alcohol y las borracheras o los porros, pero no le gusta el éter. No porque sea una droga, le molesta el olor. Mension explica que muchas noches, cuando regresa a casa de sus padres en Belleville, prepara cócteles con éter. Lo mezcla con el contenido de cualquiera de las botellas de alcohol que su familia guarda para las visitas. Otras noches, en las que sale con Guy Debord hasta reventarla, regresa apenas cinco minutos antes de que su madre salga a trabajar por la mañana. Recuerda celebrar su 18 aniversario el 24 de septiembre de 1952. Una fecha importante, destaca, mayoría de edad, ya puede ser detenido e ir a prisión. Lo celebra bebiendo con Guy. Cada uno con su botella de vino.

Los ojos de Guy Debord camuflados tras las gafas de alta graduación parecen inflamados, pero su boca es una sonrisa o una carcajada. Si puedo imaginarme a De Quincey o Baudelaire retratados por Francis Bacon tratando de bucear en su desesperación o, más preciso, leyendo su superficie, extrayendo de sus rasgos la conciencia de la futilidad, retratados en la obsesión del pintor inglés por la carne y las bocas como cortes en la cara, no pasa lo mismo con Debord.

Aparece fotografiado con Michèle Bernstein, su primera pareja, durante el rodaje del filme *Critique de la séparation* en 1961. Hay una cámara detrás de ambos con un chico que mira a través del objetivo, una claqueta en la esquina derecha en la que se lee medio título del filme, alguien detrás de ellos mirando probablemente el plano que registra la cámara, se intuye el bullicio en la preparación de una escena, pero Guy y Michèle parecen ajenos a todo. Ofrecen una imagen de enorme ternura: Guy la besa en la nariz, entre los ojos, abrazándola, recogiendo con una mano su cabeza, mientras con la otra le coge suavemente la mano, que esboza una sonrisa de relajación.

La revolución también tiene sus descansos. De hecho, parte de la revolución, según Guy, tiene que ver con el descanso.

Sonriente, abrazado a un amigo, sentado tras una mesa o en un escalón en la calle, pero siempre con un cigarrillo en la mano o ya en la boca, y en múltiples ocasiones con un vaso con cerveza, vino, whisky, ron o vodka. Debord bebe mucho. Jean-Michel Mension recuerda su resistencia al alcohol en las conversaciones con Gérard Berréby y Francesco Milo. Dice que una tarde podía tomarse unas veinte cervezas acompañadas de pequeños chupitos de otros tantos rones.

Y como De Quincey y como Baudelaire, también Debord habla de su adicción. Y como ellos habla de sus efectos, de las cantidades y de las consecuencias.

Aunque en eso, un compañero generacional, solo seis años más joven, Hunter S. Thompson, parece que le supera con creces:

3:00 p. m. despierta
3:05 Chivas Regal con los diarios de la mañana, Dunhills
3:45 cocaína
3:50 otra copa de Chivas, Dunhill
4:05 primera taza de café, Dunhill
4:15 cocaína
4:16 zumo de naranja, Dunhill

4:30 cocaína

4:54 cocaína

5:05 cocaína

5:11 café, Dunhills

5:30 más hielo en el Chivas

5:45 cocaína, etc.

6:00 hierba para suavizar el día

7:05 Woody Creek Tavern para almorzar: Heineken, dos «margatoes», ensalada de col, una ensalada de taco, una ración doble de aros de cebolla fritos, pastel de zanahoria, helado, un buñuelo de frijoles, Dunhills, otra Heineken, cocaína y, para el viaje a casa, un cono de nieve (un vaso de hielo picado sobre el que se vierten tres o cuatro medidas de Chivas)

9:00 empieza a inhalar cocaína en serio

10:00 gotas de ácido

11:00 Chartreuse, cocaína, hierba

11:30 cocaína, etc.

12:00 noche, Hunter S. Thompson está listo para escribir

12:05-6:00 a. m. Chartreuse, cocaína, hierba, Chivas, café, Heineken, cigarrillos de clavo, pomelo, Dunhills, zumo de naranja, ginebra, películas pornográficas continuas.

6:00 en el jacuzzi: champán, Dove Bars, fettuccine Alfredo

8:00 Halcion

8:20 dormir

Grandes cantidades de cocaína y grandes cantidades de alcohol relatadas en las primeras páginas de la biografía de Hunter S. Thompson. No es él quien la escribe. Su biógrafa es E. Jean Carroll. Aunque tampoco. E. Jean Carroll inventa un *alter ego* que escribe en primera persona esa biografía: Laetitia Snap. Una víctima del propio escritor que declara que si bien otros biógrafos desearían conocer a sus personajes, ella preferiría no haberlo hecho. Y a continuación, como muestra, relata un día tipo en la vida de Hunter. Siempre aparece un deseo de relato, y de orden.

«El alcohol hace hablar», escribía Marguerite Duras también hablando del trago en un breve texto elocuentemente titulado «El alcohol». La verborrea.

Marguerite Duras explica su adicción. Me recuerda a De Quincey por lo precisa: «Empecé a beber a los atardeceres, luego bebí los mediodías, luego por las mañanas, y después empecé a beber por las noches. Una vez por noche, y luego cada dos horas». Aclara que el alcoholismo no tiene nada que ver con la borrachera. La borrachera aparta las palabras, las aleja, impide hablar, mientras que el alcoholismo aleja del mundo, es una retirada. Marguerite Duras introduce una perspectiva de género: aparta aún más si se es mujer. Una mujer que bebe es intolerable.

Marguerite Duras no se emborracha y, sin embargo, dice que trata de beber hasta dejar de ser sensible, hasta la insensibilidad, y beber hasta la pérdida de identidad. Las drogas se explican en términos de evasión, de suspensión y de pausa. Y encontrarían, en este sentido, varias similitudes. Por un lado la célebre expresión «que paren el mundo que me bajo» falsamente atribuida a Mafalda gritando con la boca bien abierta en gesto de desesperación (comparable a otra viñeta en la que con la misma expresión escuetamente grita «¡Basta!»), pero que también es atribuida a un Groucho Marx mucho más irónico (quien, por cierto también habla del alcoholismo como huida y como forma de soportar el entorno: «Bebo para hacer interesantes a las demás personas»). Y, por otro, la insistente justificación de Marcel Duchamp sobre los readymades como una pausa, una parada o una negativa a producir. E incluso su vida leída como una negativa a la producción. Cuando Pierre Cabanne, en las míticas conversaciones con Duchamp, le pregunta por su modo de vida, insiste en que él decidió que si no producía no gastaba y eso le permitía estar al margen de una dinámica mecanicista que provoca ser esclavo de tu propia vida. Juan Antonio Ramírez, en el imprescindible *Duchamp, el amor y la muerte, incluso*, relaciona esa negativa a la producción con la negativa a la reproducción, y la fijación en sus propuestas por la circularidad y el movimiento que no lleva a ningún lugar como formas masturbatorias.

El alcoholismo y la drogadicción podrían ser formas de masturbación, o todas ellas podrían leerse como adicciones que buscan una escisión frente al mundo.

El alcoholismo de Debord es una forma vital de situarse al margen, de rechazar convencionalismos. Debord quiere ser alcohólico. Lo explica en *Panegírico*: «Lo que sin duda alguna marcó mi vida entera fue el hábito de beber, que adquirí rápidamente». Beber continuamente. Despertarse e hincarse un vaso de vodka. Permanecer borracho por periodos ininterrumpidos de tres meses. Él, que ha evitado trabajar, ha convertido el alcohol en un trabajo. Cuando le preguntan que, con lo inteligente que es, cómo es que no ha escrito más, responde que sencillamente no ha tenido tiempo, que había que tener en cuenta esos periodos de más de tres meses borracho. Debord confiesa en el primer tomo de *Panegírico*, su libro autobiográfico hecho de aforismos: «Del escaso número de cosas que me han gustado y he sabido hacer bien, lo que seguramente he sabido hacer mejor es beber. Aunque he leído mucho, he bebido más. He escrito mucho menos que la mayoría de la gente que escribe; pero he bebido mucho más que la mayoría de la gente que bebe». ¿Ponía la vida por encima de la escritura, por encima de un supuesto deber intelectual? Siempre que entendamos que el alcohol provoca euforia, diversión, locuacidad...

El alcohol es el *leitmotiv*. Si Baudelaire peregrina por París, Debord lo hace a través del alcohol: «He vagado mucho por algunas grandes ciudades de Europa, y he apreciado en ellas todo aquello que merecía la pena. En esta materia, la lista podría ser larga. Estaban las cervezas de Inglaterra, donde mezclaban las fuertes y las dulces en las pintas; y las grandes jarras de Múnich; y las irlandesas; y la más clásica, la cerveza checa de Pilsen; y el barroquismo admirable de la Gueuze en los alrededores de Bruselas, que tenía un gusto distinto en cada una de aquellas cervecerías artesanales y no soportaba ser transportada lejos. Estaban los licores de frutas de Alsacia; el ron de Jamaica; los ponches, el aquavit de Aalborg y la grappa de Turín, el coñac y los cócteles; el inigualable mezcal de México. Estaban todos los vinos de Francia, los procedentes de Borgoña los mejores; estaban los vinos de Italia, sobre todo el Barolo de las Langhe y los Chianti de Toscana; estaban los vinos de España, el Rioja de Castilla la Vieja o el Jumilla de Murcia». La auténtica deriva de Debord es la del alcohol. El retrato, de hecho, el autorretrato, de Debord está conformado por un divagar cuyo perfil queda trazado por la bebida.

Debord explica que el alcohol le da paz. También enfermedad: los insomnios, el vértigo, la gota y finalmente la polineuritis alcohólica: la red neuronal del cuerpo deja de funcionar correctamente: pierdes sensibilidad, padeces movimientos musculares involuntarios, hormigueo en las extremidades y dolor, la digestión falla. Recurre a Lautréamont, parafraseando el «hermoso como el encuentro casual de una máquina de coser y un paraguas en una mesa de disección», para explicarse: «hermoso como el temblor de manos del alcoholismo». De hecho, otra cita a Lautréamont es una excusa que usa de manera recurrente: «El plagio es necesario. El progreso lo implica». De nuevo, la técnica es usar a los otros para explicarse a sí mismo. Toda la segunda parte de *Panegírico*, como sucede en gran parte de *Mémoires*, con Asger Jorn y publicado en 1993, está hecha de imágenes y citas. De hecho, Guy Debord lo aclara al inicio, que incluirá muchas citas, que estas sirven para explicarse bien, que están tejidas en lo más profundo de uno mismo. *Panegírico* es un intento de explicación propia, como si el yo fuese otro (de nuevo el «je est un autre» que escribía Rimbaud), escrito desde la tumba o como si ya se hubiese muerto.

El 22 de diciembre de 1994, ha pasado casi un mes desde el suicidio de Guy Debord, Fernando Arrabal escribe un recordatorio de su amigo (¿un panegírico?) en el periódico *El País*. Es un texto con formato tribuna de unas mil quinientas palabras. La referencia al infierno aparece más de treinta veces salpicada a lo largo del texto. ¿Qué es el infierno? Arrabal no habla de la adicción, sino de la vida espectacular, el estar sometido al espectáculo.

El infierno es no soportarse a uno mismo, es tal vez verse todo el tiempo no extrañado de uno mismo, como en un panegírico o borracho, sino en la tele. El alcohol podía ser una forma de evadirse o de huir del espectáculo. Andrew Hussey, en la biografía de Debord, habla de los últimos días de Guy y cuán bochornosa podía llegar a parecerle la visibilidad pública: Philippe Sollers hablando de él como profeta posmoderno y la revista *Les Inrockuptibles* bautizando su anuario sobre la vida nocturna de París con un juego de palabras «Guide d'abord» que alude a su nombre. Como si finalmente la deriva y las borracheras nocturnas con amigos y amigas no fuesen más que eso: sociedad del espectáculo.

La deriva de Debord se sumaba al París de Baudelaire y ambas se han convertido en una guía más para turistas de la ciudad.

Unas semanas después de su muerte, la televisión pública francesa ofrece un especial sobre Guy Debord y muestra su última producción, un postrer intento por controlar la imagen pública, cómo ser objeto para otros, y cómo hacer un *détournement* en el interior de los mecanismos de la propia sociedad espectacular. Dirigida por Brigitte Cornand bajo la aprobación de Guy, *Guy Debord. Son art et son temps* quería ser un *antitelevisuel*, una revisión del situacionismo, de los años vividos nocturnamente en París y una revisión de los *Hurlements en faveur de Sade*: luego se explica mejor y es repetitivo. Es el testimonio póstumo de Guy Debord.

Para Andrew Hussey, la parte más complicada del trabajo en la biografía de Debord fue hablar de su suicidio. Pero escribe que tiene que hacerlo. Apenas dedica un par de páginas finales. Pregunta a Alice Becker-Ho, su última pareja, por el suicidio de Guy. Es inevitable. Alice respira, enciende un cigarrillo, se toma su tiempo y responde:

–Está la pena y la tristeza, que también pueden ser hermosas. Amé de verdad a Guy y creo, sé, que él me amó, y cuando alguien se ha ido para siempre es un momento de increíble dolor. Pero es un momento intenso. –Y sigue–: Fue fantástico. Su muerte ha sido el regalo más hermoso que me podría haber hecho.

¡Un regalo! Algunos consideran su suicidio como su último acto revolucionario, la última aportación situacionista y de rechazo de la sociedad del espectáculo. Parece que sí, que le asqueaba devenir él mismo en personaje público. El situacionista gamberro que escandalizó al público de Ciné Club d'Avant-garde du Musée de l'Homme de París presentando *Hurlements en faveur de Sade*, imagen fija en negro o blanco bajo la que resuenan sonidos diversos, en los noventa se estaba convirtiendo en una referencia intelectual. Son los años de Baudrillard y la teoría del simulacro, tan deudora de la sociedad del espectáculo de Guy: la sociedad del espectáculo es la sociedad del simulacro, en la que todas las experiencias son vicarias o devaluadas por la espectacularización de la cultura. Frente a esta, Guy ha bebido, ha follado, se ha drogado, ha comido... Todo en exceso.

Pero ahora forma parte del espectáculo. El 14 de noviembre de 1994 había firmado un acuerdo con Canal+ Francia para organizar una programación especial dedicada a su figura con la proyección de *Guy Debord. Son art et son temps*, seguida de *La Société du spectacle*, de 1973. Guy no llegó a ver la emisión el 9 de enero de 1995.

El 30 de noviembre de 1994, dieciséis días después de firmar el acuerdo con Canal+, Guy Debord se disparó en el corazón. Lo encontró Alice Becker-Ho en la gran casa de su hermano que ocupaban en Champot, un pueblecito de la Auvernia, en medio de bosques llenos de excursionistas, muy alejados del Barrio Latino de París.

Guy Debord. Son art et son temps se inicia con la recuperación de una discusión en la televisión francesa entre intelectuales sobre el valor del propio Guy Debord. Después, un repaso por las imágenes de *Mémoires*, el libro cercano a la poesía visual que realizó un año antes con Asger Jorn, e imágenes de la sociedad del espectáculo y su condición pornográfica: desde los hechos de Tiananmén hasta las últimas imágenes emitidas en directo de la niña Omaira ahogándose tras las inundaciones producidas por la erupción del volcán Nevado del Ruiz; para acabar con François Mitterrand en actitud presidencialista y Bill Clinton haciendo *footing* rodeado de guardaespaldas. El documental ratifica su suicidio como el acto político y revolucionario que reclaman sus simpatizantes: el escritor contra la sociedad del espectáculo decide acabar con su vida en cuanto ve que se acerca a ser un espectáculo. Y es un testimonio visual ideológico de Guy Debord. Un Guy que, desde un pueblecito campestre rodeado de bosques, alejado de los bares y el humo de París, con problemas de movilidad que implican dificultad para escribir, recupera para el inicio de la película una estrofa de la canción «Lézard» de Aristide Bruant: «J'en foutrai jamai' un' secousse, / mêm' dans la rousse, / ni dans rien». Algo así como: «No daría ni golpe / ni en la pasma / ni en nada».

También podría ser la nota de suicidio de Guy: una cita. Guy Debord defendió la cita y el apropiacionismo como método de trabajo y de escritura. Extraño que omitiera los dos versos anteriores de la canción, tan situacionista como el propio Bruant lo fue *avant la lettre* burlándose de los burgueses que venían a conocer la bohemia: «J' peux pas travailler, / Ça m'emmerde». Algo así como: «No puedo trabajar / me jode».

Después de entrevistar a Alice Becker-Ho, Hussey llega a la conclusión de que en el fondo los motivos del suicidio de Guy Debord son un conjunto de aspectos: «la enfermedad, el orgullo, el rechazo a ceder ante las circunstancias, un gesto de gran belleza negativa, a la vez estético y político». También habla de ese final en el que se ve derrotado, como parte del espectáculo, sin escapatoria, y destaca que Guy también comenzaba a ser objeto de estudio de universitarios de todo el mundo y que empezaba a verse a sí mismo como a sus enemigos jurados, los filósofos de la academia francesa: Althusser, Lacan y Foucault.

Michel Foucault sonriendo. Michel Foucault con una mueca inteligentemente maligna en un debate frente a Noam Chomsky. Foucault mantiene esa mueca al tiempo que introduce la uña del dedo índice entre los dientes con la mano estirada, pensativo, mientras escucha al norteamericano defender la naturaleza bondadosa del ser humano. Para él, la misma defensa de una supuesta naturaleza bondadosa y el mismo concepto de la naturaleza del ser humano forman parte de la estructura de conceptos que articula la sociedad que ha desarrollado una serie de instrumentos de poder para regular esa supuesta bondad. Chomsky mira incrédulo. Parece que no acaba de seguir la concatenación de argumentos. Todo sucede ante una audiencia presencial y televisada. En un momento dado, Foucault se enoja con el moderador, que le ha hecho una alusión personal. La pregunta es inconveniente, es privada, nada de esto tiene que ver con lo personal, con él en cuanto sujeto cerrado. Se despide visiblemente molesto. En otra entrevista, también en televisión, en la que le preguntan por el conjunto de su obra, aclara que no se considera a sí mismo un escritor, ni que tenga una obra, en todo caso se ve como un estudioso que se ha dedicado a investigar determinadas cuestiones. No parece estar satisfecho con el hecho de que se le atribuya una condición de sujeto/autor. ¿Era este Foucault televisivo, pero incómodo, tratado en entrevistas como una autoridad intelectual, el que detestaba Guy Debord?

A Foucault no se le atropellan las palabras. Tiene un hablar pausado, argumentativo, con un lenguaje preciso, muy Collège de France. Incluso alguien que no domine mucho el francés puede entender cada una de las palabras e inflexiones perfectamente pronunciadas. Nada de balbuceo alcohólico. Y siempre con un aspecto limpísimo, impoluto. La cabeza afeitada da una apariencia higiénica, sumada al jersey de cuello alto, espartano, maoísta, que permite pocos floripondios.

Sin embargo, en el Death Valley, en medio del desierto de Mojave en el suroeste de California, el jersey de cuello alto blanco parece exótico. Ha viajado hasta San Francisco para participar en un seminario en la Universidad de Berkeley invitado por Simeon Wade. Durante unos días se hospedará en su casa. Wade lo recuerda en *Foucault en California*. Ahí aparecen reproducidas algunas fotografías que se tomaron en aquel verano de 1975. El aspecto exótico de Foucault, además de por el jersey de cuello alto blanco impecable, queda acentuado por la americana de rayas casi *op* y las gafas de sol con montura blanca. Gafas blancas, jersey blanco y sonrisa abierta mostrando una extraordinaria dentadura blanca. Contrasta también con un Simeon flacucho y melenudo, solo con unos tejanos recortados por encima de la rodilla o con su novio Michael Stoneman, melenudo también, barbudo y sonriente. Hippies de California con un intelectual francés. En *Foucault en California* Simeon recuerda las conversaciones sobre música, sobre perros y gatos, sobre su estado físico, sobre alcohol... El filósofo francés habla de su admiración por cómo Malcolm Lowry había usado el alcohol, el mezcal, de manera alucinógena. De hecho, además de para dar una serie de charlas en la universidad, Michel Foucault está ahí por motivos alucinógenos: Simeon, Michael y él viajarán hasta el Death Valley, pasarán la noche allí y experimentarán con LSD.

Parece que no se desprendió de su jersey de cuello alto durante toda la noche que pasó en una cueva bajo los efectos del LSD en el desierto. Su aspecto urbano contrasta con el impresionante paisaje desértico y la pinta hippie de sus compañeros. Tumbados miran al cielo estrellado, inmenso, escuchando Stockhausen. El lugar es Zabriskie Point, que da título a una película de Antonioni de 1970. Esta se inicia con la documentación de una asamblea universitaria pro derechos civiles. Y finaliza mostrando el sueño de la protagonista, que ve explotar la casa de su jefe en lo alto de una colina mientras de fondo suena un tema instrumental de Pink Floyd: una versión de «Careful With That Axe, Eugene» retitulada para la película como «Come in Number 51 (Your Time Is Up)». Pink Floyd también había propuesto una versión de «Us and Them», que al final no se usó en la película pero se incluyó en el álbum más lisérgico de la banda, *The Dark Side of the Moon*. La voz ronca y melódica, hipnótica, de David Gilmour canta lo que parece un estado de separación del sujeto:

> Nosotros y ellos.
> Después de todo, solo somos hombres ordinarios.
> Negro y azul.
> ¿Quién sabe cuál es cuál y quién es quién?

Arriba y abajo.
El final son solo vueltas y vueltas y vueltas.

Música evasiva, instrumental, del grupo de música más lisérgico. Foucault recuerda la última escena de la película de Antonioni con una explosión en cámara lenta acompañada de música alucinógena en el mismo Zabriskie Point. Aquel que discute con Chomsky que la idea de una supuesta naturaleza bondadosa del hombre es producto de la misma civilización que la reprime ha encontrado en Zabriskie Point una manera de escapar de la propia naturaleza corpórea. O ha encontrado un lugar en el que tener la experiencia de ver cómo el mundo se desmenuza, se astilla delante de los ojos... se descompone en partes, y esas partes en nuevos trozos, como si fuese posible analizarlo, tener una visión de las partes constitutivas de todo.

Simeon Wade también se refiere a aquel lugar al recordar esa noche y la última conversación, ya de despedida en el aeropuerto, con Foucault: «"Hemos tenido muchos placeres juntos", dijo, como desde lejos. Sus ojos brillaban con el resplandor de Venus elevándose sobre Zabriskie Point». Años más tarde, cuando se publicó *Foucault en California* en 2017, Heather Dundas, de la revista *Boom California*, entrevistó a Simeon Wade. En ella insistía en la importancia que tuvo para Foucault la estancia en el Death Valley y la experiencia con el LSD. Indica que continuaron escribiéndose; que Foucault replanteó la *Historia de la sexualidad* que había empezado a escribir antes de la visita y que destruyó lo que tenía redactado. Declara que «entre 1975 y 1984 Foucault fue un nuevo ser». Y, más allá, que cuando enfermó les expuso que tenía la intención de regresar a visitarlos para morir como Aldous Huxley. No pudo. Falleció antes.

Según Simeon Wade, Foucault, que sabía que le quedaba poco tiempo de vida, habría decidido recuperar aquella experiencia en el desierto de Mojave y emular la muerte de Aldous Huxley. La muerte de Huxley seguramente pasó desapercibida entre los ecos del asesinato de JFK el mismo 22 de noviembre de 1963. Ese día, enfermo de un cáncer terminal de laringe, escribió una breve nota a su esposa Laura: «LSD, 100 microgramos, intramuscular». Laura Huxley relata el proceso en una carta dirigida al hermano del escritor. Explica la última petición lisérgica de Aldous, cómo le administra la dosis y el proceso de su muerte: «Las cinco personas en el cuarto dijeron que esta fue la más serena y hermosa muerte. Tanto los doctores como las enfermeras dijeron que nunca habían visto a una persona en una condición física similar irse con tanta facilidad, sin ningún dolor ni dificultad».

Aunque fuese la última, es bien conocido que aquella no fue la primera experiencia con el LSD de Huxley. Y, a diferencia de Foucault, pero como De Quincey y Baudelaire sobre el opio y el hachís o Debord sobre el alcohol, Huxley escribió sobre la experiencia de la ingesta de drogas. En *Las puertas de la percepción* relata la primera vez que tomó mescalina. Ingiere una píldora a las once de la mañana. Se sienta en su estudio con la mirada fija en un florero de cristal: rosas y claveles, de colores disonantes. Y se concentra en ellas. Las siente respirar. Ve cómo se descomponen en sílabas. Y entonces reconoce su cuerpo como otro, un «No-Yo liberado de mi asfixiante abrazo». Acto seguido, los libros de sus estanterías empiezan a brillar. La realidad se astilla y no importa. Siente una completa indiferencia respecto al tiempo y el espacio y todo le recuerda a un cuadro cubista de Braque, donde los objetos se solapan. Y empieza a ver láminas, reproducciones de Vermeer a Cézanne. Lo que se le hace verdaderamente interesante es el mundo exterior, no el interior, no el autoconocimiento, que es aburrido, sino todo lo que sucede a su alrededor, los objetos, con los que se identifica, se ve como libro, como flor, como cuadro, como manzana. Su yo es otro. Otra vez Rimbaud: «Yo es otro».

Empieza el viaje hacia fuera. La percepción de formas y colores en transformación. Formas geométricas que se hacen más complejas y se enredan. Huxley ve mosaicos y tallas. Luego edificios y bosques. Toda esa experiencia la tiene él, todos esos mosaicos, tallas, formas y colores en transformación los ve Huxley, pero, como Baudelaire con De Quincey, prefiere explicarlo a través de otros. Weir Mitchell, que escribió sobre la neurastenia, cuyas investigaciones influenciaron a Freud, por ejemplo, en la adopción del uso del diván, y que también escribió novelas románticas, narraba los efectos de la mescalina en carne propia. Huxley lo reproduce:

> Vio una multitud de «puntos estrella» que parecían «fragmentos de cristales de colores». Luego, vinieron «delicadas películas flotantes de color». Estas películas se vieron desplazadas por la «brusca irrupción de innumerables puntos de luz blanca» que cruzaban rápidamente el campo de visión. Luego, hubo líneas en zigzag de brillantes colores, que fueron transformándose en nubes que se agrandaban y tenían colores todavía más brillantes. Llegó el turno de los edificios y luego el de los paisajes. Había una torre gótica de complicado diseño, con viejas estatuas en las entradas o sobre ménsulas de piedra. «Mientras contemplaba aquello, todos los ángulos y cornisas y hasta las caras de las piedras, en sus junturas se fueron cubriendo o constituyéndose en apoyos de racimos de algo parecido a enormes piedras preciosas, pero piedras sin tallar, como si fueran masas de frutas transparentes... Todo parecía poseer una luz interior.» La torre gótica cedió el sitio a una montaña, a un farallón de inconcebible altura, a una colosal garra de ave tallada en la piedra y que avanzaba sobre el abismo, a un interminable despliegue de telas de colores y a una floración de más

piedras preciosas. Finalmente hubo una visión de olas verdes y purpúreas que rompían en una playa «con miríadas de luces de los mismos tonos que las olas».

La réplica de Huxley de Weir Mitchell para explicar los efectos de la mescalina está al principio de *Cielo e infierno* (¡cielo e infierno!), la continuación de *Las puertas de la percepción*, y sirve al autor de *Contrapunto*, una novela fragmentaria, hecha de trozos de historias que encajan como en un calidoscopio, para trazar una historia del arte a través de la percepción de las drogas, desde la orfebrería y la talla egipcia hasta los claroscuros barrocos.

Para el mismo Baudelaire, que deambula por París, las drogas provocan asociaciones de ideas insospechadas y una camaradería que solo puede entender alguien que está en el ajo. Es la camaradería que encuentra cada día Debord en sus derivas y encuentros borrachos en París. Las asociaciones de ideas se producen en sus películas y escritos en choques de imágenes que intentan descomponer una realidad volcada a la espectacularidad. Una realidad astillada, que se fragmenta en pedazos delante de los ojos de Foucault cuando lo que ha buscado es intentar explicar el orden oculto que articula la realidad en nuestra civilización. Por su parte, Huxley, drogado, se dedica a reconstruir un museo imaginado en el que reordena imágenes diversas, disímiles... Huxley drogado es un comisario de exposiciones. Hojea libros y deja que las obras vuelen y se ordenen en nuevas explicaciones. Deja que lo hagan solas o parece que lo hagan solas. Es un sujeto que observa, volcado hacia fuera.

El acto fundacional de la modernidad tiene que ver con la invención del sujeto. La invención de la subjetividad y del individuo van ligados. Esta es una apreciación muy propia de Foucault. Él se apoyó en el Velázquez posando orgulloso en *Las Meninas* para hablar de ese sujeto. Un sujeto que hace. Velázquez es el culpable de la maquinaria de visualidad compleja que es el cuadro, en el que acabas averiguando que el «tema» de la pintura es el propio autor haciendo gala de sí mismo, autorreferenciándose. Siguiendo esta vez a Foucault en el análisis de *Las Meninas*, todos son espectadores de una acción en la que Velázquez es protagonista pintando un cuadro en el que salimos nosotros. Un sujeto que habla a sujetos futuros. Un autor que se señala a sí mismo orgullosamente. Y un individuo que explota su subjetividad.

Es también el sujeto Courbet en el *Retrato de un hombre desesperado* de 1845, delante de un espejo con los ojos bien abiertos, las manos apartando el pelo de la cara hacia atrás y el cuerpo inclinado hacia delante para verse bien, sorprendiéndose de ser él mismo, admirándose o haciendo la pregunta infantil que todos nos hemos hecho sobre si ese pedazo de carne, huesos y órganos que me mira de frente en el espejo soy yo. Es lo real insondable, que escapa a la significación, sobre lo que nos cuesta nombrar los atributos. Tal vez de eso se sorprende Courbet mirándose a sí mismo. No como *El caminante sobre el mar de nubes* pintado por Caspar David Friedrich en 1818. Un hombre solo, que nos da la espalda, observa el mundo delante de sí. No hay complicidad en la mirada, no nos observa mientras le vemos, el sujeto está solo frente al mundo, ante picos de montañas nevadas que surgen entre nubes hacia un horizonte infinito. Pero más importante, lo que articula a ese sujeto, sus atributos, es ese mundo que observa. El mismo año pero de un formato más pequeño, *Mujer frente al sol poniente* muestra un paisaje más tranquilo, primaveral, unas rocas en primer plano, arbustos, verde y, hacia el fondo, montañas en perspectiva aérea; en el centro, la mujer que da título a la pintura, de espaldas, con las manos abiertas extendidas, los brazos ligeramente separados del tronco, tapa el sol en su ocaso de tal manera que unos rayos rojos o anaranjados parecen desprenderse de su cuerpo.

Desde la distancia y a la vista de los hechos acontecidos en el siglo XX, ese estallido de luz en rayos anaranjados y cielo amarillo remite a una imagen apocalíptica, de fin de mundo, como las explosiones naranjas de los test de la bomba atómica en el desierto de Nevada. Se diría que la mujer de Caspar David Friedrich observa el mundo estallar delante de sí.

Lord Chandos explica que le ha estallado el mundo delante de él, que se ha descompuesto. Lo hace en la famosa carta que Hofmannsthal inventa en 1902, en la que ese supuesto lord escribe a Francis Bacon, el filósofo inglés. Ahí describe una tarde en la que pasea por el campo, entre tierras labradas, y en el momento del ocaso no puede dejar de observar todos los detalles que le rodean, se siente absorbido por los más mínimos fragmentos de realidad. Es entonces cuando describe cómo una rama o un insecto se descompone en pedazos más pequeños y el mundo se desmenuza delante de él sin que sea capaz de asirlo por completo. La *Carta de lord Chandos* se asume como un episodio en la crisis del racionalismo: el deseo de una explicación completa y compleja de la realidad es imposible, esta se astilla y desmenuza en múltiples partes delante de nosotros. Curiosamente la expresión que Hofmannsthal pone en la escritura de lord Chandos se corresponde con la visión del mundo desmenuzándose que recordaba Simeon Wade sobre la experiencia con LSD en el desierto con Foucault. También, de manera más explícita, con la imagen de una casa explotando en la película *Zabriskie Point* mientras suena música instrumental de Pink Floyd. Huxley narra cómo desde su despacho ve el mundo descomponerse. A lord Chandos le sucede algo semejante paseando: «Una regadera, un rastrillo abandonado en el campo, un perro tomando el sol, un humilde cementerio, un lisiado, una choza de campesino, todo esto puede convertírseme en recipiente de mi revelación. Cada uno de esos objetos y otros mil similares por sobre los cuales la mirada se desliza de costumbre con obvia indiferencia, es de pronto capaz, sin que nada logre evitarlo en ese momento, de adquirir para mí un carácter tan solemne y conmovedor que todos los vocablos me parecen pobres para expresarlo». La realidad se desmenuza, se descompone, y lord Chandos se siente incapaz de encontrarle sentido, ni siquiera encuentra las palabras para explicarlo. La experiencia en la que se da la crisis de lord Chandos se parece a la manera en la que otros narran la experiencia de las drogas.

La crisis del racionalismo que ejemplifica esa carta tiene que ver con que ese astillamiento de la realidad provoca un bloqueo. Ante esa descomposición de lo real que se produce delante de sus ojos, el lord se siente incapaz de seguir. Así, escribe: «He perdido completamente la facultad de reflexionar o hablar en forma coherente sobre un tema cualquiera». Él ha perdido la locuacidad aquella de la que hablaban Baudelaire, Debord o Marguerite Duras. Está bloqueado. Agotado. La experiencia es agotadora.

Si lord Chandos dice haber perdido la facultad de hablar, las drogas recuerdan a Aldous Huxley otra incapacidad: «Soy y, en cuanto puedo recordar, he sido siempre poco imaginativo», escribe en *Las puertas de la percepción*. Parecen síntomas de una misma enfermedad: la languidez, el dejarse llevar, el bloqueo, el agotamiento, la falta de imaginación o de motivación... Si ni Debord ni Baudelaire escribieron demasiado, podía deberse también a la falta de imaginación. O de motivación. Tal vez poner la vida por delante era eso.

Después de que Mark Renton se haya dejado caer buceando entre la mierda de un lavabo infame, en una escena posterior de *Trainspotting*, él y sus amigos deciden dejar las drogas. Simplemente dejan de drogarse. El problema está en qué hacer con el tiempo. De repente el tiempo pasa a ser algo espeso, no se acaba, no tiene sentido. La droga da una motivación: levantarse, buscar dinero, pillar, colocarse... También para William Burroughs la cuestión está en la motivación. Escribe en *Yonqui*: «Uno se hace adicto a los narcóticos porque carece de motivaciones fuertes que lo lleven en cualquier otra dirección. La droga llena un vacío. Yo empecé por pura curiosidad. Luego empecé a pincharme cada vez que me apetecía, terminé colgado». Burroughs solo encuentra motivación en las drogas, puro deseo. También en *Yonqui* recuerda que el deseo fue la primera motivación: «Cuando sea mayor, fumaré opio». Y luego continúa explicando cómo la droga marca los tiempos: el frío, el calor, la pausa...

En la introducción de la edición por el veinticinco aniversario de *Queer*, Oliver Harris escribe que si *Yonqui* es una novela sobre la adicción, *Queer* lo es sobre el síndrome de abstinencia. Dice Harris que Burroughs concibe las dos novelas como una continuación, capítulos consecutivos de la vida. Recuerda una carta en la que cuenta a Kerouac que está escribiendo la segunda parte de *Yonqui*, dos años después de acabarla, en 1952, y que la diferencia entre ambas es que la primera fue escrita bajo los efectos del caballo, la segunda no. Según Harris, eso explica el estilo frío, objetivo y distante de *Yonqui*: el sujeto que se mira a sí mismo desdoblado, en la distancia, desde el exterior. Joan Vollmer, su mujer, le recrimina que cuando está colgado deja de estar.

Como en Baudelaire, Huxley o De Quincey, ese estilo frío y distante se corresponde con el deseo de descripción y de clasificación. En la introducción a *El almuerzo desnudo*, Burroughs enumera los tipos de drogas que ha consumido de la misma manera que Debord enumeraba los alcoholes: «He consumido droga bajo muchas formas: morfina, heroína, Dilaudid, Eucodal, Pantopon, Diosane, opio, Demerol, Dolofina, Palfium. La he fumado, comido, aspirado, inyectado en vena-piel-músculo, introducido en supositorios rectales». En *Yonqui* explica el proceso: «La morfina pega primero en la parte de atrás de las piernas, luego en la nuca, y después una gran oleada de relajación que te despega los músculos de los huesos y parece que flotes sin sentir el contorno de tu cuerpo, como si estuvieras tendido sobre agua salada caliente». Y habla del mono, de que nadie deja las drogas voluntariamente, porque el mono dura entre cinco y ocho días y eso es demasiado. Que él tuvo que dejarlas por ejemplo en la cárcel y vuelve a describir: «Tenía el cuerpo en carne viva, contraído, tumefacto, mi carne helada por la droga se descongelaba haciéndome sentir dolores agónicos». Es posible imaginar la piel fina y seca del escritor pegada a los huesos y músculos fibrados, puro pellejo, flaco, con los pómulos extremadamente marcados en una mueca cadavérica, la boca recta se asemeja a un corte en la cara y su voz grave que parece surgir de las profundidades retumba al preguntarse qué es lo que hace que la humanidad siga viva en un disco homenaje a Kurt Weill en el que participa, *September songs*.

Huxley también escribe sobre el reverso de la fuga iluminada, la que provoca cierto pavor, miedo, en la que la fragmentación, el mundo y la realidad astilladas conducen a un camino que lleva hacia la esquizofrenia, hacia la caída en la enfermedad. Y aclara que mientras en la visión positiva el cuerpo se desdobla, habla de «desindividualización»; en la visión negativa, el cuerpo se hace pesado, más denso, intenso, cerrado, hacia adentro, deja de ser externo, construido desde fuera, para ser interno, deja de ser liviano para ser pesado. Pesa, cae y provoca el descenso al infierno.

Si había dos cielos, el del espacio y el del paraíso, también hay, por lo menos, dos infiernos: el de la fuga hacia la enfermedad y el del descenso tanto del mono como de la insoportabilidad de lo cotidiano. El cielo muestra a un sujeto escindido, que se explica desde fuera, que incluso en el extremo de explicar la propia experiencia busca la de otros. Porque padece un bloqueo, una falta de imaginación, mientras el viaje revela conexiones intrigantes, un mundo que se astilla y que se recompone en piezas. Las piezas no son propias, son de otros. Y esa construcción ajena es la que revela un perfil propio, hecho de conexiones, desde el exterior, justamente como perfil más que como interior o profundidad. Ahí cobran sentido desde Huxley iluminado en el sofá de su casa bajo los efectos del LSD hasta Debord alcoholizado divagando perdido por las calles de París, haciendo uso de una locuacidad comunicativa de la que habla Marguerite Duras. El mundo se descompone en la experiencia de Foucault con las drogas desde un Zabriskie Point al que anhelará volver y en la experiencia de Huxley, que recuerda la crisis del pobre romántico lord Chandos observando el mundo como un personaje de Caspar David Friedrich. Pero que desde ese sofá se figura las paredes de museos imaginarios que salen de sus libros hechos pedazos como en un cuadro de Braque.

Escribir de otros, recomponer relatos hechos de pedazos de historias, conectadas a través de una deriva del pensamiento, mientras el sujeto centrípeto, hacia adentro, pesa, se hunde y deja espacio a un sujeto centrífugo que se dispara hacia afuera. Todo ello ha aparecido a través de un rastreo por las adicciones de los sospechosos habituales, aquellos referentes del pensamiento contemporáneo, reclamados desde la crítica, el comisariado y la práctica artística. Solo que ahora desde el relato de sus experiencias.

En efecto, Baudelaire siempre se cita como referente de la crítica de arte, como el primer crítico de arte. Desde luego porque escribió sobre exposiciones y sobre artistas. Como ya hemos dicho, notablemente sobre Constantin Guys, el Sr. G., en *El pintor de la vida moderna*, donde entra en temas tan contemporáneos como el gusto o la idea de autoría. Pero la cuestión es que Baudelaire habla de otros incluso para referirse a su experiencia más personal. Y eso abre las puertas de la percepción a pensar que su trabajo forma parte de unas prácticas definidas por su carácter vicario. Prácticas que hacen desde lo que hacen otros, para las que solo es posible escribir a través de los demás. Y abre las puertas a reconstruir las prácticas creativas, no desde la disciplina, sino desde las afinidades, buscando una genealogía de saberes y de herramientas comunes. También de esos amores que te miran con espejos plateados en los ojos. O sentados en una butaca en medio de un espacio intangible de referencias, frente a un mundo astillado, hecho de cachos, en aquella realidad reordenada que Huxley comparaba con un cuadro de Georges Braque.

EN BROKEBACK MOUNTAIN / CREAR ES PLURAL

Georges Braque, amigo de Picasso. Picasso, el genio malagueño, tuvo amigos. La segunda temporada de la serie *Genius*, de la productora de televisión de National Geographic, está dedicada a Picasso. Picasso, el genio. La idea de la genialidad proviene del Romanticismo y está asociada a por lo menos dos rasgos de personalidad: el atormentado y depresivo, cuyo máximo exponente sería Van Gogh; y el iluminado, siempre fuera de sí, Dalí. De hecho, ambos personajes están en su mundo. Uno está en perpetuo enfado, interpretado de manera histriónica por Kirk Douglas en *El loco del pelo rojo* de Vincente Minnelli, o más contenido, pero centrípeto, hacia adentro, blindado frente al mundo, interpretado esta vez por Willem Dafoe para *Van Gogh. A las puertas de la eternidad* dirigida por Julian Schnabel en 2018. El otro está como ido. Dalí es inaccesible para Dick Cavett cuando participa en su *late show* en la cadena de televisión estadounidense ABC en 1970. Habla un inglés ininteligible y responde lo que le da la gana, sin relación con las preguntas. Cuando el entrevistador le dice que no le entiende, que habla una especie de jerga inglesa, Dalí responde que es un problema anglosajón, que es un idioma aburrido y que él aporta mediterraneidad y catalanidad, por eso carga el acento exageradamente sobre la última sílaba de *butterFLYYYYY*.

Picasso no parece responder a ninguno de esos dos estereotipos de genialidad a pesar del apelativo constante de genio para hablar de él. Como antagonista frente al genio de Picasso siempre se sitúa a Marcel Duchamp. Los antagonistas son útiles de manera recíproca, se necesitan, uno sirve para explicar al otro y viceversa. Frente a la ingente producción de cuadros, grabados, cerámicas, esculturas, dibujos, etc., de Picasso, Duchamp acumula una escasa producción. Duchamp, el artista de los ready-mades que no crea sino que reproduce, que abandona el arte, que lee y juega al ajedrez. Picasso productor frente a Duchamp reflexivo. De Picasso hay muy pocas entrevistas filmadas, mientras que Marcel a partir de los años sesenta se soltó y fue accesible a diversas entrevistas en televisión. Apareció en la BBC en junio de 1968 pocos meses antes de su muerte contestando de manera relajada a las preguntas de Joan Bakewell; en un reportaje, cómodamente sentado en una butaca, sobre su exposición en la Tate en 1966; y en 1956, en el Museo de Arte de Filadelfia, conversando con James Johnson Sweeney en la NBC. Entre medio, las célebres entrevistas de Pierre Cabanne y las de Calvin Tomkins. Además hay otras en la radio, y filmaciones de Marcel Duchamp accionando la *Rueda de bicicleta* (el primer ready-made, con la rueda clavada encima de un taburete) o jugando al ajedrez, la práctica por la que durante un tiempo abandonó el arte. Nunca aparece trabajando. Marcel no trabaja. Elena Filipovic explica, en *The Apparently Marginal Activities of Marcel Duchamp*, que las imágenes que hay de sus estudios en realidad son de sus apartamentos, el lugar en el que desarrollaba sus proyectos estaba en un espacio contiguo que nunca enseñó.

Duchamp habla, narra sus propuestas, con un tono pausado y reflexivo, con media sonrisa irónica. Fumando un puro. Picasso también fuma. Cigarrillos. Hace tiempo, desde 1908, que ni bebe ni fuma otras sustancias, solo tabaco. El tabaco le acompañó toda la vida, provocándole una característica tos húmeda madrugadora. Al final de la película documental *Le Mystère Picasso*, filmada por Henri-Georges Clouzot en 1956, camina alejándose de la cámara en calzones negros, con el torso desnudo, fumando un pitillo. La película está dedicada a mostrar su genialidad (¡el misterio!). Clouzot ha dispuesto un artilugio que permite filmar el proceso de realización y composición de una pintura. Picasso sentado, semidesnudo, pinta sobre un caballete vertical; al otro lado, detrás, se sitúa la cámara, que muestra como en transparencia la manera en que se va desarrollando la pintura. Picasso trabaja.

Antes, en 1949, una filmación le mostraba pintando tras un vidrio. De un solo trazo, con seguridad, usando un pincel untado en pintura blanca, en un movimiento fascinante de muñeca, Picasso dibuja una paloma, un toro, un jarrón con una margarita, una mujer frontal, con grandes pechos, otra muy estirada y larga con el coño en forma de corazón. Lo hace con determinación, sin pausa. Como en la película de Clouzot, también está semidesnudo. Es curiosa la cantidad de imágenes de Picasso en calzoncillos. Y es impresionante el aplomo en el trazo, el juego de la muñeca con tantos y tantos kilómetros de pintura acumulados. Si Breton decía que el pensamiento se hace en la boca, en Picasso parece que el pensamiento se haga en la muñeca. Y, más allá, parece que necesitaba todo el cuerpo, de ahí que aparezca semidesnudo, tensionado, como un performer que precisa estar en buena forma. Hay algo de la figura bajita pero contundente, de grandes espaldas, de Picasso que recuerda a Chris Burden (o, más bien, al revés): también aparece con el torso descubierto mientras se electrocuta en su estudio en Los Ángeles para la acción *Electrocuted* de 1971, o crucificado en un Volkswagen Escarabajo en 1974 para la performance *Trans-Fixed.*

André Villers fotografió a Picasso en los años cincuenta en la playa, en su estudio, en calzoncillos y hasta disfrazado de Popeye. Duchamp se hace fotografiar en 1924 por Man Ray totalmente desnudo acompañado de Bronia Perlmutter. La fotografía emula una pintura de Lucas Cranach el Viejo. Duchamp lleva barba postiza, aunque no parece tener ni un solo pelo en el resto de su cuerpo (según la biografía de Bernard Marcadé, tenía aversión al vello capilar), solo una rosa tapa sus genitales. En 1967 Elaine Sturtevant repetirá la fotografía acompañada de Robert Rauschenberg (este sí deja entrever vello púbico). Duchamp en el resto de las fotos siempre está vestido, hasta en la playa, en Cadaqués, acompañado por Teeny, Dalí y Gala: un señor mayor flaco con unos grandes pantalones cortos de los que asoman unas patillas muy blancas, una camisa safari y un enorme sombrero de paja que le protege del sol. Uno podría decir que la imagen es entrañable, sin duda apartada de la elegancia neoyorquina, también más humana que la pose calzoncillera.

Picasso con el torso desnudo, Duchamp se cubre del sol; Picasso bajito con un cuerpo contundente, Duchamp estirado y flaco; Picasso pinta, Duchamp habla; los dos fuman: uno cigarrillos, el otro puros.

En lo que se fija Henri-Georges Clouzot para la película de 1956 es en el trazo de Picasso, en su capacidad compositiva. Intenta ir más lejos que la filmación del artista pintando sobre vidrio con ese artilugio que va más allá de enseñar un dibujo y con el que puede mostrarle en plena ejecución de un cuadro. En un par de ocasiones, *Le Mystère Picasso* incorpora imágenes de *making-of* o del desarrollo de la filmación. Ahora Picasso no solo pinta, también habla. Poco. Breves indicaciones. No está del todo satisfecho. Dice que tiene que pensar en una manera en la que mediante superposiciones se vea más claro el avance de la pintura. En la escena final estampa una gran firma con un carboncillo en el dorso de un lienzo y exclama sonriendo y encogiéndose de hombros:

–*Eh bien! C'est fini.*

En esta película tiene setenta y cinco años. Hará falta una década más para volver a ver hablar a Picasso. Poquito, también. En un reportaje para la televisión belga, la RTBF. Aparece en su estudio en Mougins, cerca de Cannes. Mueve una serie de cuadros de una estancia a otra. Hace un dibujo. Otra vez trabaja. Pero vuelve a aparecer hablando. Esta vez entrevistado. Es una conversación casual. Distendida. Apenas unos minutos en los que Picasso está apoltronado fumando. Le preguntan si le gusta la televisión. Confiesa que compró una para ver la boda de la princesa Margarita. El entrevistador insinúa la de cosas que podría haber hecho o hacer en televisión. Parece que no acaba de entender o de oír. Y contesta que a veces ve cosas que le interesan, pero que otras ve cosas lamentables. Al principio, el entrevistador le pregunta si le gusta la gente:

–*Oh! J'aime bien les gens.*

Habla rápido, con una voz nasal y aflautada, un francés todavía con acento latino marcando las erres. A la inversa, Duchamp habla un inglés preciso con un suave acento francés. Duchamp se explaya sobre su trabajo, señala las grietas que recorren *El gran vidrio* y muestra los ready-mades, explica su génesis, echa mano de la memoria; Picasso no, Picasso lanza frases. Las entrevistas, no solo en televisión, son anecdóticas o reconstrucciones de conversaciones (es el caso de Pierre Daix, uno de sus biógrafos). Roland Penrose (otro biógrafo) lo compara con Matisse, locuaz y de conversación brillante, frente al que Picasso, siempre molesto cuando le piden explicaciones sobre su obra, es irónico y reservado, dispuesto a lanzar miradas despectivas. Hay otra manera de imaginarlo. Antonio Ortega me dijo en una ocasión que las declaraciones de Picasso le recuerdan a las de un tipo castizo en un bar que sale al paso con ingenio ante cualquier pregunta, muy en la tradición de la picaresca española. Hagamos la prueba. Lee pensando en el tono de un tipo, codo apoyado en la barra, cigarrillo en la comisura de los labios, voz de cazalla, con sol y sombra, carajillo o copa de Magno en la mano: «yo no busco, encuentro», «todo lo que puede ser imaginado es real», «No hay nada más difícil que una línea»...

Duchamp habla y se explica. Picasso habla poco y no se explica. Picasso trabaja.

A Picasso con ochenta y cinco años se le ve feliz. Parece un tipo simpático, entrañable, afable. Picasso sonríe, sin ironía. Al genio, dice, le gusta la gente. Un genio con amigos como Georges Braque. Una fotografía de Lee Miller los muestra charlando animados en Vallauris, mayores, pelo blanco, con Roland Penrose no se sabe muy bien qué haciendo detrás.

Hay varias versiones sobre el primer encuentro con Braque en 1907. La mítica, o en pro del mito-Picasso, decía que el encuentro había tenido lugar en su estudio del Bateau-Lavoir. Acompañado de los Stein, habría visto *Las señoritas de Avignon*. Mientras unos quedaban escandalizados, Braque exclamó que era como comer estopa y beber queroseno. En muchas ocasiones se ha interpretado esa expresión en negativo, como si la comparación con la ingesta de estopa y queroseno viniese a decir que era una porquería infumable. Creo que falta cultura punk. Cultura pop. De tradición punk y pop, en la que lo malo es bueno, en la que chocar está bien, en la que se buscan expresiones con las que ejemplificar el impacto, lo poco acomodaticio, y todo ello se interpreta como algo indicado, apropiado para los tiempos que corren, una patada, un escupitajo, una ofensa en la cara de la pintura. También esas expresiones demuestran que se está en el ajo: ¡qué mierda más buena! La estopa y el queroseno serían una manera de expresar la impresión que le ha causado. Algo así como amigos o amigas utilizando el insulto como una manera de afianzar los lazos, de mostrar confianza extrema: ¡qué cabrón! o ¡qué cabrona! Habría que analizar la polisemia o el juego de cambio de significados de los ready-mades con la polisemia del insulto: un urinario en un nuevo contexto que deja su función y significación habitual, mear, y la sustituye por otra, es el equivalente de la capacidad polisémica de la palabra «cabrón» según el contexto en el que se enuncie, en medio de los Pirineos viendo un gran rumiante, en una discusión o como muestra de confianza entre amigotes.

Sobre la amistad de Picasso y Braque, Pierre Daix sostiene que el encuentro tuvo lugar en las reuniones en casa de Gertrude Stein. Y es la idea que toma como punto de partida Fernando Colomo para la película *La banda Picasso*. En casa de la coleccionista y poeta estadounidense, Picasso conoce a Braque y Matisse mientras comentan su retrato de Gertrude Stein. La situación es tensa con el segundo.

Al principio de la película de Fernando Colomo, en lugar del acostumbrado «basado en hechos reales» aparece sobreimpresionado: «Por indicación de los herederos de Picasso les informamos de que esta película es una obra de ficción inspirada libremente en personajes reales». A continuación, se abre un ojo de buey en la pantalla y aparece la antigua plaza Émile Goudeau de Montmartre en 1911, donde estaba el mítico edificio en el que vivía Picasso, el Bateau-Lavoir. Unos niños juegan saltando sobre una rayuela pintada en el suelo: 1, 2, 3... 7, 8, el cielo.

Siempre los herederos dando indicaciones, arrogándose la exclusividad en la apropiación del trabajo y las vidas de otros. La verdad tiene un propietario, al resto nos queda la ficción. Ya se pueden tener serios problemas con los progenitores por desatención o lo que sea, ya se puede no soportar las salidas de tono de la suegra o el suegro, no aguantar a los familiares, odiar al abuelo maltratador, que luego hijos, hijas, nueras, yernos o sobrinos enseguida se pondrán de acuerdo y serán los primeros en reclamar su parte, aunque solo sea la parte del relato.

Una tenue línea de parentesco une a Jaqueline Matisse Monnier con Duchamp: es la hija mayor de Alexina *Teeny* Duchamp, viuda de Marcel, y Pierre Matisse, marchante y a su vez hijo mayor de Henri Matisse. Ella detenta los derechos sobre Duchamp. En 2011 tomó la iniciativa de hacer una declaración preventiva frente a todos aquellos que pretendan hacer circular copias de ready-mades de Marcel Duchamp no autorizadas por los depositarios de los derechos morales del artista. El nombre de la página en la que hace pública la declaración se apropia de un aforismo de Marcel Duchamp, «Marchand du sel»: http://marchanddusel.com. Fin del dominio público. Una advertencia fundamental para todo aquello que nos atañe como sujetos que hablamos de otros, sobre lo que hacen otros, que citamos, contamos historias y nos las apropiamos.

Así que las indicaciones de los herederos, de Picasso o de Duchamp, obligan a inspirarnos libremente para poder contar hechos. A aplicar a pies juntillas aquel chascarrillo ingenioso atribuido a Picasso, «Los buenos artistas copian, los grandes roban», que también se atribuye a T. S. Eliot, «Los buenos poetas copian, los grandes roban». Y robar las vidas de otros. La cuestión estará en el método. En las maneras en las que realicemos las yuxtaposiciones. En las maneras en las que estoy provocando yuxtaposiciones.

El método es el de Dominique Noguez cuando escribe *Lenin Dada*. Su voluntad: contar la historia del encuentro entre Lenin y los dadaístas en Zúrich. El relato es conocido. Ambos coincidieron. Lenin vivía con un grupo de rusos preparados para iniciar la revolución en Moscú en el número 14 de la Spiegelgasse, un callejón del centro de la ciudad suiza. El Cabaret Voltaire estaba situado en el número 1. Setenta metros según Google Maps. Apenas un minuto de distancia caminando. Seguro que se encontraron. Seguro que en una ciudad como Zúrich durante la Primera Guerra Mundial, con poca actividad, un grupo de rusos y un grupo de poetas ruidosos y provocadores se cruzaron en algún momento en la corta Spiegelgasse. El problema: no hay pruebas. Así que Dominique Noguez recoge declaraciones y escritos, revisa los manifiestos y une una carta de Krúpskaya, la compañera de Lenin, en la que declara que algunas noches salen a tomar algo a un lugar muy animado cerca de casa, y las crónicas de Hugo Ball sobre un grupo de rusos ruidosos en el Cabaret Voltaire.

Et voilà! Lenin y los suyos visitaron el Voltaire.

–*Oh yeah!* –Los rusos beben y gritan después de las actuaciones.

Es decir:

–¡Sí, sí, sí! –En realidad lo hacen en ruso, así que seamos más precisos, gritan–: *Da da da!*

–*Et voilà! Dada!* –Lenin dio nombre al dadaísmo.

Ese es un método. Y el resultado es magnífico. Como escribía Frédéric Beigbeder en la advertencia inicial de *Oona y Salinger*: «Si esta historia no fuera cierta, tendría una enorme decepción».

Aplicando el método Lenin Dada, a partir de la inspiración libre en los hechos, hay una tercera posibilidad sobre el encuentro origen de la amistad entre Picasso y Braque. Una posibilidad que tiene que ver con los lazos de complicidad que van más allá de compartir inquietudes artísticas, aquella camaradería de la que hablaba Baudelaire entre los que están en el ajo.

En la camaradería está Henri-Pierre Roché. Habla de él Fernande Olivier, la pareja de Picasso entonces, como uno más de la banda. Henri-Pierre Roché, que dejó una novela inacabada, *Victor*, cuyo protagonista es Marcel Duchamp y en la que narraba las correrías de ambos años más tarde en Nueva York en 1917, en la época en la que apareció el urinario/fuente en el Salón de los Independientes. Pero Roché también escribe memorias sobre los años de la Banda Picasso. Y recuerda a Paulette Philippi: una mujer picante e inteligente, según él, absolutamente lo contrario de una «rubia tonta». En realidad, una «mujer galante» que gestiona un fumadero de opio y prostíbulo elegante detrás del Moulin Rouge en la rue Douai al que acudían escritores, artistas y coleccionistas. Además de su inteligencia, Roché también recuerda que a Paulette no le gustaba fumar sola. Invitaba a Georges Braque, su amante, al que reservaba un lugar aparte del resto de los clientes de alta sociedad.

Ahora el método Lenin Dada: ¡estiremos las coincidencias!

Fernande también recuerda aquellas noches y las visitas a diferentes fumaderos de opio. El libro *Smoke: A Global History of Smoking* incluye un capítulo escrito por Jos Ten Berge dedicado a la aparición de los fumaderos de opio en París desde el siglo XIX: «The belle epoque of Opium». Y cita el local gestionado por Paulette Philippi al que acuden Braque, Apollinaire, Picasso y Fernande Olivier. Justamente Fernande escribe que entonces fumaban mucho, cada día.

Tal vez fue ese el lugar de encuentro. Tal vez fue allí donde tuvieron lugar las charlas que recordaba Braque: «Picasso y yo nos dijimos cosas que ya nadie se dirá nunca más, cosas que ya nadie sabría cómo decirse, que nadie sabría comprender».

Los ojos de Picasso se mantienen luminosos y penetrantes, según una cualidad que Richardson atribuye al consumo de drogas, en conversaciones que recuerdan a aquellas que Baudelaire, hablando del opio, calificaba de una camaradería que no se puede encontrar en otro lugar, como las de Debord en Chez Moineau cincuenta años más tarde. Son las conversaciones a altas horas de la noche, en las que se mezclan el cansancio y una especie de extraña lucidez que se abre paso entre volutas de humo, entre espacios densos, con olores fuertes combinados, sudor y fumarada, colillas y rastros de alcohol pegajoso por el efecto del azúcar disuelto. El azúcar disuelto en una cucharilla arrastrado por el líquido de la absenta. La absenta que tiene efectos alucinógenos leves, pero que se comparte, organiza las charlas, las derivas en las conversaciones alcohólicas en torno a una mesa. Y que además tiene su ritual: la botella en medio, una jarra con agua fría, los vasos pequeños alrededor dispuestos a recoger el líquido verdoso o tornasolado que, mezclado con agua, se vuelve blanquecino, derramado sobre un terrón de azúcar apoyado en una cucharilla triangular agujereada. Es la cucharilla agujereada en la parte superior de la serie de seis esculturas que Picasso realizó en 1914: *El vaso de absenta*. Picasso no habla, o habla poco, suelta ocurrencias. Y, sin embargo, las pequeñas esculturas del vaso de absenta parecen resumir uno de los aspectos fundamentales de las prácticas culturales: la camaradería, es decir, la amistad, la conversación, el compartir... la inteligencia colectiva. Nada que ver con la idea de genio individual. El vaso de absenta representa a la *troupe*, la banda, los que están en el ajo.

Y el cielo y el infierno. Fernande explica en una sola frase el proceso: «En esa época fumábamos opio y podría haberse convertido en algo nefasto para nosotros si no fuera por la muerte de Wiegels, que cortó por lo sano estos hábitos». Karl-Heinz Wiegels, un joven pintor alemán que se había instalado en el Bateau-Lavoir a sugerencia de Picasso. Justo enfrente los estudios de uno y el otro. Una noche se metió un cóctel de opio, hachís y éter. Entró en psicosis. Picasso lo encontró colgado de una de las vigas de su habitación.

Si Braque había dicho que *Las señoritas de Avignon* era como comer estopa y beber queroseno, Derain había declarado que cualquier día encontrarían a Picasso colgado detrás del cuadro. Podría haber sido una premonición, pero no fue Picasso, sino el joven pintor alemán. No fue detrás del cuadro, sino al otro lado del taller de Picasso. El Derain visionario se equivocó de suicida.

Según Fernande, aquello significó el fin de las visitas a los fumaderos de opio. Cortaron por lo sano. También el alcohol desaparecerá gradualmente de la vida de Picasso. Desaparecerá la absenta y su capacidad adictiva, alucinógena y de terribles resacas, que ha estado en el centro de las reuniones desde el principio. Las seis esculturas de 1914, a inicios de la Gran Guerra, casi tienen un tono nostálgico: como si recordase los encuentros con la banda, con Apollinaire y Georges Braque; o las de aún más joven, con dieciocho años en Barcelona, en 1899 en Els Quatre Gats con su amigo Carles Casagemas.

Las noches en Els Quatre Gats se alargan. Casagemas empieza con cerveza, pasa a la absenta, cae en el histrionismo y en la verborrea, oscila entre bajones y arrebatos. Picasso y Casagemas son inseparables. Muy diferentes, el cuerpo pequeño pero contundente de Picasso contrasta con Casagemas, descrito por Opisso como «alto y delgado, de color cetrino, ojos grandes y soñadores, la nariz demasiado disparada, el cabello lacio y retinto». Ambos comparten taller en el número 17 de la calle Riera de Sant Joan, que en 1911 es demolida por la apertura de la Vía Layetana de Barcelona. En septiembre de 1900 viajan a París. Se instalan primero en el estudio de Isidre Nonell en la rue Gabrielle de Montmartre y, más tarde, a veinte minutos caminando, en la avenue de Clichy, en casa de Manuel Pallarès. Visitan la Exposición Universal. Y conocen a tres chicas con las que se enrollan: Pallarès con Antoinette, Picasso con Odette y Casagemas con Germaine. Aunque la estancia en París dura poco. En Navidades vuelven a Barcelona. Sin perder de vista la absenta y el opio. Una noche

Casagemas va bien colocado, hiperventilado, de subidón, en pleno arrebato. Se encara con un grupo de andaluces. Los insulta. ¿Es un episodio de discriminación por razones de origen geográfico?

–¡Putos andaluces de mierda! ¡Vagos! ¡Volveos a vuestra casa!

Casagemas en estado puro, desmelenado, histriónico. Y Picasso no aguanta más. Los insultos y el enfrentamiento con el grupo de andaluces llegan al extremo de que él mismo se siente ofendido y se molesta. El alcohol, la juventud y el subidón también hacen su efecto en Picasso. Y le dice a Casagemas lo que no debería decirle, lo que no se comenta a no ser que la adrenalina y las sustancias que liberan y ofuscan hagan su trabajo. La camaradería también tiene su propio cielo e infierno. En el momento en el que los insultos de confianza se revuelven y pierden su polisemia, entonces llamar cabrón a un amigo ya no es un modo simpático de relacionarse. Le exige que se calle y luego le espeta que no folla, que no le funciona y que Germaine se está burlando de él y de su rollo patético de enamorado sensible que esquiva cualquier contacto físico porque no se le pone dura. No hay polisemia. Literalidad absoluta. Aquí no hay metáforas. Fin de la amistad. Se acabó. Picasso viaja a Madrid. Casagemas a París a buscar a Germaine, que no quiere saber nada de él.

El 17 de febrero de 1901, Casagemas suplica a Germaine un último intento de reconciliación amistosa en el Café de l'Hyppodrome, cenando con sus amigos Pallarès, Manolo y Antoinette, la amiga de Germaine. Casagemas no prueba bocado. Cuando todos acaban de cenar, golpea la copa con un cubierto para llamar la atención. Se pone de pie y saca del bolsillo derecho de la chaqueta de terciopelo verde una pistola. Apunta a Germaine. Grita:

–*Voilà pour toi!* –Y dispara. Germaine se tira al suelo. La bala roza a Pallarès.

–*Et voilà pour moi!* –vuelve a gritar Casagemas. Coloca el cañón de la pistola sobre su sien y dispara.

Pierre Daix asegura que Picasso le confesó que al enterarse de la noticia inició el periodo azul. Impresiona la rotundidad con la que Pierre Daix sentencia o da crédito a Picasso al manifestar la conciencia de que en determinado momento se inicia un periodo creativo y sus razones. Todo parece lógico desde la distancia: el genio y su tormento, íntimo, interiorizado, con la mirada absorta en las insondables complejidades del yo y la culpabilidad que le atormentará de por vida; la tristeza, el tormento y el azul. También está la posibilidad más castiza, de tipo apoyado en la barra del bar con caliqueño y copa acudiendo al refranero español: «El muerto al hoyo y el vivo al bollo». Cuando regresa a París un par de meses más tarde para preparar su primera exposición en la galería Vollard, Picasso se instala en el espacio liberado por Casagemas en el estudio de Manuel Pallarès y se enrolla con Germaine. Ahora pienso que lo de «hoyo» y «bollo» seguido de la alusión a su relación con Germaine suena mezquino. Una broma gruesa cargada de machismo y estructura heteropatriarcal. Tal vez nefastamente condicionado por la expresión utilizada por Norman Mailer al referirse a que Manolo Hugué había mantenido caliente el mismo cuerpo de Germaine que luego habitó Picasso (*sic*).

Según Mailer, Picasso «habita el cuerpo de Germaine» y pinta dos retratos de su amigo Casagemas muerto. Uno con el fondo lleno de pinceladas de colores histriónicos, rojo, verde y amarillo, que irradian de una vela tras la cara del muerto tumbado con un agujero negro en la sien. El otro con el fondo de pincelada más uniforme, en tonos azules, y en el que el agujero negro ha desaparecido de la cabeza del suicida. Los dos retratos son muy semejantes: misma postura, tumbado ofreciendo el perfil aguileño, en forma de «V» invertida, el pelo negro hacia atrás dejando la frente despejada, hundido entre el acolchado de seda del féretro ligeramente inclinado. Los colores histriónicos del primero recuerdan a Van Gogh: Picasso había acudido a la primera retrospectiva del pintor neerlandés en la galería Bernheim-Jeune en marzo de 1901. Ivan Godoy en «Suicidio en azul con negra mancha. Breve historia de un balazo en la pintura de Pablo Picasso» recupera la teoría sobre una homosexualidad encubierta de Picasso de Norman Mailer, la teoría de la culpa de Freud y *El erotismo* de Georges Bataille para intentar explicar qué pasa con ese agujero desaparecido: follarse a Germaine es follarse a Casagemas; follarse a Germaine es exculparse de la muerte de Casagemas; es culpabilizarse más y fustigarse; el agujero es la vagina de Germaine, primero está y luego se arrepiente.

Dos cuadros no idénticos, pero muy semejantes, parecen sometidos al juego de las ocho diferencias, aunque solo sean un par. Y ahí explota no ya la capacidad interpretativa, sino un espacio en el que abocarnos, en el que empezar a mostrar en qué consiste una complejidad que tiene que ver con el análisis, que junta semiótica, formalismo, sociología y cotilleo histórico a través de un agujero que desaparece. Una forma de pensamiento que pertenece al campo del arte, a cómo pensamos y desarrollamos argumentos que se concentran en un breve gesto, puede ser en la diferencia entre dos pinturas, entre dos imágenes o literalmente concentradas en el gesto de dispararse, como en 1971 haría en el F Space de Santa Ana Chris Burden, solo un disparo en el brazo, solo y ni tan poco.

En la hagiografía de Pierre Daix no hay lugar para dudas. No deja espacio para cuestionar la hombría de Picasso. Nada de «esa tierra de nadie sexual que hay entre la heterosexualidad y la homosexualidad» de la que habla Norman Mailer sobre su amistad con Casagemas. Tampoco cuestiona su genialidad única. Cuando habla de la colaboración con

Braque, esta siempre se trata como la colaboración de Braque con Picasso y no a la inversa. Braque, que hace lo que puede, con un espíritu francés más lento que el audaz latino de Picasso; sin embargo, sus hallazgos los desarrolla y aplica genialmente Picasso. Ese es el tono de Pierre Daix. Pierre Cabanne, que escribió sobre Picasso después de haber entrevistado a Duchamp en aquellas célebres conversaciones en las que cuestiona creatividad, artista, etc., a pesar de ello repite en varias ocasiones el calificativo de «artista» para Picasso y de «artesano» para Braque. Norman Mailer dice que, salvo por la compañía de Braque, Picasso estuvo solo... bueno y con Fernande... y con Apollinaire... y con Manolo Hugué. Curiosa manera de estar solo. Queda claro, Picasso es Picasso, Braque es accesorio.

Roland Penrose habla de los andares de Braque y los compara con los de un cowboy. Las piernas arqueadas y el torso corpulento de John Wayne en un pintor de Montmartre con bellas facciones. Penrose hace hincapié en estas. Años después, en las fotografías en las que aparece ya mayor, entrado en los sesenta, todavía es un tipo atractivo. Muestra media sonrisa. Aún mantiene todo el pelo, ahora ya canoso, de un blanco intenso, parece albino. Los ojos bien abiertos, casi sorprendidos, y los pómulos marcados. Picasso de mayor, aunque sin pelo, también tiene ese tipo de fisonomía según la cual los rasgos de la cara se marcan a partir de los pómulos. Son caras como talladas en madera, con las arrugas desde la nariz a la comisura de la boca que parecen surcos marcados con cincel. Sin embargo, el aspecto corporal de ambos es distinto. El corpachón de practicante de boxeo de Braque contrasta con el bajito de Picasso. Penrose hace una observación llamativa al comparar el físico de uno y otro. Escribe que a Picasso tal vez le gustaba andar con hombres fuertes, quizá a causa de su físico menudo, como contraste.

Es Norman Mailer quien habla de una homosexualidad contenida del artista en *Picasso, retrato del artista joven*. Y, sin embargo, Roland Penrose, quien ni por un instante pone en duda su masculinidad hetero, destaca una curiosa comparación sobre la fascinación de Picasso por los hombres fornidos. Para ejemplificar la corpulencia de Braque, Mailer escribe que esta le permitía ser «legítimamente machista». En una ocasión Norman Mailer declaró que había episodios en su vida entre los que no podía encontrar nada agradable ni de lo que sentirse orgulloso. Espero que, entre otros, pensase en declaraciones como que el cuerpo de Braque le permitía ser «legítimamente machista» (¿qué quiere decir ser legítimamente machista?) o que Manolo Hugué había mantenido caliente el cuerpo de Germaine y que Picasso lo «habitó».

Fernande también se fija en la condición física de Braque y en su práctica del boxeo. Aunque no llama la atención sobre las espaldas sino sobre la cabeza. Solo veía su «cabeza poderosa, que lo hacía parecer un negro blanco». Y eso le producía desconfianza.

¿La desconfianza de Fernande hacia Braque, el amigo de Picasso, tenía que ver solo con el tamaño de su cabeza? ¿O con las visitas al fumadero de opio de su novia, Paulette Philippi? ¿O con la teoría de la homosexualidad contenida de Norman Mailer y una camaradería entre ambos en la que ella estaba descartada? Picasso, tal vez con el codo apoyado en la barra del bar, habría dicho:

–Braque es la mujer que más amo.

De hecho, cada día.

Ambos lo confiesan. A partir de 1908 y en los periodos que residen en París se ven a diario. Entre el número 11 del boulevard de Clichy, donde Picasso se traslada después del Bateau-Lavoir, y el 48 de la rue d'Orsel, donde está el taller de Braque, el trayecto requiere apenas cinco minutos caminando. Todos los días uno u otro lo recorre. Ven lo que ha hecho uno y lo que ha hecho el otro. Hablan y comparten. Viven su *Brokeback Mountain* particular.

En 1909, cuando regresan a París tras el veraneo, Picasso de Horta de Sant Joan y Braque de L'Estaque, ambos han pintado paisajes muy semejantes. Paisajes que marcan el inicio del cubismo: en las vistas de los pueblos mediterráneos las casas están tratadas como formas rectangulares, superpuestas, prescindiendo del espacio euclidiano, con colores terrosos. Es como si hubiesen estado conectados en la distancia. Dos veranos más tarde, en 1911, pasan juntos tres semanas en la casa que Picasso ha alquilado en Ceret. Es uno de los momentos míticos de la historia del arte de las vanguardias. Dos artistas pintando lo mismo, colaborando. En la película de Fernando Colomo, esa camaradería da la impresión de que recoge de nuevo los argumentos de Norman Mailer: uno enciende un cigarrillo, le da un par de caladas y se lo pasa al otro. Parece que pinten espalda contra espalda. Recordando esa época, Braque usaría una imagen muy gráfica: dice que era como si estuviesen escalando una montaña atados el uno al otro. Tienen la sensación de que están atados el uno al otro, imaginan que se han dicho cosas que nunca nadie podrá decirse jamás. Hacen lo mismo. Piensan a dos cabezas, pintan a cuatro manos. Las pinturas de uno y otro se hacen indistinguibles. Picasso se lo confiesa a Roland Penrose, ni ellos mismos las distinguían. También lo confiesa Braque: «Hubo un momento en el que tuvimos dificultades para reconocer nuestras propias pinturas». Y no las firman. Es una manera de subrayar la camaradería, la autoría compartida. Cuando Baudelaire escribe sobre Constantin Guys en *El pintor de la vida moderna*, señala que al artista le molesta enormemente la firma. Para él no es más que una excrecencia del yo, un acto de egolatría. Se enoja cuando le llaman por su nombre, por eso Baudelaire se dirige a él como Sr. G. También Picasso y Braque, en un momento dado, renuncian a la firma.

El genio Picasso, con veintisiete años, en el inicio de su consideración como artista maduro, pero lleno de energía juvenil, vive uno de los momentos más intensos de las vanguardias, el de la definición del cubismo y la puesta en cuestión del cuadro como ventana. En ese momento álgido trabajó en colaboración. De hecho, creyó que él no era él, que Picasso no era Picasso. Que lo que era lo fueron una serie de producciones culturales en forma de pinturas que proponían una resolución al conflicto de la representación en la entrada del siglo XX. Que eran Picasso&Braque, que eran el cubismo, que eran la colaboración o el mismo artista con dos cuerpos en la galería Kahnweiler. Y eso pasó con plena conciencia. Si no, ¿a qué la renuncia a la firma?, ¿a qué el recuerdo de aquellos veranos míticos y mitificados con una serie de declaraciones y recuerdos que parecen sacados de *Brokeback Mountain* (entre ellas, la referencia a la escalada y el caminar zancudo de Braque)?: nos veíamos todos los días, estábamos atados, escalábamos juntos, nos dijimos cosas... La genialidad es compartida, es inteligencia colectiva. Y está en el vaso de absenta. Esa escultura nostálgica que cierra un periodo. Es de 1914, el año que empieza la Gran Guerra.

Vuelvo al método Lenin dada: el vaso de absenta es una escultura nostálgica sobre una relación que se ha acabado. Es una escultura que recuerda el momento en el que compartió espacio, compartió cuadros, compartió pitillos, compartió copas... De entrada la escultura es un imposible, una contradicción en los términos, un oxímoron: una escultura cubista. Si el cubismo es el intento de representación de la realidad en su complejidad, es decir, representar tres dimensiones en un plano, cualquier objeto es de por sí, como artefacto tridimensional, una escultura cubista. De hecho, tiene algo de ready-made, ya que la cucharilla de la escultura del vaso de absenta es real: es una cucharilla del tipo de las metálicas con forma triangular y agujereadas que se usaban para derramar la mezcla de absenta y agua helada sobre un terrón de azúcar en el vaso. ¿A cuento de qué este último estertor cubista (en 1914) en forma de escultura? A cuento del recuerdo: es nostálgica, es un homenaje. De hecho, el vaso de absenta no es una escultura sino seis. Los seis años que han pasado desde 1908, un vaso por año:

Uno: en noviembre de 1908, Braque expone en la galería Kahnweiler los cuadros cubistas que ha retirado del Salón de Otoño después de que le censurasen dos, allí Matisse sugiere al crítico Vauxcelles la expresión «caja de cubos» para calificar la exposición, expresión que Apollinaire adopta con gusto para calificar el nuevo estilo.

Dos: en 1909, ambos han pintado cuadros muy similares durante el verano.

Tres: a lo largo de 1910 recorren a diario los cinco minutos que dista el taller de uno del del otro.

Cuatro: pasan tres semanas en Ceret en agosto de 1911, ese año el cubismo ya es tendencia, el Salón de los Independientes y el de Otoño muestran la novedad de la pintura cubista, sin Picasso ni Braque, y los dos reciben un sueldo de Kahnweiler por su producción.

Cinco: en 1912 vuelven a colaborar espalda contra espalda, atados, pitillo a pitillo, en Ceret en periodos entre enero y mayo; pasan el agosto en Sorges; Picasso regresa a Ceret, recibe una breve visita de Braque en noviembre, que un mes antes había escrito a Kahnweiler expresando la ausencia de su amigo: «hace mucho que no tengo noticias de Picasso».

Y seis: 1913 y ya; en verano de 1914 empieza la Gran Guerra, el fin.

En 1912 pintan espalda contra espalda, pasándose el pitillo, en su *Brokeback Mountain* particular. De hecho pintan montañas. Montañas con pueblos que son cubos, que se organizan desde el centro hacia el exterior, replicando la mirada, que se concentra en un punto y va organizando los objetos con el rabillo del ojo. Del centro hacia el exterior la forma final es redonda u ovalada. El cuadro, valga la redundancia, deja de ser cuadrado. El cuadrado o el rectángulo es un esquema convencional que no tiene que ver con la mirada.

Contrariamente al estereotipo popular o de los medios de comunicación que interpreta el arte de vanguardia como una huida de la realidad y como un giro subjetivista, el cubismo de Braque&Picasso como acto fundacional de la vanguardia tiene muy poco de mirada hacia el interior. Es al revés. Es hacia fuera. Y no es una huida de lo real, sino un acercamiento. De la montaña al pueblo, del pueblo a la casa, de la casa a la mesa, de la mesa al frutero, el periódico, la guitarra o la botella de alcohol. Este primer cubismo denominado analítico básicamente consistía en desmenuzar la realidad. Y esta no es simplemente la realidad euclidiana, no se mira desde un punto fijo, sino que se debe atrapar en múltiples puntos de vista. Representar simultáneamente un objeto desde diversos puntos de vista es la manera de intentar representar la realidad con más intensidad. Como metodología, el cubismo analítico intenta analizar la realidad, acercarse lo máximo posible, ser hiperfiel, buscar una verdad, por pequeña que sea (un vaso, un periódico, una guitarra, una silla...) que nos aleje de la mentira, que no deje lugar para más mentiras. Entonces, nada de huida.

Sin embargo, hay un momento entre 1911 y 1912 en los que los títulos de los cuadros de Braque&Picasso parecen puestos *a posteriori* o azarosos. No hay manera de encontrar el acordeón, la guitarra, apenas reconocemos una nariz o una mesa, un cubo... El ejercicio de desmenuzamiento de la realidad es tan extremo que se pierde. De hecho, el cubismo analítico como proyecto es un fracaso: lejos de acercarse a la realidad, se aleja de ella, parecen cuadros abstractos y dan la razón al estereotipo popular sobre la huida de lo real del cubismo.

Si has llegado hasta aquí y en este momento esta historia conocida te sigue fascinando es que estamos en el mismo ajo. Hasta aquí ya tiene todos aquellos elementos fascinantes de la historia de las vanguardias. Es la historia de poderosos fracasos y de intensas paradojas: de la realidad inasible que se escapa, de un intento casi heroico que camina en dirección opuesta a lo pretendido, de la historia de la autonomía de las imágenes frente a sus productores...

La autonomía de las imágenes y su relación con la realidad es la cuestión. El auténtico problema no era que esas imágenes (cuadros) llegasen a ser irreconocibles, sino lo que esa imposibilidad de reconocer lo que representaban implicaba. Dicho de otra manera, el problema no era que abriesen la vía a la abstracción. Si no hay figuras reconocibles, si no hay figuración, el camino es el de la abstracción. Tampoco sería el problema que esa abstracción llevase hasta Mondrian y reducir el cuadro a un objeto hecho de elementos compensatorios o a Kandinsky y que el cuadro represente sonidos y estados de ánimo. La abstracción vía Mondrian implica la construcción de objetos de pura visualidad, y la vía Kandinsky, la representación de estados o sensaciones. El problema de los cuadros del cubismo analítico era que ya no representaban. Y, no olvidemos, la cuestión era la representación. Picasso quería acercarse a la realidad, no alejarse de ella.

Y la paradoja es que intentando acercarse a la realidad, se alejaban de ella: a base de intentar aproximarse a la realidad, esta se había escapado. De hecho, esa paradoja reproduce una de las imágenes más recurrentes para hablar del bloqueo contemporáneo. De ello escribía Enrique Vila-Matas en *Bartleby y compañía*: la pulsión hacia la nada, hacia la inacción, a no hacer nada o al bloqueo que afecta a tantos y tantos creadores contemporáneos. Vila-Matas utilizaba como referente a Bartleby, el protagonista de la novela corta de Herman Melville que responde ante cualquier requerimiento: «Preferiría no hacerlo». Se han hecho camisetas y hasta bolsas de tela como objetos de *merchandising* cultureta. Más romántico era el bloqueo de lord Chandos que narraba Hugo von Hofmannsthal en aquella breve carta imaginada que enviaba al filósofo inglés Francis Bacon. Ahí, en una carta breve, preciosa, escrita en 1902, lord Chandos explicaba cómo había perdido la capacidad de expresarse. De hecho anunciaba que sería la última carta que enviaría. El bloqueo de lord Chandos expresaba la incapacidad para explicar el mundo en su conjunto. Es una bienvenida a la complejidad, y a lo abrumadora que es. Resulta interesante recuperar la carta en tiempos de teorías de la conspiración. A lo mejor si el pobre lord hubiese tenido Twitter a mano podría haberse tranquilizado encontrando explicaciones satisfactorias sobre el gran mal que gobierna el mundo. Pero no. Lo fascinante, en todo caso, es que ese proceso de bloqueo se produce desde la observación. La escena crucial y que recuerda el fracaso del cubismo analítico es aquella en la que lord Chandos describe cómo en uno de sus paseos se detiene a mirar un detalle sin importancia en el camino y de repente ese detalle empieza a desvanecerse, a multiplicarse en fragmentos y en trozos más pequeños, de tal manera que la realidad queda astillada y descompuesta.

La realidad descompuesta, astillada, fragmentada, que se aleja según intentamos acercarnos a ella, según intentamos representarla; cuanto más analítico soy, cuanto más me esfuerzo por descomponerla en partes para poder analizarla, más se aleja. Es lo que les sucede a Braque&Picasso. Pura teoría de la indeterminación: observar al objeto es modificarlo, se escapa. Pero, de repente, casi sin quererlo, un accidente provoca un giro y la solución.

Hay una foto de Braque en su estudio, muy probablemente de 1912. Está sentado en una silla bajita, o parece bajita ya que sobresalen sus piernas, en las que apoya los codos, en una mano sostiene pinceles. Realmente se aprecia su cuerpo contundente, grande. Mira de reojo a cámara. Tras él, un cuadro grande, da la impresión de que lo esté pintando, apoyado en un caballete que apenas lo eleva unos centímetros del suelo. La foto tiene trampa. Podría parecer que está pintando, pero de hecho el cuadro está ya enmarcado. A pesar de que la imagen es en blanco y negro, el cuadro se distingue. Es *Le Portugais*, una pintura con los habituales tonos marrones y ocres del cubismo analítico. Unas líneas negras parece que configuran el perfil de algún objeto. Aunque son indistinguibles. Lo que sí se distingue son unas letras, signos y números: «D BAL», «O CO», «&», «0 40». No están exactamente pintados, sino estampados, transferidos, siguiendo una técnica de impresión mecánica: aplicando unas letras en moldes de madera impregnadas en tinta. Al mismo tiempo, Picasso pinta *Ma jolie*: mismo aspecto, tonos terrosos, marrones y ocres, líneas que parecen prefigurar perfiles de algún objeto y unas palabras escritas dentro del cuadro que no son una firma, sino que le dan título y que son una dedicatoria, también como si fuesen letras de imprenta, pero pintadas, «Ma jolie».

En medio de aquella representación confusa hecha de desmenuzar y analizar la realidad, aparecen una serie de elementos que no tienen que ver con descomponer la realidad, sino que la señalan. Letras, números, signos que para representar siguen la lógica del lenguaje: un significante que remite a un significado... «Mi bonita».

Pierre Daix hablaba de Braque con un tono displicente. En la comparación con Picasso señalaba su talante francés frente al audaz latino, que hacía lo que podía, que era más lento. Tal vez en ello tuviera algo que ver el hecho de que Braque se había formado como pintor decorador, de esos que hacían trampantojos, tan habituales en las casas burguesas del siglo XIX y principios del XX. Por ejemplo, en el Ensanche barcelonés, siempre a imitación de las modas parisinas, las escaleras estaban llenas de estucados venecianos simulando mármoles o maderas nobles. Viví en un edificio en el paseo de Sant Joan en el que la escalera simulaba mármoles rosas combinados con maderas veteadas de ébano en superficies perfectamente alisadas.

Es posible que a Pierre Daix le lastrase una concepción del artista-artesano frente al artista-genio e identificase a Braque con la primera opción. Y, sin embargo, esa formación de decorador será clave. Otra vez una de esas paradojas que alimentan la complejidad en el pensamiento en arte: es la condición de artista-decorador, relacionada con la práctica artesana, la que habilita el camino hacia la concepción del artista-genio.

En 1912, Braque pinta el fondo de un cuadro con trozos de imitación de madera, por encima dibuja trazos de líneas negras e incorpora de nuevo letras. Y le enseña a Picasso cómo pintar trampantojos. O se los pinta él. Son Braque&Picasso. En *Recuerdo desde Le Havre*, Picasso incluye esos trampantojos de madera. Y en *Naturaleza muerta con silla de rejilla* ya no necesita el trampantojo: agarra un trozo de rejilla y lo pega en el cuadro. Después entrarán más objetos y trozos de cosas, letras y periódicos enganchados. El problema se ha solucionado. Ahora para representar una guitarra no es necesario desmenuzarla y pintarla desde todas las posiciones, solo hace falta dibujar el mástil con cuerdas y enganchar un trozo de madera. Para un periódico, bastará con un trozo de periódico. Así hasta que Juan Gris en *El lavabo* enganche un trozo de espejo. Ahora la figura literaria es la sinécdoque: explicar el todo por una de sus partes. Siguiendo con el símil y el juego de significados, con un cuerno representaría a un cabrón, el animal. El juego con los significados aparecerá cuando a la sinécdoque haya que superponer la metonimia: un cuerno que represente a un cabrón que no es el animal.

Lo narrado hasta aquí es una historia conocida: el paso del cubismo analítico al sintético. La distancia entre uno y otro es enorme: la distancia entre intentar desmenuzar la realidad para representarla desde todos sus ángulos, a representar objetos a partir de atributos significativos. Si uno lleva a la pérdida de la realidad como referente y abre el camino a la abstracción, el otro abre la vía al ready-made y al pop art. El collage es el primer paso hacia el ready-made. De manera gráfica, simplemente se trata de que esa silla salga del cuadro y se junte con el periódico. El problema es que ese paso, que es el que da Duchamp al insertar una rueda de bicicleta en un taburete, que reproduce la máxima de Lautréamont de «bello como el encuentro casual de una máquina de coser y un paraguas en una mesa de disección», ya no tendrá que ver con la representación de la realidad, sino con la elaboración de significados.

La historia es extraordinaria. Un problema que se resuelve de manera casi inintencionada, como sin querer, por un error o dejándose llevar por la intuición, en un par de cuadros. Dos artistas, en realidad marginales o marginados en la configuración del cubismo (no participaron en ninguno de los salones en los que se presentó el movimiento, fueron por libre, con Kahnweiler), sufren un doble fracaso en el intento por representar la realidad, por hacer del cuadro y la pintura un lugar en el que entra en juego la representación. Y al fracasar abren dos vías fundamentales por las que transitarán las prácticas artísticas: abstracción y ready-made.

Lo más llamativo, o en lo que me quería concentrar, es que la resolución de un problema de gran complejidad, como es salir del atolladero del cubismo analítico y, sin embargo, abrir la puerta al ready-made, se produce de manera casi inconsciente, casual, como un hallazgo, en términos de imagen, de una manera que solo se produce en el pensamiento que se da en las prácticas artísticas: recogiendo un trozo de rejilla de una silla rota y enganchándolo en un cuadro. Es un punto de fuga, un lugar desde el que, como está sucediendo aquí, desplegar discurso.

Lo que intento escribir es que ese momento es inaugural de las prácticas artísticas en la medida en la que suma fracasos y hace que el arte no sea un espacio de soluciones sino de conflictos. Un espacio en el que se produce un conflicto, no una solución. En el año 2000, Santiago Sierra dividió el espacio de exposiciones del PS1 de Nueva York en dos. Tapió una mitad con ladrillos grises de hormigón. Dejó en el centro y la base un hueco estrecho correspondiente a dos ladrillos. A lo largo de los quince días que duró la exposición ahí habitó encerrada una persona cuyo único contacto con el exterior era ese estrecho hueco por el que se le suministraba comida. Por ese periodo de encierro recibió un salario. La descripción de la propuesta se corresponde con su título: *Person remunerated for a period of 360 consecutive hours.* ¿Era una denuncia sobre los abusos a las personas asalariadas? ¿Era un ejercicio de cinismo en el que reproducir esquemas de explotación humana del capitalismo? ¿Era una llamada de atención frente a esos esquemas? Sí y no. Eso y todo lo contrario. Ese espacio cerrado era un espacio de conflicto, no de soluciones.

Y ese es el espacio de complejidad en el que se desarrollan determinadas prácticas artísticas. El espacio desde el que las narro y las trabajo. Un espacio en el que la idea de sujeto creador está complejizada, en la que el espacio de presentación es polémico. Y en el que podemos encontrar historias que giran y nos devuelven operaciones que no tienen que ver con el genio creador, ni con la originalidad. Tal vez sí con el hallazgo, con aquello que es irreductible. Y tal vez también con la colisión entre objetos, cosas y momentos. En los que ni la historia es lineal, sino que también queda ordenada por el collage, centrifugada. Como cuando Dalí declaró solemnemente que delante de él, sentado en la estación de Perpiñán, el mundo giraba tomando como eje exacto el mismo punto en el que se encontraba.

Un par de cuadros que resuelven y complejizan, que son centrífugos, por los que pasan representación y amistad, reuniones alcohólicas y suicidas, aislamientos y fracasos. Resumiendo: gestos, como clavar una rejilla, colocar unos números, enganchar un espejo, que por un lado resuelven el problema del alejamiento de la representación que suponía el cubismo analítico; y por otro abren la puerta al collage, el *objet trouvé*, el ready-made y de ahí el pop art. Abstracción por un lado, ready-made por el otro. Y todo gira como una centrifugadora en torno a un gesto en un par de cuadros pintados en un contexto de colaboración.

También es la historia de la amistad, del pensamiento colectivo, del sujeto creador como un sujeto plural. Ahí, en Brokeback Mountain, pensamos mejor porque estamos acompañados. En una de las escenas más tiernas de la película, Ennis del Mar, interpretado Heath Ledger, se acerca por la espalda a Jack Twist (Jake Gyllenhaal), le abraza, le besa suavemente y le susurra:

–¡Eh, vaquero! Que te duermes de pie como los caballos.

Ese lugar, y tal vez ese momento concreto, sea el de máxima felicidad en sus vidas. Años después, Ennis del Mar todavía guarda la camisa de Jack Twist, al que han asesinado en un acto de homofobia. La guarda en un armario de la mísera caravana en la que vive. La cámara muestra una de las ocasiones en las que abre el armario, la descuelga, se abraza a ella y la huele intentando recomponer aquellos momentos en Brokeback Mountain. Parece ser consciente de ello entonces. Si hubiese podido echar marcha atrás en el tiempo, tal vez allí habría exclamado: ¡detente, instante, eres tan hermoso!

También allí, aunque abrazados a un cuadro con una rejilla enganchada, oliéndolo y estrujándolo para poder recomponer, revivir una pizca de esa intensidad, nos quedaría por saber si al menos ellos igualmente fueron conscientes, si lo disfrutaron y si, entre cigarrillo y cigarrillo, Pablo y Georges se miraron con los ojos abiertos, bien abiertos, y exclamaron:

–*Et voilà, c'est ça!*

A PABLO PICASSO NUNCA LE LLAMARON GILIPOLLAS / NO PRODUCIR

–Si consideras que soy un artista como Picasso, estaría tomando una decisión equivocada. Ahora bien, si consideras que soy un artista como Joseph Beuys, no habrá ningún conflicto de intereses. –Era la respuesta que daba Antonio Ortega en 2003 a Ferran Barenblit, entonces nuevo director del reformado Centre d'Arts Santa Mònica de Barcelona, ante la propuesta de si quería ser responsable de actividades y educación de la institución y de qué manera podía afectar esto a su carrera artística.

Como Picasso, genio creador, no podía tener un trabajo; como Joseph Beuys, sí podía ser un mediador. Para Beuys ser artista implica desarrollar muchas tareas; no es tanto una actividad como una condición desde la que enfocar cualquier tarea.

–¿Ser profesor en la Academia de Arte de Düsseldorf los últimos seis años ha sido importante para usted? –pregunta Willoughby Sharp a Joseph Beuys en una entrevista que transcribe para *Artforum*.

–Ser profesor es mi gran trabajo artístico –responde Beuys.

–Entonces, ¿ve alguna diferencia entre ser artista y profesor? –insiste el entrevistador.

–Ninguna.

Frente a Beuys, para Picasso ser artista era una actividad unívoca, unidireccional y privada. Aunque revisando el periodo más significativo de Picasso, en plena juventud, más allá de los estereotipos de sus hagiógrafos, resulta que «el genio malagueño» no era uno, sino una firma compartida: Braque&Picasso. Eso sí, Picasso trabajaba todo el tiempo, dedicado a su «obra». Pinta, dibuja, moldea y colorea cerámicas o mueve cuadros en su estudio en Mougins de un lado a otro tal y como mostraba el reportaje de la televisión belga RTBF. Por su parte, Beuys tiene su estudio repleto de papeles. Cuando Muntadas le entrevista en los años ochenta para su proyecto *Between the Frames: The Forum*, en el que colecciona información sobre el mundo del arte de artistas, críticos, comisarios, etc., el estudio de Beuys está inundado de papeles hasta el extremo de que casi ocultan un sofá. En medio de la entrevista, suena el teléfono, tiene que buscarlo bajo esos montones del sofá, descuelga el auricular y responde casi con un grito, como un exabrupto:

–¡BEUYS! –Luego pide disculpas, no tiene tiempo, cuelga y sigue conversando con Muntadas.

Valentín Roma, en un videorreportaje de la exposición *Joseph Beuys. Pedagogía radical, democracia directa y plástica social* en La Virreina. Centre de la Imatge de Barcelona en primavera del 2021, explica que en esa filmación la cámara ofrece primerísimos planos del artista, se acerca mucho. También insiste en que parece más despreocupado en una conversación entre artistas, sin pensar que tendrá una difusión pública, ya que es material de trabajo de Muntadas. Beuys está relajado. Pero parece cansado. No responde con el mismo ímpetu con el que lo hace en otras entrevistas en las que también el sonido de alguna llamada de teléfono interrumpe la conversación. En La Virreina se muestra por primera vez el vídeo de Muntadas al completo, al final del recorrido de la exposición, como conclusión a una muestra eminentemente documental, que exhibe más que obras documentos de las acciones y de las actividades de Beuys: desde las clases hasta su incursión en la política activa. Una muestra que contrasta con los objetos más museables realizados por el artista alemán.

CaixaForum Barcelona guarda la única copia de una de las últimas instalaciones del artista, *Hinter dem Knochen wird gezählt - Schmerzraum* (Se cuenta detrás del hueso. Espacio de dolor), de 1983: una habitación forrada de plomo, apenas iluminada por una leve bombilla junto a la que cuelgan dos anillas plateadas. Es desasosegante y ciertamente angustiosa. Tal vez a causa de la escasa iluminación, del plomo mate que absorbe la luz y que se ve pesado recubriendo paredes y techo, condicionados por la referencia al dolor en el título. La visita es una experiencia física: la angustia. Pero, más allá, intuimos que esa angustia no es abstracta. ¿Cómo tener una experiencia en el cubo de plomo de Beuys que no remita al propio Beuys, a su interés por aleccionarnos sobre el desgarro que implica estar separados de la naturaleza, a la angustia de nuestra condición humana separada del mundo?

En 1965 aparecía con la cara untada en miel y oro susurrando a una liebre muerta explicaciones sobre los cuadros en el escaparate de la galería Schmela en Düsseldorf mientras el público se agolpaba fuera, frente al cristal exterior del escaparate. Imposible explicar arte a un animal muerto. No podía ejemplificar una distancia más grande entre arte y naturaleza, entre producción humana y animal. Bloqueo absoluto: el animal muerto, el arte muerto y, en medio, el artista intentando solucionarlo. Es una performance triste. Metafórica. Ecológica. En primavera de 1974 realiza otra performance, esta vez con un animal vivo: *I Like America and America Likes Me*. Es en Nueva York. Cuando aterriza en el aeropuerto, antes de salir del avión, le vendan los ojos y le envuelven en una manta de fieltro. Le espera una ambulancia que le conduce directamente a la galería René Block en el SoHo. Dentro le espera un coyote en una habitación cerrada con tres ventanas en guillotina en el segundo piso (en realidad el primero, según el sistema americano, la planta baja cuenta como primer piso) del número 409 de West Broadway, en pleno SoHo. Convivirá con el animal tres días, después de nuevo los ojos vendados, ambulancia y avión camino de regreso a Alemania. Es su segundo viaje al continente. En invierno, a principios de año, en enero de 1974, había visitado Nueva York, Chicago y Minneapolis. Apenas diez días en una apretada agenda de charlas y encuentros. Entonces ve a mucha gente. En el segundo viaje decide no ver a nadie, solo al coyote. Ahora trata de comunicarse antes con la naturaleza que con la cultura, antes con el animal que con el resto del país.

Joseph Beuys y la experiencia. Joseph Beuys y las metáforas. O más bien los materiales que ofrecen experiencias metafóricas. Es el pesado plomo en CaixaForum y la miel untada en la cara hablando con una liebre. En otras ocasiones será el fieltro. En la habitación con el coyote, además de un palo, paja y ediciones del *Wall Street Journal*, tiene una gran manta de fieltro con la que se cubre. El coyote mea sobre los periódicos y rasga un trozo de fieltro. El fieltro y la grasa han sido los elementos más identificativos de Beuys, del mito Beuys. Un mito fabricado por él mismo. Explicaba que durante la Segunda Guerra Mundial, cuando era piloto de la Luftwaffe, había sido abatido sobre Crimea. Nómadas tártaros lo habían rescatado de la nieve. Para curarle de sus heridas y protegerle del frío le habían cubierto de grasa y envuelto en fieltro. Beuys solo tiene leves recuerdos del episodio: rememora el olor ácido de la grasa, el agrio de la leche fermentada y el dulzor de la miel. Recuerdos gustativos.

Como CaixaForum, el Centre Pompidou de París guarda una de las últimas instalaciones de Beuys, *Plight*, de 1985, en la que el fieltro es el protagonista: una habitación cubierta (protegida) por rulos de fieltro y un silencioso piano de cola en el medio. En comparación con el espacio de plomo de CaixaForum, esta vez el espectador no lo experimenta por completo, solo podemos entrar en un espacio delimitado por una barandilla de cristal y observar desde esa posición el conjunto de la habitación llena de fieltro.

Y luego está la grasa, por ejemplo, en las sillas con grasa: una silla de aspecto escolar en la que el asiento está recubierto por una gran capa de grasa triangular que encaja con el respaldo; la grasa que cubre y protege, que calienta y cura, que se usará en alguna performance pero que ahora está colocada sobre una silla como una escultura preparada para ser expuesta. La Tate Modern de Londres conserva una de las *Fettstuhl* (Silla con grasa). Es una de las copias que Beuys realizó entre 1964 y 1985, que había pertenecido al galerista Anthony d'Offay, que a su vez la había expuesto al menos en dos ocasiones, en 1982 y en 1985, en su espacio en el número 23 de Dering Street, en el SoHo, esta vez londinense. De hecho, una fotografía de una de las sillas con grasa ilustraba la invitación para la exposición de Beuys entre el 27 de marzo y el 12 de mayo del 82. La silla de Anthony d'Offay que conserva la Tate es más peculiar que las otras. No solo está preparada para ser expuesta, sino que la silla está dentro de una vitrina de cristal. Bajo la vitrina, un pequeño motor genera frío en una rejilla colocada en el interior: así, la vitrina funciona en realidad como una pequeña nevera con un termómetro que certifica la temperatura interior. A pesar de ello, la grasa se ha deshecho y reposa estirada, no en triángulo, sino desbordando el asiento de la silla. Todo el *display*, vitrina y termómetro, recuerda a las vitrinas de Damien Hirst, en las que conserva desde mesas de escritorio hasta trozos de animales en proceso de putrefacción devorados por moscas en un ambiente cerrado. Es curioso cuando menos que, en el museo, las propuestas del artista chamán y performático se asemejen a las de Damien Hirst. Aunque en el fondo las de este, más allá de los procesos especulativos en los que ha entrado, remiten al museo de historia natural que conserva animales disecados o en formol, o a las naturalezas muertas que muestran trozos de la naturaleza, tal y como su rúbrica indica, muertas. Lo de Beuys también parecen naturalezas muertas que aluden directamente a la muerte (la liebre muerta) y al sistema del arte como espacio que congela la vida o lo aparta de lo vital.

Las sillas con grasa y los objetos con fieltro de Beuys añaden capas metafóricas: la experiencia personal; la protección y el cuidado; la separación con la naturaleza; la distancia entre naturaleza y cultura; el arte como naturaleza muerta y el museo como contenedor de objetos muertos.

Metáforas y objetos, o mejor, objetos metafóricos: ese es el Beuys de los museos. Un productor. Chamán pero productor. Lo otro parece lateral. Como si en el fondo el arte conceptual dejase más tiempo libre que el del artista que pinta y pinta cuadros. Tiempo para clases, conferencias, charlas, organizar encuentros y exposiciones, colaborar con museos y centros de arte, hacer intervenciones en la televisión o performances. Podría ser. Y podría ser que Duchamp tuviese parte de culpa al haberse mostrado siempre un poco vaguete, poco productivo, sentado fumando en pipa y abandonando el arte por la práctica del ajedrez. Frente a la necesidad de producción, Duchamp representaría el tiempo libre. Henri-Pierre Roché, en una serie de libretas de memorias sobre su vida en Nueva York en 1917, el boceto de novela escrita desde la nostalgia justo antes de morir, en la que escribe sobre Duchamp, protagonista del proyecto de novela y renombrado como Victor, asegura que la mejor obra de su amigo fue el uso del tiempo. Un tiempo en el que Duchamp decía no hacer nada. Ese es el mito de Duchamp: no hacer nada.

Beuys no se resigna a no hacer nada.

Warhol filmaba a muchos de sus amigos cuando pasaban por la Factory en *screen test*, filmaciones de cuatro minutos frente a la cámara. Hizo más de quinientas. No se conservan todas. Jane Holzer se lavaba los dientes, mientras que la también actriz Ann Buchanan estaba seria, y poco a poco su rostro tomaba un rictus triste hasta que arrancaba a llorar avanzándose a los llantos que años después se filmaría Bas Jan Ader en *I'm Too Sad to Tell You*. También Duchamp aparecía fumando un puro y mirando despreocupadamente. Y Bob Dylan. Dylan, que no apreciaba mucho a Warhol. Consideraba que tenía que cobrar por su participación aquellos cuatro minutos, así que se llevó un retrato de Elvis. Pilló el cuadro de Warhol y se piró como si tal cosa con la pintura bajo el brazo. Después lo intercambió por un vulgar sofá. En aquellos cuatro minutos, la cara de Dylan es de profundo desagrado. Para Warhol, aquellas filmaciones eran una manera de retratar psicológicamente a las personas. No es fácil aguantar cuatro minutos frente a la cámara o, más bien, la cámara no será indulgente y hará un retrato más potente que una instantánea. Beuys no participó en los *screen test* de Warhol. Pero hizo uno él mismo. Se tiró once minutos. Casi tres veces más que cualquiera de los otros de Warhol. Él es así de intenso.

–Todo el mundo se tiene que agotar. Sería horrible morir sin agotarse. Todo se tiene que agotar. Tienes que agotarte hasta quedar hecho polvo, si no, no tiene sentido –comenta Beuys entre risas, sentado frente a una mesa llena de comida con Walter Smerling y Knut Fischer en 1985.

–¿Qué es fin de semana? –pregunta con expresión de indiferencia lady Violet Crawley en la serie de televisión *Downton Abbey*, mostrando en una pregunta un abismo de distancia entre la clase trabajadora y la aristocracia, una auténtica némesis de Beuys.

Porque para Beuys no hay descanso. Aunque en un sentido inverso a la lady, en su caso tampoco hay diferencia entre días laborables y vacaciones o fin de semana. «Ich kenne kein Weekend» (No hay fin de semana) aparece estampado como un tampón en una edición amarilla de la *Crítica de la razón pura* de Kant. Forma parte de un objeto múltiple de 1972. Además del libro de Kant, un bote de concentrado de carne Maggi: alude al poquito de magia que le faltaría al filósofo alemán. Kant y Maggi están enganchados en una caja negra.

En definitiva, hay que agotar el tiempo, hacer sin descanso, por eso no hay diferencia entre días laborables y fin de semana. Beuys no se resigna a no considerar que lo que hace cuando no está produciendo objetos no sea también una actividad artística. Considera que todo su tiempo es productivo. Y no sabe o no quiere distinguir entre lo que pueda ser considerado producción artística y lo que no. Lo dice explícitamente: «todo lo que hago es arte, pero no porque sea artista, sino porque todos los somos». «Todo ser humano es un artista» es la famosa sentencia de Beuys. También dice que el pensamiento es creativo, que todo ser humano es creativo. La cuestión está en favorecer las posibilidades para que la creatividad se desarrolle. Por ello, la educación es importante. Para Beuys no hay diferencia entre ser artista y profesor, son lo mismo porque entiende el arte de manera profética, como un camino hacia la democratización absoluta de la sociedad, a la que solo se podrá acceder a través de la explosión de la creatividad. Esa es la ecuación: creatividad, educación, democracia.

Beuys mismo dice que esa es su aportación, que es ahí donde ha conseguido debatir y rebatir a Duchamp, que Duchamp se quedó corto con el ready-made, que no se trata de que cualquier cosa pueda ser arte, no se trataba de meter objetos en los museos, sino de sacarlos y de que cualquiera es artista. Por eso considera que su silencio está sobrevalorado y lo escribe durante una performance en los estudios de la cadena de televisión ZDF Nordrhein-Westfalen como parte de la serie *The Potter's Wheel (Die Drehscheibe)* bajo el título de *Fluxus-Gruppe*. Sobre un papel estampa, usando chocolate como si fuese pintura, y escribe: «Das Schweigen von Marcel Duchamp wird überbewertet» (El silencio de Duchamp está sobrevalorado). Al contrario de Duchamp, Beuys no podía no hacer nada, ni siquiera hacer poco, sino que se trataba de qué hacer con todo el otro tiempo. Ser productivo todo el tiempo. Aquí él es la némesis de Duchamp: el artista que reclama todo el tiempo como tiempo de trabajo, y el artista de la pausa, de la improductividad, del silencio.

El silencio de Duchamp es todo el periodo en el que dijo que había abandonado la práctica del arte, más o menos desde que deja inacabada su gran obra, *La mariée mise à nu par ses célibataires, même* o *El gran vidrio*, en los años veinte del siglo pasado, y decide dedicarse profesionalmente al ajedrez, hasta que una vez muerto se descubre que había trabajado en una obra en secreto, *Étant donnés*.

Cuarenta años. Media vida.

En realidad, no se trataría tanto de un silencio como de un abandono de la práctica artística. Es decir, se ha interpretado que el famoso silencio al que se refiere Beuys es en realidad el abandono de la práctica artística, ese no hacer nada. Duchamp lo recalca, por ejemplo en las entrevistas que le hizo Pierre Cabanne. Cuando le pregunta por el hecho de que en los años treinta se dedicase a archivar y recuperar cosas ya acabadas, Duchamp responde:

–Sí, porque en ese momento ya no hacía nada.

En unas conversaciones que no llegan a las doscientas páginas en su edición de Anagrama de 1972, Duchamp utiliza la palabra «nada» en unas ochenta ocasiones: «No espero nada. No necesito nada»; «Me encuentro muy bien sin tener que producir absolutamente nada desde hace mucho tiempo»; «No tenía nada»; «Ya no pienso nada»; «No entiendo nada, no me interesa»; «Yo no hago nada»...

A veces es un muro para Pierre Cabanne.

–¿Lee usted mucho?

–No. Nada. Hay cosas que no he leído y no leeré nunca.

O:

–Ahora usted se marcha dos meses a Cadaqués, ¿qué va a hacer allí?

–Nada.

Y la más significativa:

–¿Qué hace durante el día? –pregunta Pierre Cabanne.

–Nada –responde Duchamp.

El silencio es en realidad no hacer nada. Porque hablar, Duchamp habla, no tanto como Beuys, pero habla. Recibe a entrevistadores en su casa de Neuilly. El mismo año 1966, primero Pierre Cabanne, luego el periodista belga Jean Antoine:

–Si alguien le preguntase: Marcel Duchamp, ¿qué ha hecho usted de su vida? ¿Qué respondería?

–¡Hummm! ¡Ejem! Creo que usé el arte como una especie de *modus vivendi*, una manera de entender la vida. Diría que he intentado hacer de mi propia vida una obra de arte. En lugar de pasarme la vida haciendo obras de arte con la forma de pinturas o esculturas. –Le faltó decir como Picasso, añadir su famoso dicho sobre que no quería ser «tonto como un pintor» y juntar una cosa a la otra como cantaba Jonathan Richman para The Modern Lovers, en un tema versionado después por Bowie, aseverando que «Pablo Picasso never got called an asshole». Pero Duchamp continúa–: Pensé... bueno, lo pienso ahora, no entonces, que uno puede tratar su vida, su manera de respirar, su manera de comportarse con el resto de la gente, como si se tratase de un cuadro, un *tableau vivant* o cinético, si quiere. En todo caso, son mis conclusiones ahora. –Marcel Duchamp hace énfasis en el ahora apuntando con la palma de la mano derecha hacia abajo mientras en la izquierda sostiene un puro que inmediatamente cambia de mano para continuar la explicación–. Insisto, es algo que no fue deliberadamente pensado u organizado cuando tenía veinte o quince años, sino de lo que me doy cuenta ahora, después de muchos años, que era fundamentalmente lo que estaba intentando hacer.

Duchamp muere en 1968, dos años después de las entrevistas a Cabanne y Antoine. La primera ve la luz en forma de libro bajo el título *Entretiens avec Marcel Duchamp*, editada por Pierre Belfond en París en 1967: portada roja, título y autor en blanco y negro, letra con serif, foto de Duchamp en blanco y negro, sonriente, el gesto es de mueca, fumando un puro. La segunda entrevista, la de Jean Antoine, no se emitirá hasta junio de 1971 en la televisión belga, tres años después de la muerte de Duchamp.

Salvo si has programado tu suicidio, si tienes una enfermedad diagnosticada con un tiempo irreversible, si estás condenado a la pena capital, e incluso en esas circunstancias, nadie sabe cuándo va a morir. Duchamp no sabía que le quedaban dos años de vida, aunque a punto de cumplir los setenta y nueve, sí que era consciente de que, obviamente, si no en la prórroga, ya estaba en la segunda parte del partido. De ahí esa especie de mirada retrospectiva sobre la propia vida, como pensando sobre ella, sobre lo que se ha hecho e incluso sobre el silencio. Aunque lo supiese entonces, no antes. Duchamp insiste en ello, de palabra y de gesto que recalca una afirmación. La entrevista en la que Marcel Duchamp declara que había intentado hacer de su vida una obra de arte es de 1966, dos años más tarde de las declaraciones de Joseph Beuys sobre la sobrevaloración de su silencio. Es muy tentador acudir de nuevo al método Lenin Dada de Dominique Noguez y provocar que encaje una cosa y la otra, forzar las declaraciones de Duchamp como respuesta a Beuys o pensar que de alguna manera las declaraciones de Beuys influyeron sobre Duchamp hasta el punto de que dos años más tarde respondiese que en realidad siempre había estado haciendo arte, que su vida era el intento de hacer una obra de arte, que no hacer nada, como insiste hasta ochenta veces a Cabanne, era hacer algo, como aclara a Jean Antoine.

Beuys recrimina a Duchamp que se ha quedado corto, que no es que cualquier cosa sea arte, sino que cualquiera es artista, que todos somos artistas. La respuesta de Duchamp es que ha entendido la propia vida como arte. De hecho, realiza la comparativa con un cuadro o una escultura. Más adelante, aclara que *tableau vivant* o pintura cinética: la vida como una performance. Tal vez viene a decir que no ha habido silencio, sino una performance continuada. Podría haberse referido a la performance o, al menos, al happening. Pierre Cabanne le pregunta qué le parecen los happenings. Duchamp responde que le gustan mucho porque son lo más opuesto a la pintura en un sentido tradicional («los cuadros de caballete», dice). Pero también aclara que los happenings han introducido un elemento en la práctica artística que nadie antes había propuesto y que él mismo no había pensado: el aburrimiento. ¿Un comentario sarcástico o irónico propio de Duchamp? Tal vez. Aunque insiste en que el aburrimiento no es representable en un cuadro, que precisa de la dimensión temporal de los happenings. Duchamp utiliza la expresión «semiteatral».

La intención genérica de happenings y performances (como los que realizaba Joseph Beuys) tiene que ver con la disolución de la obra de arte como objeto intercambiable, como mercadería; frente a ello, el suceso opone el acto efímero, algo pasajero. Y, al mismo tiempo, la presencia del cuerpo y los cuerpos, artista y espectadores, y la dimensión temporal (el aburrimiento, según Duchamp), implicaban que performance y happenings tenían que ver con el viejo anhelo de las vanguardias de unir arte y vida, aunque solo sea porque sucedía algo. A su vez, la unión entre arte y vida conlleva el deseo de que el arte sea significativo, que trascienda lo decorativo y plantee problemas, conflictos o se dirija a lo humano. Y también tenía que ver, no ya con la unión, sino con la disolución del arte en la vida, su indiferenciación tal y como hacía Duchamp al revisar su propia vida en sus últimos días o como proponía Joseph Beuys al alertar que solo era artista en la medida en la que todos somos artistas y, por lo tanto, generadores de arte con nuestros actos. Ese es el aspecto revolucionario de las vanguardias artísticas a lo largo del siglo XX: disolver el arte entre la vida. A tal efecto, Chris Burden se compró un camión en 1977. Quería subirse al enorme vehículo e ir hasta el desierto, a Death Valley. Instalarse allí un tiempo quizá. Seguir experimentando con drogas psicotrópicas (una experiencia compartida: dos años antes, Michel Foucault había pasado una noche inolvidable allí con Simeon Wade y Michael Stoneman). También el camión era un espacio para hacer arte. Arte sin ninguno de los elementos legitimadores del arte: ni público, ni objetos o restos, ni documentación... nada, el hacer algo era el objetivo. En el fondo, como el árbol que cae en el bosque, sin testigos ni relato, era un objetivo silencioso. O como se preguntaba Duchamp en uno de sus aforismos: «Un grifo que deja de gotear cuando nadie lo oye».

Así que, primera posibilidad tras la afirmación duchampiana sobre que había tratado su vida como una obra de arte: que no había habido silencio, sino una performance continuada. Segunda posibilidad (no incompatible): que el silencio no es tal, sino obra de arte, que la nada es forma. Es decir, que el silencio de Duchamp forma parte de su obra, en el mismo sentido que lo era la propuesta de Robert Barry de dejar la galería vacía en 1969: *Closed Gallery Piece*. Una invitación enganchada en la galería Art and Project en el número 8 de la Richard Wagnerstraat de Ámsterdam entre el 17 y el 31 diciembre de 1969, en la galería Sperone en el corso San Maurizio de Turín el día 30 del mismo mes y en la Eugenia Butler Gallery en el número 615 de La Cienega Boulevard en Los Ángeles entre el 10 y el 21 de marzo de 1970 así lo indicaba: «During the exhibition the gallery will be closed».

La nada como forma es una auténtica tradición en la genealogía del arte contemporáneo. Yves Klein vació por completo la galería Iris Clert de París en 1958 como una zona de materia prima sensible. En 1970, tras Robert Barry, otro Robert, Robert Irwin, también vació una galería, la Ace Gallery de Los Ángeles, aunque el artista iba cada día tal y como anunciaba la invitación a la exposición: «The gallery will be empty for a period of 1 month (October), for Robert Irwin to visit the space daily to conceive the different possibilities of artworks for the space». El artista hace del no hacer nada, algo; va allá y piensa qué hacer, pero no hace nada. En 1975 es de nuevo Chris Burden quien se concentra en no hacer nada. Como es habitual en él, es un poco más extremo que Robert Irwin. Anuncia que durante veinte días, entre el 8 de febrero y el 1 de marzo, estará encerrado en un pequeño altillo triangular que ha construido en una esquina de la galería Ronald Feldman en Nueva York. Durante esos veinte días no comerá, no hablará, no bajará, nadie le verá y no verá a nadie. En 1971, como parte de su trabajo de final de carrera, se había encerrado durante cinco días en una taquilla de la Universidad de California en Irvine: en la taquilla de encima había colocado una garrafa llena de agua, en la de abajo una garrafa vacía para la orina: *Five Day Locker Piece*.

En 1997, el crítico de arte Jean-Yves Jouannais publicaba un recorrido por esa tendencia a la nada y al silencio en *Artistas sin obra. «I would prefer not to»*. El «I would prefer not to» era una referencia a la frase de Bartleby, el escribiente de la novela de Melville que ante cualquier requerimiento enunciaba la susodicha expresión y que se ha convertido en ejemplo de pasividad máxima, que a su vez era la referencia que usaba Enrique Vila-Matas en el año 2000 para su recorrido sobre escritores que han sentido la «atracción del abismo» hacia el no hacer nada en *Bartleby y compañía.* Vila-Matas, de hecho, prologaba la edición en castellano del libro de Jouannais. Ignasi Aballí en «Breve historia de casi nada» recorría también en 2006 obras sobre la nada o el vacío; en el mismo año también hizo ese recorrido Miguel Ángel Hernández-Navarro en «El arte contemporáneo entre la experiencia, lo antivisual y lo siniestro»; y yo mismo incluí un capítulo explícitamente titulado «Nada» en *No más mentiras*, en el que copiaba los argumentos de todos ellos. Finalmente, el No Show Museum se ofrece como plataforma online (https://www.noshowmuseum.com) que recoge proyectos artísticos abocados a la nada, la imposibilidad y el silencio.

Aunque en muchas ocasiones esa nada o silencio está cargada de trabajo. Era coherente que Ignasi dedicase un breve ensayo a recorrer los vacíos de otros artistas, porque su práctica como artista también ha estado llena de intentos por no hacer nada. En una charla ante alumnos de Bellas Artes, requerido por una pregunta final, explicó que una obra suya de 1993, *Finestres*, era probablemente el trabajo que había significado un giro respecto a lo que hacía antes o el trampolín hacia lo que ha sido su producción posterior. Explicaba que entonces buscaba maneras de pintar sin hacer nada, que la pintura se hiciese sola y que fuese figurativa sin la necesidad de representar. Se había fijado en la huella que deja el sol en los cartones expositores de las tiendas. En concreto, en la tienda Géneros de Punto La Torre, en la esquina de la ronda Sant Antoni con la plaza de la Universitat de Barcelona, había observado las marcas que el sol había dejado en los cartones expositores de ropa interior: los calzoncillos, bragas, camisetas, sujetadores y fajas dejaban su huella de color marrón, mientras que el resto del cartón había perdido el color por acción del sol. El cartón actuaba como una especie de negativo fotográfico en el que las huellas de la ropa interior quedaban impresas. Ignasi quiso reproducir el mismo efecto con unos cartones que a su vez reproducían la forma de las grandes ventanas de su estudio. Así, reservó trozos del cartón con tiras que imitaban las formas de las ventanas y que restarían inmaculadas, mientras el interior quedaría blanco quemado por el sol. Subió los cartones al terrado del estudio y esperó sin hacer nada la acción de los rayos solares. Sin embargo, explicaba Ignasi Aballí, tuvo que ser precavido: en alguna ocasión el viento había desmontado las reservas y echado a perder el trabajo o había aparecido la lluvia. Así que durante los días en los que el sol hacía su trabajo silencioso, él tuvo que estar atento y vigilante para que todo quedase en su sitio y nada volase, observaba, esperaba como no sucedía nada sin hacer nada. No hacer nada se había convertido en un curro.

El no hacer nada de Duchamp bien podía considerarse como un trabajo: ese uso del tiempo sobre el que escribía Henri-Pierre Roché; y el entendimiento del arte como un *modus vivendi* que confiesa a Jean Antoine.

En la entrevista televisada de Jean Antoine, Marcel aparece sentado apoltronado en un sofá de cuero, con un pequeño armario detrás, notas enganchadas en la pared y el primer ready-made, la rueda de bicicleta clavada en un taburete, del cual solo vemos la rueda negra. En una fotografía de Henri Cartier-Bresson muy poco antes de la muerte del artista se distinguen los objetos y el espacio mejor. Duchamp posa con un cubo fabricado con un cartón en la cabeza que parece recordar a uno de los artilugios que Hugo Ball también se colocaba en la cabeza para sus actuaciones en el Cabaret Voltaire, una *boutade*. Con la mano izquierda parece que agarre la rueda de bicicleta, al fondo el pequeño mueble con cajones, un ventanal, una mesa y sillas y una empinada escalera blanca. En otra fotografía de Henri Cartier-Bresson en el mismo espacio, pero desde el lado contrario, se ve la puerta de acceso a la habitación y otro sillón en ángulo recto respecto al que está sentado Duchamp. E incluso hay otra fotografía en la que, mientras Duchamp fuma un puro enorme, Pierre Cabanne le entrevista desde un sillón Wassily de Marcel Breuer sentado a su izquierda. Durante la entrevista de Jean Antoine la cámara se situó enfrente de Duchamp. El entrevistador no aparece enfocado en ningún momento en el transcurso de toda la filmación, solo se le oye la voz, debía de estar sentado en el mismo sillón Wassily que Pierre Cabanne. Como es habitual en las demás entrevistas, Duchamp habla pausado, a veces da la impresión de que se le escapa la saliva al pronunciar determinadas palabras, como algunas personas que parece que en ocasiones silben al hablar, y a continuación hace un gesto como de sorber. Tal vez sea un gesto condicionado por la edad. A muchas personas mayores les sucede, de la misma manera que cambiamos la gesticulación de las manos con los años. A Picasso también le pasa cuando habla, quizá por la voz aflautada, parece que silbe. Uno se lo imagina silbando despreocupadamente mientras anda en sus cosas. No hay entrevistas ni filmaciones anteriores, de jóvenes (de Duchamp solo la aparición efímera en 1924 en *Entreacto* de René Clair jugando al ajedrez), así que no sabemos cómo hablaban entonces o si movían las manos de la misma manera. En todo caso, ahora Duchamp puntualiza sus expresiones con breves gestos con las manos y mantiene una sonrisa irónica. Es un domingo de junio a mediodía en Neuilly. Lo recuerda Jean Antoine en la introducción de la entrevista. También recuerda que Duchamp le ha pedido que por favor sea breve. Lo presenta como uno de los artistas más relevantes de un siglo que ya ha cruzado su ecuador. Especifica que Duchamp ha sido un artista que no ha producido mucho, a quien no le ha interesado el arte como expresión estética y que sin él sería imposible entender el transcurrir del arte contemporáneo ni las aportaciones entonces de los *Nouveaux réalistes*, el arte conceptual o la realización de exposiciones como *Métamorphose de l'objet: art et anti-art: 1910-1970* que estaba teniendo lugar en el momento de emisión de la entrevista en 1971 en el Palais des Beaux-Arts de Bruselas. Señala que es uno de los dos grandes artistas del siglo XX. El otro es Picasso. Pero Jean Antoine insiste en que Duchamp no es popular, que solo es la gran referencia para críticos, especialistas y conocedores. Mientras que Picasso es conocido, incluso ha entrado en el lenguaje popular al punto de que para cualquier rareza se le usa como referencia, «esto es muy picassiano» (se dice en ocasiones o se habla del rostro de Rossy de Palma como un rostro picassiano), Marcel Duchamp, comenta, permanece en secreto.

Secreto, silencio, vacío, no hacer nada... Y, sin embargo, Henri-Pierre Roché, el autor de *Victor*, las memorias sobre su vida en Nueva York con Duchamp, habla de que su mejor obra fue el uso del tiempo. Bernard Marcadé se agarra a esa expresión para escribir una biografía que aspira a ser un ensayo sobre su obra y el propio Duchamp habla en la entrevista con Jean Antoine de su uso del tiempo como una manera de hacer arte, sea performático u obra.

Marcel Duchamp dice que el arte es una manera de comportarse, de estar en el mundo. Y Joseph Beuys que todos somos artistas. Uno parece dar una dimensión ética al arte, como comportamiento o manera de ser. El otro es más profético, camina hacia una consideración del ser humano como ser eminentemente creativo. En cualquier caso, se trata de ser todo el tiempo artista. Puede suceder como una carga o una responsabilidad, fatigante: Joseph Beuys sin descanso en su labor profética. Puede ser puramente laboral, involuntaria, como un rey Midas incontrolado e incontrolable.

Es el caso de Picasso. ¿Cómo dejar de ser artista en algún momento? ¿Cómo dejar de ser Picasso? Picasso es siempre Picasso. Picasso, haga lo que haga, hace Picassos. Todo lo que toca se convierte en oro. Pinta con un gesto de muñeca incorporado y despreocupado. Y el mundo se llena de anécdotas apócrifas picassianas en las que no puede dejar de ser el genio Picasso: una servilleta dibujada, un garabato en un mantel, sin firmar porque si lo firma vale más el mantel que el restaurante. La cuestión es ser todo el tiempo artista. Por su parte, Duchamp lo piensa retrospectivamente. Resulta que, ahora que lo reflexiona, siempre era artista, estaba haciendo arte durante su silencio, ya que aquel silencio era materia, actitud, hechos, de la misma manera que el «Picasso-Rey-Midas que todo lo que toca se convierte en un Picasso» o Beuys ya consciente de la creatividad como *res extensa*. Duchamp no solo lo piensa con retraso, echando la mirada atrás en su vejez o retrospectivamente, sino que, mejor aún, lo explica retrospectivamente. La biografía de Bernard Marcadé lleva por título *La vida a crédito*: la vida a crédito sería una vida que se paga poco a poco y se obtiene al final, como una hipoteca. Las razones del título de la biografía tienen que ver con justamente el uso del tiempo de Duchamp.

Bernard Marcadé recuerda la famosa frase repetida que Marcel Duchamp soltó en una entrevista para un reportaje de la revista *Life* en 1952: «Mi capital es el tiempo, no el dinero». Una frase ocurrente. Sucede con las expresiones sacadas de contexto que recuerdan la actitud de codo apoyado en la barra del bar que Antonio Ortega atribuía a Picasso. La cita de Duchamp la reproducía Winthrop Sargeant en su artículo para la revista *Life* titulado «Dada's Daddy» después de explicar el exiguo alquiler que pagaba por su apartamento en Nueva York: cuarenta dólares al mes por una habitación sin cocina y baño compartido en el quinto piso del número 210 de la calle 14 Oeste de Manhattan. Cuarenta dólares de renta es un gasto asumible que deja tiempo libre. La gestión del tiempo fue la gestión del dinero o a la inversa: «It's the economy, stupid» es el eslogan que haría ganar las elecciones a Bill Clinton en 1992.

Un artista, del cual no revelaré el nombre, utilizaba el argumento de la relación entre tiempo y dinero en una conversación en la que yo me mostraba, como debió pasarle al articulista de *Life* con el humilde apartamento de Duchamp, bastante sorprendido. Entonces, hace más de quince años, el artista tendría unos cincuenta años, yo diez menos. Él vivía en su estudio, un espacio amplio lleno de pinturas, en una zona alejada del centro de la ciudad. Allí se había construido una especie de habitáculo en el que había instalado una cama y una cocina básica. El frío lugar se calentaba con una estufa de pellets. Seguramente el frío lo alejaba de la imagen glamurosa de los *lofts* neoyorquinos de los años ochenta; por otra parte, también fríos, con ratas y ratones que aparecían de tanto en tanto y las grandes cucarachas rojas que inundan Manhattan. O de historias como la del Bateau-Lavoir que habitó Picasso en París. Fernande también recuerda la insalubridad, los diferentes animales que habitaban el inmueble, la falta de agua corriente o el váter como un agujero inmundo al final de pasillo. Cuando se mudan al boulevard Raspail, Fernande dice que Picasso se arrepentía de la vida de burgués que había adoptado y por eso la casa estaba desordenada. Norman Mailer, siempre atento a desarrollar teorías psicoanalíticas, sostiene que ese desorden picassiano era un residuo de su paso por Bateau-Lavoir. Pero allí eran jóvenes, en un tiempo mitificado. Todo ese glamur que da el tiempo y la distancia, el Manhattan de los ochenta y el París de las vanguardias, desaparecían en un estudio frío del Poblenou. Vivir allí era una solución dictada por la escasez económica. Repetía a principios de los años 2000 el esquema del artista con lo justo para comer. Yo, entonces más joven, me preocupé. Y le transmití mi preocupación por su situación económica. Me respondió que no me equivocase, que él era muy rico, que disponía de tiempo, que muchas personas guardan mucho dinero porque no disponen de tiempo y que él había dado la vuelta a la ecuación, que, al contrario, era como si estuviese invirtiendo mucho dinero a cambio de obtener mucho tiempo. Le daba la vuelta el argumento: no es que no gane dinero, es que lo gasta todo el rato en comprar tiempo, mientras otros guardan el dinero y no tienen tiempo. Sin gasto, la inversión es en tiempo. Era un argumento al cien por cien duchampiano, una ecuación simple: si no gastas, necesitas muy poco.

Al final de *Brokeback Mountain*, Ennis del Mar recibe la visita de su hija en la caravana destartalada y espartana que habita. Ella le comenta:

–Papá, necesitas más muebles.

–Bueno, ya sabes, si no tienes nada, no necesitas nada –contesta el bueno de Ennis replicando inconsciente una fórmula duchampiana: no produzco, no gasto; un intento por apartarse de una lógica mecanicista de las cosas.

El mito habla de que Duchamp en su traslado para vivir con Teeny, con la que se casó a los sesenta y siete años, no llevaba equipaje, apenas una muda de repuesto y un cepillo de dientes.

El matrimonio con Teeny no fue el primero. En 1927, con cuarenta años, Duchamp se casó con Lydie Sarazin-Lavassor, que contaba entonces veinticuatro años de edad. Ella era hija de un empresario de la automoción. A todas luces fue un intento de matrimonio de conveniencia económica: un braguetazo. En sus memorias matrimoniales publicadas por la revista argentina *Ramona*, la buena de Lydie recuerda que Duchamp le impuso la antigua fórmula de tratarse de usted para así cada uno mantener su independencia. El matrimonio como experimento de ganancia crematística duró seis meses. Para Duchamp, el matrimonio con Lydie pudo ser una forma de solventar su manutención tras la muerte de su padre. En las conversaciones con Cabanne explica la peculiar gestión de la herencia que llevó a cabo su padre, Eugène Duchamp, un notario de Blainville-Crevon, pueblo natal de Marcel, a pocos kilómetros de Ruan, cerca de Le Havre. El notario llevaba la contabilidad precisa de todo el dinero prestado a sus hijos en vida, que se descontaría de la herencia final. Mientras su hermana Suzanne recibió un apartamento y un estudio en Neuilly-sur-Seine (allí murió; también moriría Marcel y en ese estudio lo entrevistaron varias veces en 1966), Marcel se lo había gastado todo en el momento de la muerte de sus padres en 1925. Dos años más tarde se casó con Lydie. La fortuna del padre de esta, que les aseguraba la manutención, bien pudo ser una forma de sustituir los ingresos que hasta fecha reciente Duchamp había obtenido de su propio padre. Y puestos a ahondar en teorías psicoanalíticas a lo Norman Mailer, si su suegro cumplía el papel de manutención de su padre, su actual esposa, hija de un padre figurado impostado, cumpliría la función de hermana, una sustituta de Suzanne. Tal vez. Arturo Schwarz sostenía una curiosa teoría incestuosa sobre la relación entre Suzanne y Marcel Duchamp: ¿quiénes eran los jóvenes desnudos que recogían la fruta prohibida del cuadro de Marcel de 1911 *Jeune homme et jeune fille dans le printemps*?...

El uso del tiempo es el uso de la economía. Hay en Duchamp una conciencia de la estrecha relación entre una cosa y la otra. Entre el crédito vital y el crédito económico. Explicación psicoanalítica a lo Norman Mailer o no: en Duchamp estaba inscrita una consideración del tiempo como crédito que venía dada por el peculiar uso de la gestión económica vital de su padre; vivir de crédito o vivir a crédito. Esa es la vida a crédito que da título a la biografía de Bernard Marcadé y que está sacada de una nota de entre los papeles de Duchamp. Así lo explica en la introducción a la biografía, en la que añade que en realidad es «la última nota hallada entre sus papeles». También cita la coincidencia entre esa «vida a crédito» con la novela de Louis-Ferdinand Céline, *Muerte a crédito*, en la que el escritor repasaba sus años de educación con la misma mordacidad con la que se enfrentó a los años de entreguerras en *El viaje al final de la noche*. La conexión entre Duchamp y Céline, aunque lo he intentado, ni aplicando el método Lenin Dada acaba de encajar. Tampoco a Bernard Marcadé. Aunque tal vez te pueda encajar a ti. En todo caso, una vida a crédito es una vida a plazos o que se paga más tarde. Es decir, una vida de la que se dan explicaciones *a posteriori*.

Xavier Aballí (hermano de Ignasi) es un minucioso conocedor de la vida y obra de Duchamp. Colecciona cualquier documento que salga a propósito del artista. Es la primera persona que conocí en comprar la edición facsímil de la *Boîte-en-valise* producida por el también artista Mathieu Mercier en 2015. Él mismo ha hecho réplicas de diversos ready-mades o exposiciones en miniatura de Marcel Duchamp. En una ocasión me contaba que en un viaje a París había estado en la puerta de entrada del número 11 de la rue Larrey. Allí, parado ante una puerta de hierro forjado, enmarcada en una fachada señorial, había mirado hacia arriba, hacia el sexto piso abuhardillado, intentando encontrar alguna señal de la presencia de Duchamp. Pero nada. En una de las buhardillas, Duchamp había tenido su estudio. Era minúsculo. Es ahí donde había inventado una puerta que, al mismo tiempo que cerraba la habitación, abría el acceso a un pequeño baño, sin váter (había uno tipo turco en el rellano), y que al mismo tiempo que cerraba ese pequeño baño dejaba abierta la habitación. Era una solución técnica ante la imposibilidad de tener dos puertas por una cuestión de espacio, no cabían. Así el baño podía mantener el calor con la puerta cerrada y ventilar a través de la habitación con la puerta abierta. Marcel decía que era una puerta que reforzaba su función de bisagra, ya que estaba al mismo tiempo abierta y cerrada. La puerta ilustra portadas de tratados sobre Duchamp, ha dado nombre a exposiciones y ejemplifica el tipo de pensamiento irónico, esquivo y/o contradictorio que le caracterizaba.

Hay varias fotos de la puerta y del apartamento. Denise Bellon fotografió al artista en su apartamento en 1938. Formaba parte de una serie fotográfica de artistas en sus espacios de trabajo: para *Chez les peintres modernes* también retrató a Miró, Pevsner y Tanguy. En el apartamento de la rue Larrey parece que haga frío: Duchamp está con una chaqueta de apariencia confortable y una bufanda negra al cuello, con aspecto de dandi. En una aparece sentado a una mesa situada en el centro de un espacio pequeño: es el estudio, al fondo, una cristalera de vidrios rectangulares en vertical cae en oblicuo siguiendo las características formas de los últimos pisos abuhardillados de París. En la misma fotografía se distingue un tablero de ajedrez pegado a la pared, que también aparece en otra de la misma serie, con Marcel apoyado en un mueble, una mano tocando el tablero y la mirada perdida hacia la ventana. En otras dos fotos mira a cámara recostado sobre la puerta, al fondo se distingue un plafón de tiras de madera blanco. En realidad es el espacio interior del baño. Si se observa con detenimiento, esas maderas y una especie de tirador de hierro se pueden distinguir en la única foto en la que podemos ver a Duchamp sujetando la puerta que abre y cierra el baño y la habitación al mismo tiempo. Dos escalones dan acceso al baño y lo que parecen unas toallas cuelgan sobre la pared de madera. La puerta es la misma sobre la que se apoya en las otras fotos, la única puerta del apartamento.

En 1947, Marcel cedió el estudio a Isabelle Waldberg. Ella se trasladaba desde Nueva York, donde se habían conocido, habían trabado amistad y colaborado en proyectos como la instalación en la librería Gotham Book Mart para la presentación del libro de André Breton *Arcane 17* en 1945. Mientras usó aquel apartamento de París, Isabelle Waldberg conservó la puerta que abría y cerraba la habitación y el baño. Casi veinte años después, en 1963, Marcel Duchamp junto con Teeny la visitan en la rue Larrey. Duchamp luce una americana de rayas, un jersey de cuello redondo del que asoma una camisa de cuadros. La ropa es importante para situar las fotografías que se hacen: una de Marcel solo al lado de la puerta observando la habitación; otra dando la mano a Isabelle, vestida de blanco, con una amplia sonrisa, sujetando un cigarro en la mano izquierda; otra con Teeny, los dos sobre un fondo blanco, si no es en el apartamento, Marcel lleva la misma ropa. Hay también otra fotografía, también firmada por Véra Cardot y Pierre Joly, con Duchamp bajo el quicio de la puerta entre la sala y la habitación. Se puede comprobar lo estrecho que es el espacio y como la pared de tablas de madera del salón coincide con la del interior del baño. Pero Marcel va vestido diferente. De hecho, es una fotografía de 1967 y la puerta ya no es la misma. En 1963 había visitado el apartamento para firmar la puerta, medirla, desmontarla y fabricar una idéntica que reemplazase la original que viajó hasta Nueva York a la galería Cordier & Ekstrom para la exposición *Not Seen and / or Less Seen of / by Marcel Duchamp / Rrose Sélavy, 1904-1964*. La foto de la invitación de la inauguración muestra la puerta instalada en la rue Larrey, está semiabierta, se ven los dos escalones, se intuye el baño, el suelo de madera y una mesa pegada a la pared de madera en el salón con un vaso y un plato con frutas que también estaba en aquella fotografía que mostraba a Marcel dando la mano a Isabelle (la mesa con frutas no aparecía en la que Duchamp con otra ropa está bajo el quicio de la puerta). Esa misma fotografía ampliada a tamaño real de la puerta, virada a amarillo y enmarcada con un listón de madera formará parte de la colección del Museo de Israel cedida por Arturo Schwarz. Mientras, la puerta original montada aislada sin paredes ni habitaciones que separar, como una escultura, volvería a Europa. En 1978, unos operarios de la Bienal de Venecia vieron la puerta desgastada, sucia; de hecho, estaba llena de marcas por el uso y con una inscripción de Duchamp. Decidieron darle una capa de pintura.

–¡Han asesinado la puerta! –gritaba desconsolado Fabio Sargentini, su propietario entonces, por las callejuelas de Venecia. Curiosa paradoja: al asesino de la pintura, como tantas veces se ha calificado a Duchamp, le habían asesinado una puerta.

Además, ya había pasado antes algo semejante. Una de las historias apócrifas sobre la desaparición del urinario firmado R. Mutt, la *Fuente*, es que se lo habían quedado los Arensberg, la pareja de amigos y coleccionistas de Marcel Duchamp. Cuando en 1927 se trasladaron definitivamente de Nueva York a su nueva casa en el número 7065 de la Hillside Avenue de Los Ángeles, unos operarios confundieron el urinario con un urinario y se deshicieron de él. «La puerta asesinada, el urinario asesinado y el asesino de la pintura», así podría titularse la película.

Plantados delante del número 11 de la rue Larrey de París, no hay ningún indicio de si la puerta reproducida en contrachapado sigue allí, si alguien ha decidido conservarla. Hasta 2024 ningún cartel en el inmueble indica que por allí pasase Marcel Duchamp. Tampoco lo hay en el número 5 de la rue Parmentier en Neully-sur-Seine, una pequeña población anexa a París. Allí había vivido en la primera planta la hermana de Marcel, Suzanne, junto a Jean Crotti. Ambos bajaban a pintar cada día al estudio situado a pie de calle. Hermana y amigo habían seguido a Marcel por la vía del dadaísmo. Pintaban cada día cuadros dadá a los que dieron un nombre: *Tabu-Dada*. Al morir, en 1963, Suzanne dejó el apartamento a sus hermanas y el estudio a su hermano Marcel. Fue el año en el que Duchamp regresó a París y visitó también el apartamento de la rue Larrey. Durante los cinco años restantes de su vida, la rue Parmentier fue su casa en París. Allí lo entrevistaron Jean Antoine y Pierre Cabanne. Y allí murió después de cenar un delicioso faisán preparado por Teeny con Nina y Robert Lebel, Juliet y Man Ray.

Tampoco hay rastros en The Atelier, nombre del edificio en el número 33 de la calle 76 Oeste en Nueva York donde habitó Duchamp. Ya no queda nada del edificio en el número 80 de la calle 11 Este y en el lugar en el que trabajó en secreto en *Étant donnés* se alza ahora un enorme edificio acristalado de oficinas. Como Xavier Aballí, he estado también allí parado escudriñando, imaginando, no viendo nada, intentando con la mirada perforar el tiempo, ni siquiera cuando todavía existía el edificio de oficinas denominado St. Denis ni ante la puerta del estudio número 403. Como he estado sentado en un banco frente a la playa del Port d'Alguer de Cadaqués mirando hacia la terraza del ático de un pequeño edificio frente al mar donde Teeny y Marcel tuvieron un apartamento. En Cadaqués, en el bar Melitón, hay alguna de esas fotografías de Marcel con pantalón corto y conservan un mensaje en una servilleta aplazando una partida de ajedrez. Poco más.

El silencio de Duchamp es también la falta de rastros. No es solo su silencio, sino el silencio de los otros, el silencio que le envuelve: que no fuese hasta muy tarde que algunos artistas se volviesen a fijar en él. Robert Rauschenberg primero en los cincuenta, luego John Cage, más tarde Andy Warhol y Beuys, que encontraba su silencio sobrevalorado.

En 1957, The Museum of Fine Arts of Houston presentó la exposición *Jacques Villon, Raymond Duchamp-Villon, Marcel Duchamp*. Una exposición que se conoce como la de los tres hermanos, que ya se había presentado en el Guggenheim de Nueva York y de la que James Johnson Sweeney, el director del museo neoyorquino entonces, era el comisario. Sweeney también había sido comisario de la exposición de las obras de Marcel Duchamp instaladas definitivamente en el Museo de Arte de Filadelfia. Ahí le había entrevistado para la televisión en 1956. Duchamp entonces empezaba a romper su silencio. Aparecía sonriente, con una camisa de cuadros, dando explicaciones precisas sobre los ready-mades y levantándose ceremonialmente, diría que con tablas televisivas, proponiendo a James Johnson Sweeney que le acompañase para acercarse a *El gran vidrio* y ofrecerle explicaciones de su lógica. Un año más tarde, estaba muy contento. Lo declararía luego. Era una satisfacción exponer con sus hermanos, con los que había compartido tanto en sus años de formación en Puteaux conviviendo con ellos y de los que también había huido. En Houston, James Johnson Sweeney organizó su participación en la Conference of the American Federation of the Arts, un par de días después de la inauguración de la exposición de los tres hermanos Duchamp, el 5 de abril. Allí, Marcel leyó la célebre conferencia «The Creative Act» que más tarde publicaría en *ART News* y repetiría en 1961 en el MoMA de Nueva York. Básicamente, desarrollaba una de sus sentencias, «son los espectadores (*les regardeurs*) quienes hacen los cuadros». Al final de la charla leía:

–Con todo, el acto creativo no lo realiza solo el artista. El espectador pone la obra en contacto con el mundo externo al descifrar e interpretar sus calificaciones internas y así suma su contribución al acto creativo. Esto se vuelve aún más obvio cuando la posteridad da un veredicto final y, a veces, rehabilita a artistas olvidados.

¡Rehabilitad a artistas olvidados! ¿Era Duchamp un artista olvidado? ¿Se veía a sí mismo como un artista olvidado? ¿Soñaba con ser rehabilitado? Había abandonado el arte por el ajedrez y, tal vez, el arte le había abandonado a él. Entonces empieza a preocuparse por el silencio que le rodea. La posteridad le preocupa por lo menos desde el final de la Segunda Guerra Mundial. Recupera sus trabajos y los ordena en el Museo de Arte de Filadelfia. Participa en el montaje de una exposición con sus hermanos. Da una conferencia. Escribe textos.

Cuando le entrevista el que sería su biógrafo, Calvin Tomkins, parece que insiste sobre la idea de no hacer nada:

–Creo que hay mucho en la idea de no hacer nada, pero que cuando haces algo, no lo haces en cinco minutos o en cinco horas, sino en cinco años. –Y añade–: Creo que hay un elemento en la lentitud de la ejecución que se suma a la posibilidad de producir algo que sea duradero en su expresión, que será considerado importante cinco siglos después.

Lo dice mientras prepara una obra a escondidas para que sea desvelada tras su muerte: *Étant donnés*. Pocos lo sabían. Pero Duchamp va dejando miguitas. Pistas que luego nos hemos dedicado a reconstruir, dándonos cuenta de todo lo que dijo e hizo a propósito del secreto. Si en algún lugar es evidente la preocupación de Marcel por la posteridad es en *Étant donnés*: la obra/instalación que solo debía ser desvelada después de su muerte; una obra póstuma en retraso o a crédito, ya que no es que se descubriese o apareciese, sino que Duchamp había preparado y programado su descubrimiento tras su muerte. Algo así como tener la última palabra. Pero, sobre todo, insistir en que te recuerden. Último esfuerzo por controlar la posteridad. Trabajar en una obra para que se descubra una vez muerto es estar preocupado por la posteridad. Veinte años de preocupación, no cinco minutos ni cinco horas, veinte años también de trabajo: se pone a ello en 1946.

En el Museo de Arte de Filadelfia, en la sala dedicada a Marcel Duchamp, con *El gran vidrio* rajado de lado a lado, inestable; en medio, algunos ready-mades sobre una tarima pegada a la pared derecha, la rueda de bicicleta, uno de los urinarios, etc.; al fondo hay una pequeña entrada a otra sala, dentro está *Étant donnés:* una doble puerta de madera que Marcel compró en La Bisbal con dos orificios, hay un pequeño banquito para que las personas de corta estatura puedan alcanzar a mirar dentro de los agujeros, y al acercarse y observar a través de ellos se ve un paisaje, ramas y, extendido, el cuerpo de una mujer con las piernas abiertas del que no se alcanza a ver la cabeza. Está depilada, Duchamp estaba obsesionado con la depilación total. Y la piel es nacarada. Parece un cadáver.

En el documental *Marcel Duchamp: Art of the Possible*, dirigido por Matthew Taylor en 2020, Carlos Basualdo, comisario del Museo de Arte de Filadelfia, sonríe al manifestar que hay muchos visitantes que no ven el estrecho hueco que da acceso a *Étant donnés* y, por lo tanto, se van del museo sin ver la obra. De hecho, es un museo muy grande y complejo. Al visitarlo por primera vez, uno imagina que Duchamp debería ser el protagonista absoluto, que estaría destacado y extraordinariamente señalada su presencia en el museo. Al fin y al cabo, ¿qué otro motivo habría para visitar Filadelfia y su museo?, ¿las escaleras en las que entrenaba Rocky? De hecho, siempre hay turistas que no van a ver a Duchamp ni el museo, sino a hacerse la foto con los brazos abiertos al cielo como Sylvester Stallone. Sin embargo, otra vez, estamos ante la falta de rastros. Ya lo decía Jean Antoine, con Picasso es uno de los dos artistas más importantes del siglo XX, aunque no es el popular, sino el secreto, que hay que conocer. En el museo que custodia la mayor parte de los trabajos de Duchamp, hay que recorrer salas de ese edificio grande, complejo y laberíntico hasta llegar al espacio que se le dedica. Ahí, al fondo, atravesadas todas las salas, está *Étant donnés.* Duchamp supervisó la instalación y él quiso que estuviese allí.

La instalación esperó en el estudio 403 del edificio St. Denis del SoHo neoyorquino hasta julio de 1969, cuando acabó de instalarse en su emplazamiento final en Filadelfia. Duchamp dejó instrucciones precisas de montaje con fotografías. En algunas aparece Teeny, sujetando el pequeño maniquí. Es una imagen extraña, fetichista: la compañera de Duchamp sujetando ese cuerpo desnudo en parte réplica de la amante anterior de él. Efectivamente, el maniquí de *Étant donnés* estaba confeccionado con trozos de cuerpo, la vagina por ejemplo, modelados a partir del de Maria Martins, que fue amante de Duchamp. Otros trozos, el brazo o el pelo rubio, correspondían a Teeny. Paul Matisse, hijo del matrimonio anterior de Teeny, también tocó el maniquí cuando colaboró para su montaje en Filadelfia. En el documental sobre Duchamp de 2020, Paul Matisse admite que le habría gustado saberlo, compartir el montaje con Duchamp, que se habrían divertido. Se habría divertido con el novio de su madre ordenando las ramitas sobre las que descansa un cuerpecito mutilado, peinando y arreglando los cabellos naturales enganchados en piel falsa o limpiando esa piel nacarada de pergamino tensado, quizá acomodando cuidadosamente las ramitas sobre las que está apoyado el cuerpo, vigilando que no rasgasen la piel o apartando una que parece caer sobre el pubis depilado réplica de la antigua novia del compañero de su madre. Pero Paul no supo de la existencia de la obra secreta de Marcel hasta su muerte. No estuvo en el secreto. Muy pocos lo sabían. Marcel y Teeny. Un extraño secreto de pareja.

–Estaba impresionado de que hubiese continuado con lo que sea que hubiese pasado con Maria Martins, que no quiso quedarse con él –declara Paul en el documental al expresar la impresión que le produjo conocer la existencia de *Étant donnés*.

El maniquí de *Étant donnés* es una réplica nostálgica y *voyeur* del cuerpo deseado por Marcel, Maria Martins, que había preferido regresar a Brasil con su marido mientras él se quedó en Nueva York añorándola. Duchamp se fabricó una réplica de la amante que echaba de menos. Pero esa vagina como una raja, una grieta o un agujero sobre una superficie nacarada es también la de *Luminaire*, una escultura de yeso que parece dos muslos femeninos abiertos y recortados con una abertura entre ambos. Una escultura de su amiga Isabelle Waldberg, la que habitó el número 11 de la rue Larrey de París, que realizó cuando se trasladó allí y que ese mismo año había colaborado con Duchamp para la elaboración del escaparate de la librería Gotham Book Mart dedicado a Breton. En el escaparate, un lugar al que mirar, de voyerismo, había un maniquí semidesnudo. La posición del cuerpo de *Étant donnés* es semejante a muchas de las fotografías con maniquíes de Hans Bellmer. Pero, sobre todo, las piernas abiertas, los brazos levantados, el cuerpo hundido en la maleza, la cabeza girada, son idénticos a las fotografías del asesinato de Elizabeth Short, la Dalia Negra. Su cuerpo se encontró el 15 de enero de 1947 en Leimert Park en Los Ángeles. Además de la posición idéntica a la de *Étant donnés*, el cuerpo estaba partido por la mitad y sin sangre. En 2003, Steve Hodel publicó el libro *Black Dahlia Avenger: A Genius for Murder: The True Story*, fruto de sus investigaciones sobre el caso, que había quedado sin resolver. Después de revisar multitud de documentos, interrogatorios y pertenencias almacenados en su casa llegó a la conclusión de que su padre, George Hodel, había sido el asesino de Elizabeth Short. George Hodel había sido médico, en su casa tenía cemento como del que se encontraron rastros en el cadáver, había sido un maltratador, tenía fotos de ella, había sido interrogado por la policía, tenían conversaciones grabadas de él hablando de cómo deshacerse de un cuerpo... Y un detalle: había sido amigo de Man Ray. Ahí profundizan Mark Nelson y Sarah Hudson Bayliss en *Exquisite Corpse: Surrealism and the Black Dahlia Murder*. Los brazos alzados de la Dalia Negra también recuerdan a una fotografía de Man Ray, *Minotaur*, un torso femenino sin cabeza. Y encajan piezas a lo Lenin Dada. Justo después del asesinato, los Arensberg cortan la relación con Man Ray, al parecer no les gustaba la compañía del médico George Hodel. Tal vez Man Ray estaba en el ajo y tuvo que ver con el asesinato: cadáveres exquisitos, juegos surrealistas, amistades peligrosas... Tal vez Duchamp lo sabía y envió un mensaje póstumo a su amigo.

Duchamp en Nueva York seguía tratándose con Man Ray y con los Arensberg. E iniciaba la escultura de un cuerpo, un maniquí vacío, que tiene la misma postura que el de Elizabeth Short, también nacarado y sin fluidos, pero moldeado con trozos del cuerpo de Maria Martins, con al menos uno de ellos igual al de una escultura de su amiga Isabelle Waldberg, que monta y acomoda con ayuda de Teeny.

Marc Caellas siempre dice que nunca llegamos a conocer a nadie por completo.

Cuando Duchamp empieza a trabajar en *Étant donnés*, en 1946, está a punto de cumplir sesenta años. Han pasado veintinueve desde la presentación del urinario en Nueva York. También dos guerras mundiales. Se ha casado y divorciado. Ha tenido amigos y amantes. Ha vivido en dos continentes. Los compañeros de viaje están dispersos. Ha sido testigo de cómo Nueva York se convertía en la nueva meca del arte. Ha visto cómo aparecía una nueva generación de pintores estadounidenses: Jackson Pollock, Mark Rothko, Willem de Kooning... Y de críticos o teóricos como Clement Greenberg. Cuando Thierry de Duve, uno de los más finos analistas de Duchamp, se encontró con Clement Greenberg le preguntó qué pensaba del artista de los ready-mades. Greenberg respondió que no hacía obras de arte, sino obras de teoría del arte. Muy fino también en su respuesta. Sea como fuera, las palabras de Greenberg expulsaban a Duchamp. Una sutil distinción entre obras de arte y teoría del arte que otra vez delimita el espacio del artista como productor, como hacedor. Duchamp quedaba fuera.

Había estado fuera mucho tiempo. La primera gran exposición retrospectiva de Marcel Duchamp no tiene lugar hasta 1963 en el Museo de Arte de Pasadena, cerca de Los Ángeles, *A retrospective exhibition*, y entonces tiene setenta y seis años de edad. Pasadena no es Los Ángeles, y el museo de allí no es el MoMA de Nueva York. Tras aquella exposición, en 1965 Duchamp realiza exposiciones en La Haya, Hannover y *Not Seen and / or Less Seen of / by Marcel Duchamp / Rrose Sélavy, 1904-1964* en la galería Cordier & Ekstrom de Nueva York. En 1966, el año de las entrevistas de Jean Antoine y Pierre Cabanne, dos antes de morir, celebra la primera exposición retrospectiva en un gran museo, *The almost complete works of Marcel Duchamp*, en la Tate Gallery de Londres, que, por otra parte, entonces no adquirió una réplica del urinario, cosa que no hizo hasta 1999.

Sobre el silencio, tal vez también habría que añadir una cuestión de carácter. Isabelle Waldberg, la amiga que habitó el estudio del número 11 de la rue Larrey, en un artículo en la revista consagrada a Marcel Duchamp, *Étant Donné*, recordaba con nostalgia los años en Nueva York junto a su amigo, Peggy Guggenheim y André Breton. Explica que Marcel era siempre muy amable, como lo era explicando sus trabajos a James Johnson Sweeney en el Museo de Arte de Filadelfia, como lo fue con Jean Antoine, al que le pidió ser breve en su entrevista, o como se le ve con Joan Bakewell en la BBC poco antes de morir. En las entrevistas se perciben los gestos educados, el hablar pausado, los silencios para reflexionar antes de responder y la sonrisa irónica. Educado y amable, pero distante. Hay rastros de buena educación. Eso queda grabado: unos padres atentos con los hijos, que comparten la vida, al menos según los esquemas de la segunda mitad de siglo XIX, y que mueren con escasos días de diferencia, como si uno no pudiese vivir sin el otro; la buena educación y los libros que hay en casa y que ocupan el tiempo de ocio familiar; la afición familiar por las artes; y, en fin, lo que llamaríamos un entorno burgués cultivado de finales de siglo. Pero Isabelle también aclara que, a pesar de los buenos modales y la educación, a Duchamp no le gustaba mucho la gente, que tenía buenos amigos, pero solo le gustaban muy pocas personas. Y escribe literalmente: «No era como los otros artistas surrealistas. No hablaba demasiado».

André Breton, Dalí y compañía, todos charlatanes, llamando la atención. Dalí entrando con un oso hormiguero en un plató de televisión y hablando por los codos, sin dejar espacio para nadie más, en esa jerga inglesa que ni el presentador entiende. Mientras Duchamp es fiel a la imagen que transmite en todas las fotografías: pausado, observando, lacónico y, cuando habla, echando mano de la ironía.

Y de repente empieza a hablar. Hablar desde la distancia, repasar la vida desde la edad adulta, tiene sus ventajas. Más aún cuando casi no quedan rastros.

Marcel Duchamp siempre viaja con muy poco equipaje. Hay que recordar su economía y su uso del tiempo. «No produzco, no gasto» era su ecuación vital. Pero también implica «no poseo». Si no hay posesiones, no quedan rastros. Si decidió hacer una edición de sus ready-mades con Arturo Schwarz era, entre otros motivos, porque la mayoría de ellos se habían perdido.

Ese es de nuevo el silencio: las pocas posesiones, los cambios y las pérdidas... Cuando se ha publicado mucho, realizado muchas entrevistas y se han dado muchas explicaciones, la vida propia deviene pública, rastreable, comprobable, hay testigos que hablarán de ello, quedan documentos, objetos o incluso espacios enteros que luego se convierten en casa-museo, estudios visitables o al menos una placa que indica que estuvo allí. De Duchamp queda muy poco y habla ya muy mayor. No hay rastros, algunos testigos han muerto, los otros son cómplices, así que si es momento de explicar, puedes, puede, explicar lo que sea.

Si me dan un micrófono hablo, y ya veré lo que explico, es mi momento, el momento de narrar mi historia, como yo crea, ajustando datos, memorias, anécdotas y hechos a mi conveniencia, total, no quedan casi rastros, la memoria falla, nadie va a desmentirme. Ser la última persona en marchar de la fiesta, manteniendo el tipo, sobria, otras se precipitaron, cayeron rápido y se marcharon, lo dejaron todo al principio, tú te quedaste hasta el final, incluso ayudaste a recoger y según recogías ibas contando qué había pasado, qué habías visto, bebido o comido aunque no fuese eso exactamente. El artista Pepo Salazar utiliza también el símil de la fiesta para hablar del montaje de una exposición: hay que ser el primero en llegar y el último en irse, disfrutarlo todo, sí, pero también poder contarlo todo. La cuestión aquí no sería la economía, ¡estúpido!, sino el relato. El último gesto es echar la vista atrás y explicar el recorrido que se ha hecho, establecer el relato, es la ventaja de ser la última persona, lo cuentas a tu conveniencia. Siempre callada mientras otros hablan. Después de tanto silencio, toca hablar. Y Duchamp contó lo que quiso como quiso.

Tal vez el silencio del que le acusaba Beuys le empujó a hablar concediendo entrevistas después para explicarse y contar lo que se le antojó. Duchamp pensó en su posteridad, en cómo sería percibido, contó historias, recuperó y rehízo sus objetos, dejó pistas, planeó una obra secreta e incluso escribió sobre los artistas que podían obtener un reconocimiento póstumo. Tal vez Beuys tuvo la intuición de que Duchamp debía hablar. O no se dio cuenta de que un artista no es solo un hacedor, no aplicó para Duchamp la misma estrategia que se aplicó a sí mismo, no diferenciar entre unas actividades y otras: una conferencia, una exposición, el ajedrez, pintar... Tal vez pensó que tenía algo que ocultar. Por otra parte, Duchamp quizá inventó. Como Beuys, que ocultó y tal vez inventó, pero habló mucho.

A pesar de ser acusado habitualmente de charlatán, también hay una teoría sobre Beuys y el silencio. Si Norman Mailer no se hubiese preocupado tanto por Picasso, tal vez habría aplicado un poco de teoría psicoanalítica, a la que era tan afecto, sobre Beuys recriminándole la acusación sobre el silencio de Duchamp. Un poco de psicoanálisis en un doble sentido: primero, hablar tanto como manera de mostrarse antagónico, ser la némesis de Duchamp o matar al padre, que viene a ser lo mismo; y, en segundo lugar, acusar al otro de tus pecados, porque Beuys sí tenía cosas que ocultar.

En su primer viaje a Estados Unidos tuvo problemas con el visado, algo no veían claro, y después de aterrizar en el aeropuerto JFK le interrogaron un buen rato:

–¿Cuál es su profesión?

–Escultor.

–¿Qué tipo de escultor?

–Social.

–¿Qué significa eso? –A estas alturas, la cara del policía estadounidense debía de ser un poema, qué demonios debe de ser un escultor social, qué tipo raro con sombrero y chaleco–. ¿Qué hará en Estados Unidos?

–Dar conferencias.

–¿Qué tipo de conferencias?, ¿dónde?, ¿sobre qué?, ¿son políticas? –Y finalmente–: ¿Lleva comida?

El interrogatorio incidía en la sospecha, en lo sospechoso que debía parecer Beuys. Tal vez en su caso no era el silencio, pero sí el misterio o la ocultación, que se le parecen mucho, el mal que afectaba a Beuys. De hecho, aquel interrogatorio aduanero podía haber sido más preciso, hurgar en la herida, ser menos fiscalizador del presente y más rebuscado en el pasado, más psicoanalítico también. Aunque sería mucho pedir a un agente de aduanas.

¿Qué responsabilidades había tenido Beuys como piloto de la Luftwaffe? ¿Qué había hecho antes de ser derribado, de la historia de los tártaros, la grasa, la miel y los cuidados? ¿Había visto desde el aire los campos arrasados de la península de Crimea, las fortificaciones que cubrían los cañones antiaéreos que se ocultaban bajo colinas peladas, las enormes trincheras de hasta quince metros de ancho pobladas de soldados? ¿Había visto como su avión soltaba bombas sobre ellos antes de caer abatido? ¿Recordaba esa tierra yerma, como una manta seca, que se extendía debajo de las alas del bombardero Stuka, instalado en la cabina de espaldas a la dirección de vuelo, aferrado con sus veintitrés años a una de las metralletas de protección del avión? Tal vez esas imágenes regresaban a su cabeza al pensar un espacio también yermo forrado de fieltro. O regresaba la sensación de frío y encierro en una pequeña cabina metálica de un avión al pensar en una habitación de la angustia toda forrada de plomo. O más que en el arte o la naturaleza pensaba en la muerte que había visto sobrevolando, cuando hablaba a una liebre sin vida. A veces podemos tener la impresión de que nos pasamos la vida sin ser capaces de salir de un espacio o una situación concretos: unos incapaces de solucionar un problema de infancia, jugando un partido de fútbol de adolescentes infinito en la calle o encerrados en un aula repitiendo una y otra vez argumentos que os dejaron marcados; otros, tal vez, encerrados en la cabina de un avión temblando de miedo y frío, mirando un paisaje desconocido o... transitando siempre por la misma calle.

En una conferencia sobre Beuys y sus performances en el MACBA en 1998, Kristine Stiles recordaba como el tiempo pasado en Crimea marcó su trabajo y su carácter. Stiles es precisa en la selección de imágenes, en la comparativa entre los uniformes de los tártaros y el fieltro que luego usaría Beuys, en el parecido del terreno baldío y sus acciones... Y llama la atención sobre un detalle. Cuenta que a partir de 1936 Beuys pasa a formar parte de las Juventudes Hitlerianas. Solo tiene quince años. Vive en la pequeña ciudad de Cléveris, cercana a Holanda, con sus padres. En el trayecto de su casa, entre el instituto, el cuartel general de las Juventudes Hitlerianas y la sinagoga de la pequeña ciudad, pasaba por la Hasenberg Straße o, literalmente, la calle de la Colina de la Liebre. ¿En qué pensaba cuando hablaba a una liebre muerta o, más preciso, cuando intentaba comunicarse con una liebre muerta? ¿Con qué o quién buscaba comunicarse exactamente? Tal vez, todavía daba vueltas en esa calle de la Colina de la Liebre de su infancia entre el instituto, las Juventudes Hitlerianas y la sinagoga.

Solo tenía quince años cuando se incorporó a las Juventudes Hitlerianas, con veinte lo llamaron a filas y, tres años más tarde, con veintitrés, fue derribado cerca de la pequeña población de Známenka, todavía hoy en día no más de un centenar de casas aisladas rodeadas de campo. ¿Cómo no pensar en la propia juventud? ¿Cómo borrarla cuando es necesario hacerlo? Porque ¿cómo asumir que se ha sido partícipe del horror? Es una de las condiciones primeras de la terapia: hablar, contar. Hay que tener valor para asumirlo. Y, además, la culpabilidad es esa cosa tan extraña que a veces no distingue entre no culpables y culpables. Sucede con las personas víctimas de agresión, se culpabilizan. Le sucedió a Jorge Semprún, había estado en un campo de concentración nazi, en Buchenwald, lo explica en *El largo viaje* y en *La escritura o la vida*. Necesitó casi veinte años, desde su liberación en 1945 hasta 1963, para contar algo de aquel horror. Y aun así no pudo contarlo. En *El largo viaje* no hablaba de la experiencia propia sino de la de otro. Manuel Azaustre, que había sido prisionero en Mauthausen-Gusen, le cuenta sus vivencias, pero según Semprún lo hace mal, de manera inconexa. Así que decide apropiarse de su historia para darle verosimilitud. Verosimilitud novelesca, mezclando verdad y ficción, verdad ajena y datos recopilados. Mucho más tarde, cuando ya tiene setenta años, Semprún se justifica en *La escritura o la vida*, intenta explicar por qué tuvo que recurrir a la ficción, a hablar de otros o a través de la experiencia de los demás. Lo hace porque le acusan de mentiroso, como tantos otros que inventaron su pasado y su paso por la guerra o los campos de concentración para sacar provecho mediático o para llamar la atención. Semprún, sin embargo, dice que es que simplemente aquello era inenarrable.

O insistes tanto sobre lo mismo que ya no te creen. El crítico de arte Benjamin Buchloh escribió sobre la exposición de Beuys en el Guggenheim de Nueva York en 1980 un artículo que tituló «El crepúsculo del ídolo». El título marca las intenciones de la crítica. No le gusta nada. Le parecen infantiles las metáforas que usa Beuys. No está el arte para metáforas y menos para metáforas tan simplistas. Pero Buchloh va más allá, no deja pasar por alto las implicaciones de Beuys con el nazismo. No lo pasará por alto en Nueva York y no lo puede dejar pasar por alto frente a la comunidad judía. Escribe sobre el mito de su estancia con los tártaros en Crimea: «Es evidente que el mito es un intento de negar su participación en la guerra como ciudadano alemán».

Es la sospecha. La sospecha de que toda la historia es una mentira. Una cortina de humo. No hay psicólogo que te lo pueda sacar.

No hay forma de contar y, al mismo tiempo, si no lo cuentas todo sale de alguna manera. En forma de liebre que alude al nombre de una calle que se visita de joven, de fieltro y de grasa curativos, de recurrir a la experiencia, que significa un giro en la propia vida y niega lo anterior. Hay un lado profundamente humano en la resistencia a negarse a uno mismo, a negar los actos de un periodo del que siempre quedan huellas profundas, porque todo es importante, todo marca y el tiempo es mucho más largo y denso cuando se es joven que después. En Beuys hay un antes y un después. Insistió en que la curación a la que le sometieron los tártaros fue un punto de inflexión. El antes desapareció. Sobre el después, sobre las curas y sobre los efectos, Beuys no paró de hablar. No solo del fieltro, la grasa y la miel. Por ejemplo, se refiere a sus heridas de guerra haciendo bromas, dice que seguramente perdió algún tornillo entonces.

Beuys ríe. Tiene una carcajada amplia. Echa la cabeza hacia atrás en explosiones de risa mostrando una ordenada fila de dientes blancos en la mandíbula superior. Ríe a mandíbula batiente. Ríe en entrevistas, en la televisión, mientras discute con Max Bense, Max Bill y Arnold Gehlen el 27 de enero de 1970 en la Escuela Werner von Siemens de Düsseldorf. El encuentro, que se registra íntegramente, lleva por título *Arte y Anti-Arte: provocación, forma de vida elemental de la sociedad.* Beuys cumple el papel de provocador. Discute con vehemencia. Alza los brazos y gesticula. Enciende un cigarrillo y escucha, interrumpe, se echa hacia delante en la mesa, excitado, hace un comentario sarcástico y vuelve a reclinar el cuerpo hacia atrás en plena risotada. No para. Persevera. El pelo de Beuys peinado hacia atrás y hacia un lado tapando la calva está sudado, la camisa blanca también. La sala está abarrotada. Hace bromas, chistes, ocurrencias, Beuys es divertido y el público le acompaña, ríe con él. Y disfruta. Busca su aprobación. En una mezcla entre personaje mediático, monologuista o humorista que reclama la atención del público o espera las risas tras el chiste, y adolescente o niño que medio tímido acaba de salir al escenario y busca una mirada de complicidad. De hecho, la búsqueda de la complicidad de la audiencia es literal. En una entrevista explica que la provocación hace que la gente reaccione. Y él busca provocar. También recuerda que cada vez que sale por la televisión, después recibe llamadas de teléfono en las que simplemente le gritan:

–¡Idiota!

–¡Gilipollas! –*Arschloch*, en alemán.

Y cuelgan.

La gente tiene que reaccionar. Ese es el objetivo. Esa provocación y esa reacción impregnan la idea de la democracia y la creatividad de Beuys. Oponerse a él es democrático, gritarle o insultarle es democrático. Tiene que ver con reaccionar y reaccionar es ser creativo, dar muestra de creatividad. Algo que no es una losa, hiriente, sufrido o doloroso, sino que es divertido. La búsqueda de Beuys de la libertad y la democracia es una búsqueda de la felicidad, y la felicidad implica diversión. Por eso la democracia es divertida. Aunque conlleve que te detengan. Le sucede en 1972, la policía le escolta para que abandone la secretaría de la Academia de Arte de Düsseldorf (donde un par de años antes había discutido, reído y sudado). En una fotografía aparece Beuys caminando en un pasillo entre policías uniformados. Encima de la fotografía está escrito de su puño y letra «Demokratie ist lustig» (La democracia es divertida). Por si hay dudas, Beuys camina cabizbajo pero con una amplia sonrisa.

Dos años más tarde, en 1974, viaja a Estados Unidos. Apenas diez días en Nueva York, Chicago y Minneapolis. Y una agenda apretada de encuentros. Beuys no expone. Solo da charlas y se encuentra con gente. La revista *SoHo News* le dedica la portada con una foto: Beuys con los brazos en la cintura, los hombros hacia delante, camisa blanca, su chaleco safari lleno de bolsillos, el sombrero calado tapando la mitad de la frente y una enorme sonrisa con los ojos cerrados y apretados. El titular enuncia: «Beuys Will Be Beuys» (Beuys será Beuys). Ha venido a eso. El catálogo *Beuys in America* editado por Staeck en 1987 recoge imágenes de sus encuentros y charlas, algunas con mucho público, subido a un gran escenario con una solitaria pizarra detrás sobre la que va haciendo garabatos, y responde a todas las preguntas, sin esquivarlas, en una extraña retórica. En la presentación del libro, Klaus Staeck habla del peculiar uso del inglés de Beuys: «his kind of English», escribe. Tal vez sea el obstáculo del idioma lo que impide una conexión con la audiencia como tenía en Alemania. Sin embargo, Beuys ha disfrutado en ese viaje como nunca.

–Nunca oí a Beuys reír tanto como en su viaje por América –recuerda Klaus Staeck.

Sus carcajadas y sus risas no solo se han oído en Minneapolis o Nueva York, no solo ha salido mostrando dentadura en la portada de la revista del SoHo, durante el trayecto en avión también le han oído reírse.

Klaus Staeck y Gerhard Steidl le acompañan durante todo el viaje. Son testigos de su interrogatorio para entrar en el país, le fotografían tumbado en el avión con los ojos tapados con una toallita, le siguen por ciudades, encuentros, hoteles y donde sea que haya estado. No solo toman las fotografías que aparecen en *Beuys in America*, también hacen algunas filmaciones y graban todas las charlas que ha dado. Al lado de Beuys siempre dejan un pequeño magnetófono portátil Sony TC-50. Ahora, en el avión de regreso, aún montados en la adrenalina de esos diez días intensos, revisan las grabaciones de los casetes. Ahí descubren lo mucho que ha reído Beuys. Todo el tiempo aparecen sus carcajadas. Y entonces, entre la montaña de la adrenalina mezclada con el cansancio y el zumbido sordo, amortiguado y constante de los motores del Boeing 747 en un vuelo transoceánico, aparece la idea absurda, pero luminosa, una de esas ideas que surgen en las conversaciones, en el compartir, que conforman una de las bases de los procesos creativos, cuando a alguien se le enciende la bombilla, dice algo llevado por la corriente del humor y la situación, que puede ser etílica, drogada, cansada, o excitada o como sea, y eso se recoge con entusiasmo como una posibilidad verosímil aunque luego ya nadie se acuerde de quién o de cómo apareció la idea concreta de editar un disco con las risas y carcajadas de Beuys.

Beuys lacht es el título del disco y es literal: Beuys ríe. Veinte minutos de carcajadas y risas. En ocasiones la risa de Beuys suena histérica. Seguramente es el efecto de la yuxtaposición de carcajadas y la insistencia. Y porque la risa se relaciona con los actos fuera de sí, con la locura, lo no normativo, alejada de lo responsable y lo serio: las caras de los idos muestran expresiones deformadas como la de la risa. En una de las fotos más irreconocibles de Marcel Duchamp aparece con una gran sonrisa que le provoca una mueca grotesca. En 1919 Georges de Zayas le había afeitado una estrella en la coronilla que Man Ray había fotografiado desde arriba mostrando perfectamente la forma de la estrella y una estela también afeitada que le llegaba hasta la frente, mientras asomaba por delante de la cara de Marcel una pipa encendida. Pero hay una fotografía, realizada justo después del afeitado, Duchamp aún tiene una toalla alrededor del cuello para cubrirse de la caída del corte de pelo. Está encorvado, como lanzando la cara a un primer plano de la cámara. Se puede distinguir un trozo de cabeza afeitado. Pero llama la atención los ojos muy abiertos, como si saltasen del cuenco ocular, y una mueca de sonrisa demoniaca.

La risa también estaba presente en la exposición que Marcel Duchamp había preparado con André Breton sobre el surrealismo entre el 17 de enero y el 24 de febrero de 1938 en París. En la Galérie Beaux-Arts en la rue du Faubourg Saint-Honoré, después de pasar por el patio con el coche con lluvia en su interior de Dalí y por una galería de maniquíes uniformados por distintos artistas, en la última sala Duchamp había colocado unos sacos de carbón que colgaban del techo, una estufa en medio calentaba la habitación, el suelo estaba lleno de cenizas, la luz estaba apagada de tal manera que los espectadores debían recoger unas linternas para orientarse entre la oscuridad e iluminar las obras expuestas, que sin ellos no existían («ce sont les regardeurs qui font les tableaux», diría Duchamp), y la estancia estaba inundada de un penetrante olor a café recién hecho. Para acabar de amenizar la visita, una banda sonora acompañaba: una cacofonía de risas histéricas grabadas en un manicomio. En 1972, Elaine Sturtevant reprodujo la instalación de los sacos de carbón colgados del techo, *1200 coal bags*. Junto con otras reproducciones de ready-mades duchampianos lo expuso en 1992 en el MAMCO de Ginebra. Allí también incluyó réplicas de las sillas con grasa de Beuys. Podría haber incorporado la risa del alemán como una réplica de las risas de manicomio que se oían en la exposición de 1938.

Podría haberlo hecho; sin embargo, las risas de Beuys que en 1974 Siegfried Schäfer había editado reduciendo el sonido de fondo y consiguiendo veinte minutos limpios en una única grabación se perdieron. Cuarenta y seis años desaparecidas. Reaparecieron en 2020. Al menos eso declaran en la web de Edition Staeck en Heidelberg, que se han encargado de editarlo en vinilo después de que de nuevo Siegfried Schäfer y Pauler Acoustics remasterizasen y digitalizasen la grabación. En la portada blanca solo el título en negro y mayúsculas: *Beuys lacht*. En el interior fotos de las risotadas de Beuys y las vicisitudes de la grabación contadas por Klaus Staeck, copropietario de *Edition Staeck*. Un editor metódico, que levanta acta de todo, anota, fotografía, documenta, filma, entrevista, graba horas de conversaciones y se da cuenta de detalles como la risa de Beuys. La editorial, dedicada a ediciones de artistas y, sobre todo, a las de Beuys, la comparte con su hermano Rolf.

Ambos, Rolf y Klaus, eran de la pequeña ciudad de Bitterfeld que quedó anexionada a la parte de la República Democrática de Alemania. Mientras que Klaus aprovechó su título de bachillerato, que le permitía salir del país, para en 1956 instalarse en Heidelberg, en la Alemania Occidental, Rolf se quedó en el Este hasta que en 1984 huyó. La Stasi le acusaba de actividades ilícitas e ilegales. Tal vez en ello algo tuvieron que ver Beuys y la propia Edition Staeck. No solo editaron los libros de Beuys y proyectos de artistas desde los años sesenta, sino que la relación entre los hermanos fue clave para la realización de una de las obras de Beuys: *Wirtschaftswerte* (Valores económicos), de 1980. Una serie de objetos colocados sobre estanterías de hierro firmados y etiquetados por Beuys. Objetos que solo tenían una condición común, los había comprado Rolf Staeck en la Alemania del Este y enviado de manera camuflada a su hermano en Alemania Occidental. Los hermanos habían sido el contacto para una obra sobre el valor económico de los objetos, sobre la plusvalía que adquieren al devenir un proyecto de Beuys, al ser, ahora sí, objeto de arte, etiquetado y clasificado. Una obra hecha desde uno de los elementos articuladores del capitalismo liberal: el contrabando, al fin y al cabo, una forma de transacción económica no sujeta al control de los Estados. Rolf hacía contrabando de objetos vulgares de la RDA y era perseguido por la Stasi. Mientras que Beuys, pensando en el valor económico de los objetos, parecía haber quedado atravesado por la experiencia americana.

Ser un contrabandista, sentirse como un prófugo o un fugado de la justicia. Esa es también una tradición muy americana: Billy el Niño, Bonnie & Clyde, Butch Cassidy y Sundance Kid o Dillinger configuran un imaginario delictivo de antihéroes o héroes populares, personajes libres al margen del Estado y de las leyes, también iconos en los que fijarse, antisistema, ladrones de bancos o los que roban a los ladrones. Ser un enemigo público.

El enemigo público número 1 es el título que recibió en España la película de 1934 *Manhattan Melodrama*, con Clark Gable, William Powell y Myrna Loy. Ese año, John Dillinger era el enemigo público número uno en Estados Unidos. Y en junio de 1934 acudió a la céntrica sala de cine *Biograph* a ver *Manhattan Melodrama*. A la salida de la película fue abatido a tiros.

Cuarenta años más tarde, Joseph Beuys camina con sus inseparables Klaus Staeck y Gerhard Steidl por la céntrica avenida Lincoln de Chicago. Pasan por delante de la sala de cine Biograph, con sus letras art déco e iluminada con cientos de bombillas como lentejuelas. Y recuerdan que es el lugar en el que mataron a Dillinger. Allí, Beuys decide emularlo. Corre por la calle, pasa por delante del cine, se mete en un callejón. Los siempre dispuestos Klaus Staeck y Gerhard Steidl filman la escena. Edition Staeck comercializará un breve vídeo en VHS. En la portada, Beuys, serio, con el sombrero calado casi hasta las cejas y un abrigo con cuello de piel. El sombrero siempre de la marca Stetson de Londres, un sombrero de calidad. El abrigo es el que llevará durante todo su viaje por Estados Unidos. Hace frío. Es invierno. Ha nevado. En el vídeo, Beuys corre enfundado en el abrigo. También aparece en las fotos de *Beuys in America*. Largo, hasta los pies, el interior es todo de pelo de animal. Por las enormes solapas de pelo recuerda el que vestía en una serie de fotografías Marcel Duchamp a punto de tomar el barco de regreso a París desde Nueva York en febrero de 1927. La cara de Marcel Duchamp parece aterida de frío, y eso que va preparado para la travesía: luce un enorme abrigo de piel con pelo de animal. Llama la atención la coincidencia en los abrigos de ambos. Y una más que tiene que ver con Dillinger. Si Beuys se había fijado en el gánster, Duchamp también se había visto a sí mismo como una especie de fuera de la ley. Unos años antes de regresar a París, en 1923 había cogido un pequeño cartel (de 50 por 35 cm) de un restaurante de Nueva York que ofrecían como souvenir a los clientes: se trataba de una réplica de los carteles de busca y captura típicos estadounidenses, bajo la palabra WANTED y sobre una recompensa de dos mil dólares y diversos alias, entre los que Duchamp añadió Rrose Sélavy y colocó dos retratos suyos, frontal y de perfil. Duchamp parecía un forajido.

Duchamp como el hombre más buscado guarda algún tipo de relación, que va más allá de los abrigos, con el silencio que le recriminaba Beuys. Alguien buscado o alguien silencioso es también alguien oculto.

Andy Warhol también piensa en Duchamp. Y recuerda su ready-made *WANTED*. Para la edición de la Exposición Universal de Nueva York del 64 prepara un mural para el State Pavilion en Flushing Meadows. Las imágenes de los trece hombres más buscados en ese momento en Estados Unidos. Otros trece forajidos, seres al margen de la sociedad, perseguidos, los más peligrosos.

Los trece retratos policiales, sacados de un libro sobre los hombres más buscados por el FBI, estaban impresos en blanco y negro sobre planchas de aluminio. Como siempre en Warhol, está todo explicado y todo por explicar. Como diría él: «Todo está en la superficie». Trece criminales también pueden ser la metáfora de trece artistas, todos los que participaban en la exposición, o los trece expresionistas abstractos o simplemente aludían al hecho de ser perseguido por ser artista o se identificaba con ellos al ser también perseguido por homosexual... perseguido, escondido, silenciado.

En cualquier caso, Warhol tenía bien presente el *WANTED* de Marcel Duchamp. En 1962 había comprado una de las *Boîte-en-valise*, las maletas en las que Duchamp incluyó reproducciones de sus obras y entre ellas una de *WANTED*. Unos meses después acudía a la inauguración de la exposición de Duchamp en Pasadena. El póster reproducía el cartel de *WANTED*. En las fotos de la inauguración de aquella exposición se le ve sonriente, mientras un amigo le abraza y sujeta la cara por los mofletes.

En 1979 ya no se deja tocar. Es más distante. Lleva la faja que le sujeta la barriga y que le hace parecer aún más estirado. La necesita desde que Valerie Solanas le disparó. Algo ha quedado, además de la faja. Atento en los lugares públicos. Temeroso de que lo ataquen otra vez. Es normal. Queda el miedo y... el dolor. Todo eso afecta a los gestos. Él mismo declaró que aquel cálido 3 de junio de 1968 en el que Valerie le disparó, murió. Había sentido la muerte, su aliento, durante los seis meses ingresado en el hospital, en las operaciones intentando arreglarle el bazo, al ser reanimado en la ambulancia, al notar el fogonazo ardiente de tres disparos a quemarropa justo después de sentir el hierro de la pistola en las costillas mientras se escondía muerto de miedo debajo de la mesa de la entrada de la Factory. Y ya no volvió a ser el mismo, aquel Warhol murió, el que seguía era otro que vivía una vida a crédito o, esta vez sí, una muerte a crédito.

De esa tarde le quedó el miedo. Y por si le falla la memoria, de tanto en tanto Valerie le llama o le escribe para recordarle que está viva y que no ha acabado su trabajo, matarle. Aunque él se sienta ya muerto, viviendo una vida a crédito. También se lo recuerda la medicación para paliar los dolores y una faja que encorseta sus movimientos. Warhol no ríe abiertamente, solo sonríe, no mueve ágilmente su cuerpo menudo, solo se balancea e intenta no hacer esfuerzos, no toser, no soltar carcajadas. En los actos públicos siempre está rodeado de gente, acompañado y protegido. Busca lugares en los que poder estar a resguardo y vigilante al tiempo. Lugares en los que tener una perspectiva del espacio y la espalda cubierta, pegado a la pared.

Al fondo, pegado a la pared, Warhol con un traje, camisa y corbata impecables firmando libros al lado de un enorme cuadro con un indio. En la sala abarrotada, de repente, se abre un pasillo humano. La cámara sigue la espalda de Beuys ataviado con su sombrero, chaleco y camisa blanca, mientras avanza decidido a saludar y conocer a Warhol. Le esperaban aunque no sabían si finalmente vendría. Pero sí acude. Es el primer encuentro entre ambos artistas, el 18 de mayo de 1979 en la galería Hans Mayer de Düsseldorf. El encuentro parece orquestado, programado, con la cámara que lo documenta y espectadores, los que hasta ese momento acudían a la inauguración de *Indians, Portraits, Torsos*, que ahora se giran, abandonan sus conversaciones y prestan atención al encuentro. Warhol esboza una mueca desde cierta reserva o timidez características, los brazos cruzados como protección y el cuerpo echado hacia atrás. Beuys ríe abiertamente. Y se acerca mucho al hablar. Echa su cuerpo hacia delante. El ala de su sombrero Stetson casi toca la cara de Andy cuando se acerca para que le repita la pregunta que no ha entendido bien:

–Me gustaría hacerte una foto si no te importa.

Warhol saca la cámara y aprovecha para tomar distancia. Beuys queda retratado serio en una fotografía que le servirá al americano para hacer una serie de cuadros. De hecho, solo un año más tarde los expondrá en Múnich y volverán a verse. Habrá muchos más encuentros. Documentados. Fotografiados cenando en Múnich, en la Factory de Nueva York o visitando Nápoles. Siempre sonrientes, Warhol pulcro enfundado en americana y corbata, Beuys con su vestimenta característica. Apenas les separan siete años, uno acaba de iniciar la década de los cincuenta, el otro empieza a acercarse a los sesenta. Sin embargo, será el pelo blanco con el que, según Estrella de Diego, Warhol quiere parecer atemporal, será la tez o los estragos del ataque de Valerie Solanas, Andy parece mucho mayor que Joseph.

En las numerosas fotografías en Nápoles, sentados inaugurando la exposición en la Amelio Gallery con los retratos que Warhol hizo a Beuys, dándose la mano mientras Warhol pone la otra mano entre las fauces del león de la escultura de la piazza dei Martiri simulando que le muerde, en una rueda de prensa, cenando con Beuys soltando de nuevo una gran carcajada, se desprende una extraña química entre ambos. Andy siempre mira y sonríe. Joseph es hablador. No para. No para durante las conferencias en Estados Unidos, no para en sus clases, no para en las entrevistas. Es un charlatán. El más grande. Así lo declara en la portada que le dedica la revista *Der Spiegel*: «Der größte, weltruhm für einen Scharlatan?». La expresión «Der größte» está en grande, es la cabecera, literalmente «el más grande», y, a continuación, «¿fama mundial para un charlatán?». O el mayor charlatán del mundo.

Un charlatán agotado. Hay que agotar la vida, decía, pero hay momentos en los que se siente cansado y para.

Se siente cansado y se deja ir. No se cuida, no come ni se lava. Entra en una fase de descenso. Dos años de visitas en clínicas psiquiátricas. Toca fondo. Franz Joseph van der Grinten, compañero en la academia de Düsseldorf, recuerda el verano de 1957, que pasó encerrado en una habitación de su casa en Cléveris sin apenas salir. Ese fue tal vez el silencio de Beuys, encerrado, hundiéndose en las aguas de su propia miseria, según recuerda Van der Grinten. Probablemente haciendo análisis de conciencia. Tiene treinta y seis años y ha pasado una guerra, ha sobrevivido, él sabrá cómo y qué ha visto, como artista no se siente satisfecho con lo que hace, no acaba de ver el recorrido ni el objetivo de los dibujos que ha realizado hasta ahora y tampoco ha obtenido ningún reconocimiento. El verano de 2022 la Fondazione Giorgio Cini, en su palacio de Venecia, muestra alguno de esos dibujos: un trazo limpio pero tembloroso que dibuja caras deformadas o cuerpos cadavéricos. Ahora son mostrados delicada y cuidadosamente en marcos de madera suavemente iluminados. Pero, entonces, Joseph estaba frustrado. Piensa en dejarlo, en dedicarse a otra cosa. El tiempo apremia, parece una *midlife crisis* o una crisis creativa. Tal vez estas no sean más (ni menos) que eso, crisis de mediana edad. ¿Tiene algún sentido lo que estoy haciendo? ¿Tiene sentido para alguien? ¿Hay alguien más? ¿Me lleva a algún lugar? ¿Qué puedo hacer? Es muy angustioso estar ahí. Aunque muchas veces tiene la forma de periodo catártico, de espacio necesario de recogimiento. No siempre ocurre así. Nada asegura que se salga a flote después de hundirse en la propia miseria. Sí salió Beuys entonces.

Aunque la tentación de abandonar todo se quedó ahí instalada también. Y fue reapareciendo. Después de tres años de intensa actividad militando en el partido verde, de hecho participando en su creación, dando mítines, charlas constantes que dan la razón a la portada de *Der Spiegel*, haciendo de charlatán, en 1983 lo apartan del partido. La sesión es violenta. Hay insultos. Beuys permanece sentado en un rincón, impasible. Abandona el congreso serio, otra vez cruzando un pasillo humano. En esos tres años se ha pateado las calles de las ciudades alemanas ofreciendo autógrafos en los papeles de propaganda electoral, ha aprovechado su más o menos celebridad en el país para arañar algunos votos, ha dado discursos, ha dialogado, hecho bromas y hablado con todo quisqui, hasta ha cantado contra Reagan un tema popero en la televisión, *Sonne statt Reagan*, sonriendo, dando saltitos de baile, jugando con el micro y haciendo un juego de palabras: «Queremos sol en lugar de Reagan». El sol es la huida.

–Hay veces que uno se siente tentado a dejar la vida activa. Me iría a Australia. –Y ríe en el reportaje de Andres Veiel sobre su vida.

Ya lo había hecho. La tentación de la huida y el silencio. Lo ha probado. Dejar la vida activa y huir al sol. Pasa las Navidades de 1974 en la playa de Diani en Kenia. Catorce días en los que parece dejarlo todo. Ese año, 1974, ha sido muy intenso: ha viajado a Estados Unidos dos veces, primero en enero, cuando hace una extenuante gira de encuentros y charlas; luego en primavera cuando se encierra con el coyote;

ha dado más charlas; funda la Universidad Libre Internacional, y viaja también a Irlanda e Inglaterra.

En contraste, en Kenia encuentra la playa y el sol. Un lugar en el que relajarse y descansar, una especie de alto en el camino. Le acompaña el fotógrafo Charles Wilp. Beuys siempre acompañado, con alguien que fotografíe, filme, documente o relate. Wilp documenta los dibujos que hace en la arena, lo fotografía agachado dibujando con un palo, caminando, en un primer plano, haciendo ejercicios, los dos sentados... En todas está espléndido. Siempre aparece casi desnudo, solo con un bañador tipo slip y hasta con una especie de pareo en cuclillas. Se le ve delgado pero fuerte, muy bien físicamente a sus cincuenta y tres años entrados. Moreno con la piel brillante y la cabeza afeitada. Nada de aquel aspecto sudado, con el pelo chafado por el sombrero disimulando la alopecia, ni la barriga que parecía asomar en algunas ocasiones por debajo de su sempiterno chaleco, siempre demasiado corto, dejando ver la camisa y el cinturón. En general está serio. No hay fotografías con risotadas. Todo lo más, sonríe. Pero transmite relajación. Especialmente en una de las fotos en primer plano. Realmente está muy moreno. La mirada es penetrante, con los ojos entornados para protegerse de la luz del sol. La calva brilla. Y las ojeras, que se ven puntiagudas, recuerdan al Nosferatu de Klaus Kinski. Han sido casi quince días de playa, sol, descanso, arena, alejado del fieltro y el frío de Europa. Quince días de descanso. O de esconderse y de silencio. O quince días de simplemente ser un ser humano, creativo, durante el que usar el tiempo de manera creativa, probar esa cosa expandida y que todos podemos compartir. Nada de hablar, de hacer el chamán o el gurú, el artista proselitista y charlatán. Quince días para ser artista o para escapar de la condición de artista. O quince días para hacer el gilipollas.

Eva Beuys, su esposa, recuerda aquel viaje:

–Fue horrible.

FUE HORRIBLE / CRÍTICA A LA GENIALIDAD

En Kenia, Joseph Beuys dibuja sobre la arena. En bañador oscuro tipo slip, mostrando un muy buen estado físico, delgado y musculoso, moreno, con la cabeza afeitada, dejando atrás aquella calva disimulada con un mechón de pelo repeinado sudado, el cuerpo encorvado hacia el suelo formando una «L» invertida, sujeta con la mano derecha un palo con el que traza garabatos en la arena de la playa. Así aparece en una de las fotografías que le hace Charles Wilp. O de pie, muy tieso, sujetando un palo que está a punto de dejar caer. Una publicación de doscientos cincuenta ejemplares recoge en una carpeta dieciocho de las fotografías que le hizo Wilp. Además, un pequeño tubito en una caja de cartón firmada por Beuys guarda un poco de la arena de la playa de Diani. En la portada marrón solo el escueto título descriptivo de *Sandzeichnungen* (Dibujos de arena).

Beuys también aparece fotografiado con Charles Wilp: hombro con hombro, mirando a cámara, los ojos entrecerrados protegiéndose del sol; o mientras Wilp retrata uno de los dibujos en la arena, el fotógrafo con un mono blanco y una gorra negra sujetando la cámara en cuclillas. Hay alguna imagen más de Beuys: con los brazos abiertos, en cruz, coincidiendo con la línea del mar en el horizonte o sujetando una especie de palo largo. Pero, sobre todo, en la carpeta hay fotografías de los dibujos de Beuys en la arena. Esos que Wilp registra en cuclillas cámara en mano delante del artista alemán. No puede esperar. Los fotografía según Beuys los traza. Antes de que el viento o las olas los borren. Son efímeros. En ocasiones muestran garabatos difíciles de descifrar. En otras, una especie de animal cuadrúpedo o un sol casi infantil hecho con una circunferencia y palitos como rayos. También círculos, cruces, más animales, un esqueleto... O un cuerpo femenino, frontal aunque escorzado, con grandes caderas y dibujado de un solo trazo. Un surco que recorre la arena húmeda.

Picasso también había pintado un cuerpo desnudo femenino de un solo trazo, sobre un vidrio con pintura blanca. Un cuerpo espigado.

Muchos de los últimos cuadros de Tàpies también mostraban cuerpos, rotundos y contundentes. Uno de ellos, de 2002, entonces Tàpies tenía casi ochenta años, lleva por título un escueto *Home* (Hombre). Vemos un torso marrón sobre un fondo oscuro. El torso está realizado con una mezcla de arena y polvo de mármol más aglutinante tan característica de Tàpies. Esa mezcla da volumen al cuadro, algunos pesan mucho dado la cantidad de mejunje que llevan. Les otorga un característico color terroso, arenoso, pardo... Y textura granulada. Es la materia que califica su obra. Sobre el fondo oscuro aparecen palabras escritas en tiza que parecen indescifrables, como de un trazo nervioso, da la impresión de que estén escritas al revés. Efectivamente, si se hace espejo con la imagen, descubrimos que esas palabras son descriptivas: *fons marró* (fondo marrón); materia o *pols de marbre i resina sintètica* (polvo de mármol y resina sintética) y señalan la masa grumosa que configura el torso, un pene y unos testículos con volumen. Y en el cuerpo, grabados el ombligo, los pezones y unos cortes en forma de la también característica T de Tàpies. Son cortes agresivos, escarbados con un dedo o el dorso del pincel. Sobre la materia, Tàpies grababa un trazo. Pero a diferencia de Beuys, que dejaba que las olas del océano se llevasen unos dibujos de los que solo queda el rastro de las fotografías de Charles Wilp, los trazos de Tàpies sobre la arena están fijados en el cuadro gracias al aglutinante.

Tàpies aparece pintando en su estudio en un documental de la BBC de 1990. Tiene sesenta y siete años. El aspecto es saludable, mantiene todo el cabello todavía oscuro. Sin embargo, sus movimientos no son ágiles. Un poco desarticulados. Acartonados, diríamos. Entre escenas en las que es entrevistado, sobre la voz en off reflexionando a propósito del mismo acto de pintar o sobre sus referentes, la cámara sigue el proceso de elaboración de un cuadro en su estudio blanco, inmaculado, en un edificio racionalista en medio de la montaña del Montseny, en Campins. El lienzo está tirado en el suelo. Tàpies se dedica a echarle diversos productos, lacas, resinas y pintura. También la pasta de mármol y arena, que mezcla con más pintura. Está muy concentrado, hasta abstraído. Los movimientos no son continuos. Mira, para, se encorva, vierte un líquido, se reincorpora, vuelve a agacharse y, primero con un pincel, luego con el dorso del pincel, directamente con la punta de madera y finalmente con los dedos de la mano, escarba en la pasta. Agachado, dibuja con los dedos de la mano sobre una pasta de arena.

A veces, en los cuadros de cuerpos, ese trazo, aunque irregular, no lineal, es preciso. Podemos seguir con la mirada el recorrido del dedo sobre la arena dibujando un cuerpo.

Tàpies siempre habla en un tono muy bajo. Las palabras silban. Mantiene una leve sonrisa en una inclinación en diagonal de los labios, como si tuviese paralizada una parte de la cara. No se da aspavientos y es modesto. Dice que ha intentado esto o lo otro, que pensó en hacer esto o lo otro, pero nunca da la impresión de ser muy determinante. El conjunto del reportaje es hagiográfico. Raro que se haya filmado en vida del artista. Parece más bien del tipo de documentales hechos una vez muerto. Y ese tono de maestro, de gran artista, genio, etc., contrasta con el tono bajo de Antoni. También contrasta con el que tienen otros reportajes de la BBC sobre artistas. Por ejemplo, la entrevista a Marcel Duchamp de Joan Bakewell un año antes de que muriese. O las entrevistas de David Sylvester a Francis Bacon en 1963.

Entonces Bacon no es tan mayor. Tiene cincuenta y cuatro años. Los mismos que yo según escribo estas líneas. Es tremendamente locuaz. Culto. Le gusta explicarse. Hay gestos amanerados en la forma como mueve las manos y como se coloca de medio lado. Habla de las imágenes, de la pintura, de aquello que le ha influenciado... También dice que ha intentado esto o lo otro. Y siempre insiste en sus fracasos. En los fracasos de su pintura. En no haber conseguido imágenes tan determinantes como pensaba. O como aquellas en las que se basaba.

Habla de la boca, de que le fascina, de que es una entrada al interior del cuerpo, a aquello que somos en esencia, vísceras, carne, sangre... La boca lo tiene todo: los dientes, que son huesos; la lengua, que es húmeda; los labios, que son entrada y salida; sirve para comer, para besar o mamar; es alimenticia y sexual; hablamos y nos comunicamos a través de ella... De alguna manera es epítome de lo humano. Y ese ha sido, sin duda, su tema: lo humano. Los cuerpos solos en una habitación. Enfrentándonos a nosotros mismos. Cuando Bacon pinta dos cuerpos o no se miran, hasta se dan la espalda, o están follando. Dice que cuando se practica sexo no se habla.

Sin embargo, sus intentos por pintar bocas monstruosas y humanas al mismo tiempo le parecen fracasados. Sylvester le replica que no comparte su punto de vista y le menciona la boca bien abierta de la mujer con las gafas redondas rotas y descolocadas del fotograma en la escena de la escalera de *El acorazado Potemkin* que ha usado en varios de sus cuadros. Bacon explica que quería pintar una boca como Monet pintaba un amanecer, pero insiste en que no lo consiguió y es rotundo: si ha usado esa boca de Eisenstein es porque su interior es una mancha negra y ha sido una manera de esquivar el hecho de pintarla.

Comenta todo ello y mucho más con David Sylvester en esa filmación, y en las entrevistas registradas y transcritas en octubre de 1962, mayo de 1966, diciembre de 1971, julio y octubre de 1973, septiembre de 1974 y abril y junio de 1975. Es impresionante la continuidad, trece años. No una entrevista aislada o una suma de entrevistas, sino la constancia de entrevistar a un artista a lo largo de años y periodos. Eso permite a Sylvester profundizar mucho, entrar en determinados temas y reincidir, ver si hay cambios en sus maneras de entender la práctica pictórica. Las entrevistas son un documento extraordinario sobre un artista. En ocasiones, el entrevistador insiste en la visión de la vida de Francis: en si entiende que no somos nada, sí; en que solo somos carne y huesos, sí; en si no hay esperanza, sí. Y deduce que sí es pesimista. No. Francis Bacon es optimista. Se levanta por las mañanas y es optimista. Es una cuestión de carácter. Aunque cree que no hay esperanza alguna, que nacemos, vivimos y morimos sin sentido, no hay más. En lugar de optimista podría haber dicho alegre. Pero no tiene nada que ver. No es alegre ni simpático, simplemente le gusta la gente, estar con gente, la humanidad. Tal vez por eso le gustan los bares.

Años después, en 1985 repite de manera casi literal los mismos argumentos sobre la boca y la intención de pintarla como Monet hace un amanecer a Melvyn Bragg en un documental que dirige David Hinton mientras comenta algunas de sus pinturas proyectadas en diapositivas. Más tarde charlan mientras comen en un restaurante del SoHo. Sentados en una mesa que da a un gran ventanal a través del cual se ve la calle de Londres, todavía con restos de comida en la mesa, Bacon insiste en su fracaso.

Habla tembloroso, la voz quebrada, las palabras no le acaban de encajar, incluso se encalla, como un paso previo a la tartamudez o, como es el caso, cuando las palabras se alborotan en la cabeza y no acaban de salir fruto de la borrachera. De hecho, según acaba una frase se incorpora apoyando los puños en la mesa para asegurarse el equilibrio, la cara manifiesta una mueca torcida y la mirada perdida. Se oye el rechinar de las patas de la silla arrastrada en el suelo para hacerse espacio al incorporarse. Forzando el equilibrio, alarga el brazo, coge una botella de vino tinto y rellena las copas de Melvyn Bragg y la suya.

–*Salut*, Francis. Pero dime, Francis, ¿por qué sigues intentando hacerlo? –Melvyn se refiere a seguir pintando.

–Porque me gusta hacerlo. Eso es todo.

Y se acaba la escena. A continuación aparece el cartel del Colony Room Club. Y enseguida el interior del local con Bacon entre el bullicio. Acude allí casi cada noche. Forma parte de la historia del club desde su inauguración en 1948. Darren Coffield, en la introducción al catálogo de la exposición dedicada a la memoria del local, *Tales from the Colony Room: Soho's Lost Bohemia*, en la galería Dellasposa de Londres en 2020, habla de su propietaria, Muriel Belcher, y de Francis Bacon, y los compara con Gertrude Stein y Picasso, porque ella también era lesbiana como Gertrude y Bacon pintor como Pablo. Una comparación extraña, que poco tiene que ver con el carácter de unas y otros, aunque sí con su notoriedad: ambas como configuradoras de puntos de encuentro y ambos como los artistas más célebres de su tiempo. En todo caso, esa comparación le sirve para situar la permisividad alcohólica y sexual que caracterizaba al local, que es lo que convirtió al Colony Room Club, durante esos casi sesenta años de historia, en un centro de reunión de artistas.

A Bacon se le ve desenvuelto en el club. Es realmente como una segunda casa. Saluda. Charla. Y bebe. Más tarde, la conversación entre Melvyn Bragg y Francis Bacon continúa, con el local vacío y cerrado para ellos tras el toque de queda londinense de las once de la noche. Aunque el montaje inserta entre sus respuestas imágenes del club horas antes, cuando todavía estaba lleno. El espacio es ruidoso, está atiborrado, Bacon habla con todos los parroquianos manteniendo un gesto torcido alcohólico y la voz ronca de la borrachera. Es entonces cuando comenta que le gusta estar rodeado de gente, que le gustan las personas, el género humano, que es en eso en lo que se ha concentrado, en la representación del género humano en cuanto carne. Intentando emular la conversación, la cámara sigue los rostros de otros asiduos al club: las caras absortas, cansadas o deformadas por las risotadas.

Tales from the Colony Room: Soho's Lost Bohemia exhibía en la galería Dellasposa trabajos de muchos de los artistas que a lo largo de su existencia pasaron por el club: desde el propio Francis Bacon hasta los más jóvenes Damien Hirst, Sarah Lucas o Tracey Emin. De hecho aparecen en fotografías de la segunda mitad de los años ochenta. Sarah Lucas ríe mientras rodea con su brazo a Damien Hirst, que lleva una camiseta azul y grita, parece un *hooligan*, una mano señala hacia el techo con un cigarrillo entre los dedos y la otra sujeta un combinado. Los ojos de ambos están rojos. La escena es obviamente nocturna, aderezada con alcohol y drogas. Esa u otras noches han servido bebidas detrás de la barra. También Tracey Emin, que habla de las situaciones inquietantes o desagradables que provocaban algunos clientes afectados por el alcohol y las drogas. Damien Hirst solo recuerda lo importante que era estar allí, formar parte del Colony.

Hay algo de territorio conquistado en la mezcla de felicidad y arrogancia que Damien Hirst muestra tanto en la fotografía con Sarah Lucas como en el vídeo lleno de entrevistas sobre la exposición a propósito del club en el que también aparece. Lo expresa claramente: estar ahí era formar parte del mundo del arte, «habitarlo». Formar parte de una genealogía de artistas, compartir espacio, ser compañero de Bacon, pero también de otros asiduos que el propio Bacon había atraído al Colony: David Hockney, Alberto Giacometti o Lucian Freud. Se trata de estar en la fiesta que has deseado.

A veces, a algunas personas puede darnos la sensación de participar en una fiesta a la que no se nos ha invitado. Como si el llamado «mundo del arte» o la cultura perteneciesen a una determinada clase social. Y entonces actúas como un intruso. A veces no sabes comportarte, derramas el vino o bebes demasiado. Te atracas a croquetas porque son gratis, están ahí y hay que acabarse la comida del plato. Te ensucias las manos y no sabes cómo limpiártelas. Escondes una servilleta sucia. Te manchas la blusa o el pantalón. O, peor, derramas parte de la crema líquida del postre, que, según cae de la mesa al suelo, roza un vestido impecable e impoluto de alguna compañera de mesa, al apartarte, mientras pides disculpas, miras hacia abajo y ves sus zapatos de tacón grises relucientes al lado de tus zapatillas de una marca vulgar, pero cómoda, con un roto en el lado del dedo meñique. No guardas la correcta compostura. Quizá es puramente subjetivo, complejo de clase o síndrome del impostor. Pero tú lo sabes y ellos, «ellos», también. Todo eso pasa en muchos de los lugares en los que se instala la cultura: las inauguraciones, *previews*, desayunos o recepciones. Eso no pasa en el Colony Room. Allí hay cierta cosa bárbara.

Damien Hirst siempre ha querido estar ahí. Cuando organiza *Freeze*, la exposición con sus compañeros de Goldsmiths y el Royal College of Art de London, en un almacén desocupado de los Docklands en 1988, estaba pensando en el tipo de exposiciones que había visto en la primera sede de la Saatchi Gallery en el norte de la capital británica. Por ejemplo, un año antes ha visitado en diversas ocasiones la exposición *New York Art Now*. Ahí ha visto las aspiradoras de Jeff Koons colocadas en vitrinas de metacrilato con luces de neón en un espacio industrial, paredes blancas, techos altos, vigas de hierro. *Freeze* tenía ese mismo aspecto. Incluso pintaron las paredes desgastadas de la nave. Damien Hirst insistió en que Bacon acudiese a la inauguración de la exposición con sus colegas. Hay una fotografía en la que aparecen todos alineados sonrientes, felices, antes de inaugurar, detrás de una mesa preparada llena de copas. Es una foto de grupo. En la que tienen conciencia de constituir un grupo. *Freeze* o el Colony formaban parte de una necesidad por «habitar el mundo del arte».

«Habitar el mundo del arte» de manera literal, en fiestas, inauguraciones o bares, pero también de manera discursiva. Obviamente, Damien Hirst pensaba en las vitrinas de Jeff Koons, con aspiradoras o con pelotas de básquet suspendidas en agua que había visto en *New York Art Now*, cuando en los noventa realizó toda una serie de propuestas con vitrinas: desde el tiburón suspendido en formol (*The Physical Impossibility of Death in the Mind of Someone Living*) hasta la serie de vacas divididas; o las vitrinas con una cabeza de venado descomponiéndose y generando millones de moscas (*A Thousand Years*) o con una simple mesa de escritorio sobre el que descansa un cenicero lleno de colillas (*The Acquired Inability to Escape*).

Por otra parte, Jeff Koons pensaba en los artistas pop y minimal, compatriotas estadounidenses y una generación mayor. De hecho la operación de Koons era muy sencilla, sumar pop y minimal: la repetición de una serie de objetos (como Donald Judd o Carl Andre), solo que estos eran ready-mades de uso popular, aspiradoras o pelotas de básquet, como las

Brillo Boxes de Andy Warhol; o sea, hacer una escultura minimal con objetos pop. Así que las vitrinas de Damien Hirst implicaban una vuelta de tuerca más: la estrategia de Jeff Koons de la repetición y la vitrina, pero con objetos que podrían pertenecer a un museo de historia natural, como animales en formol.

Pero ¿y la mesa de despacho?, ¿de dónde venía la mesa de despacho con una silla encerrada en una vitrina bajo el título *The Acquired Inability to Escape*?, o mejor, ¿a qué se parecía?

Las vitrinas de Hirst no son solo artefactos en los que repetir la estrategia museística básica para mostrar objetos apartados del mundo, son cajas, cubículos transparentes con los vértices marcados.

Gilles Deleuze en *Francis Bacon. Lógica de la sensación*, un texto de 1984 de apenas cien páginas, escribe sobre la carne. Escribe que es lo único importante, el único tema humano. Por eso le interesa Bacon. Y también escribe sobre la capacidad de shock de sus pinturas. Algo que constantemente Bacon niega en todas sus entrevistas, niega que haya llegado a conseguir una imagen que afecte de alguna forma. Tal vez fuese a causa de una simple indigestión, y quizá a Bacon le habría hecho gracia, pero en 1992, al mismo tiempo que entraba en su exposición póstuma en la galería Marlborough de Madrid, una chica casi me atropella según salía precipitada a vomitar entre dos coches aparcados.

Además del shock y la carne, Deleuze escribe sobre el rond. El rond, según el filósofo francés, es un óvalo o caja que en muchas ocasiones encierra a las figuras en los cuadros de Bacon. Es la cosa que hace que queden aisladas. A veces es un círculo, como si fuese un foco de luz; otras, un mueble como un diván, una capa o una alfombra. En *Triptych - Studies from the Human Body*, de 1970, lo que parecen dos cuerpos follando convulsionan en el panel central sobre una cama verde redonda que los encierra en el centro de la imagen. Por cierto, los dos paneles laterales del tríptico representan una puerta que está abierta y cerrada al mismo tiempo, es la puerta del apartamento de Marcel Duchamp en la rue Larrey. En otros cuadros como los retratos del papa Inocencio X basados en la pintura de Velázquez o en *Three Studies of Lucian Freud*, de 1969, no hay ningún círculo u óvalo, sino una caja. En las tres pinturas de ese tríptico, Lucian Freud aparece sentado en lo que podría ser una silla Thonet con las piernas cruzadas en un interior sin ventanas, solo. Pero hay un elemento extraño en el cuadro. Algo que parece de otra dimensión. O que interrumpe esa lógica realista de un hombre sentado en una silla en una habitación. La figura de Lucian Freud aparece enmarcada o encerrada en una caja transparente, definida únicamente por sus vértices.

Esa caja es como las vitrinas de Damien Hirst. Al revés, las vitrinas de Damien Hirst emulan las cajas, el rond, de los cuadros de Bacon. Ahí está el «habitar el mundo del arte» de manera discursiva que liga las propuestas de Hirst con la condición existencial de Bacon. Y a partir de ahí toman relevancia títulos como *The Physical Impossibility of Death in the Mind of Someone Living* o *The Acquired Inability to Escape*, una caja que encierra una mesa de despacho y un cenicero, una caja de la que no podemos escapar, que encierra nuestra existencia en pequeños vicios y rutinas. «Habitar el mundo del arte» es también entender a Bacon, copiar a Koons, citar a Warhol e incluso emular las vitrinas de Beuys con una silla con grasa, expuesta como en un museo de historia natural.

En los cuadros de Francis Bacon aparecen mesas, sillas, camas, habitaciones cerradas sin ventanas con una solitaria bombilla colgando del techo. Son los espacios en los que vivimos: ahí nacemos, dormimos, comemos, vomitamos, follamos y morimos, solos en habitaciones, sin escapatoria... En uno de los retratos de George Dyer, su pareja, aparece encerrado en una caja frente a un espejo sentado en una silla, una silla giratoria como la de la propuesta de Damien Hirst. Aunque también podría ser la de un barbero. George Dyer es el modelo de otros muchos cuadros de Bacon. Sentado en otra silla en medio de una habitación. O tumbado en una especie de diván azul. Forma parte del tríptico *Three Figures in a Room,* de 1964, un año antes de que se conocieran, después de que Dyer se acercara a Bacon y John Deakin, que acababa de hacer algunas fotografías en un pub del SoHo, para invitarlos a unas copas. Así narra el primer encuentro Michael Peppiant en la biografía del pintor, usando palabras del propio Bacon. También habla del aspecto impoluto de Dyer, de dandi timador, dice, que contrasta con su acento barriobajero, del East End, entrecortado por cierta tartamudez. Un auténtico cóctel: la fragilidad de un acento marcado por la escasa formación reglada y el parloteo de la calle de un barrio de clase popular acentuado por la tartamudez, en contraste con la impecabilidad de sus trajes y la corpulencia de un hombre musculoso, atlético y apuesto. En el *biopic* de la vida de Bacon, *Love is the Devil,* el personaje de George Dyer es interpretado por Daniel Craig, mucho antes de encarnar a 007; de hecho, un actor que aportó al personaje del espía un aspecto bravucón, igual de elegante que sus antecesores, pero más tosco; por ejemplo, en la primera entrega de la serie, cuando le preguntan cómo quiere el dry martini, no responde exquisito como Sean Connery, quien dice que lo quiere removido pero no agitado, a Daniel Craig le importa un pito o más bien no sabe diferenciarlo. De tal manera que diríase que algo del personaje de Dyer ya estaba impregnado en Daniel Craig cuando lo interpretó.

El porte corpulento, atlético y elegante de George Dyer es evidente en su aparición en un reportaje de la televisión suiza en el que entrevistan a Francis Bacon. Dyer simplemente está por ahí, sonriente con un impecable corte de pelo, muy negro, con un flequillo que le cae sobre la frente y los ojos.

La entrevista es angustiante. La cámara se mueve rápido. Es opresiva. Da vueltas en el pequeño espacio del estudio de Bacon. Le atosiga. Se le ve vulnerable. Frágil. Habla en francés. Busca las palabras. Pide ayuda para encontrar algunas expresiones. Balbucea un poco. Bebe vino de un vaso y sujeta un cigarro.

Hace mención del hecho de estar borracho mientras la cámara prácticamente le cae encima, se la tiene que sacar de encima, le acosa. Y al mismo tiempo parece un baile de risas borrachas al que contribuyen George Dyer y otros chicos del SoHo que le acompañan, beben, fuman y giran en el estrecho espacio del estudio entre reporteros, cámara y micrófonos.

–¿Qué hacen estos chicos aquí? –pregunta a bocajarro Pierre Koralnik, director del reportaje. Una pregunta personal, que no tiene que ver con la pintura, sino con su vida, y que destila prejuicio: «¿Qué hacen todos estos maricas aquí?», podría haber preguntado.

–Vienen porque pueden encontrar una vida *plus amusant* –responde Bacon entre interjecciones en inglés para las que solicita la traducción.

Encontrar una vida más divertida. Más divertida porque no hay nada más. También le preguntan por ello, por la existencia, su finalidad, qué sentido tiene la vida:

–Nada *n'existe* –contesta Bacon entre risas borrachas mezclando castellano y francés.

Tal vez, solo queda beber y bailar.

«And you dance and drink and screw, because there's nothing else to do», cantaba Jarvis Cocker, el líder de Pulp, en «Common People» refiriéndose a una joven estudiante de la St. Martins School of Arts de Londres que quería probar cómo vive la gente normal. La canción se inicia de manera más o menos ligera, Jarvis canta en un tono casi susurrado, y poco a poco va creciendo en intensidad según la voz se va cargando de rabia hasta casi gritar. Es una rabia que representa un conflicto de clase. Sí, un conflicto exacerbado en la canción, que aborda cómo una estudiante pija quiere conocer la manera en la que vive la gente normal y todo lo encuentra gracioso: no tener dinero, ir al supermercado, compartir piso... Ser pobre es divertido, «poor is cool» canta Jarvis. Y se empieza a enrabiar al pensar que ella nunca entenderá lo que es vivir sin esperanza, viendo pasar tu vida por delante sin encontrar el motivo, yendo al pub a beber, bailar y follar porque no hay nada más que hacer.

Ir a pubs como el Colony Room en el que quizá el ascenso social es posible. El arte a veces lo permite, y es ahí donde te sientes descolocado, fuera de lugar. Así se sentía en muchas ocasiones George Dyer. Bacon no podía dejar de manifestar la distancia social que los separaba. Y Dyer insistía, casi como venganza un tanto zafia, en que no entendía cómo podía alguien comprar aquellos cuadros horribles que pintaba su novio. La película *Love is the Devil* recrea una conversación entre Dyer y sus amigos del SoHo londinense en la que manifiesta que esos cuadros le parecen mal pintados. Por su parte, Bacon pone en muchas ocasiones en evidencia su falta de educación. Una forma de maltrato que va *in crescendo* al ritmo que aumenta la adicción de Georges al alcohol y las pastillas. Es un círculo vicioso de maltrato, adicción y exclusión.

Bacon recuerda la obsesión que George Dyer tenía por la higiene, por lavarse siempre las manos. Tal vez era un rastro de clase, de haber habitado espacios y lugares con déficit higiénico: la vida infantil en las calles de Londres en los años cincuenta o la estancia prolongada en diversos reformatorios. Y tal vez por ello, aparece retratado en muchas ocasiones en circunstancias que tienen que ver con la higiene: afeitándose, lavándose o en un váter. De hecho, en el panel izquierdo del tríptico *Three Figures in a Room*, Bacon pintó a Dyer sentado desnudo en un váter.

Esa fue una imagen premonitoria.

En *Black Triptych*, de 1973, también aparece George Dyer en un lavabo y sentado en un váter. Muestra un lavabo tras una puerta abierta con un fondo negro. Dentro Dyer vomita, está deformado y sentado en la taza del váter. Así se lo encontró Bacon la madrugada del lunes 26 de octubre de 1971 a su regreso a la habitación que compartían en el Hotel des Saints Pères en Saint-Germain-des-Prés en París. Michael Peppiant describe la escena: «Tras intentar vomitar un exceso de alcohol y pastillas en el lavabo, Dyer se desplomó sobre la taza del váter de la habitación del hotel y allí murió». No era la primera vez que Dyer había intentado suicidarse.

Según el biógrafo de Bacon, aquella visita a París tenía algo de despedida de la relación. Bacon le había convidado a que le acompañase durante su estancia allí, donde un día después inauguraría una gran exposición retrospectiva en el Grand Palais. El episodio suicida se ocultó hasta después de inaugurar. Peppiant recuerda a Dalí visitando la exposición durante la inauguración y mientras exclamaba una y otra vez:

–*Très, très raisonnables!*

Y Bacon saludando a todo el mundo, locuaz, derrochando simpatía, bebiendo y alternando entre las mesas de la cena oficial bajo los techos policromados entre volutas, angelitos y artesonados en pan de oro y enormes lámparas también doradas del lujoso restaurante Le Train Bleu en la Gare de Lyon. Peppiant no puede dejar de señalar como el pintor inglés seguro que pensó en la relación entre la alfombra roja dispuesta para la inauguración y que un cadáver aguardase en la habitación de hotel. Una habitación, un lavabo, un accidente.

Bacon habla en múltiples entrevistas del accidente.

–Me dejo llevar –confiesa a Melvyn Bragg entre el bullicio del Colony con la voz ronca de borracho, sin que se sepa muy bien si se refiere al hábito de vivir rodeado de copas y chicos, a la condición existencial de la propia vida o a la mecánica a la hora de pintar.

Con David Sylvester es más preciso sobre la idea de accidente. Sobre la pintura de 1946 en la que aparece una vaca abierta en dos (una de las vitrinas de Damien Hirst mantiene una vaca partida en dos en su interior) declara que nunca tuvo la intención de hacer ese cuadro de esa manera, que nunca lo pensó así, que surgió fruto de una serie de accidentes, uno detrás de otro. Los accidentes son dejarse llevar. Lo explica. Tiene una idea más o menos clara del formato del cuadro. Y simplemente empieza a aplicar pintura, a dar brochazos en la tela, de tal manera que la imagen se genere sola, que esos brochazos remitan a alguna imagen anterior, de las muchas que rodean su estudio, de las que colecciona y recorta. Entonces toma distancia. La trabaja y deja que de nuevo el accidente le lleve a otro lugar, a una nueva imagen. De tal manera que la imagen, la forma, se hace sola, intuitiva.

Todo eso sucede sobre un fondo liso. Un fondo plano: las paredes de una habitación sin ventanas. Un fondo que diríamos abstracto. Pero Bacon odia la abstracción. Según él, irremediablemente conduce al decorativismo. Y, por tanto, no afecta a nada humano: si es decoración no tiene interés para él. De hecho, bromea con la abstracción. Cuando entra en su estudio acompañado por Melvyn Bragg para el reportaje de David Hinton señala a la puerta que usa como paleta diciendo que esas manchas son sus pinturas abstractas.

Justamente a través del hueco de la puerta, bloqueada por un vidrio, se puede ver el interior lleno de botes de pintura, pinceles, botellas de licores, una cafetera, libros, fotografías por el suelo, un espejo redondo y las manchas de pintura en la pared y la puerta usadas como paletas. El estudio es un caos. Reconstruido en el año 2001 en la Huge Lane Gallery de Dublín, después de catalogar, guardar y proteger más de siete mil documentos, se trasladó, paredes y polvo incluidos, desde el número 7 de Reece Mews en South Kensington, en Londres, al lado opuesto de Hyde Park y el SoHo, en cuya primera planta instaló su estudio Bacon. Una placa redonda azul sobre la puerta de entrada verde lo recuerda.

Allí le habían entrevistado, dentro una cámara le seguía, le acosaba, rodeado de amigos del SoHo, bebiendo y fumando. Ahora no es posible entrar. Solo se puede ver el interior desde la puerta o las ventanas en el otro extremo tras rodearlo como una habitación cerrada u oculta en medio del museo. El interior está completamente ocupado por objetos. A ese caos aluden todas las descripciones del estudio. E insisten en las expresiones de Bacon sobre el caos, sobre su capacidad para sugerirle imágenes.

Lee Krasner también habla del accidente, de cómo sirve para que se generen imágenes. Su voz en off se oye sobre un reportaje del Pollock-Krasner House and Study Center declarando que lanza pinturas sobre el cuadro esperando que surja alguna imagen. Es la técnica que Bacon lleva a cabo para encontrar imágenes, a través del accidente. Y es una técnica atribuida a Pollock, el compañero de Lee Krasner. El Pollock-Krasner House and Study Center, en la Stony Brook University, guarda la casa y el estudio en el que trabajaron Lee Krasner y Jackson Pollock. El estudio es un antiguo cobertizo. A través de una gran ventana orientada a norte entra la luz natural que ilumina la pequeña estancia y abre la panorámica al paisaje abierto de East Hampton, en el estado de Nueva York, con grandes extensiones y enormes árboles, en el que sopla un intenso viento helado que proviene del océano Atlántico y obliga a mantener las instalaciones cerradas durante el invierno. De las paredes del estudio cuelgan fotografías de Jackson y Lee, más de él que de ella. En esos muros son evidentes las marcas de pintura, azarosas pero que delimitan un interior vacío, los límites de la tela o los papeles sobre los que lanzaba pintura. Lee Krasner pintaba sobre la pared. Pollock directamente en el suelo. Un suelo que tras la muerte de Pollock en 1956 cubrió con un linóleo. Debajo de él permanecieron intactas las manchas de pintura que Pollock provocaba al realizar sus drippings. En 1984, tras la muerte de Lee Krasner, se retiró el linóleo y quedó al descubierto un suelo que era como uno de los cuadros de su marido, lleno de chorretones de pintura. Por un lado se destapaban los rastros ocultos de Pollock en el suelo y, por otro, se cubrían los de Lee Krasner en las paredes con fotografías de ambos.

Al estudio de Pollock y Krasner sí se puede acceder, con los pies cubiertos por unas bolsas de papel como de quirófano para proteger el suelo. En citas concertadas, un número reducido de personas pueden pisar el suelo lleno de rastros de pintura de Pollock: pueden pisotear amablemente un Pollock.

–Nunca me ha gustado mucho Jackson Pollock –continuaba diciendo Bacon en su conversación con Melvyn Bragg.

Sin embargo, y de alguna manera, pese a sus intenciones y pese al propio Bacon, su pintura contenía las dos líneas básicas de la abstracción. Al menos tal y como las trazó en su mapa sobre la evolución de las vanguardias europeas, Alfred H. Barr, el primer director del MoMA de Nueva York. Para la exposición *Cubism and Abstract Art* preparó un esquema de los movimientos artísticos desde 1870 que confluía en pintura abstracta no geométrica y pintura abstracta geométrica. Uno podría ser Jackson Pollock (pintura abstracta no geométrica) y el otro Mark Rothko (pintura abstracta geométrica). En las pinturas de Bacon, Pollock sería el accidente, el brochazo que genera imágenes. De hecho, basta con fijarse con atención en las figuras de Bacon para reconocer los grumos de pintura, el gesto, la pincelada. Rothko ocuparía el espacio del fondo de esas mismas pinturas. Esos fondos planos caracterizados por la combinación de colores disímiles, forzados, no complementarios, naranja y rojo.

Mientras miraba en el rojo de la alfombra que conducía a su inauguración en el Grand Palais de París, Bacon pensaba en la escena suicida que le esperaba en la habitación del hotel: George Dyer con la cabeza hundida en el inodoro. María Gainza, por su parte, en *El nervio óptico*, relaciona los cuadros rojos de Mark Rothko con la pileta llena de sangre que dejó tras cortarse las venas.

Pero Bacon, cuando piensa en Rothko, no recuerda el rojo y el naranja, sino que habla del marrón:

–Detesto esos marrones sucios de Rothko, si quisiese deprimirme en serio pasaría unas cuantas horas contemplando esos marrones. Creo que nunca nadie ha pintado unos cuadros tan monótonos –confiesa a Melvyn Bragg.

Y también detesta otros marrones:

–Odio ese tipo de pintura centroeuropea de aspecto sucio y dejado. Es una de las razones de que no me guste el expresionismo abstracto. Independientemente de que sea abstracto, lo que no me gusta es esa dejadez que tiene.

En esta ocasión habla con David Sylvester y se refiere a cuadros como los de Tàpies. Aquellos cuadros terrosos hechos de una mezcla de arena y mármol en los que Tàpies escarbaba con los dedos y los dejaba marcados, dibujando una figura, como Beuys dibujaba sobre la playa de Diani en Kenia.

–¿Tiene usted algún artista americano favorito?, y ¿por qué? –le preguntan a Beuys en uno de sus diálogos abiertos con la audiencia. En este caso en Cooper Union en Nueva York el 7 de enero de 1980, documentado por Gianfranco Mantegna en una filmación de una hora.

–Jackson Pollock.

–¿Perdón?

–¡Jackson Pollock! –Beuys eleva la voz y se oyen risas entre la audiencia–. Hizo un tipo de generalización que me impulsó a hacer un tipo de generalización –el inglés de Beuys es peculiar–, no como pintura, sino como energía. Siempre he pensado en Jackson Pollock en relación con el problema de la energía.

–¿Pudo equivocarse?

–No, no. ¡No! Nunca. –Ríe, suelta una gran carcajada–. Ni tampoco Elvis Presley. –La carcajada ahora es abierta.

¿Qué le hizo pensar en Elvis al mismo tiempo que en Pollock? ¿Qué mecanismo mental hizo que Beuys relacionase a uno con el otro? La idea de la energía probablemente. Pollock como el artista que se muestra como una figura mediática, como un músico de rock'n'roll, un icono pop. En términos musicales se asimila a Pollock con el jazz, en concreto con el bebop, por la improvisación y por el parafraseo continuo ininterrumpido de notas disparadas desde, por ejemplo, la trompeta de Dizzy Gillespie con los carrillos inflados a punto de explotar:

–Quiero escribir frases como el parafraseo del bebop –decía Jack Kerouac en los mismos años en los que Pollock lanzaba chorros de pintura sobre el lienzo.

Pollock, en un especial de la revista *Life*, a doble página, posa sobre uno de sus cuadros, con actitud chulesca, brazos cruzados, las piernas también cruzadas apoyado en la pared, con un humeante cigarrillo entre los labios, el mentón levantado y la mirada desafiante. Parece una estrella del rock'n'roll, recuerda a James Dean. No tan guapo, claro, pero igual de desafiante, un rebelde sin causa. Esta sí que es una comparación inevitable: los dos, Jackson y James, muertos en un accidente de tráfico, con escasamente un año de diferencia, James primero en septiembre de 1955 destrozó su Porsche descapotable, Jackson en agosto de 1956 empotrado contra un árbol.

Jake and Dinos Chapman muestran la muerte de Pollock en un breve vídeo de los noventa. En realidad, un vídeo de su etapa de estudiantes, cuando compartían estudios con Damien Hirst y la generación de los jóvenes artistas británicos. El vídeo lleva por título *Sacrificial Mutilation and Death in Modern Art.* También aparecen Van Gogh cortándose la oreja, los disparos de Valerie Solanas a Andy Warhol, el ayudante de Richard Serra aplastado por una plancha de hierro y el accidente de Pollock. La factura es muy precaria: filmado con una cámara doméstica, en su taller, los diferentes personajes están representados con guantes de goma, de los que se usan en cocina para proteger las manos, inflados o rellenos de líquido. Al cortarse la oreja Van Gogh, sale un chorrito de líquido rojo como si fuese sangre; una pistola dispara a Warhol y perfora el guante; el ayudante de Richard Serra es un guante que estalla cuando le cae encima una plancha de hierro; y, finalmente, Pollock aparece primero pintando enloquecido lanzando pintura en un lienzo blanco, luego en un coche de juguete rosado, que podría ser el de Barbie, recorriendo todo el estudio y empotrándose contra una planta, el coche se quema mientras acaba de sonar el tema que acompaña todo el vídeo: «Iron Flames of Battle» de la banda de death metal, BloodStorm.

Los hermanos Chapman enlazan a Pollock con una pequeña genealogía de sacrificios, muerte y atentados. Pero también el exceso de consumo de alcohol, el temperamento violento, la pose y, sobre todo, el accidente hacen que Pollock encaje como uno más en la figura mítica del rock'n'roll del morir joven y dejar un bonito cadáver, aunque ya tenía cuarenta y cuatro años cuando se estampó con el coche. Solo dos más que Elvis cuando fue encontrado muerto en 1977. Tal vez por eso Beuys pensó en Elvis, simplemente porque cuando daba su charla en Cooper Union en Nueva York solo hacía tres años que este había palmado, todavía estaba muy presente y si había que pensar en alguien comparable a Pollock el primero en que pensó fue en Elvis.

La muerte de Elvis nada tuvo que ver con la de Pollock. Elvis murió cagando. Peter Guralnick narra en su biografía cómo lo encontró Ginger Alden a las ocho de la mañana: «tumbado en el suelo, con los pantalones de pijama dorados bajados hasta los tobillos y el rostro enterrado en un charco de vómito sobre la mullida moqueta». En una posición muy semejante a la de George Dyer cuando lo encontró Francis Bacon después de suicidarse en su hotel de París tras la ingesta de una sobredosis de barbitúricos. Elvis, por su parte, tirado en el suelo, aún sostenía en sus manos un volumen con ilustraciones titulado *Sex and the Psychic Energy* que relacionaba posturas sexuales con signos del horóscopo. La autopsia reveló que tenía el hígado dañado y que el intestino grueso presentaba una obstrucción por materia fecal. En su trono dorado, Elvis manoseaba una publicación que relacionaba sexo y energía psíquica mientras hacía esfuerzos por liberarse de un zurullo compacto. En el esfuerzo por empujar la masa fecal estreñida sufrió un colapso, que el cóctel de fármacos que llevaba en el cuerpo no ayudó a frenar. Probablemente se incorporó, vomitó, cayó y murió. El suelo enmoquetado del baño, como una tela o un lienzo, debía estar lleno de grumos y líquido, con salpicaduras por haber sido arrojado. Si la pileta de la bañera de Rothko, tras cortarse las venas, desbordada de sangre recordaba a María Gainza la extensión roja de uno de los propios cuadros lisos abstractos de Rothko, el vómito de Elvis podía recordar la superficie de un Pollock. ¿Quién sabe?: tal vez fue esa la imagen que le vino a la cabeza a Beuys al pensar en Pollock y Elvis al mismo tiempo.

Él, Beuys, también había estado inclinado como Pollock. En la playa de Diani aparecía fotografiado inclinado con el cuerpo en forma de L dibujando sobre la arena, en una postura semejante a la que mantenía Pollock arrojando pintura, grumos, chorros, como vómito sobre sus telas en el estudio de Long Island. Si Charles Wilp documenta la estancia de Beuys en Kenia, Hans Namuth documenta el proceso de pintura de Pollock en una película de poco más de diez minutos. Le visita en el verano de 1950. Vemos el exterior del estudio, Pollock aparece vestido de negro, con un cigarrillo entre los labios, serio y con cara de pocos amigos, parece que entrecierre los ojos a causa de la intensidad del sol. Esa será también la imagen de Pollock como una especie de estrella de cine: la actitud indolente. Se sienta en una banqueta baja, se calza unas botas manchadas de pintura. De fondo se oye la voz en off del artista presentándose. Una voz nasal, con acento del Medio Oeste, no se ha librado del acento originario de Wyoming. Nuria Peist en *El éxito en el arte moderno: Trayectorias artísticas y proceso de reconocimiento* toma el caso de Pollock como objeto de análisis y trae a colación el complejo del artista con ese acento, o cómo ese acento marcó el acontecer de su vida artística, una cierta incapacidad para sociabilizar correctamente, o el hecho de sentirse siempre desplazado, como un paleto con acento extraño; de hecho, Willem de Kooning, mucho más sofisticado, hacía bromas y alusiones más o menos faltonas al carácter bruto, poco refinado, de vaquero o granjero, paleto o, más contemporáneo, *redneck*, de Pollock. Pollock y su sentimiento de extrañeza frente al mundo de la cultura, su acento paleto y sus gestos rurales frente a los modales sofisticados de otros.

–No hago dibujos ni pruebas de color. Mi pintura es directa. Habitualmente pinto sobre el suelo. Me gusta pintar grandes lienzos –dice Pollock en la película de Hans Namuth. Y con esa voz nasal continúa, directo–: Así puedo rodearlos, mirarlos por los cuatro lados y estar dentro de la pintura, semejante a como pintan los indios. A veces uso brochas, pero normalmente uso palos...

Pollock, con el sempiterno cigarrillo en la comisura de los labios, coge algunos botes y vierte distintas pinturas líquidas haciendo mezclas. Y se agacha. Se mueve a lo largo del perímetro de la tela lanzando diferentes chorros de pintura. Es un movimiento metódico, repetitivo, no es impulsivo o violento, sino insistente y rítmico. Parece una danza. Está concentrado. Toma el cigarrillo con la mano derecha y, tras apurarlo, lo lanza rápido, sin interrumpir el ritmo de recoger pintura del bote y lanzarla.

Estos cuatro minutos son un documento único de Pollock pintando que revela datos básicos de su quehacer.

En primer lugar, por lo que dice: pintura directa, sin dibujos ni preparación. Eso enlaza la práctica de Pollock con la tradición surrealista; si André Breton decía que el pensamiento se hace en la boca, para indicar una forma de pensamiento directa o no mediada, en el caso de Pollock parece que la pintura se haga en la muñeca. De alguna manera, la pintura se hace sola o, más bien, la composición de la pintura, del cuadro, a través del propio chorreo, se hace sola. El chorreo es la pintura. Es la forma. Eso es el all-over. El dripping organiza el cuadro: es trazo, color, dibujo y forma. Además, Pollock cita, como de pasada, la relación con los indios navajos. Ese es el cóctel Pollock: la recuperación de una tradición plenamente americana, la de los indios navajos; la actitud indolente de una estrella de cine que representa una forma de libertad muy masculina; masculina del hombre rudo, que puede parecer paleto, pero que es honesto, que lo hace desde la verdad, la verdad de una pintura no mediatizada, que se piensa en la mano.

Y, además, en segundo lugar, vemos a Pollock pintando y no se trata de un trance, sino que parece un baile, una actuación, una performance... Una performance que seguirá más adelante.

Antes Hans Namuth se recrea en imágenes que mezclan sombras de Pollock pintando con primeros planos de chorreos de pintura sobre la tela, texturas, grumos, colores...

Para pasar a las pinturas colgadas en una galería. Y de repente el salto:

–Es la primera vez que uso el cristal como medio –aclara la voz nasal de Pollock.

El cielo azul y Pollock lanzando pintura sobre un vidrio. La cámara está debajo. La superficie se va llenando de rayajos negros. Pollock lo borra todo, dice que su primer intento con pintura sobre vidrio ha sido un fracaso. Luego lanza unas piedras, coloca una cuerda, rejillas metálicas, más pintura... La cosa ahora parece un cuadro de Kandinsky. Todo está cada vez más repleto de objetos. Y se acaba la película.

Más tarde, de regreso en el interior de la casa, cuando la filmación ha acabado, Pollock explota. Ahí sí que aparece la rabia, el impulso, la brutalidad. La casa está repleta de invitados el día de Acción de Gracias. Así recrea la escena la película *biopic* dirigida y protagonizada por Ed Harris. Entre los invitados están Clement Greenberg y Willem de Kooning. Pollock/Ed Harris entra y se dirige directo al mueble bar. Se sirve una copa de whisky. Repite. Le ofrece una a Hans Namuth y le recuerda que es la primera después de un par de años de no tocar el alcohol. Lee Krasner empieza a trinchar el pavo, nerviosa por una situación que se va tensando, y solicita a todo el mundo que se siente a la mesa. Pollock agarra a Hans Namuth por el brazo y lo empuja para sentarse a su lado mientras le susurra con los dientes apretados que él no es un impostor:

–Yo no soy un impostor. Tú eres el impostor. Yo no soy un impostor. Tú eres el impostor. ¿Quieres que lo haga? ¿Quieres que lo haga? ¿Lo hago? ¡Lo hago!

Y Pollock vuelca la mesa con toda la comida.

Una expresión de furia machirula semejante a la de Marlon Brando en *Un tranvía llamado deseo* cuando en un impulso tira del mantel y arrastra todos los vasos y platos. La película fue filmada en 1951, unos meses después del incidente en casa de los Pollock. ¿Quién sabe? Por otra parte, la obra de teatro se representaba en Broadway desde 1947.

El temperamento de Pollock quedó fuera de la filmación de Hans Namuth. Pero las imágenes de Pollock pintando sobre vidrio fueron el inicio de la reincidencia en su adicción al alcohol. Ya no lo dejará. Seis años más tarde se estampará borracho en su coche contra un árbol. Aquello fue el principio del fin.

Lee Krasner había insistido en que viniese Hans Namuth. Ella era consciente de que la cobertura mediática es importante. Y tal vez, Pollock el paleto, Pollock el bruto, Pollock el vaquero, lo vio. Vio el cambio. Vio el error, la equivocación. Una de esas equivocaciones o confusiones que sin quererlo llevan de una cosa a la contraria. Como sucedía con aquellos cuadros de Braque&Picasso que sin poder pensarlos de otra manera que no sea mediante las imágenes contienen una solución que implica su propia contradicción. En aquel caso se trataba de escapar de la abstracción: de analizar la realidad desmenuzando tanto los objetos que se perdía el objeto representado, los cuadros de Braque&Picasso pasaron a sintetizar la realidad en trozos significativos, una etiqueta servía para señalar que se trataba de una botella de vino; pero eso volvía a llevar a un lugar extraño, en el collage los objetos se emancipaban, acababan saliendo del cuadro, formando esculturas con objetos encontrados; y la realidad mostraba de nuevo su oposición a ser representada, no se representaba sino que se presentaba, estaba presente. En el caso de Pollock es otra cosa.

UbuWeb es un proyecto del artista y escritor Kenneth Goldsmith: un archivo online inmenso de todas las prácticas artísticas contemporáneas. Documentos del futurismo, entrevistas a Duchamp, música de John Cage, performances de Chris Burden, Dalí, vídeos de Picasso... o la película de Hans Namuth. En la presentación de la película, UbuWeb aclara sobre la filmación: «Las imágenes resultantes ayudaron a desmitificar la famosa técnica de pintura de dripping de Pollock, revelando que es un proceso deliberativo en lugar de una salpicadura aleatoria de pintura. Ellas "ayudaron a transformar a Pollock de un solitario talentoso y malhumorado a la primera superestrella del arte contemporáneo estadounidense impulsada por los medios, el chico del cartel del expresionismo abstracto vestido con jeans y fumador empedernido", según el crítico cultural Ferdinand Protzman». Un año antes, la revista *Life*, en el interior que dedicaba al artista, se preguntaba: «¿Es Pollock el mayor artista vivo en Estados Unidos?».

En todo caso, Pollock era ya el artista mediático.

Lee Krasner llevaba razón.

Los medios son importantes.

Pero la imagen lo cambia todo.

El ritmo de Pollock al pintar no parecía el de alguien impulsivo. Constantemente había hablado del accidente como método. El accidente, sin duda, conlleva el dejarse llevar por impulsos. Pero en la película de Hans Namuth no se detectaban impulsos, caos o accidente. Al contrario, parecía un método. Nada que ver con el propio Pollock. Como si Pollock no fuese Pollock. Nada que ver con el lanzar pintura como ejercicio prototípico de las terapias artísticas. Ese es el método Pollock.

Pollock se ha convertido en un método que no coincide con la actividad que muestra la película de Namuth. Es un método sobre todo en las terapias artísticas para niños, aunque también para adultos. Se disponen botes de pintura, papeles o telas y se deja rienda suelta al impulso. Es divertido. Creativo en un sentido impulsivo que, en realidad, tiene más que ver con el destruir que con el crear; al fin y al cabo, las telas o papeles resultado de este tipo de terapias acaban teniendo un uniforme color marronáceo fruto de la mezcla de colores. Aquel marrón que detestaba Bacon. Mientras, los niños quedan pringados de colores después de hundir las manos en los botes, limpiarse en las batas y salpicarse la cara. En el caso de los adultos, esas prácticas tienen el objeto de ser liberadoras de malos humos, como las terapias de risa, de llanto o de dejarse llevar por la música: la tela como un espacio en el que volcar o lanzar, literalmente, la rabia, liberarse y acabar agotado, extasiado después de que todo tu mal rollo quede retratado en una mezcolanza de pintura sobre el suelo. De hecho, todas esas prácticas tienen más que ver con la terapia que con el arte. Son catárticas, promueven la liberación de los malos humos a través del impulso, de descargar toda la rabia en una superficie plana lanzando pintura hasta quedarse a gusto.

Pero el dripping no consiste exactamente en lanzar pintura, es metódico. Es metódico en su aplicación, como un baile a ritmo, tal y como nos muestra la película de Namuth, Pollock va rodeando la tela, concentrado, tan concentrado que no se detiene ni para apagar el cigarrillo, no rabioso, ni enfadado o impulsivo, va recogiendo pintura del bote que sostiene con la mano izquierda y vertiéndola con un palo, una brocha o la mano sobre la tela. No es desahogo frente a la superficie blanca, sino un ejercicio de composición. El chorreado ocupa el espacio entero del cuadro y llega a sus límites pero no los sobrepasa. La superficie es un continuo unitario que no privilegia ninguna zona ni focaliza la mirada hacia algún lugar concreto. La pintura se expande centrífugamente hasta los bordes y regresa hacia el interior. Queda contenida en el lienzo. No hay un lugar privilegiado que busque la concentración de la mirada, que como en un cuadro del Renacimiento italiano la guíe desde el plano más próximo, la haga viajar abriendo una cortina hacia un lugar en la parte trasera de una estancia y desvele un personaje que esconde su culpa o que la conduzca siguiendo la línea que marcan los escorzos de cabezas desde la derecha al centro iluminado de una escena de un lavatorio de pies, tampoco destaca un área en la que, por ejemplo, como en un cuadro de Kirchner, una mujer aparezca deformada por la velocidad de un tranvía que se acerca y los colores del rostro estén violentados por las luces de la noche, ni divide espacios como un cuadro impresionista en el que, a pesar de que la pintura barre la superficie del lienzo como una impresora, una línea marca el horizonte entre el cielo y el mar en una playa de Le Crotoy. En los cuadros de Pollock no hay dibujo, fondo ni forma, ni siquiera objetos que parece que más que estar representados intenten salir del cuadro como en un collage. El espacio es continuo, delimitado por las lindes cuadriculadas del lienzo y el bastidor. Como las grandes superficies de enormes prados de su Wyoming natal, un estado que es un cuadrado perfecto y, dentro de él, los condados también son cuadrículas perfectamente delimitadas por líneas rectas. En esos mapas ortogonales de algunos estados de Estados Unidos donde las referencias fronterizas no existen, no es un lago, un río o una cordillera lo que separa un espacio geográfico de otro, sino una línea, las fronteras están marcadas en un cuadrado o rectángulo perfecto. Como un cuadro, una tela, un *canvas*. Como si el mismo dibujo del estado de Wyoming se correspondiese con el espacio de los cuadros de Pollock. Y en su interior, también sin referentes, contienen la masa pictórica dentro de los márgenes del lienzo.

Esa contención de la pintura en sí misma es lo que tanto apreciaba el crítico Clement Greenberg. Pollock era el resumen y la culminación de toda la historia de la pintura. Una pintura que no necesitaba referentes, que se explicaba a sí misma, que no hacía diferenciación entre fondo y forma, entre trazo y color, entre dibujo y pincelada. Y eso sucedía, según Greenberg, porque era una pintura liberada de la servidumbre a elementos ajenos a ella: en Pollock no hay narrativa, por ejemplo, una historia a contar; tampoco ilustración, por ejemplo, un espacio, una situación o una persona. La pintura se representa a sí misma. A ello contribuían los títulos de los cuadros, en la mayoría una simple numeración que los cataloga, designándose solo a sí mismos: *Number 5, 1948*. La teoría de Greenberg es una teoría purista, que busca la esencia de la pintura y que encuentra en las obras de Pollock su culminación. Detesta cualquier desviación de ese objetivo de pureza, todos los elementos «extraños» a la pintura como la narratividad, la ilustración, lo decorativo y en general todo lo que considera superfluo, todo aquello que calificará de kitsch.

En 2010 el artista Oriol Vilanova reescribió *La risa* de Henri Bergson en superlativo, insertando adjetivos y adverbios aumentativos como «desmesuradamente», «máxima», «más», «destacada» o «impagable» y lo tituló *La gran risa*. Algo semejante habría que hacer con el texto fundacional de la teoría de Greenberg, *Vanguardia y kitsch*. Se trataría de reescribirlo, pero en este caso al revés. Convertir cada afirmación de Greenberg en una negación y viceversa. De repente el texto defendería la inclusión y la mezcla de todo lo posible, la impureza y lo trans. En lugar de leer que «el kitsch (es decir, la mezcla) es una experiencia vicaria que extrae la sangre vital de la cultura», habría que escribir «la mezcla es una experiencia vicaria que insufla la sangre vital de la cultura». Y así, de paso, «experiencia vicaria» podría adquirir un tono afirmativo, como una experiencia que copia, que registra lo que hacen otros, que imita, que se refiere a algo y contagia.

Claro que la imagen de Pollock encorvado, agarrando un manubrio que agita con la mano y del que chorrea un líquido pastoso, tiene muy poco de trans. Tan poco como la imagen de Miquel Barceló decorando la cúpula de la sede de la ONU en Ginebra. Una cúpula llena de estalactitas de colores. Para su realización, el pintor mallorquín se enfundaba un mono, gafas protectoras y cogía con sus dos manos un enorme tubo del que salía disparado un líquido blanco y espeso que se impregnaba en el techo.

El tema es el chorreo. Como en tantas cosas que los mantuvo enfrentados, el crítico de arte Harold Rosenberg consideraría la pintura de Pollock desde el lado contrario a Greenberg: no desde su resultado, sino desde su ejecución; no desde la indiferenciación entre línea, forma, color y composición, sino desde el chorreo. Para Rosenberg, la cuestión no estaba en que las pinturas de Pollock eran objetos sin referentes, válidos por sí mismos, sino todo lo contrario. Según él, eran un índice, una huella que remitía al gesto pictórico. No podía disociar el resultado del acto. Era más fenomenológico y menos ontológico que Greenberg. El dripping tenía que ver con el acto de pintar, con ese chorreo. De alguna manera al mirar un cuadro de Pollock, según Rosenberg, uno podía reconstruir el acto impulsivo de pintarlo, recordar con el artista a los indios navajos dibujando agachados sobre la arena del desierto y recomponer una especie de acto ritual ancestral que nos liga con fuerzas irracionales que están por encima, por debajo de nosotros o en nuestro interior conectado con la tierra.

Pollock hablaba del accidente como motor del trabajo, de la misma manera que Francis Bacon lo citaba como motor para generar imágenes. Bacon también hablaba de su trabajo en términos de fracaso. Aunque el accidente estuvo muy presente en Pollock y aunque su vida acabó en un accidente, no habló del error. Y, sin embargo, lo interesante de Pollock son los errores. Parece que está lleno de ellos. Cómo sirve para desarrollar un discurso y su contrario: el objeto que se refiere a sí mismo como pura pintura es al mismo tiempo un objeto que remite a un acto ritual e impulsivo, pero que a la vista de la película de Hans Namuth no parece ni inspirado ni poseído, sino más bien medido y rítmico. ¿Es un objeto válido por sí mismo o remite a un ritual? ¿Ese ritual es pulsional, como en las terapias artísticas, o rítmico? Lo interesante será ver cómo a partir de esos errores o equivocaciones se deslizan las interpretaciones, su legado como una suma de equivocaciones, confusiones y errores.

Otra vez un lugar en el que decir una cosa y su contraria al mismo tiempo. Tal vez ese haya sido el espacio del arte en el siglo XX. Un espacio que da juego. En *El crítico de arte como artista*, Oscar Wilde venía a decir que no existe el arte, sino la crítica de arte. No el resultado, sino el juego, el vaivén y el error.

Tal vez el error haya sido el mayor legado de Pollock.

Solo un año antes de que Hans Namuth filmase a Pollock y este, en lugar de volcar su ira sobre la tela o el vidrio, volcase la mesa de la sala y entrase en una fase violenta previa a la recaída en el alcohol, otro documentalista, Paul Haesaerts, entraba en la casa de otro artista, muy lejos del estado de Nueva York, en Vallauris, cerca de Cannes, en la casa de Pablo Picasso. Filmó veintiún minutos de reportaje, con el descriptivo título de *Visit to Picasso*. En él, una voz en off habla de su obra mostrando catálogos, hace zum en algunos cuadros, aparece Picasso enseñando algunas esculturas, cerámicas y cuadros. Siempre sonriente. De caminar encorvado y cuerpo enjuto. Abriendo la puerta del estudio. Pero sobre todo pintando encima de vidrio, mostrando cómo funcionaba aquella muñeca derecha en la que acumulaba kilómetros de pintura recorridos y con la que de un trazo pinta una vaca, una mujer, una planta en un jarrón...

–¡Maldita sea, a ese tipo no se le escapa nada!

Recuerda Lee Krasner que en una ocasión es lo que exclamó Pollock después de tirar un catálogo de Picasso al suelo y quedarse observándolo. Según Lee Krasner, le admiraba al mismo tiempo que competía con él.

Las dos películas, de Pollock y Picasso pintando sobre un vidrio, son casi contemporáneas. Apenas un año de separación. Efectivamente, a Picasso no se le escapaba nada. Hasta en eso se avanzó. Pero ni Pollock ni Namuth vieron la película de Paul Haesaerts *Visit to Picasso*. Y, sin embargo, el esquema de ambas es muy parecido: un recorrido por los libros y cuadros de Picasso, una ojeada a las pinturas de Pollock; ambos pintando sobre el vidrio con la cámara situada en el lado opuesto. Un par de diferencias: no hay voz en off de Picasso y sí de Pollock, y mientras Picasso está de pie y pinta un vidrio colocado en vertical, Pollock lo hace sobre uno en horizontal.

Tal vez si Pollock hubiese visto la película de Picasso no le habría parecido tan mal que a él también le filmasen. Se habría sentido halagado en la comparación con su admirado artista, contra el que al mismo tiempo competía. No vio la cara sonriente ni la despreocupación de Picasso. Al contrario, Pollock está serio, el ceño fruncido, la ropa manchada, las uñas largas y sucias. Un aspecto de gañán despechado. De alguna manera intuyó que algo perdía ahí, que pasaba a ser un estereotipo, una imagen pública, un artista pop, un James Dean o un Elvis Presley. Mientras Pollock estalló, regresó al alcohol y se condujo hacia la destrucción, Picasso simplemente se dejó llevar. Ambos habían hecho lo mismo en contextos distintos.

Seis años más tarde, en el verano de 1955, Picasso vuelve a acoger a un cineasta en casa. En este caso, un viejo amigo, Henri-Georges Clouzot. Clouzot quiere llevar más lejos la experiencia fílmica de unos años antes de Paul Haesaerts. Ahora, en lugar de filmar cómo dibuja detrás de un vidrio, usará un complejo artilugio para documentar como va formándose una pintura de Picasso, su proceso compositivo, el trazo, la mirada, las pausas y las reflexiones. Requiere silencio absoluto para que «el genio» se olvide de la cámara y se concentre.

La cuestión curiosa es cómo se produce un flujo entre esa mezcla de admiración y competencia de Pollock hacia Picasso y cómo se llevaron a cabo intentos casi simultáneos por documentar los procesos de trabajo de ambos. De tal forma que haya que hablar de simultaneidad, no de copia ni de inspiración ni de referencia. No es Pollock que copia a Picasso al filmarse pintando, lo desconoce; ni Picasso quien emula a Pollock, más bien Picasso se copia a sí mismo. Y es solo el principio de una serie de errores o de *misunderstandings*.

Pollock sí que había visto unas fotografías de Picasso pintando antes de que Namuth le filmase en Long Island. Se trataba de unas imágenes que se habían expuesto en el MoMA en 1950. Esas fotografías las había realizado Gjon Mili de la revista *Life* un año antes, que también había viajado hasta la costa francesa para fotografiar a Picasso. Eran unas fotografías que lo mostraban pintando con una luz. Había inventado un pequeño artilugio, una lucecita unida a un cable que sujetaba con su mano, y en la oscuridad, dejando una exposición más o menos larga, mostraba al pintor haciendo un rápido dibujo con la luz. Las fotografías dejan ver el rostro de Picasso, su cuerpo corpulento y las formas volando en el espacio realizadas con aquella muñeca rápida que en este caso dejaba garabatos abstractos. Invariablemente, Picasso sonríe. De entrada, ese gesto de la mano y la luz recuerda el gesto de lanzar pintura de Pollock, el dripping. Así que las fotos evocan enormemente las imágenes firmadas por Hans Namuth en el estudio del pintor americano. Cuando veíamos a Pollock a contraluz con un pincel dejando caer pintura, casi parece una imagen invertida de Picasso con la mano y la luz haciendo círculos. De nuevo a Picasso no se le escapaba nada, ese tipo ya lo había hecho todo. Y ahora él, que siempre había huido de la abstracción, a sus sesenta y ocho años parecía encantado pintando con una lucecita dibujos abstractos. De hecho, a los sesenta y ocho años, volvía a parecer un pintor vanguardista. Esas fotografías recordaban los experimentos en los años veinte de Viking Eggeling y su *Symphonie Diagonale*, con la pantalla en negro sobre la que iban surgiendo formas blancas abstractas rectangulares que aparecían y desaparecían. También Malévich había hecho películas solo de juegos de luz abstractos entre blanco y negro. Y Duchamp en 1926 había colaborado con Man Ray y Marc Allégret en el proyecto *Anemic Cinema*, una serie de discos abstractos que formaban ilusiones ópticas en movimiento. Duchamp había realizado algunas pinturas sobre vidrio, la principal *El gran vidrio*, pero también otros experimentos como *Rotative plaques de verre*, de 1920: una serie de placas de vidrio rectangulares alargadas, colocadas sobre un eje con un motor que las hacía girar, de tal forma que en la visión frontal producía una ilusión óptica creando un círculo de luz imaginario en el espacio. En una ocasión, con Man Ray, al intentar fotografiar la máquina, de repente el mecanismo falló y empezaron a saltar cristales por los aires. Un accidente que Duchamp recuerda en una de sus cartas, como un momento de alta peligrosidad, en el que se salvaron por los pelos de la lluvia de trozos de vidrio puntiagudos disparados a gran velocidad en una pequeña estancia. Un accidente.

Dos años después de que Pollock se matase en un accidente de tráfico, Allan Kaprow publicaba en el número de octubre de 1958 de la revista *ARTnews* un artículo titulado «The Legacy of Jackson Pollock». Empezaba escribiendo sobre su trágica muerte y lo enlazaba con la idea de la muerte de la pintura, más bien del asesinato de la pintura. Kaprow expresaba la tragedia que implicaba la muerte de Pollock, su pintura como una tragedia y que esa tragedia tenía que ver con un intento de asesinato de la pintura. Solo dos años después del accidente mortal, esgrimía toda una serie de conceptos, temas o cuestiones que han pasado a formar parte de las argumentaciones clásicas sobre el pintor americano: hacía referencia a la forma, a la indiferenciación entre forma, dibujo y color en sus pinturas; hacía referencia al espacio, el all-over, la ocupación, y hacía referencia al espacio, al movimiento del cuerpo alrededor de la tela, a esa cuestión performática tan importante en la elaboración de las obras y el proceso pictórico de Pollock y que revelaban las películas de Namuth.

¡Claro! Allan Kaprow es el padre de la performance y es el primero o uno de los primeros en reconocer a Pollock como un performer. Pobre Greenberg, el resumen de la historia de la pintura convertida en puro trazo que implicaba el all-over en realidad era un paso hacia el asesinato de la pintura. El legado de Pollock era performático.

Así lo certificaba Magnus af Petersens, comisario de una exposición en la Fundació Joan Miró de Barcelona en 2013, cuando escribía: «En *¡Explosión!* –que era como se titulaba la muestra– queremos explorar los elementos performativos y conceptuales de la pintura, y los elementos pictóricos del arte conceptual y la performance». Y para ello partía de Pollock como referencia. Las salas dedicadas a exposiciones temporales en la planta baja del edificio de Sert en la montaña de Montjuïc, con los techos de *volta catalana*, las paredes encaladas y el suelo de baldosas de barro de un marrón anaranjado, la *rajola vermella*, con espacios abiertos, lucernarios, vistas a la ciudad y aperturas laterales que ofrecen diferentes perspectivas, que guían al visitante desde la entrada, girando a la izquierda, mirando hacia el fondo y, luego, en nuevos quiebros provocados por la disposición arquitectónica del edificio, iniciaban el recorrido de la exposición con la película de Hans Namuth. Y, a continuación, las performances del grupo Gutai en Japón en los primeros años cincuenta.

Kazuo Shiraga aparece en fotografías realizadas desde diferentes ángulos por muchos de los que acudieron en octubre de 1955 al Ohara Hall en Tokio a ver su performance *Challenging Mud.* Viste únicamente unos pantalones cortos blancos y tiene el cuerpo hundido en un círculo de barro de casi tres metros de diámetro. Escarba con las manos y las piernas. Acaba impregnado en lodo. Algunas fotografías de los tres días en los que se realizó la performance y que Shiraga incorporó en una publicación recopilatoria muestran el resultado final en una vista a ojo de pájaro: una especie de charca de barro informe llena de marcas, huellas y surcos semejante a los lodazales que abundaban en las ciudades japonesas devastadas por los bombardeos estadounidenses.

A Shiraga no le basta con rodear la pintura, está dentro de ella, la hace desde su interior, su cuerpo es el pincel. Años después, Tàpies mantendrá la distancia al hurgar con sus dedos en la materia informe de polvo de mármol y pigmento. Beuys se encorvaba. Shiraga se lanza. Y en su publicación propone que lo imiten, que otras personas se lancen al barro y escarben, hurguen y remuevan como una manera de purgarse, de limpiar la propia violencia, los traumas. Desde Pollock a Shiraga, el dripping y el all-over pasan de ser estrategia pictórica a performance y, más allá, a performance curativa, arteterapia.

Y no solo eso, sino que lo que propone Shiraga es que no se haga caso del resultado final, lo importante es el proceso. Su estrategia es también una estrategia de desmaterialización, de ataque a la pintura, la obra única y el objeto coleccionable. Un ataque violento. Saburō Murakami en 1956, en la segunda muestra Gutai, se lanza y atraviesa una decena de bastidores empapelados, aparece con el puño en alto traspasando el último en una fotografía captada por Makiki Murakami. Shōzō Shimamoto rompe botellas llenas de pintura sobre un lienzo en una referencia clara a Jackson Pollock. La idea de matar la pintura es muy literal: o se atraviesan los cuadros o se rompen botellas encima.

Pero la voluntad de asesinar la pintura no está reñida con el deseo de pertenecer al mundo del arte. Una cuestión difícil siempre desde aquellos que sienten que están en las periferias: ya sean sociales, en las que la práctica artística aparece como una manera de tomar un ascensor social, y para ello se frecuentan bares, galerías o inauguraciones en las que forzar encuentros; o ya sean geográficas, como en el caso del grupo Gutai, en un país lejano, arrasado por la guerra. La performance de Kazuo Shiraga en pantalones cortos blancos, escarbando en el barro, aparecía documentada en una serie de cuatro fotografías en el cuarto número de la *Gutai Journal* en julio del 56. La *Gutai Journal* era el medio de difusión, la manera de salir de la isla. Con textos en japonés y en inglés, fue idea de Jirō Yoshihara: una pequeña edición, casi artesanal, de pocos ejemplares, pero que enviaban a críticos, museos y artistas del mundo. Michel Tapié, en París, fue uno de los que recibió la *Gutai Journal*; acababa de publicar *Un art outre*, donde defendía una versión europea de la pintura abstracta americana, una pintura sin forma: informal. Ahí Gutai encajaba. Y Michel Tapié respondió al envío de la publicación con una visita a Japón.

Una fotografía muestra su llegada a la estación de Osaka en septiembre de 1957. La figura larguirucha y encorvada de Michel Tapié, con sombrero y el abrigo colgando del antebrazo izquierdo, queda casi oculta por el enorme ramo de flores que sujeta con ambas manos. Está rodeado. Kazuo Shiraga, Yoshihara y otros artistas le acompañan. Al fondo, una multitud que también parece acompañarle desciende las escaleras. Pero quien está en medio de la fotografía es el pintor francés Georges Mathieu. Se le distingue claramente, en esta ocasión no luce un traje con un llamativo estampado de rayas como en tantas otras imágenes, pero sí es perfectamente distinguible su bigote pronunciado en forma de U invertida. Unos días más tarde estará en la terraza de los almacenes Daimaru Shinsaibashi en el centro de Osaka vestido con un kimono y una especie de fular envuelto en la cabeza. Las fotos muestran a Mathieu saltando, lanzándose contra un enorme lienzo, arrojando pintura en una gesticulación exagerada que formará parte de sus espectáculos. Lo de Mathieu es pintura espectacularizada, es la película de Namuth convertida en teatro, es el gesto ritual de Pollock traspuesto en gesticulación: la emoción del artista expuesta en un ritual ante el público en un espectáculo cuyo resultado es un cuadro. En eso consisten las acciones de Mathieu, que realiza en diferentes teatros del mundo. Ahí hay una suma de ritual, performance, espectáculo y resultado final en forma de pintura.

El cuerpo que arroja pintura en un gesto ritual de medida espontaneidad, en el que hay unos momentos álgidos, ritmos, y en el que el artista acaba tan implicado que él es pintura, todo manchado. Pura implicación.

Hay un aire de los tiempos, una voluntad por hacer de la pintura espectáculo. Como si el mayor gesto de Pollock no hubiese sido el dripping o el all-over, sino el ser filmado. Él lo intuía. Ahí estuvo su mayor influjo y la gran contradicción. Y un cierto legado sobre lo que consiste la pintura moderna y la performance.

Una niña rubia, de unos nueve años, ataviada con un vestidito de canalé y tirantes, aparece caminando entre los asistentes a una fiesta nocturna en un palacio romano mientras finaliza una versión sampleada del tema «There Must Be An Angel (Playing With My Heart)» de Eurythmics. Se dirige a un gran lienzo blanco dispuesto como una pantalla que cierra un escenario. A su alrededor hay dispuestos un buen número de botes de pintura. Inmediatamente la niña empieza a agarrarlos y a vaciarlos sobre el lienzo. Mientras grita, lanza la pintura. Es una acción furiosa en la que acaba embadurnada de pintura y que suma esa condición espectacular, performativa y terapéutica del dripping. Es una de las escenas del paródico y barroco filme de Paolo Sorrentino *La gran belleza*. Una escena que después del barroquismo de la película acaba con un diálogo que implica un juicio moral sobre la práctica de la niña:

–¡Esa niña estaba llorando! –llama la atención una de las invitadas de la fiesta.

–Pero ¿qué dices? La niña gana millones –replica el protagonista, Jep Gambardella, interpretado por Toni Servillo.

Al final la niña aparece llena de pintura y el cuadro, como tantos de arte terapia con niños, es una mancha irreconocible. Como el barro de Shiraga. La acción de la película también recuerda a Karel Appel en un vídeo de 1962 pintando en su estudio. De nuevo, un artista muy concentrado. Empieza mirando el lienzo en blanco como si buscase algo. Se acerca y lanza pintura. Poco a poco va entrando en una especie de trance, cada vez más concentrado, aguerrido y al mismo tiempo rabioso y violento, hasta que llena el cuadro de manchas. Parece que acabe más por cansancio que por convencimiento, como si ese proceso de vaciado interior no terminase ahí, sino que se fuese postergando cuadro tras cuadro, terapia tras terapia, un lugar en el que volcar una rabia masculina llena de testosterona violenta.

Más ritual es Georges Mathieu. Desde la ropa, a veces con kimono, otras con pantalón y jersey rojos, hasta las poses, las distancias que toma para coger impulso y lanzar pintura son exageradas, impostadas, con gestos de artes marciales, y a veces sobreactuadas. Tal vez sea el bigote exagerado y también impostado que hace que todo me parezca que forma parte de la misma puesta en escena. Es teatral, literalmente, puesto que sucede en un teatro. O en una película, con música de Vangelis en un documental filmado en 1971 por Frédéric Rossif. Ahí es donde aparece haciendo kung-fu frente a una gran tela y vestido de rojo. También pintando sobre vidrio con la cámara situada detrás. Otra vez vemos al artista lanzar pintura. Las poses y actitudes de Georges Mathieu no se parecen a las de Picasso feliz ni a las de Pollock enfadado, son un catálogo de la actitud del artista: de escorzo, exagerado, arrogante... una pura muestra de genialidad o de actitud de genio, de hecho más que a los otros artistas que chorrean pintura, recuerda a Dalí, tal vez sea de nuevo el bigote. En la película de Frédéric Rossif, mientras suena la música de Vangelis a través de los primeros sintetizadores y órganos eléctricos, una bailarina improvisa movimientos frente al lienzo que va llenando en ritmos rituales Georges Mathieu.

–¿Dónde está el mito necesario para cualquier creación? –pregunta Georges Mathieu a Yves Klein en París, el 9 marzo de 1960 en la Galerie Internationale d'Art Contemporain.

–El arte, en todo caso, tiene que ver con la salud –despacha Yves Klein la pregunta rápido. Y la respuesta, aludiendo a esa relación entre arte y salud, suena pre-Beuys.

Yves Klein acababa de presentar *Anthropométries de l'Époque Bleue*, un acontecimiento-performance, una *soirée* performática-pictórica. Una orquesta de cuerda, instrumentos de viento y coro masculino interpreta la sinfonía *Monotone-Silence*, veinte minutos de una única nota, seguidos de veinte minutos de silencio. Mientras, y bajo la supervisión de Yves Klein, perfectamente trajeado, sus trajes siempre denotan el cuerpo fornido de yudoca, tres mujeres jóvenes se impregnan el cuerpo de pintura azul, el IKB (International Klein Blue). A continuación, aún bajo la mirada de Klein, se acoplan a una tela en la pared y en el suelo formando las antropometrías. Al final del evento, se abre un debate. Ahí Georges Mathieu interviene. Se levanta y con sus ademanes de genio, de pintor excéntrico, por ejemplo, bajo la americana se distingue una camisa con volantes en el cuello, la solapa y los puños, formula su pregunta sobre la necesidad del mito en la creación.

El argumento de Mathieu podría parecer fuera de lugar para el caso de Klein, aquí no hay pulsión, o un intento de expresividad desaforada sobre la tela, esa cuestión del arte como terapia... por ahí iba la pregunta sobre la necesidad de mito en la pintura. En las acciones de Yves Klein todo está medido: la música monótona, la disposición de las modelos y el ritmo, su traje con la medalla rosacruz, el tempo...

En su estudio, Klein practica, da instrucciones precisas, subido a una escalera, sujetando un cigarrillo en la mano izquierda:

–Ponte pintura aquí, más por el vientre, perfecto, ahora estira todo tu cuerpo sobre la tela, muy bien, así, en contacto constante, *voilà!* y ahora gira sobre la tela. Muy bien. Ahora déjame verlo –indica a su amiga y colaboradora Elena Palumbo.

Elena Palumbo tiene un cuerpo joven y se la ve voluptuosa. Pero Yves no tiene ninguna intención erótica o sexual. Todo su quehacer muestra un intento aséptico, preciso, tan encorsetado como su traje entallado. Los cuerpos son pinceles, objetos, pero no de deseo. Justifica el uso de cuerpos ajenos diciendo que necesita distancia, desde dentro, desde el interior: usando su propio cuerpo no podría ver el conjunto, así que en la distancia puede dirigir los movimientos. Así se diferencia totalmente de Jackson Pollock y su legado, ya que su intención es mantener una separación absoluta entre él y la pintura. No hay un yo arrojando. En realidad un él.

Son ellas.

¿Por qué ellas? ¿Por qué jóvenes?

Nadie lo vio entonces como un problema, ahora sí. Pero solo es parte del problema. Solo una parte.

Georges Mathieu no iba tan desencaminado con lo del mito. El problema es que, para él, mito significaba descarga emocional. Para Yves Klein, mito era ser un mito. La idea del mito, de lo mítico, de ser mítico o de devenir un mito sí que está presente en el pintor azul. El problema aquí fue la notoriedad. Ese afán por el reconocimiento que buscó Yves

Klein. Para él ya no se trataba solo de pertenecer al mundo del arte, entrar ahí, confraternizar. Eso llegó rápido, en el Impasse Ronsin en la Rive Gauche de París, donde Brancusi había tenido estudio y donde entonces compartió espacio y proyectos con Jean Tinguely, ahí también tenían su estudio Claude Lalanne o Niki de Saint Phalle. Para él se trataba de ir más allá, de obtener reconocimiento público: apropiarse del cielo, del azul, del vacío o del mundo y que, en correspondencia, el mundo le reconociese.

José Díaz Cuyás, en un texto titulado «Yves Klein entre caníbales», señala lo extraño de que su viuda iniciase una entrevista en 1966 declarando que si no conocían a su marido tal vez lo reconociesen por su participación en la película *Mondo cane* de Paolo Cavara, Gualtiero Jacopetti y Franco Prosperi. También el documental *La Revolution Bleue* dirigido en 2007 por François Lévy-Kuentz se inicia aludiendo a la participación de Klein en *Mondo cane*. Ambos recuerdan como Yves Klein en 1962 tomaba un tren desde París para acudir al estreno de la película en Cannes. Iba lleno de ilusión, no paraba de hablar de ello, de que esa película, su aparición durante veinte minutos, le acabaría de lanzar al estrellato, hasta un metafórico cielo del que él había tomado la literalidad del azul y que unos años antes había filmado en Niza, apropiándoselo como obra propia.

Entre el 17 y el 18 de julio de 1961, Paolo Cavara filmaba a Yves Klein en la Galerie Rive Droite de París recreando la acción de un año antes, cuando Georges Mathieu le preguntó sobre el mito. Klein lucía su traje elegante y su medalla rosacruz, una orquesta interpretaba la sinfonía *Monotone*, las telas estaban preparadas en el suelo y la pared, siete jóvenes participaban embadurnándose de pintura azul en una gran pileta. Delante de un fondo de intenso azul IKB, Yves Klein daba inicio a la acción dirigiéndose a la orquesta con un gesto de la mano. Esta comenzaba a tocar, a partir de ahí tenían que desarrollarse los veinte minutos que, como escribe José Díaz Cuyás, «iban a elevar su reputación al punto más alto».

No fueron veinte minutos, solo cinco. Tras Klein haciendo el gesto de dar comienzo a la acción, se iniciaba la sinfonía de una única nota, pero enseguida se convertía en «More», también conocido por «Ti Guarderò Nel Cuore», un tema compuesto por Riz Ortolani y Nino Oliviero para la película. Un tema *light* o *easy listening*, casi una balada romántica, al que luego pusieron letra e interpretaron desde Frank Sinatra hasta Amanda Lear. Sobre la música de «More» presentan a Yves Klein como un artista checoslovaco (¿?) obsesionado con el azul en un texto relamido, medio cursi, que habla de genialidad y creatividad para finalizar, como en tantas ocasiones sucede al hablar de arte contemporáneo, nombrando el precio de las obras de Klein. Por otra parte, las imágenes hacen énfasis en los cuerpos de las chicas embadurnándose de pintura, casi como una escena *soft-porno*. Años más tarde, en 1974, Robbe-Grillet también recurriría a la referencia a las antropometrías de Klein en la película *Glissements progressifs du plaisir* como recurso erótico. Para entonces Yves Klein ya no estaba entre los vivos. *Mondo cane* había sido más que suficiente.

No solo su participación, el tratamiento displicente, el salir como una curiosidad del arte contemporáneo, la referencia al precio, la cosa erótica, nada de eso tenía que ver con las intenciones de Yves. Obtener notoriedad no era eso o no era esa la notoriedad que buscaba, esta se parecía más a la de una *celebrity*. También el conjunto de la película es lo que le superó. *Mondo cane* era una suma de rarezas, una especie de compendio de imágenes raras y curiosas. La revista *Vice* ha dedicado un artículo para describir las diez mejores escenas de la película, que presenta de la siguiente manera:

Mondo cane es como un *best of* de los vídeos más raros que se habrían podido encontrar en la web, si internet hubiese existido en aquel entonces. Sus directores, los italianos Paolo Cavara, Gualtiero Jacopetti y Franco Prosperi, tenían un único objetivo: cabrear y escandalizar. De ahí un rodaje por las cuatro esquinas del mundo para rodar extraños rituales y prácticas extrañas, grotescas y violentas: indígenas perseguidos por féminas en celo en Nueva Guinea, asiáticos que se alimentan de perros y de serpientes, alemanes que se rebanan la garganta en Hamburgo, estaciones de «purificación y lubricación» para japoneses borrachos.

Y el pintor azul.

Semanas de excitación, un viaje en tren expectante desde París a Cannes y una desesperación creciente durante la proyección del film hasta llegar a su escena recortada, con su imagen banalizada. El azul, el azul del cielo, tal y como precisaba Yves Klein, se convirtió en su infierno. A la salida del cine, Yves tiene una primera crisis cardiaca. El día 6 de junio de 1962 un ataque de corazón lo fulminaba en su casa de la Campagne-Première. Tenía treinta y cuatro años. El 6 de agosto nacía su hijo Yves.

Fue horrible.

Pero ¿y qué había sido lo horrible para Eva Beuys? Tal vez haber visto a Joseph en la playa repitiendo gestos ligados a una genealogía de hombres que disfrutan con el chorreo de fluidos y que aspiran a que su genialidad sea reconocida, o que de repente se ven como estrellas mediáticas abocadas al accidente, a reproducir esa pintura en forma de vómito, de cuerpo empotrado o colapsado.

Tal vez algo intuyó Benjamin Buchloh en aquel artículo en el que arremetía contra Beuys tras su retrospectiva en el Guggenheim en 1979. No solo le acusaba de mentir sobre el accidente de avión en Crimea como una de sus artimañas para esconder su pasado nazi. Buchloh traía a colación uno de los muchos encuentros que había tenido Beuys en Nueva York para ejemplificar su carácter mesiánico. Y recuerda la reunión del artista alemán con un grupo por la liberación de la mujer. Y así, como inicio y de sopetón, Beuys pregunta:

–¿Qué puedo hacer por vosotras?

¿Qué era lo horrible? Tal vez caer atrapado en demasiados errores.

O tal vez que el anuncio de la muerte del autor fuese el anuncio de la muerte de los autores.

UNA CUENTA DE LA LAVANDERÍA / DESAUTORIZANDO

25 de febrero de 1980. Roland Barthes yace inconsciente tirado sobre el asfalto de la rue des Écoles en París. Laurent Binet, en *La séptima función del lenguaje*, describe la muerte del autor de *La muerte del autor*. Y la novela, la fábula, la inscribe en una conspiración detectivesca. Va más allá del método Lenin Dada y superpone hechos con teorías conspirativas en una narración ficcionada. Hace coincidir fechas, datos: que Barthes volvía de una comida con el futuro primer presidente socialista en Francia, François Mitterrand, en la rue des Blancs-Manteaux; que iba despistado, pensando en sus cosas, en la conversación con el político o en la clase que tenía que dar en el Collège de France, respondiendo al perfil de intelectual ensimismado enfundado en una gabardina con el cuello subido que tapa su manifiesta incapacidad atlética, torpón, enclenque; inmiscuido en sus pensamientos, cruza un paso de cebra delante del Collège sin fijarse demasiado; Yvan Delahov, conductor de una furgoneta de lavandería, lleva prisa, va tarde, aunque no supera el límite de velocidad, y está preocupado por su próxima entrega, tanto que tras el accidente, enlazando drama y preocupación, exculpación y prisa, exclama: «¡Se me tiró encima!, ¡cruzó sin mirar!, ¡tengo que entregar mi mercancía!». Barthes no lleva documenta-

ción, entre el gentío, frente al Collège de France se distingue una brillante cabeza afeitada, sobre un cuerpo musculoso cubierto por un jersey de cuello alto; Michel Foucault atestigua que la persona atropellada por una furgoneta de reparto de lavandería, tirada en el suelo e inconsciente, es su compañero Roland Barthes, que un mes y un día más tarde fallecerá en el hospital de la Pitié-Salpêtrière en París.

Foucault aparece más adelante en las primeras páginas de *La séptima función del lenguaje* cuando se describe la entrada en su clase del inspector Bayard, el policía que, según la fábula de Laurent Binet, investiga la muerte de Barthes. La descripción transporta al lector al choque entre un policía y el ambiente universitario de jóvenes «hippies, yuppies, punkies, góticos, ingleses con chalecos de tweed, italianas escotadas...». El inspector no logra abrirse paso porque la sala está abarrotada. Lo describe como un muro de gente. Alguien le sugiere que vaya al otro anfiteatro, a la sala b, en la que la clase se retransmite por radio, asegurándole que para poder acceder a las charlas de Michel Foucault hay que llegar bien temprano, al menos dos horas antes de que empiece para poder reservar sitio; si no, hay que conformarse con oír su voz a través de la retransmisión en la sala contigua.

La descripción del aula abarrotada se parece mucho a la que hacía Santiago Auserón sobre las clases de otro filósofo, Gilles Deleuze. En este caso, las clases son en la Université de Vincennes, París 8, en Saint-Denis, fuera del centro de París. Santiago Auserón acude allí poco antes de formar Radio Futura en Madrid. Es 1976 y lo recuerda durante una conversación en el programa de televisión *L'hora del lector* de TV3, conducido por Emili Manzano en 2007. En algún momento parece que se emociona, en un sentido lúdico, cuando le muestran imágenes del aula abarrotada en una pantalla de televisión instalada en el plató. Santiago señala sobre la pantalla y recuerda el lugar que ocupaba; señala a un alumno que polemizaba con Deleuze constantemente, que se le enfrentaba; señala a una chica, muy extraña, que siempre se sentaba a la derecha del polemista, en el mismo lugar; señala un cartel que advertía sobre los carteristas y recuerda un grafiti escrito a mano que puntualiza: cuidado con los carteristas «del concepto», una broma muy *frenchi*, dice Santiago entre risas. Pero sobre todo recuerda lo muy temprano que había que llegar para poder ocupar un mínimo espacio en el aula. Dice que tenía que levantarse a las cuatro de la mañana para llegar a las siete y esperar que empezase la clase a las nueve. Seguramente exagera con lo de levantarse a las cuatro de la mañana. La memoria tiende a la exageración. Pero hay registros audiovisuales de aquellas largas sesiones de debate de filosofía en directo en 1976. En una de ellas, un alumno discute sobre lo temprano que hay que llegar para poder entrar, de que hace falta más espacio, que un día ni el propio Gilles Deleuze tendrá hueco, a lo que el filósofo responde que es su sueño: no poder entrar. Efectivamente, la gente está de pie, subida al marco de una ventana. Santiago Auserón compara el abarrotamiento del aula con un concierto de rock'n'roll y habla de la pop-filosofía.

En las imágenes grabadas durante la clase, los alumnos rodean a Gilles Deleuze, están detrás de él, delante, a un costado y al otro, se le ve pequeño entre el tumulto, gesticulando con las manos, con una leve sonrisa y fumando. Casi se puede oler el humo de los cigarros y cigarrillos en una época sin restricciones. Hay pocos registros audiovisuales más de Deleuze, salvo uno muy destacado. Las varias horas de grabación que dedicó para un reportaje de su exalumna Claire Parnet. Es *El Abecedario de Gilles Deleuze*. No es una entrevista al uso, sino que simplemente filosofa, piensa a partir de cada letra del abecedario, desde la A de animal hasta la Z de zigzag. A algunas letras apenas dedica unos minutos, con otras como con la P de profesor se alarga durante más de media hora.

Solo pone una condición para aparecer en televisión, que estas extrañas entrevistas se hagan públicas de manera póstuma. ¿Será la huella duchampiana? Esa obsesión por la posteridad, por las cosas que no pueden verse hasta que uno haya muerto, por intentar controlar lo que se diga de uno cuando ya no se está, la imagen que los demás puedan construir.

Hubo que esperar seis años para que el *Abecedario* se hiciese público. El 4 de noviembre de 1995, Deleuze saltaba al vacío desde su apartamento en la cuarta planta del número 84 de la avenue Niel en el XVIIe *arrondissement* de París. Ninguna placa en el edificio lo recuerda. Su suicidio tuvo lugar un año más tarde que el de Guy Debord, que también había dejado una filmación póstuma. No hubo nota de suicidio. Sí legado, si consideramos los vídeos del abecedario como un legado póstumo. Deleuze también estaba enfermo: una afección pulmonar provocada por el tabaquismo que es evidente en la sonora respiración manifiesta en los vídeos, como un silbido ronco.

–Todas las mañanas a las once es mi gran momento. Me preparo un café, me hago mi café, un café de intelectual, y fumo un cigarro –declara Roland Barthes en un breve reportaje de tres minutos titulado *Un día en la vida de Roland Barthes*. Su defensa del tabaquismo continúa–: Afortunadamente para mí, sabemos que Marx y Brecht también adoraban los cigarros.

Roland Barthes fuma cigarros liados de cajetilla normales, pero en ese vídeo se le ve fumar un extraño cigarro torcido. Como los que fumaba Jacques Lacan.

El cigarro torcido de Lacan se distingue claramente en su entrada a una conferencia en la Universidad de Lovaina en 1972. Una filmación de François Wolff documenta el evento. Entra lentamente, observando de manera felina o animal a los asistentes, más tarde comentará que está sorprendido por la audiencia; más de trescientas personas le esperan atentos, sentados en el suelo, apoyados en la pared, estallan en una ovación cuando entra. Las charlas de Lacan de entonces también estaban abarrotadas. En Lacan no solo es llamativo el cigarro torcido, también la vestimenta. Se desprende de una chaqueta abotonada con cuello camisero y muestra una camisa ablusada. Las imágenes del vídeo son en blanco y negro, así que no se distingue el color, pero es oscura, con unos motivos en cuadradillos más claros. Acompaña a la camisa una corbata, un lazo o fular corto con los mismos motivos. Lleva micrófono para que se le oiga bien. Y lo pregunta:

–¿Se me oye bien?

Lacan habla pausadamente, siempre deja largos intervalos entre frases que no acaba y luego reemprende, incluso más tarde, cuando grita vehementemente.

Parece que no se le oye. Así que coge el micrófono, que quedaba cubierto por la corbata o lazo, y lo coloca por encima:

–La corbata es un obstáculo –declara. La audiencia ríe. Y la clase magistral empieza. La broma psicoanalítica estaba preparada para dar inicio a la lección: la corbata como obstáculo. Ahora el obstáculo del inicio está salvado. Las complicidades con el público anudadas.

Aunque durante la charla hay un incidente. Un estudiante interrumpe su discurso. Es Jean-Louis Lippert, conocido también como Anatole Atlas, revolucionario, situacionista. Vierte agua sobre la mesa y los papeles de Lacan. Le salpica. E inician una conversación inconexa en la que básicamente Anatole Atlas reivindica la revolución y el alzamiento contra la autoridad. Una autoridad que entiende que Lacan representa.

Esa autoridad está hecha de inflexiones en el habla: toda la gestualidad que acompaña a Lacan cuando da charlas, con subidas y bajadas de tono exageradas, pausas prolongadas y casi gritos acompañados de una respiración forzada. Por ejemplo:

–Ustedes tienen mucha razón en creer que van a morir, desde luego; eso los sostiene. Si no creyeran en eso –y ahora ya sí gritando y golpeando la mesa–: ¿podrían soportar la vida que tienen?

Allí, en Lovaina en 1972, como una especie de estrella del rock'n'roll, esperado, deseado, ovacionado, también cuestionado, Lacan habla del sujeto, de la contradicción inherente al sujeto, de que el sujeto nunca está plenamente de acuerdo consigo mismo.

Tres años antes, Lacan es el último en intervenir cerrando el turno de palabras y réplica del público en la conferencia que imparte Foucault en la Collège de France. Es el 22 de febrero de 1969, el título de la conferencia es *¿Qué es un autor?* Lacan concluye mostrando su sintonía con las palabras de Foucault. Dice que no ha defraudado en absoluto sus expectativas. Y se refiere en concreto a una objeción que antes le han hecho a Foucault citando un famoso eslogan grafiteado en la Sorbona durante mayo del 68: LAS ESTRUCTURAS NO BAJAN A LA CALLE. Es una discusión enmarcada en el auge del estructuralismo. Un auge que convertía a la escuela filosófica y a todo lo relacionado con ella en una especie de muletilla del lenguaje. Algo de lo que Foucault se desmarca retando a encontrar la palabra «estructura» en su obra *Las palabras y las cosas*. Lacan, por su parte, no le da más importancia. Pero sí que da un giro psicoanalítico a la discusión:

–No me parece que sea de ningún modo legítimo haber escrito que las estructuras no bajan a la calle, porque si hay algo que demuestran los acontecimientos de mayo es precisamente que las estructuras bajan a la calle –dice Lacan.

Las estructuras son el sistema. Son las porras y golpes de la policía que dejan cuerpos ensangrentados de alumnos y trabajadores sobre los adoquines de la calle de París.

Parece una ironía, una venganza histórica o una metáfora forzada, pero abajo en la calle yacería el cuerpo del filósofo que había escrito sobre la muerte del autor. De hecho, *La muerte del autor*, ese breve texto de Roland Barthes de 1967, concluía con la frase: «El nacimiento del lector se paga con la muerte del Autor». Parece profético.

En ese final resuenan ecos de aquella conferencia de Marcel Duchamp diez años antes titulada «El proceso creativo». La conferencia de Duchamp tuvo lugar en un contexto lejano, en Estados Unidos, aunque se publica ese mismo año 1957 en inglés en la revista *ART News* y Robert Lebel lo incluyó en francés en su libro *Sur Marcel Duchamp*, que es, de hecho, la primera monografía sobre el artista. Allí Duchamp defendía que eran los espectadores (el lector para Barthes) los que acaban la obra. E introducía aquella sentencia más definitoria en la que afirmaba que «son los espectadores los que "hacen" la obra». Tal afirmación equivaldría a ese nacimiento del lector que se paga con la muerte del autor. Y encontrarían la continuidad en la noción de «obra abierta» de Umberto Eco. La obra como algo que no pertenece al autor sino que es un artefacto presto a ser acabado y, por tanto, leído e interpretado, incorporado en nuevos sujetos y subjetividades, atrapado y apropiado. Es lo que hacían Sherrie Levine repitiendo fotografías de Walker Evans o pinturas de Miró y Sturtevant copiando ready-mades de Duchamp o las esculturas de Beuys. Es también lo que hacía Baudelaire al escribir de las propias adicciones usando los textos de De Quincey. O Huxley...

De ello escribe Barthes en *La muerte del autor*: De que un texto siempre es fruto de la recopilación de textos anteriores y que una vez escrito pasa a ser propiedad de otros. Para Barthes la muerte del autor es el nacimiento del lector: ese es el lugar en el que se recompone el texto, en el que se suman otros textos y referencias; al contrario de lo que se ha asumido hasta hoy, dice Barthes, es el lector el lugar en el que se da cita toda la multiplicidad.

Duchamp y Barthes son generosos. No barren para dentro sino que enchufan el ventilador. Se sitúan entre una estirpe de lectoras y lectores, se colocan ellos mismos como fans de aquellos que citan, leen o ven y se sientan a nuestro lado, en el mismo vagón, compartimos protagonismo: todas y todos leemos, el autor es el espectador y todas y todos lo somos por igual. Resuenan los ecos del «todo ser humano es artista» de Beuys. La muerte del autor también es el epítome de la preocupación democrática por la cultura y el conocimiento.

En el Collège de France, Foucault, con una audiencia entre la que se encuentra Lacan, vuelve sobre el autor. Dice que el texto que va a leer es una tentativa, no está acabado, solo es un índice, el principio de una investigación que debe ser más amplia, casi es una sospecha o una pregunta. Literal en el título: «¿Qué es un autor?». Una pregunta que se desenvuelve en dos. Por un lado, una constante en Foucault: rastrear el origen de esta formulación que en determinadas condiciones hemos llamado autor. Ahí es donde aparece el problema de la estructura. Y en segundo lugar: ¿cuáles son los límites del autor?

Lo de Foucault es menos elucubrativo que lo de Barthes. Foucault quiere ser preciso, no elaborar una teoría sobre la autoría y la estética de la recepción, sino pensar en la estructura (esto no le gustaría) o el artefacto que es eso que llamamos autor y bajo qué condiciones se da. Así que en un momento dado toma un ejemplo para pensar en esos límites. Y es muy pragmático. Se pregunta por Nietzsche y qué parte de él consideramos autor: evidentemente sus libros, las notas, los aforismos, hasta lo tachado... Pero ¿y si entre sus notas encontrásemos la cuenta de una lavandería?

¡Qué extraña conexión entre la cuenta de la lavandería en un texto de Foucault y la muerte de Barthes por atropello de un camión de una lavandería! ¿Es posible que Foucault, agachado, reconociendo el cuerpo de su amigo moribundo, mirase a la furgoneta de la lavandería que lo acababa de atropellar y recordase su referencia a una cuenta de lavandería que puso a modo de ejemplo de lo que podría considerar el margen de un autor como el que ahora estaba casi muerto? ¿Igual que el biógrafo de Francis Bacon asumió que el pintor, al mirar la alfombra roja a la entrada de su exposición en el Grand Palais de París, pensó en el cadáver de su novio muerto en el hotel? ¿O semejante a como María Gainza veía una relación entre las superficies rojas de los cuadros de Rothko y la pileta desbordada de sangre tras cortarse las venas y suicidarse? Ironías de la vida. Pero, para Foucault, la vida no tiene ironías. Accidentes en todo caso.

La construcción del artefacto autor, tal y como la propone Foucault, coincide en sus límites con la previsión de Barthes del autor como algo configurado por el lector. Esa es la puerta de la interpretación, de la confusión también y del accidente, de los equívocos.

¿Formarán parte del artefacto autor llamado Foucault sus viajes en LSD en el Gran Cañón? Fue un momento muy feliz en su vida, tanto como para querer volver para morir como Huxley. ¿O forma parte de una especie de excrecencia, de flecos de autoría, en los márgenes de los libros, pero que resulta que es lo que más me interesa? Como si formase parte de un accidente, de una zona improvisada. Como si el autor fuese un espacio definido también por sus márgenes, periferias, debilidades. Un lugar más humano que lo humano, demasiado humano, condicionado por la toma de LSD en noches estrelladas en las que el cielo se abre.

Foucault en sus sesiones y seminarios no improvisa. Lacan sí. Antonio Di Ciaccia recuerda cómo fue aquella sesión en la Universidad de Lovaina. Él era estudiante. Lacan antes de la conferencia, simplemente, se había detenido a conversar durante varias horas con otros estudiantes como él. Cuando entra en la sala, en realidad no tiene nada preparado. Aunque esparce papeles por la mesa, es más una cosa escenográfica, porque no vuelve a mirarlos y, además, Jean-Louis Lippert en mitad de la charla ha derramado el agua sobre ellos. Entonces lo de Lacan, como decía Santiago Auserón sobre Deleuze, es pop-filosofía, o espectáculo. Desde la distancia impresiona ver las salas abarrotadas para escuchar a un filósofo, esa condición paralela a la de las estrellas de rock'n'roll, dejándose llevar por la improvisación, por el parafraseo, por esa cosa teatral que tiene toda clase magistral y que consiste en ver la mecánica del pensamiento en directo, del hilvanar ideas.

Así que, por un lado y a pesar de todo, autor: como si sobre los seminarios de estos tipos rodeados de gente, con ademanes, gesticulaciones, énfasis, gestos, ataques, muros de personas y filósofos con actitud pop pudiésemos parafrasear los versos de Gustavo Adolfo Bécquer y responder ¿qué es el autor?, ¿y tú me lo preguntas?, clavando tu pupila en mi pupila azul.

Y, por otro lado, el accidente. El accidente y el error como motor. La reivindicación de los seminarios de Lacan, Deleuze o Barthes implican la reivindicación de un espacio fluido, en el que dejarse llevar por el accidente. Accidentes literales: de un estudiante situacionista lanzando agua sobre la mesa en la que se han dejado las notas, de cuerpos contra el asfalto tras chocar con una furgoneta o tras precipitarse al vacío desde una ventana. La muerte como el último accidente, como enfermedad que imposibilita un último viaje de ácido, encontrada enfrente de las aulas en las que se imparte clase, buscada como salida al padecimiento... O rodeado de vómito en la habitación de un lavabo de hotel. El accidente como motor ya lo era para Bacon y para Duchamp, como lo había sido para Lee Krasner y Jackson Pollock.

El episodio de Francis Bacon cenando en el lujoso restaurante de la Gare de Lyon tras su inauguración en el Grand Palais mientras sabe que en su hotel yace el cuerpo de su amante es complejo. Después de haber visto tantas entrevistas del artista, de haberlo visto borracho, tambaleándose, es fácil imaginárselo en aquella velada. Bacon levantándose de su silla y recorriendo el espacio entre mesas saludando a unos y a otros, charlando con Marguerite Duras, Michel Leiris y David Hockney. También con Teeny Duchamp. Marcel apenas hace dos años y medio que ha muerto, su recuerdo está muy presente en Teeny y en los amigos. En Bacon también, que seguro que encontró afinidad entre ese cuerpo desnudo, como muerto, encerrado en una habitación que miramos como *voyeurs* de la obra póstuma de Duchamp, *Étant donnés*, y las habitaciones de sus cuadros. También sentía una afinidad evidente por la idea del accidente: un método de configuración de la imagen para Bacon; y un método para separar el «yo» de cualquier decisión para Duchamp.

Teeny estaba acompañada del gran amigo común entre ambos artistas: Richard Hamilton. Seguro que Bacon se acercó a ellos con la cabeza abotargada por la borrachera y la conciencia de lo que le esperaba en el hotel que punzaba como una culpa. Él mismo había explicado sus filias sexuales en términos psicoanalíticos, esa identificación del acto sexual con la violencia, el placer en la confrontación y que el sexo se convierta en un acto agresivo, como una reacción de la culpa por su homosexualidad que le pesaba por la educación en la moral católica que había padecido de niño y la violencia machista que su padre había ejercido sobre él.

En el restaurante saludando a Teeny y a Richard Hamilton pesaba la culpa tanto como la borrachera que le hacía verlo todo borroso. La condición borrosa en la mirada de Bacon era algo muy explícito. Un par de años antes de su exposición en París, Richard Hamilton y Bacon comían en el restaurante del cocinero mediático Robert Carrier en Londres. Otra velada alcohólica llena de botellas de vino. Bacon se tambalea, no es capaz de guardar el equilibrio. Hamilton lleva una cámara Polaroid, como las que usaba Andy Warhol en la Factory de Manhattan para fotografiar a todo el mundo y que también congelarían la imagen de Bacon en 1975. Ahora en el restaurante de Londres, Hamilton solicita a su amigo que le fotografíe delante de unas cortinas de un gris verdoso, un fondo neutro. Bacon agarra la cámara, encuadra más o menos, y dispara. Esa foto la usaría Hamilton después para una serie de grabados y serigrafías. Una foto que tenía una peculiaridad: había salido borrosa, movida por efecto de la borrachera de Bacon. Su mirada era una mirada borrosa, como sus cuadros. Por eso Hamilton la guardó y la usó. Su retrato fotografiado parecía uno de esos cuerpos en plena agitación que pintaba Bacon, como borrosos, fruto del accidente. La Polaroid de Hamilton retratado por Bacon también era un accidente.

Deleuze había escrito sobre Bacon. En *Lógica de la sensación* dedica buena parte de su argumentación a hablar del rond, ese espacio en los cuadros de Bacon que encierra a las figuras, de manera figurada construido con una cama, un sofá o una puerta, o de manera explícita con una jaula o una caja transparente. Esas eran las mismas cajas transparentes que usaba Damien Hirst en sus primeras obras encerrando cabezas de vaca, mesas de escritorio o animales abiertos en dos. Era como si Hirst hubiese sacado de las pinturas de Bacon aquellas cajas y las hubiese colocado en medio del espacio, incluso guardando en ellas animales abiertos en dos como los cuerpos del pintor.

Hirst solo cita. Es un lector.

Las cajas transparentes en las que encierra animales cortados, mesas o sillas, son la reconstrucción en tres dimensiones de los ronds, según la terminología de Deleuze, en los cuadros de Bacon. También son urnas como las de los museos de historia natural, como aquellas que guardan en formol animales, fetos o deformidades. Y también son como las vitrinas con aspiradoras o pelotas de básquet de Jeff Koons. Que a su vez son una cita tanto de las repeticiones de las obras minimalistas de Carl Andre, como de las propuestas pop que reproducen objetos vulgares como las *Brillo Boxes* de Andy Warhol. Aquellas vitrinas de Koons son como hacer obras minimalistas con objetos pop, una repetición seriada de objetos de consumo. Como si la repetición de cubos rectangulares de hormigón que formaban las primeras esculturas minimalistas de los años sesenta de Carl Andre se hubiesen convertido en pelotas de básquet suspendidas. O, mejor, un tren de juguete plateado. O como si las maderas apiladas del artista minimalista hubiesen sido reemplazadas por aspiradores. Haim Steinbach había hecho algo parecido al juntar Donald Judd, Carl Andre y Andy Warhol: estanterías limpias como las de Donald Judd, pero útiles porque sirven para apoyar objetos repetidos, como Carl Andre, solo que esos objetos son pop, como los de Warhol.

Es una estrategia de calentamiento del minimalismo: la ausencia significativa formal de cubos y repeticiones en objetos lisos y limpios es intercambiada por la baja significación de objetos industriales que forman parte del universo de los objetos de consumo vulgares.

La repetición, las geometrías, las superficies lisas y la ausencia de representación u objetos figurativos reconocibles son una constante en la exposición *Rooms* de 1976. Es la exposición inaugural de PS1 de Nueva York, una antigua escuela en la parte norte de Brooklyn, en Long Island City. Desde el lado este del gran edificio, en ángulo con un patio central, se divisa el *skyline* de Manhattan y se distingue el Empire State o el Rockefeller Center. Tras su renovación en los años noventa, esta imagen se convirtió en un icono del centro, con las grandes letras PS1 pintadas a lo largo de la fachada este. La fotografía era un emblema, como una manera de evidenciar que estaba en Nueva York pero no en Manhattan, que había una separación, que el PS1 no pertenecía al *mainstream* de la capital del arte, sino a su periferia más inmediata y que era un espacio de artistas desde el que ver Manhattan, Wall Street y los barrios con galerías en el SoHo o en el *uptown*, cerca del MoMA o el Guggenheim.

En 1999, durante el año que residió allí, Tere Recarens quiso repetir esa foto pero con ella lanzándose desde la terraza hasta el patio. Ahí, en el patio, caería sobre una lona sujeta por los jóvenes que trabajan en el centro y que formaban parte de un programa de reinserción social de chicos en situaciones conflictivas del barrio. No pudo ser. Tere ensayó. Trabajó con los bomberos, hizo pruebas de salto al vacío sobre una lona y buscó los permisos necesarios, pero finalmente la burocracia administrativa de la ciudad, amparada en argumentos sobre la seguridad, no autorizó el salto. A Tere Recarens solo le quedó una opción para justificar su estancia en Nueva York y en el PS1, repetir la foto, sin ella lanzándose al vacío a lo Yves Klein, pero con un lema: «I was ready to jump».

En 1976 el PS1 todavía no ha sido reformado. Guarda todos los restos de una escuela en desuso: pizarras, pupitres, lavabos, despachos, mesas y, en fin, habitaciones vacías, *rooms* como el título de la primera muestra, eso sí, llenas de polvo. Por ahí, de igual manera que diez años más tarde, Damien Hirst se paseará por las salas de Saatchi entre esculturas de Jeff Koons, ahora es Jeff Koons quien visita esos pasillos de una vieja escuela. Seguramente se mancha los zapatos mientras recorre los espacios llenos de obras con figuras repetitivas, dibujos geométricos o instalaciones imperceptibles. Apenas puede distinguir algunas obras: un papel de un metro de ancho y de techo a suelo pegado a un muro que reproduce la pared de enfrente, de Michelle Stuart; unos neones que delimitan la ventana superior de una puerta de cristal, de Stephen Antonakos; unas líneas de yeso blanco que caen suspendidas desde el techo, de Patrick Ireland; una pequeña pintura de Lucio Pozzi que queda camuflada reproduciendo los colores de la pared... Otras son más visibles, buscan un contraste con el espacio como los dibujos geométricos de Jennifer Bartlett sobre una pared de obra vista y encima de un radiador de calefacción, los diagramas de Joseph Kosuth con folios blancos pegados sobre las antiguas pizarras de la escuela, una instalación de Marjorie Strider formada por una especie de esculturas de goma, blandas, de colores, que recuerdan a las de Lynda Benglis, y que caen desde las ventanas del PS1 hasta el patio... En una de las fotografías que documentan la muestra se distingue claramente, tras las bolsas de colores de Marjorie Strider cayendo desde las ventanas de la fachada, una pieza de Carl Andre instalada en ese patio. La forman una serie de cubos rectangulares de hormigón, pequeños, como silos de mampostería, ordenados y separados un metro uno de otro. Hay un centenar. Se titulan *Lament for the Children*.

¿A qué lamento se refería Carl Andre? ¿Por qué ese título? Contrasta con los títulos de sus otras obras minimalistas, puramente descriptivos, por ejemplo *Equivalent VIII* o *Lever*, que por otra parte Jeff Koons copiaría (sus pelotas de básquet tienen títulos extraordinariamente descriptivos, *Three Ball 50/50 Tank [Two Dr. J. Silver Series, One Wilson Supershot]* se titula la vitrina que conserva el MoMA de Nueva York: tres pelotas, dos de esta marca y otra de esta otra).

En sus poemas, mecanografiados o escritos a mano con letra de caja, Carl Andre usa el papel de manera semejante a como usa el espacio blanco de una exposición, las palabras se colocan sobre ese espacio blanco como cubos, ordenadas, no forman frases sino que se yuxtaponen. Podrían recordar a Mallarmé y su «Un coup de dés jamais n'abolira le hasard», pero aquí las palabras no están distribuidas de manera dispersa o aleatoria, sino formando pilares, columnas o bloques visuales. Los rubros siguen la misma lógica que las esculturas: algunos poemas se titulan escuetamente *Words*, es lo que son, palabras. Otros simplemente toman la primera y la última palabra que aparece listada: *Touch Power*. Por eso el título de la escultura de Carl Andre en el PS1 en 1976 se ve tan diferente. Pareciera como si se estuviese avanzando a algo, como si ese lamento anunciase algo. No sabría decir si es más acorde con él mismo o si desencaja.

Es extraño y hasta inquietante el aspecto de Carl Andre. Nada que ver con Donald Judd, el otro artista icónico del minimalismo, con media melena rubia, apuesto. Carl Andre no es atractivo. En una serie de fotografías durante su exposición en la Whitechapel Gallery de Londres en 1978 posa de pie al lado de una escultura formada por cuatro rectángulos de madera dispuestos horizontalmente en cruces, también sentado sujetando un vaso, encima de una de sus esculturas de planchas metálicas e incluso mientras parece que le colocan un micro. Se le ve como un tipo regordete, vestido con pantalones, camisa y chaqueta grises o azules (las fotografías son en blanco y negro) que parecen de trabajador, rematadas con unas botas de cordones que servirían tanto para ir de excursión como para ir a talar maderas o trabajar en el taller antes que para estar en un centro de arte fancy de Londres. Por ahí diríamos que Carl Andre quiere subrayar su carácter trabajador, lejos del aspecto extralimpio de artistas como Roy Lichtenstein con su flequillo rubio, de las americanas de Warhol o el cuello alto de Francis Bacon. Su aspecto es el de un trabajador rudo: un artista que trabaja en el estudio con materiales como la piedra o la madera. De todas formas lo que más llama la atención es la poblada y larga barba negra que le llega hasta el pecho. Y el pelo largo por detrás, algo grasiento tal vez, pero con una más que incipiente calva, muy evidente en una de las fotografías tomadas desde un punto de vista cenital, cuatro pelos se dividen desde la amplia frente hacia izquierda y derecha, son una sombra. Tiene un gesto antipático, no sonríe, la boca en forma de U invertida le mantiene en un rictus desagradable que la barba no puede ocultar y los cuatro pelos de la calva más la melenita agudizan. Su rudeza, ese aparente, pero solo aparente, desinterés por el aspecto físico, guarda relación con los materiales de sus esculturas, la madera y la piedra, aunque no tanto con los títulos, más asépticos y descriptivos, de las esculturas y los poemas. Me suena que encaja más con el extraño deseo poético de titular una serie repetida de objetos como *Lament for the Children*. Es un título arrogante, pretencioso: ¿de qué lamentos de qué niños te haces portavoz y quién te ha otorgado el derecho a ser portavoz de los lamentos de otros? Esa rudeza del aspecto de Carl Andre también es muy macho, muy machirulo, muy heteropatriarcal, muy hetero-estructurante, muy de artista hombre.

También aparece con barba, aunque recortada, la calva en la parte superior del cráneo y melena detrás, en una fotografía que utilizan las Guerrilla Girls para un cartel en 1998. Su fotografía está junto a la de O.J. Simpson, que acompañan con el pie «Absuelto en 1995 por el asesinato de su ex-mujer, Nicole Brown». El pie de foto de Carl Andre indica «Absuelto por el asesinato de su mujer, Ana Mendieta». Las Guerrilla Girls se preguntan retóricamente «¿Qué tienen estos hombres en común?». Y aclaran: «Cada 15 segundos, otra mujer es agredida por su marido o novio. Alguna de esas agresiones acaba en asesinato. Normalmente no hay testigos de esos crímenes». Guerrilla Girls denuncian que la artista Ana Mendieta ha sido víctima de uno de esos crímenes sin testigos.

Son las ocho de la mañana del domingo 8 de septiembre de 1985. La noche ha sido cálida, pero empieza a notarse un ligero descenso de las temperaturas que anuncia el fin del verano; aun así, a esa hora de la mañana los termómetros ya superan los 25 ºC en el área de Manhattan. Carl Andre está tranquilo leyendo sentado, con la nariz sonrosada por lo que podría ser un golpe, en la comisaría de policía de la calle Diez Oeste, a quince minutos caminando de su casa en el número 300 de la calle Mercer, en el otro extremo de Greenwich Village. Relata lo sucedido el sábado por la noche a los detectives Ronald Finelli y Richard Nieves, que inician su jornada. Explica que él y Ana estaban viendo la televisión en casa, que luego pidieron comida china. Ana bebió mucho vino. Vieron la semifinal del Open de tenis de Estados Unidos, un partido de los Yankees, las películas *Drácula* y *Sin amor* con Katharine Hepburn y Spencer Tracy. Hacia las tres de la madrugada dice que Ana se fue a la cama antes de que acabase la película de la Hepburn y Spencer Tracy, no le interesaba. Media hora después, Carl fue a comprobar que estaba bien. Y a las 5:29:26 llama al teléfono de urgencias, 911. El operador reconoce una voz que habla en un tono alto, angustiada, entre sollozos, y le insta a que se explique:

–Lo que pasó fue que teníamos... Mi esposa es artista y yo soy artista y tuvimos una pelea por el hecho de que yo estaba más, ¡eh!, expuesto al público que ella y ella se fue al dormitorio y yo la perseguí. Y de alguna manera salió por la ventana.

«¡De alguna manera salió por la ventana!»

Tres horas después, en la comisaria de la calle Diez, ya no habla de aquella discusión ante los detectives.

Jan Hoffman en un artículo en *The Village Voice*, publicado en 1988 justo tras el juicio en el que Carl Andre queda absuelto, explica los detalles. Habla de las llamadas posteriores en las que sucintamente Carl Andre aclara que Ana no irá a tal o cual cita porque ya no está. Recupera declaraciones de amigos que lo describen como alguien «esencialmente impenetrable», «nada simpático» o «con cierta arrogancia intelectual».

La complejidad tiene que ver con pensar las cosas desde sus puntos grises, sin juicios ni prejuicios, en la diversidad que implica, con empatizar con qué demonios debía pasar por la cabeza de Francis Bacon mientras inauguraba y sabía que en su habitación le esperaba el cadáver de un amante suicida, con intentar lidiar con esa complejidad, con los elementos que te llevan a actuar de una manera que no siempre parece la adecuada, con los lamentos, los arrepentimientos, aunque sea un concepto de culpa muy católico, con los extraños meandros que toma el comportamiento de las personas en situaciones difíciles. Y, sin embargo, aquí, frente a la boca en forma de U invertida, la calva, la melena, el rictus, la calma, el libro que lee mientras espera a la policía, las series de cubos, el orden obsesivo y compulsivo de las columnas de palabras en los poemas, la arrogancia intelectual, la impenetrabilidad...

En *The Village Voice*, Jan Hoffman se explaya en los detalles del juicio. Los amigos de Ana que insisten en que no estaba deprimida, que tenía miedo a las alturas, que jamás se encaramaría sobre la ventana de un piso 34. El portero de una finca colindante recuerda un sonoro «¡NO!» de una voz femenina hacia las cinco y media de la mañana. Y el ruido sordo del golpe del cuerpo de Ana Mendieta sobre el techo del Delion Grocery en la esquina de Broadway, en la parte trasera del edificio en el número 300 de la calle Mercer. Un edificio de treinta y pico plantas, de ladrillo, con ventanas y balcones en cada esquina.

El cuerpo de Ana Mendieta no cayó sobre el asfalto, quedó empotrado sobre la cubierta de un supermercado.

Quiero forzar las conexiones, dejarme llevar por la deriva, extremar el método Lenin Dada, disfrazarme de Dominique Noguez paródico. No tanto como para recurrir a Frédéric Beigbeder al principio de *Oona y Salinger*, cuando anuncia que lo que cuenta debería ser verdad, porque es una historia preciosa de amor, aunque no haya podido corroborarlo al ciento por ciento y que «si esta historia no fuera cierta, tendría una enorme decepción». Ni para hacer parodia de la pobre Ana. Quizá más como Emmanuel Carrère, deseando que no hubiese sido verdad, que nunca hubiese habido un adversario, alguien que hubiese vivido del engaño. Deseando que el cuerpo de Ana no hubiese quedado aplastado contra el techo de un supermercado neoyorquino. Y que en todo caso las conexiones tengan más que ver con la casualidad que con la causalidad. Que no fuese premonitorio, sino simplemente casual que Ana Mendieta se hubiese enterrado tantas veces. Contaba que, en 1974, cuando se enterró entre rocas en la pirámide funeraria de Yagul en México, de lo que queda la filmación de poco más de tres minutos que documenta la acción *Burial Pyramid*, decía que pensó que estaba a punto de morir. Su cuerpo desnudo estaba chafado por pesadas piedras y recorrido por gusanos y larvas que lo mordisqueaban. También aplastaba su cuerpo en una de sus primeras obras, muy influenciada por el happening vienés, cuando se fotografió con un vidrio apretado contra su cara, deformando los labios y la nariz, o contra su cuerpo, deformando sus pechos, su barriga, su culo...

Las nalgas de Ana se veían azotadas o llenas de marcas producto de golpes, como si hubiese sido violada, exactamente eso, violada, en 1973. En la Universidad de Iowa había invitado a sus amigos a casa. La puerta estaba semiabierta. Y lo que se encontraron al entrar fue a Ana tirada sobre la mesa de la cocina, con el cuerpo desnudo desde la cintura, las bragas ensangrentadas en los tobillos y las manos atadas a las patas de la mesa, como si acabase de producirse una violación. Estuvo así un par de horas. Algunas fotografías documentan la acción, titulada descriptivamente *Rape Scene*: unas muestran la escena desde la puerta, con una vista general del cuerpo de Ana sobre la mesa con el culo y las piernas llenos de marcas; otras se centran en las manos atadas con los brazos estirados en tensión y la cabeza con un pequeño charco de sangre roja; y otra muestra la taza de un váter también manchado de sangre. La iluminación es dramática. Son sórdidas. Inquietantemente silenciosas. La situación del espectador, de los amigos invitados a su casa que de repente se encuentran con esa escena pero, aun así, distinguen que se trata de una performance, recuerda a la posición del mirón, del *voyeur*, frente a la puerta de *Étant donnés*, dispuesto a mirar a una mujer desnuda como muerta, en este caso, sobre un montón de hierbas. Más explícita es una fotografía hecha también entonces en la que Ana aparece de nuevo desnuda desde la cintura a los pies, otra vez con el culo y las piernas llenas de sangre, pero tirada bocabajo en medio del bosque: *Rape*.

Ana Mendieta solo tiene veinticinco años. La vida no le ha sido fácil. Con sus padres en Cuba, ha ido cambiando de estado y familia por Estados Unidos. Mientras estudia en la Universidad de Iowa, Sarah Ann Ottens, alumna, compañera suya, es brutalmente violada y estrangulada hasta la muerte. La escena en la habitación de Ana Mendieta atada a una mesa recomponía la escena de la violación de Sarah Ann Ottens en el campus universitario. A Ana no solo le impactan la brutalidad, la violencia, la muerte y la violación, también el silencio, que haya podido pasar delante de todos. Frente a las dos performances de la violación, tan explícitas, en las que ella se convierte en cuerpo violado, vejado, golpeado y muerto, realiza otra acción más alusiva. *Moffitt Building Piece* es otra vez un título descriptivo, del lugar donde sucede la performance, de hecho, el edificio en el que se encuentra su apartamento: es la obra en el edificio Moffitt. Delante de la puerta de la entrada hay un charco de sangre y vísceras. Ana, desde el otro lado de la calle, documenta el pasar de la gente. Apenas prestan atención, miran la sangre sin detenerse, sin preguntarse de dónde viene o qué hace ahí, si es fruto de algún altercado, problema, un ataque, violencia, una violación... Todos, menos una pareja de jóvenes que se detienen brevemente, pasan por al lado como si tal cosa, no les importa.

También hay un charco de sangre y vísceras delante de la puerta de acceso al Dia Art Foundation de Chelsea en Nueva York el 19 de mayo de 2014. El charco forma parte de las acciones que el grupo activista We Wish Ana Mendieta Was Still Alive ha preparado para uno de los actos en relación con la gran retrospectiva que el centro de arte dedica a Carl Andre.

Han pasado casi treinta años desde la muerte de Ana Mendieta. Y un poco menos, desde 1988, de la absolución de Carl Andre. Pero Ana sigue presente. En las salas de la exposición del Dia Art Foundation hay más acciones en recuerdo de la artista. Algunas activistas simplemente se plantan delante de las esculturas geométricas, hechas con planchas de hierro idénticas depositadas sobre el suelo, características de esa buscada ausencia significativa de la práctica minimal del barbudo y malhumorado escultor americano, y lloran. Otra se agacha e introduce debajo de una de esas planchas un papelito con el nombre de Ana Mendieta escrito en rojo.

¿Cómo mirar las esculturas de Carl Andre desde una buscada ausencia significativa, como objetos que son una especulación sobre la forma en el espacio, que son un resumen de las formas, que remiten a la abstracción de los vanguardistas rusos? ¿Cómo mirar esas planchas repetidas, esos bloques de piedra y no pensar en una discusión en la planta 34 de un edificio de apartamentos de Nueva York, en una artista joven llena de energía y en un hombre barbudo con un rictus desagradable, el pelo largo grasiento por la nuca, quince años mayor, y que de manera inconsciente, pese a su frialdad calculada, según dicen sus amigos, alude en una llamada histérica a que su mujer estaba alarmada, celosa de que él tuviera mayor exposición pública? Ahora, ya siempre, la exposición pública de las obras de Carl Andre acarreará el recuerdo de Ana Mendieta. Y la buscada ausencia de significados de las estructuras geométricas minimalistas quedará anulada por la presencia del cuerpo de Ana.

También Gerardo Mosquera se acordaba de ella y del telegrama que había recibido anunciándole su muerte. Han pasado diez años y ahora desde su La Habana natal escribe para *Artforum* sobre otro artista cubano-estadounidense recientemente muerto: Félix González-Torres. Recuerda la llamada de teléfono de un amigo común del artista unos meses antes para anunciarle su muerte. Escribe que sintió un vacío absurdo. Y que pensó en el telegrama funesto sobre Ana Mendieta que había recibido hacía una década. También que ambos tenían treinta y ocho años y que le parece que hay una maldición sobre los artistas cubanos más brillantes, condenados a morir jóvenes.

Suenan ecos de cierto esoterismo al hablar de que una maldición los persigue, tanto como del mito del rock'n'roll de morir joven y dejar un bonito cadáver, del vive deprisa y muere joven o, al aludir a que son los más brillantes y su muerte joven, resuenan ecos del discurso final del director de Tyrell Corporation al replicante Roy Batty, interpretado por Rutger Hauer en *Blade Runner*, sobre las estrellas que brillan con el doble de intensidad y duran la mitad de tiempo y que él ha brillado con mucha intensidad.

Gerardo Mosquera enseguida escribe sobre el brillo en la obra de Félix González-Torres, que ha sido para él su gran aportación. Y al hacerlo, en ocasiones, como si el anuncio de la sombra de Ana todavía rondase sobre el texto, parece que pudiera hablar del trabajo de ella. Utiliza expresiones como «conceptualismo amable», «romantizar el minimalismo» o «deconstruir el minimal y el conceptual desde dentro». Expresiones aplicables a las prácticas de Ana Mendieta: un conceptualismo lleno de matices personales, de alusiones al propio cuerpo y a la fragilidad.

Y expresiones que califican la estrategia básica de Félix González-Torres: tomar los elementos del minimalismo y del conceptualismo como son la repetición y la distancia expresiva frente al objeto o, si se prefiere, el uso de materiales «fríos» o industriales, y llenarlos de contenidos personales. Parecida estrategia a la de Ana Mendieta: introducir al sujeto en medio de las vanguardias minimalistas y conceptuales, poner su cuerpo, ser ella la que estaba allí y la que vuelve a estar ahora ya siempre presente tras las estructuras formales, secas, industriales o frías hechas con metales y piedras de Carl Andre. Siempre me ha resultado sumamente sospechoso que en aquella llamada al 911, Carl Andre aludiese a unos supuestos celos por su carrera de Ana. ¿Quién tendría celos ahora (y seguramente anticipándose entonces) cuando esas estructuras minimalistas no pueden soportar otro peso que no sea el personal, el de una subjetividad que aparece en obras que se querían frías y reflexivas?

En las propuestas de Félix González-Torres, el cuerpo presente es el suyo y la subjetividad es la suya. Eduardo Pérez Soler es muy explícito sobre esa estrategia de «romantización del minimalismo» o «deconstrucción del minimal y el conceptual». En un artículo titulado «Félix González-Torres: las huellas del sacrificio», publicado en el número 120 de la revista *Lápiz*, también poco después de la muerte del artista, escribe:

> La obra del artista de origen cubano aparece como una revisión de las estrategias del minimalismo. Intentó dotar de una fuerte carga subjetiva al objeto minimalista, intentando subvertir su supuesta neutralidad significativa; impuso elementos biográficos a un estilo que carece en su origen de un carácter representacional. Así pues, su obra se presenta como una crítica frontal al minimalismo, si bien

se apropia de los rasgos externos que definen dicha corriente: por paradójico que parezca, las formas minimalistas que González-Torres recreaba estaban dirigidas a cuestionar la integridad artística de una corriente estilística que ha tendido tradicionalmente a la despolitización y a la desexualización y que ha renunciado a las preocupaciones sociales, para recrearse en un formalismo vacuo. El artista buscó elaborar una crítica radical del lenguaje minimalista partiendo precisamente de sus presupuestos formales.

Eduardo Pérez Soler se refería a dos tipos de trabajos de Félix González-Torres. Por un lado, las pilas de pósteres y, por otro, las alfombras llenas de caramelos. Las primeras, expuestas, parecen estructuras minimalistas como las piedras rectangulares de aquel lamento en el patio del PS1. Los caramelos extendidos sobre el piso copian las formas de las planchas rectangulares de Carl Andre, los montículos de piedras en el suelo de Richard Long o los cubos y los trozos de fieltro blandos en la pared de Robert Morris.

Siempre me he imaginado esas pilas de pósteres expuestas en una sala vacía, a una distancia regular, como efectivamente los bloques rectangulares de una instalación minimalista y, al mismo tiempo, recordando las lápidas de un cementerio. De hecho, siempre me he imaginado las exposiciones de Félix González-Torres con un tratamiento muy aséptico, emulando efectivamente una instalación de cualquier escultor minimalista, de tal manera que contrastase con el contenido personal de sus propuestas. No ha sido así en las que he visitado.

Pienso que de esa forma subrayaría la diferencia frente a las repeticiones de objetos rectangulares de Carl Andre, Richard Long o Robert Morris. Frente a ellos, los pósteres y los caramelos de Félix son compartibles, como si la obra fuese una metáfora de su propio cuerpo enfermo de sida que nadie quiere tocar, que parece que tiene que envolverse profilácticamente, en látex, condones y mascarillas, y que él fuese consciente de que la única manera de actuar políticamente frente a la lacra que impone la parte más conservadora de nuestra sociedad fuese constituirse en sujeto político, compartible, en cuerpo que pertenece a todos, en pura sociabilidad. Y entonces esas esculturas minimales que especulan sobre la proporcionalidad de las formas en el espacio ya no son eso, sino formas subjetivas que sirven para compartir subjetividades, para hablar de la libertad y del contagio.

Esculturas frías y formales convertidas en proyección del yo. Gerardo Mosquera lo atribuye a las raíces caribeñas de Félix y Ana, a una operación que vendría a ser algo así como latinizar el minimalismo y el conceptual. Y busca en las raíces del trabajo de Félix las conexiones con Ana Mendieta, pero también con otros artistas latinoamericanos como Lygia Clark.

Parece que haya habido una confusión o un malentendido. Donde dije digo, digo Diego. Donde dijiste frialdad, digo calor. Donde dijiste distancia, digo sujeto. Como una comunicación alterada. Como en el juego adolescente del teléfono roto, al susurrar una palabra de oreja a oreja, en el tránsito de una persona a otra la palabra va deformándose y se convierte en otra cosa. Como si algo se hubiese perdido. Sucede en las traducciones. *Lost in translation* es el término anglosajón que define esa pérdida en la traducción. En algunas películas norteamericanas los protagonistas preguntan en determinadas situaciones si alguien habla su idioma:

«¿Alguien habla mi idioma?» es la expresión chocante, por inusual, que aparece en múltiples películas como una manera de asegurarse que podrá haber algún tipo de comunicación.

Rosalind E. Krauss en «La escultura en el campo expandido» escribe sobre el idioma de la escultura minimal, sobre su cualidad comunicativa, sobre el sujeto y la relación de los sujetos con la escultura. Publicado en 1979, es uno de los textos referente sobre el minimal. En realidad continúa o amplía los textos recogidos en *Passages en Modern Sculpture*. Son textos que sirven a la crítica de arte norteamericana para distanciarse de la escuela formalista de Clement Greenberg y Michael Fried. Y lo hace utilizando un auténtico caballo de Troya, la escultura, eso que Barnett Newman había estigmatizado como aquello con lo que tropiezas cuando tomas distancia para contemplar una pintura.

La escultura, tal y como la practican los artistas relacionados con el minimal, era para Michael Fried poco menos que una desviación, un lugar por el que entra la confusión. Esta vez, la confusión de lenguajes artísticos. Según Fried, hay un elemento de teatralidad, de escenografía, arquitectónico, performático, que aparta a la escultura minimal del objetivo de pureza de la pintura abstracta americana. La pureza en un sentido formal: que no haya nada ajeno a la propia práctica de la pintura, que remita a sí misma y especule con sus atributos (composición, color, trazo...). Por eso la escultura es un caballo de Troya para Krauss: es el lugar desde el que posicionarse frente al formalismo que representa la vieja escuela crítica. Reivindicar el trabajo de Richard Serra, Donald Judd, Tony Smith o Carl Andre implica separarse de Fried y Greenberg.

Rosalind E. Krauss escribe sobre *Shift* de Richard Serra, seis muros de hormigón en zigzag, semienterrados en secciones de setenta metros. De un lado a otro, recorrerlos provoca una dislocación de la perspectiva. Como están semienterrados en sus extremos, forman un zigzag y en los tramos más altos llegan a medir un metro y medio; las sombras van variando según se avanza entre un terreno fangoso, las botas se hunden y cuesta caminar, o costaba en 1972. Unas fotografías en blanco y negro de la época ilustran el artículo de Rosalind E. Krauss «Richard Serra: una traducción», recopilado en *La originalidad de la vanguardia y otros mitos modernos* (1996). Parece un terreno baldío. En una de ellas se distingue el fango. La otra tiene un punto casi abstracto, las sombras marcadas, el gris claro de los muros, la tierra también blanca como de negativo quemado por la luz, dotan a la imagen de dramatismo, parecen un dibujo, podría llegarse a confundir con la fotografía de una pintura de Cy Twombly que combinase trazos con triángulos puntiagudos. Ahora, hoy, los muros de *Shift* están ahogados entre plantaciones y vegetación, la perspectiva se ha perdido, no hay juegos de sombras dramáticos. Parecen inaccesibles. Aunque, de hecho, Richard Serra no pensó tanto en recorrerlos como en quedarse en los extremos y percibir esa confusión de la perspectiva. A Richard Serra siempre le ha interesado, más que la especulación sobre formas simples, la manera de relacionarnos con esas formas. Krauss recuerda que el artista buscaba una forma de medición de uno mismo frente a la indeterminación del campo. A ese campo que se extendían las propuestas minimalistas, que se expandían abrazando al espectador se refería Krauss con el título de aquel texto. De hecho, la condición del sujeto espectador es la clave para ella. Esa ha sido la característica de la nueva generación de artistas de los años sesenta. Lo escribe en *Passages in Modern Sculpture*. Para ella lo característico de los artistas minimal es que han desplazado al sujeto: no se trata ya de que la práctica artística sea un lugar para la legitimización de un «yo privado», dice, sino que se dirigen al sujeto de manera más amplia. Es decir, que ya no se trata de artistas que trabajan desde la excrecencia del yo, desde la subjetividad volcada, desde la rabia de Jackson Pollock sobre la tela, sino que hacen propuestas de relación. Es decir, que hacen propuestas que acaba el espectador, que hace el espectador, diría Duchamp, que vive el lector, diría Barthes.

Marcha atrás: Félix González-Torres era el ejemplo de prácticas que calentaban el minimalismo, es decir, que reintroducían al yo dentro de formas «frías»; el minimalismo era una manera de eliminar la excrecencia del yo expresivo en favor de un sujeto social. Dicho de otra manera, Félix introducía el sujeto allí donde Richard Serra lo había apartado, que era el lugar de Pollock.

Bajo esta perspectiva, Félix es un sujeto político porque es un sujeto enfermo, Pollock también.

Sobre el sujeto y las estructuras minimalistas, João Onofre era más literal: introducía sujetos dentro de una escultura de Tony Smith.

Acaba de caer la noche en una fría tarde de marzo en Móstoles, a las afueras de Madrid. En el Centro de Arte 2 de Mayo (CA2M) se inaugura la exposición *Punk. Sus rastros en el arte contemporáneo*. En la primera planta, delante de los ascensores, un grupo de melenudos rondando los cuarenta años esperan para entrar en una caja metálica de 183 centímetros por lado, es un cubo perfecto. En su interior, forrado de espuma con formas cónicas que absorbe el sonido, han instalado una batería y un amplificador. Entran el batería, un guitarra, un bajista, otro guitarrista que se quita la camiseta y muestra un gran tatuaje en la espalda y el cantante. Son de estatura media, menos el cantante, que es bastante alto y queda encajado dentro del cubo. Son los miembros del grupo de death metal Avulsed. Empiezan a tocar. Fieles a su estilo, la batería con el sonido duplicado marca el ritmo a una velocidad imposible, apoyada en el bajo como un martillo pilón. Es atronador. La voz del cantante ronca y rasgada es inaudible. Un asistente de João Onofre y dos miembros del equipo del museo cierran uno de los lados del cubo que estaba abierto. Hacen fuerza apoyando sus hombros para que encaje bien. Y cierran con una manivela, que retiran. Del estruendo se pasa a un rumor sordo. El grupo sigue tocando dentro de una caja metálica perfecta. Pero el sonido no sale al exterior. Solo esa especie de rumor. El público se acerca, los espectadores aproximan sus oídos a las paredes metálicas, las tocan. Después de casi diez minutos que se hacen eternos, abren la caja desde dentro y el sonido sale como una oleada al mismo tiempo que el guitarrista y el cantante sacan el cuerpo. Siguen tocando hasta acabar el tema.

Es la décima vez que João Onofre ha presentado *Box sized DIE*. Siempre en su interior se encierran y tocan grupos de death metal del lugar en el que se exponga, sea Lisboa, Londres o Barcelona. Cuando, antes de entrar, la banda se interesa por saber cuánto tiempo han aguantado dentro los otros grupos, João, avispado, les engaña para que se piquen. Luego les dice que han batido el récord.

La caja es una reproducción idéntica, milimétrica, de una de las primeras esculturas de Tony Smith, *Die*, de 1962. De hecho, el título de la obra de João Onofre es muy literal, *Box sized DIE*: una caja de las medidas de *Die*. A ese título le añade un *featuring* y el nombre de la banda para cada ocasión. En el caso de Madrid llevó por título *Box sized DIE featuring Avulsed*, es decir, «Avulsed presentado en una caja con las dimensiones de DIE». O de manera genérica: «una banda de música metálica de muerte en una caja metálica con medidas de muerte».

Aunque el *Die* original no hacía estrictamente alusión a la muerte. Todas las fichas sobre la escultura de Tony Smith, la del Whitney Museum de Nueva York o de la National Gallery de Washington, pues ambas poseen una de las cuatro ediciones, hacen referencia a que *Die* alude al número uno en una tirada de un par de dados o a un instrumento utilizado en la perforación de metales y fundición. Y más explícitamente, Tony Smith aclaraba que las dimensiones de la caja estaban determinadas por las proporciones del cuerpo humano: una escultura no demasiado grande para ser un monumento ni demasiado pequeña para ser solo un objeto. Tony Smith no lo dice claramente, pero su declaración sobre la importancia de las dimensiones humanas de *Die* podría relacionarse con la proporción áurea. Los 183 centímetros de lado se corresponderían con el cuadrado en el que está inserto *El Hombre de Vitruvio* de Leonardo: proporciones áureas, proporciones perfectas y proporciones humanas.

Al reflexionar sobre la escultura minimalista, Rosalind E. Krauss, en «La escultura en el campo expandido», se refería a cómo los artistas habían trabajado desde una perspectiva humanista. Es decir, aquellos bloques de piedras, estructuras geométricas repetidas o cajas de metal como la de Tony Smith en realidad buscaban una relación de proporción con el espectador desde la construcción de objetos abstractos, geométricos. La escala era importante en el caso de Tony Smith, ni demasiado grande ni demasiado pequeña, decía, como la relación con el espacio era fundamental para Richard Serra. Rosalind E. Krauss insiste en esa cuestión de la proporcionalidad, en la búsqueda de una relación con el espectador. Es decir, que aquellas obras supuestamente frías se planteaban desde un propósito de abstracción humanista. Como llevando al extremo o siguiendo la estela de la capilla Rothko en Houston: cuadros grises en un edificio circular para obtener una pura contemplación. Es un espacio casi religioso. Lleva el nombre de «capilla». Como de una religión asceta pero intrascendente, en un sentido literal, que no busca trascendencia, como una religión sin sacralidad.

Krauss publica «La escultura en el campo expandido» en la revista *October*, de la que es editora y que ha fundado en Nueva York solo tres años antes con Annette Michelson. En el primer número dejan las intenciones bien claras. En la presentación aclaran que la revista toma su nombre de la película homónima de Eisenstein. Una película que no solo conmemora los hechos revolucionarios rusos, sino que su producción en 1928 coincide con la expulsión de Trotski de la Unión Soviética. Todo ello afirma a la revista como revolucionaria, de izquierdas, pero también analítica de los hechos del presente, en la que relacionar práctica y teoría. El primer artículo, seguido de la advertencia sobre las intenciones de la publicación, es una traducción al inglés de «Ceci n'est pas une pipe» de Michel Foucault. También, toda una declaración de intenciones. Una peculiaridad: en *October* no hay imágenes, ni en el interior ni en la portada, que solo muestra el índice de los artículos. *October* es muy diferente a *Artforum*. Y no solo por la ausencia de imágenes frente a la sobreabundancia de imágenes y publicidad de *Artforum*. Según Roberta Smith, *October* es efectivamente teórica, también temible y mojigata.

Escribe sobre lo mojigata a la par que teórica que es *October* en un artículo para el *New York Times* en julio de 2009. Roberta Smith revisa los orígenes de *October* o, más bien, de los hechos que hicieron de detonante para que Rosalind E. Krauss y Annette Michelson fundaran la revista. Es una crónica de la exposición que la librería de artículos y ediciones especiales en arte que dirige David Platzer, Specific Object, en Manhattan, dedica a la relación entre los artistas Lynda Benglis y Robert Morris en los años 1973 y 1974. La exposición y la explicación posterior de Roberta Smith giran en torno a una fotografía que Lynda Benglis publicó en la revista *Artforum* en 1974.

Lynda Benglis aparece desnuda, con el cuerpo untado en aceite en posición escorzada, una mano sobre la cadera con el hombro levantado mientras que con la otra sujeta una enorme polla de látex que se coloca entre las piernas semiflexionadas y abiertas, y mira a cámara en actitud desafiante. La fotografía ocupa dos terceras partes del lado izquierdo del espacio interior a doble página de *Artforum*. El resto de la doble página está empapado en negro con una escueta mención abajo a la izquierda a la galería Paula Cooper de Nueva York. En el espacio de Specific Object en el SoHo neoyorquino, David Platzer ha colgado en la pared la doble página abierta al lado de una fotografía también de Lynda Benglis con la reproducción en dorado de dos pollas falsas de látex, de las que son dobles, es decir, que tienen capullo por ambos lados y sirven para la penetración recíproca, como la que sujeta entre las piernas en la fotografía publicada en *Artforum*. También se expone el objeto formando una curva en una vitrina bajo el título *Smile*.

Lynda Benglis había enviado la fotografía en la que salía desnuda a *Artforum* para que ilustrase un artículo de Robert Pincus-Witten sobre su exposición en la galería Paula Cooper. Tras ser rechazada por los editores, Lynda decidió pagar tres mil dólares por un anuncio a doble página en el que incluir la fotografía. Entre anuncios de otras galerías, críticas de exposiciones, entrevistas y agenda, los habituales lectores de *Artforum*, suscriptores de escuelas, artistas, museos, etc., se encontraban en una doble página central con el cuerpo de Lynda desnudo untado de aceite con una polla de látex entre las piernas. Una imagen como las que podían encontrar en algunas revistas pornográficas. No en todas: no en *Playboy*, tampoco en *Penthouse*, aunque sí en *Hustler*. *Playboy* y *Penthouse* todavía no habían entrado en la pornografía, mostraban cuerpos insinuantes, velados, con *flou*, nunca primeros planos, ni una vagina ni un pene, tampoco penetraciones, sí *Hustler*. *Hustler* es pionera. Pero *Hustler* solo llevaba un año en las tiendas. Los lectores de *Artforum* a lo mejor no son compradores de pornografía, pero pueden reconocer la imagen de Lynda como pornográfica. Y a muchos no les parece bien. Envían cartas, cancelan suscripciones. Otros están encantados. El artista Larry Bell escribe enfático y lleno de ironía saludando la nueva línea editorial alejada de las «habituales estupideces».

Por su parte, Rosalind E. Krauss y Annette Michelson, que forman parte justamente de la línea editorial de la revista, están indignadas. Indignadas con John Coplans, el editor en jefe, por el hecho de que Lynda Benglis les haya colado la fotografía como publicidad después de que se negasen a su publicación para ilustrar un artículo. Y están indignadas por el contenido sexual de la fotografía, que consideran «un objeto de extrema vulgaridad, que nos brutaliza y, creemos, también brutaliza a nuestros lectores», relacionándola con los procesos de sexualización y cosificación del cuerpo de la mujer inherentes a la pornografía. Y rechazan que Lynda Benglis haga uso de esas estrategias como medio de propaganda.

Es un desencuentro muy referenciado en la historia reciente del arte contemporáneo. Por el revuelo que supuso, las posiciones a favor y en contra, por los protagonistas, John Coplans, *Artforum* y Rosalind E. Krauss y porque, a la postre, la fotografía de Lynda Benglis supuso la renuncia de Rosalind E. Krauss y Annette Michelson a formar parte de *Artforum* y decidirse por iniciar un proyecto de revista que no incluirá imágenes, *October*.

Irónicamente, una polla sonriente daba la bienvenida a la exposición de *Specific Object* sobre la que Roberta Smith escribía en el *New York Times* y que documentaba el *affaire*. En la exposición, a un lado del número de *Artforum* abierto por la doble página con el anuncio de Lynda Benglis, estaba expuesta la fotografía con el doble dildo dorado; al otro lado, otra fotografía con Lynda de espaldas, sin ropa en la parte de arriba y con los pantalones tejanos caídos por debajo de las rodillas enseñando el culo. La fotografía es de Annie Leibovitz. Lynda posa reproduciendo una pose de Betty Grable sobre un fondo neutro en el que predomina el amarillo, con una sobreiluminación que provoca un efecto difuminado. Es la imagen que usó para la tarjeta de invitación de su exposición en la galería Paula Cooper en 1974.

Hay más imágenes de Lynda posando que también están en la exposición de *Specific Object*. En mayo del mismo año ya había aparecido en un anuncio en *Artforum*, esta vez vestida. En la fotografía, en blanco y negro, lleva una americana oscura, camisa, tejanos, gafas de espejo, el pelo peinado hacia atrás en un corte masculino y el brazo derecho apoyado en el techo de su coche, un Porsche plateado. Tiene un aspecto andrógino. En diciembre de 1973, para la invitación de su exposición en la galería The Clocktower usa una fotografía antigua, de ella con once años de edad vestida con un traje tradicional griego. No es un traje femenino, es masculino. En un artículo sobre la artista para la revista *Frieze*, Hermione Hoby recuerda que Lynda aplicaba un término para explicar esas imágenes: «macharina», una mezcla entre «macho» y «feminine».

Roberta Smith destaca cómo todas esas fotografías de Lynda forman parte de una misma serie. Y todas, desnuda o vestida, implican androginia. En la fotografía del escándalo, Lynda lleva una polla que podría simular que fuese propia. Incluso Roberta Smith señala cierta cualidad masculina en el cuerpo musculoso y el pelo corto de Lynda. Que también juega con el rol masculino posando a lo machote con su Porsche o disfrazada de niño griego.

Pero hay una última fotografía que cierra el círculo de la exposición. Al fin y al cabo, la exposición sobre la que escribe Roberta Smith llevaba por título *Lynda Benglis / Robert Morris 1973-1974*. Falta, obviamente, Robert Morris. O ¿qué pinta aquí Robert Morris? Otro escultor minimalista.

Unos meses antes de que Lynda Benglis expusiese en la galería Paula Cooper, Robert Morris inaugura en la galería Castelli-Sonnabend. Para la inauguración, el artista prepara un póster. Aparece autorretratado en blanco y negro sobre un fondo neutro con barba de diez días, gafas de espejo, un casco nazi y el cuerpo musculoso desnudo, sudado, mientras con las manos agarra unas enormes cadenas que rodean su cuello. Es una imagen propia de la cultura gay-leather, de los bares de ambiente cercanos a los Piers de Manhattan, próximos al mercado de la carne. Esa fotografía está incluida entre las de Lynda Benglis en la exposición no solo porque pertenece a la misma época o porque aparece el artista autorretratado en una pose determinada, él imitando una imagen de bar gay-leather, ella imitando una página de *Hustler*. Todo eso es consciente. Más allá de la imagen del escándalo y que provoca la dimisión de Krauss, lo que documenta la exposición sobre Lynda Benglis y Robert Morris es la relación que ambos mantuvieron jugando con los roles del artista, con la imagen pública del artista, con qué tipo de imagen se construía del artista, con los roles de género y la sexualización de los cuerpos, sobre qué tipo de imagen te construyes como autor. ¿Qué es un autor?

–El objetivo de un artista es hacer una declaración sobre uno mismo –se oye que afirma la voz de Robert Mapplethorpe en el último hasta la fecha documental sobre su vida, *Mapplethorpe: Look at the Pictures*.

Hay que mirar sus imágenes. A eso llama el documental. Y se muestran. Se enseñan. Las conservadoras del Getty Institute sacan de un sobre, con guantes blancos y mucha delicadeza, la invitación para su primera exposición en la parte de atrás de la galería Light en Nueva York. Una exposición de Polaroids. Aparecen amigos suyos. David Croland habla de su relación, del día que apareció con cadenas, cuero y ropa de leather. Mientras, las conservadoras siguen con la invitación. Un envoltorio muy oscuro casi negro la guarda, con la inscripción DON'T TOUCH en letras granates. Dentro una tarjeta cuadrada indica las fechas de la exposición en el dorso, del sábado 6 de junio de 1973 hasta el 3 de febrero de 1974. En la parte frontal una fotografía de Mapplethorpe, un autorretrato que muestra su cuerpo desnudo desde las costillas hasta por encima de las rodillas, dejando bien visible en primer plano y central su pene y los pelos frondosos del pubis mientras sujeta una cámara Polaroid. En la invitación, la parte de su sexo está tapada con un adhesivo semitransparente redondo, dispuesto a ser arrancado, como la banana que hay que pelar para descubrir su interior color carne del disco de Andy Warhol con The Velvet Underground y Nico.

Mapplethorpe se expone. Siempre. Mucho. De hecho, el límite de las costillas de Mapplethorpe coincide con el límite del de la fotografía de Robert Morris: mientras uno encuadra desde ahí hacia abajo, el otro lo hace hacia arriba. La de Mapplethorpe es obviamente más explícita.

¿Dónde estaba la confusión de Rosalind E. Krauss? Tal vez nunca recibió la invitación de Robert Mapplethorpe –¿qué habría pensado de aquel primer plano?–, pero sabía que la fotografía de Lynda Benglis no era una simple imagen pornográfica, sino que formaba parte de una especulación compartida con Robert Morris sobre la imagen del artista y los límites de la configuración del autor. Al fin y al cabo, ella misma, Rosalind E. Krauss, había tomado la foto a Robert Morris. Había enfocado la cámara y apretado el disparador mientras revisaba con Robert su pose, las cadenas alrededor del cuello, el casco nazi y el cuerpo sudado. Hablaba allí con él, seguro, mientras preparaba la fotografía sobre cómo respondería Lynda, sobre el juego entre ambos acerca del rol del artista y su imagen pública.

Sabía a qué se refería Lynda Benglis. De hecho, la artista lo había dejado bien claro unos años antes, en 1971, en las páginas de la revista *ART News*. Era una de las artistas que respondían a uno de los textos icónicos de la revisión crítica en clave de género de la historia del arte: «¿Por qué no ha habido grandes mujeres artistas?», de Linda Nochlin. Para Nochlin, la cuestión está en la propia estructura heteropatriarcal del sistema del arte. En su respuesta, Benglis reflexionaba sobre su condición de mujer y artista, sobre el hecho de que en cuanto proceso intelectual, el arte la obligaba a preguntarse y cuestionar su propia naturaleza. Parecía como si Nochlin la hubiese conducido a preguntarse por ello. Simplemente por estar encarnada en un cuerpo de mujer en el sistema arte, debía de considerarse a sí misma como un sujeto político. La reflexión de Benglis es muy contundente. Escribe en frases cortas, como flashazos de pensamiento que al mismo tiempo son correlativos, consecuentes, una cosa lleva a la otra. Hasta afirmar que la identidad es su preocupación: «Mis preocupaciones de identidad dentro y fuera de los confines de mi estudio o situación laboral tienen mucho que ver con mi experiencia. Y mi experiencia es principalmente la de una artista y soy una mujer». Cuatro años más tarde realizaba cuatro imágenes, en un diálogo en el que participó Robert Morris (y la propia Rosalind E. Krauss) en las que especulaba sobre su identidad como artista y mujer. Cuatro imágenes que contrastaban con sus esculturas blandas de colores. Cuatro imágenes que tenían que ver con su imagen pública, la imagen pública del artista, la imagen pública del autor.

La imagen pública, Public Image, daba nombre a la banda, primer álbum y tema principal de Johnny Lydon después de dejar los Sex Pistols. Un tema en el que Johnny se desfoga gritando: «Nunca escuchaste una palabra de lo que dije, solo me ves por la ropa que uso».

¿QUÉ PUEDO HACER POR VOSOTRAS? / LA AUTORA CENTRÍFUGA

Marjorie Strider también participaba en una de las respuestas al artículo de Linda Nochlin para *ART News* en enero de 1971. Cinco años más tarde sus esculturas caerían como grandes bolas de colores flexibles a través de las ventanas del PS1 hasta el patio donde estaban las piedras de Carl Andre. Aquellas esculturas de Marjorie Strider parecían formas minimalistas bañadas de colores que se hubiesen derretido. O convertido en balones. Desde luego eran más informes. Sin duda más lúdicas que los cubos regulares y obsesivos del patio.

El texto de Marjorie en *ART News* es lúdico también. Es juguetón, lleno de aforismos, como eslóganes, juegos de palabras, frases entrecortadas, como si en el fondo no quisiese entrar al trapo en la cuestión, o le diese pereza enfrentarse de manera ensayística, como una teórica, y prefiriese quedarse o afirmar un plano metafórico, creativo, en el que se sentía más cómoda. O como si fuese consciente de que un discurso sesudo teórico podía sonar impostado.

Sobre ser mujer y artista, responde:

> Salir de abajo hacia afuera... de ser considerada rara a ser realizada... de ser un objeto a ser un ser... de un gran es-

fuerzo forzado a salir con facilidad... de no participar en tácticas políticas a hacerlo con gran trabajo... de no sensibilizar al público con gritos de chovinismo masculino hasta acribillar al público con una escultura fabulosa... del servilismo a servir y ser servida... de que te silben en la calle a silbar tú misma... de la desaprobación de la sociedad a tu propia aprobación es todo lo que importa... de la necesidad de acompañantes a ir a cualquier parte... del sexo como un sistema de trueque al sexo como puro disfrute... de no poder mantenerte a ti misma a enseñar a otros artistas... salir con la sociedad a medida que se vuelve más libre para que las mujeres sean parte de esa libertad... de sentirse vilipendiada por las restricciones de la sociedad a sentir la alegría de poder romper barreras... de ser una de pocas a ser la mejor de muchas... de romper siendo mujer con la única prueba de que eres igual: buen trabajo, gran intelecto... de ser liberada por ciertos aspectos de la liberación de la mujer a no estar de acuerdo con la mayoría de las tácticas que se utilizan... de ser mujer al orgullo de ser mujer... de «Pensé que lo hizo un hombre» a no importar quién lo haya hecho... de ser delicada a ser lo que eres... de las dificultades con la desaprobación de la sociedad hacia la forma en que vives tu vida a darte cuenta de que se extiende a ser una artista... de darte cuenta de que algunos hombres están oprimidos a darte cuenta de que todo se vuelve más fácil... desde ignorar los hechos para que puedas hacer tu trabajo hasta ser capaz de admitirlos y aun así salir adelante... de ser pequeña a ser grande y siempre moviéndote solo hacia afuera y hacia arriba... el movimiento es una gran expansión.

Los puntos suspensivos son juguetones, eluden categorizar o ir al meollo de la cuestión. Frente a un discurso frontal y directo, hacen que el discurso sea circular, que parezca a la deriva y, al mismo tiempo, rodean el tema, lo encuadran. Louis-

Ferdinand Céline los utiliza con profusión en *De un castillo a otro* y en *Norte*, donde narra su huida con los restos nazis del gobierno francés, y le sirven para esquivar la cuestión de su huida como colaboracionista y, al mismo tiempo, para ser más rápido, para que la escritura sea como flashazos, iluminaciones, un juego lúdico que permita quitar espesor al tema.

Al leer el texto de Marjorie, da la impresión de que encaja con sus cuadros de entonces, también lúdicos, juguetones, desinhibidos y liberados, como comentarios mordaces más que como aseveraciones definitivas: retratos simplificados, pop, de mujeres como pin-ups, bocas abiertas, labios rojos, dientes muy blancos, ojos perfilados, trazo de cómic... Son parecidos a los de Tom Wesselmann, aquellos «grandes desnudos americanos» con mujeres de cómic solo ojos, boca roja, dientes blancos, grandes escotes, pezones sonrosados, melena rubia... mujeres hipersexualizadas como objetos de consumo entre fruteros, ceniceros con cigarrillos humeantes y floreros. Muchos son enormes, de tamaño natural, incorporando ventanas o neveras. El número 44 de la serie *Great American Nude* incorpora un radiador plateado, una puerta roja con un abrigo rojo y negro colgando, un cuadro redondo con el retrato de una mujer y un teléfono de pared, todo eso en la mitad derecha; la izquierda tiene una parte trampantojo, como si continuase la habitación en perspectiva con un sofá al fondo y un desnudo femenino esquematizado en medio.

Si Wesselmann introducía elementos reales en sus composiciones, una nevera o una ventana, Marjorie incorpora la tridimensionalidad en algunas partes de los cuerpos que aparecen en sus cuadros. Por ejemplo, en diversos trípticos de 1963, los pechos de las mujeres en bikini protagonistas sobresalen del cuadro, como tetas infladas o como globos de colores. En alguna ocasión trabajó a partir de senos reales. Hechos a partir del molde de una persona viva. En concreto los de Patty Oldenburg, la primera mujer de Claes Oldenburg, que modeló en chocolate y que más tarde compró Sol LeWitt. En algún lugar de su casa, Sol LeWitt conservó las tetas de la mujer de Claes Oldenburg en chocolate, posiblemente perdiendo la forma original por los cambios de temperatura, reblandeciéndose y cambiando de color. O tal vez en su estudio, entre estructuras cuadradas, cubos minimalistas y dibujos de estructuras repetitivas estaba la reproducción blanda en chocolate de una parte de la anatomía de la pareja de Claes Oldenburg, el artista que también trabajaba con formas blandas, alejadas de la seriedad minimal, hamburguesas, trozos de carne, vestidos o pasteles que parecían deshacerse y que ocupaban su espacio en el número 107 de la calle Dos Este de Manhattan en 1961, The Store.

Tom Wesselmann también había utilizado en alguna ocasión cuerpos reales, de los que usaba trozos moldeados como parte de sus propuestas. *Bedroom Tit Box* es una pequeña cajita, del tamaño de una caja de zapatos en realidad, como el interior de un cajón o una balda en una estantería. En la base, un hule de cuadros rojos y blancos, las paredes blancas, al fondo parece que asoma un interruptor y dentro, una naranja, un florero, un cenicero con un cigarrillo encendido, un bote de perfume y, como anunciaba el título, *Caja del dormitorio de una teta*, de la parte superior emerge una teta con el pezón de color melocotón y la curvatura de la copa perfecta. Estaba hecha sobre el molde de una real, como aquella de Marjorie sobre Patty. Y contrasta el naturalismo de la *Tit* del título con el resto de los objetos, simplificados como una ilustración. Lo de Wesselmann mantiene una relación extraña con la vertiente más ortodoxa del pop. Porque sí, obviamente, toda la factura simplificada remite al cómic, pero el cigarrillo, la naranja, el perfume y la teta tienen algo más de comentario sobre la condición de la seducción, del deseo e incluso del secreto. La caja es un pequeño escenario, un lugar en el que encajar la mirada, como ante el desnudo de *Étant donnés* o *El origen del mundo* de Courbet, que Lacan guardaba encerrado en una caja que abría con llave. Tal vez en todo ello pensaba Jonathan Monk cuando en 2020 versionó la *Bedroom Tit Box* de Wesselmann. En una reproducción fotográfica, añadió un dibujo esquemático, de cuadrados básicos, de Sol LeWitt cubriendo la parte de la teta de la caja de original. Lo tituló: *LeWitt Covering Tit*. Es curioso que Jonathan escogiese a Sol LeWitt, el artista que guardó una reproducción en chocolate de Patty Oldenburg comprada a Marjorie Strider.

Marjorie Strider moldeaba partes blandas que sobresalían de sus cuadros con chicas en bikini o, también, colgaba un bote de pintura aplastado en la pared. En este caso, la referencia a Pollock es muy evidente: un chorrazo de pintura en la pared. Solo que no es un chorrazo fruto del gesto de lanzar pintura, sino que parece inintencionado, como un auténtico accidente, como si alguien hubiese aplastado o pisado el bote y la pintura chorreante se hubiese quedado ahí, blanda. En el PS1, sus esculturas blandas de colores salían por la fachada del edificio. Recordaba a las de Lynda Benglis. También blandas. En la exposición que en 1974 había anunciado en *Artforum* con una fotografía en la que aparecía desnuda con una enorme polla de látex entre las piernas, mostraba esculturas que parecían piezas metálicas de Richard Serra, Robert Morris o incluso del temible Carl Andre que se hubiesen deshecho, como si las placas metálicas de cualquiera de ellos fuesen de chocolate y que bajo el efecto del calor se hubiesen derretido. Más parecidas aún a las de Marjorie eran las esculturas de su exposición en el mismo espacio unos años antes, en 1970. También son formas blandas, como de algún tipo de plástico o goma de colores. Están en medio de la sala de exposiciones de la galería Paula Cooper, en el número 100 de la calle Prince. También en las esquinas. De nuevo parecen esculturas minimalistas de Carl Andre o de Robert Morris deshechas, fundidas o blandas, como grandes chicles de colores aplastados unos sobre los otros. Son un comentario jocoso sobre el minimal, como la versión pop y desinflada de una escultura de Carl Andre.

Mientras exponía sus esculturas blandas en Paula Cooper, Lynda era la protagonista de «Fling, Dribble and Dip» en las páginas del número de febrero de 1970 de *Life*, un artículo sobre los nuevos artistas que lanzan, chorrean y sumergen pintura en Nueva York. El titular destacaba: «Jóvenes escultores ponen su arte por todo el suelo». Lynda aparece fotografiada de espaldas o tres cuartos, no se le ve la cara. Chorrea pintura sobre el suelo, en una esquina, desde el bote cae un reguero de color naranja, luego amarillo, también hay azul turquesa y rosa. En otras imágenes simplemente mira el resultado, cogiéndose el hombro con la mano contraria y apoyando la otra mano en la cadera. La pose es semejante, pero ahora va vestida, lleva unos pantalones anchos oscuros y un jersey de cuello alto azul oscuro. Es la protagonista del reportaje, ocupa la doble página inicial. Seis fotografías de Lynda trabajando, tirando pintura en un espacio.

No es solo pintura lo que chorrea sobre el suelo. Está mezclada con poliuretano. Así que queda volumétrica, no se expande sino que se va conteniendo y forma una especie de lagos y capas. Unos años más tarde, sus pinturas cogerán aún más volumen, se convertirán en aquellas esculturas blandas, como deshechas por el calor. Pero, a pesar del volumen, ella se considera pintora. Aunque a domicilio. Los primeros años setenta viaja por el país dejando esos rastros de pinturas semiescultóricas tiradas por el piso de diferentes espacios.

–Por el precio de los materiales y el billete de avión dejaba obras en diferentes lugares –recuerda en un reportaje que *Art21* le dedica en 2021.

Ahí habla de que ella se considera básicamente pintora. Mientras aparecen imágenes de sus propuestas y fotos antiguas mostrando esas pinturas sobre el suelo, suena música de jazz. Y recuerdan el uso de su cuerpo, sus movimientos alrededor de las pinturas, bailando.

En la esquina superior izquierda del reportaje sobre artistas que chorrean pintura por el suelo de *Life*, hay una única foto en blanco y negro, más pequeña, que no es de Lynda Benglis. Es una de las fotografías de Jackson Pollock pintando que ilustraban el reportaje que la misma revista *Life* le había dedicado en 1949 preguntándose si Pollock era el mejor pintor americano vivo. Allí aparecía como un James Dean, frontal y desafiante. Pero la foto que ahora recuperaba *Life* es una de las que le había hecho Hans Namuth en su estudio de Long Island pintando y que servían para mostrar, literalmente expresado en el titular, cómo pinta Pollock. Es evidente la relación con el reportaje dedicado a presentar cómo lanzan pintura en el suelo los artistas de los años setenta. Es evidente la relación entre la fotografía de Pollock agachado serio chorreando pintura sobre el suelo y Lynda Benglis dejando caer la pintura desde un bote. Es evidente, consciente, también para Lynda. Su pintura es un comentario sobre la de Pollock. Un comentario irónico en la misma línea que ella desnuda en las páginas de *Artforum* con una polla de plástico entre las piernas lo era sobre la imagen que se desprende, se usa, se tiene, se construye, del artista.

Tuve un sueño metafórico. Peleado con la pizza de la cena que no lograba digerir y peleado obsesivamente con este texto, el sueño era espeso como la cena y como intento que no lo sea esto. Andábamos, iba acompañado, perdidos en coche por un pueblo del interior de la península italiana, en la Emilia-Romaña, cerca de Parma. Para saciar la sed de la pizza había bebido agua de una fuente, después descubría que había un cartel tapado, grafiteado, que avisaba que L'ACQUA NON ERA POTABILE. Volvíamos al coche para buscar agua que fuese potable, la pizza apretaba. Igual que apretaba el acelerador. En un momento dado, en un tramo de curva dentro de un pueblo que coincidía con un desvío, adelantaba con prisa y en maniobra arriesgada a otro vehículo. Lo conducía Lynda Benglis. Esas cosas pasan en los sueños, vas al volante pero puedes reconocer y hablar con otro coche. Yo le pedía disculpas por el adelantamiento, ella simplemente sonreía desde la ventanilla.

Era una sonrisa sincera, entre maliciosa, compasiva y burlesca. Tal vez también reía en las fotografías en las que no mostraba su rostro y que documentaban el reportaje de *Life* mientras vertía cuarenta galones de pintura en las salas de la Universidad de Rhode Island en 1969. Lynda lo explica, en el documental de *Art21*, que entonces se lo pasaba muy bien. Lo suyo no parece sufriente. No parece que padezca, que sea un tormento. Es más bien lúdico, y bonito, juguetón. Parte del comentario sarcástico sobre la pintura de Pollock es que se lo tomase así. Es que no había para tanto.

Tal vez es lo más interesante de Pollock, desde donde hay que leerlo, desde la periferia o los extremos, nada de la centralidad del sujeto expansivo y expresivo, atormentado y configurador de un ego tan complejo como viril. En un reportaje dedicado a la pintura americana, en el número 6 de junio de 1951 de la revista *Art d'Aujourd'Hui*, Michel Seuphor se preguntaba: «Pollock es huraño. ¿Qué cargas serán las que tiene que soportar este pobre hombre? ¿Qué remordimientos le corroen?». Pensar a Pollock desde ahí solo nos lleva a reafirmar el mito de la creación como una cosa eminentemente sufriente y atormentada, masculina y egocéntrica. Poco a poco, si algo intento desbrozar en este camino sinuoso, plagado de pistas, de historias ejemplares que bordean los temas, es que el sujeto creador es otra cosa. O puede ser otra cosa. Una cosa distinta al padecimiento viril ejemplificado en tantos, de los que Pollock solo es un epítome, pero que viene desde Van Gogh a Munch para acabar en Guns N' Roses.

«November rain» fue uno de los mayores éxitos de la banda de rock liderada por Axl Rose. De hecho, el vídeo de casi diez minutos fue el más caro realizado hasta el momento, en 1992, con un presupuesto superior a muchas películas. Está cargado de toneladas de testosterona en forma de cazadoras de cuero, melenas, botas vaqueras, *tattoos* en los brazos, cadenas y guitarras eléctricas. Especialmente la de Slash en un solo en medio del desierto, clavando la base de la guitarra en la bragueta y alzando el mástil hacia el cielo: la guitarra-polla. El vídeo se divide básicamente en dos partes. En la primera relata la boda de Axl con la modelo Stephanie Seymour. Entre medio se alternan imágenes que son recuerdos de la banda en un bar formando una confraternidad masculina, bebiendo whisky, compartiendo cigarrillos, todo el mundo fuma, y risas. Un escenario prototípico de estructura heteropatriarcal sin la más mínima fisura. Los músicos de rock como paradigma dc virilidad ruda rodeados de las guapas modelos con las que aparentemente comparten camaradería. Podría parecer que las cazadoras de cuero y los *tattoos* contrastan con la normatividad, pero de hecho no, encajan perfectamente: la sonrisa cómplice del cura, el vestido blanco con minifalda de la novia, el novio melenudo ataviado como un pirata, todo reafirma una constante de heteronormalidad a través del amor romántico, la virilidad y la camaradería. Es el epítome del músico de rock como cómplice y artífice de un retorno conservador de las costumbres.

La segunda parte del vídeo se inicia tras el final abrupto del banquete nupcial, interrumpido por una tormenta. A continuación, el tema se vuelve más sereno, más hondo, más grave, y lo que era una ceremonia nupcial se convierte en un funeral. La novia aparece en un féretro. En la imagen del féretro se ve claramente la cara dividida por un espejo, es decir, un espejo recorre verticalmente la mitad de su rostro, de tal manera que da la impresión de que vemos la cara entera cuando en realidad está tapando una mitad. Una práctica que se lleva a cabo cuando una parte de la cabeza de la persona muerta ha quedado desfigurada, irreconstituible, puede ser por causa de un accidente o por un disparo en la sien fruto de un suicidio. Dos imágenes del vídeo sugieren esa posibilidad: Axl caminando entre la lluvia y pasando por el cartel de una tienda que anuncia armas, GUNS; y un plano de la cara de Stephanie Seymour subida al coche nupcial pero con un rictus de tristeza o preocupación, como si le pesase la potencia de la situación, el estar con una estrella del rock'n'roll o como si estuviese inundada por cierta languidez o debilidad. Languidez o debilidad que se reconstruye en forma de creatividad en Axl. Todo ese sufrimiento sirve para su yo creativo, para que, en las noches de insomnio, aderezadas de whisky, somníferos y cigarrillos en los que queda al acecho de sus propios fantasmas, escudriñando sus propios sufrimientos, sea donde encuentra las semillas de la creación. Así lo evidencia el inicio y el final del vídeo, con Axl yéndose a dormir solo y despertándose en medio de la noche, lo que viene a sugerir que todo es un pesadilla o pasto para el majestuoso espectáculo de rock'n'roll, cuero, guitarras, romanticismo, cigarrillos, whisky, fraternidad y romanticismo que *November rain* ofrece. «Nada dura para siempre, incluso la fría lluvia de noviembre» es el estribillo final de la canción. Ante tal tesitura, no es de extrañar que a Stephanie Seymour le quedasen pocas opciones.

En el centro del autor atormentado está el sacrificio. El de Axl Rose sufriendo para poder crear, el de Van Gogh padeciendo, el de Munch angustiado o el de Pollock.

El del propio Pollock chocando borracho su coche contra un árbol y llevándose por delante a Edith Metzger, que lo acompañaba. Un accidente brutal. También viajaba Ruth

Kligman, que quedó herida, que se recuperó, que luego fue amiga de Andy Warhol. Robert Mapplethorpe la fotografió en 1972, cuando tenía cuarenta y dos años, más de quince años después del accidente. Aparece empoderada, con media melena y varios collares, mira directamente a cámara con una sonrisa entre irónica y maliciosa. Una sonrisa que denota muchos kilómetros recorridos, es fascinante, una de esas imágenes que Mapplethorpe sabía conseguir colocando a las personas con autoridad.

Ruth Kligman guardó un pequeño lienzo con una mancha negra y un chorreo de pintura roja sobre un fondo de aluminio que ella juraba que había sido la última obra de Pollock. Lee Krasner, la mujer del pintor, nunca la autentificó. Como si aquello no fuese un Pollock, sino una copia, solo un cuadro a lo Pollock. Incluso en 2012, cuando se subastó, se le asignó la coletilla «Attributed to Jackson Pollock». Un año más tarde, el cuadro se sometió a un examen forense. El investigador forense Nicholas Petraco lo escudriñó, buscó ADN, encontró un pelo de Pollock. Nada determinante para salvar la distancia entre cincuenta mil dólares y cin cuenta millones de dólares, la distancia entre si es atribuido o si es Pollock. Pero parece a todas luces un Pollock. Pequeño y hasta más interesante que otros, con ese aluminio que refleja y contrasta con el chorreo rojo y que habla de la relación entre Pollock y Ruth, obviamente él veinte años mayor que ella.

Dos versiones en disputa. Ruth dice que Pollock le regaló un cuadrito pequeño y raro que ella guardó como recuerdo. La otra versión vendría a afirmar que en realidad Ruth en algún momento se puso a hacer de Pollock, que cogió sus cosas, trasteó por ahí, pilló un trozo de tela, lanzó aluminio, luego pintura negra y pintura roja. La imagen tiene mucho de paternalismo, como si él hubiese dejado jugar en una esquina del estudio a la novia jovencita estudiante de arte. Jugar a ser mayor, jugar a hacer cuadros, jugar a ser Pollock, a pintar como un artista, jugar a ser artista.

En 1994, Luis Felipe Ortega y Daniel Guzmán jugaron también a ser artistas. En realidad, eran dos estudiantes de la Escuela Nacional de Artes Plásticas en México D. F. Con otros artistas, estudiantes y amigos se reunían en un edificio abandonado en el número 44 de la calle Temístocles de la colonia Polanco, uno de los barrios bien de la ciudad, un barrio «fresa». Ahora ese espacio lo ocupa un edificio de apartamentos. Entonces se convirtió en un lugar en el que compartir experiencias, realizar las primeras exposiciones y los primeros proyectos de comisariado. Allí presentaron y filmaron el vídeo *Remake* en 1994. En él repetían algunas performances de artistas de California de los años setenta y añadían un par de cosecha propia. *Boca* era la aportación de Daniel Guzmán. Se aplastaba la boca con un vidrio. Se parecía mucho a las fotografías de Ana Mendieta con su cara aplastada. Pero podía ser una coincidencia. Podría ser que entonces no tuviesen la referencia de Ana Mendieta. O que ni siquiera la conociesen. Eran estudiantes. De hecho, nunca habían visto las performances de Bruce Nauman, Chris Burden o Paul McCarthy que reproducían en *Remake*. No había YouTube ni UbuWeb, internet estaba en sus inicios, y sus únicas referencias sobre aquellas performances que tanto les impresionaban estaban en los catálogos de exposiciones y en los textos que las explicaban. En realidad, Luis Felipe Ortega y Daniel Guzmán repitieron acciones que nunca habían visto, que desconocían, simplemente las imaginaron.

De la misma manera, los artistas japoneses del grupo Gutai imaginaron cómo debía ser un Pollock. Y pensaron: ¿para qué hacerlo en un estudio solitario si se puede hacer en público? De hecho, parece tener más sentido evidenciar la cualidad performática del trabajo con la pintura, como lo hacían las fotografías de Namuth o las de Lynda Benglis lanzando pintura. Mucho antes que ella, en Japón, es lo que hacía Kazuo Shiraga en sus performances: en medio de una tela, embadurnado en pintura chorreante, aplicándola con palos, pinceles, colgado de una cuerda resbalando con los pies, saltando, con algunos asistentes alrededor. Eran una forma de exteriorizar males, de ser lúdico. En el fondo, en las imágenes en las que aparece pintando se le ve disfrutando, es algo que no tiene que ver con una terapia de sufrimiento, sino que hay cierto gozo. Lo importante no es el fin, como asumía Greenberg sobre Pollock, sino el proceso. Otra vez esos malentendidos que forman parte del núcleo del pensamiento en arte. Soluciones que surgen en formas que parecen girarse y desmentirse a sí mismas.

Nada queda del sujeto en las pinturas también a lo Pollock de Akira Kanayama. En 1957, denominaba a sus cuadros *Remote-control painting*. De nuevo un título descriptivo: las pinturas eran realizadas por maquinitas manejadas por el artista por control remoto. El resultado: dripping y all-over. Cuadros hechos con chorretones de pintura. Pero sin gesto, sin sujeto, sin sufrimiento ni emoción. Todo programado. Como la *soirée*-performance de Yves Klein *Anthropométries de l'Époque Bleue*: los cuerpos untados de color azul son colocados meticulosamente en los grandes lienzos blancos, apoyados en la pared que Klein no toca, no pinta, es el director de orquesta, da instrucciones, este cuerpo más aquí, en esta posición, ahora. También parece un ejercicio muy técnico cuando pinta con fuego. Es 1961, está en el Centre d'Essais de Gaz de France, como siempre trajeado, sin americana pero con chaleco y pajarita, está sudoroso, el brazo izquierdo está protegido por una funda de cuero en la que apoya un enorme soplete. Con él pinta una serie de cartones, con fuego. A su izquierda le acompaña un bombero con una manguera para asegurarse de que no haya ningún accidente en el proceso. La técnica inicial es sencilla, simplemente moja el cartón, esa parte quedará menos afectada por el fuego. Luego añadirá colores, azul, IKB (International Klein Blue), antes y después, sobre un fondo que quedará rosa y dorado fruto de la resina sintética quemada que antes aplica sobre el cartón.

Esas pinturas de Yves Klein tienen una cualidad visual impresionante. El dorado, el rosáceo, el azul, los marrones y negros parecen vibrar, son atrayentes y en la superposición de colores y latencia podrían recordar la sensibilidad pictórica en estado puro que buscaba Klein con el tipo de sensibilidad que buscaba Mark Rothko con sus azules y negros, los naranjas y amarillos o incluso aquellos marrones que Francis Bacon detestaba. Había hablado de que detestaba los marrones sucios. Es de imaginar que como de tierra, polvo o maderas viejas, no pulidas, como ese tipo de suelos de casas antiguas o de antiguos talleres. El de Ignasi Aballí en Barcelona, escondido en la calle Joaquim Costa, en el primer piso de un antiguo edificio de talleres, es así. Parece que al pisar vaya a moverse todo el edificio. El amplio ventanal, con aquellos vidrios sobre los que había hecho moldes de cartón que pintaba la luz del Sol en el tejado, inunda todo el espacio de luz. A veces se ven volar las partículas de polvo en un espacio que no se ha limpiado nunca. No es tanto por falta de higiene como por imposibilidad. Las mesas con recortes de trabajo permanecen impolutas, en el suelo de madera va filtrándose el polvo, de la misma manera que cae el del piso de arriba. Sucede en las casas antiguas, siempre cae polvo de las vigas de madera y de las grietas de los techos. En el suelo del estudio de Ignasi Aballí, la madera vieja, en tablones rectangulares, oscura y desgastada, está llena de chorretones de resina y fibra de vidrio negros. Son los restos de cuando en los años ochenta Jaume Plensa ocupó ese mismo taller. Es muy tentador decir que son los Plensa más interesantes, por lo menos serían sus obras menos petulantes. Sus rastros. La periferia. Pero recuerdan el suelo con restos de pintura de Pollock protegido durante años por un linóleo en el estudio que compartió con Lee Krasner. También por el volumen, por quedar como manchas no diluidas en la madera, sino superpuestas como capas de pintura negra o plastilina o petróleo, recuerda a las de Lynda Benglis. E incluso también recuerda una de las fotografías de la primera vez en la que Lawrence Weiner realizó *Gloss White Lacquer, Sprayed for 2 minutes at 40Lb Pressure Directly* en 1968, no hace falta señalarlo, un título descriptivo: pintura blanca brillante, rociada durante 2 minutos. La fotografía es en blanco y negro, se distinguen las placas de madera del suelo y una mancha más brillante en el medio, que debía ser blanca. Cabe imaginarse a Lawrence como en otras fotografías que documentaban sus acciones de la época, ya con barba, no tan larga como luego le será característica, siempre con un cigarrillo, sin acabar de ocultar la sonrisa maliciosa que asoma en el brillo de sus ojos. Alto y desgarbado, agachado durante dos minutos enfocando un bote de pintura en espray contra el suelo, en una posición encorvada que reconocemos como las de la acción del dripping, pero estático, inmóvil. Acabaría y se encendería un cigarrillo y ya está. En múltiples entrevistas aparece liándose un pitillo que a lo largo de los años han ido dejando un cerco amarillo y amarronado en el contorno de su boca, en los pelos del bigote, mientras suena una voz parsimoniosa, profunda, ronca, también por el efecto de los años de tabaquismo.

El año 1968 fue importante para Lawrence Weiner. En primavera, Seth Siegelaub le invita a exponer con Carl Andre y Robert Barry en el Windham College de Vermont. En la universidad no hay espacio de exposiciones, así que los artistas buscan cómo apropiarse de algún lugar para hacer una propuesta, un *site-specific*. Lawrence intenta hacer una obra minimalista. Benjamin Buchloh, en un emotivo artículo con motivo de la muerte del artista en *Artforum* en 2021, la describe, de hecho no necesita hacerlo, simplemente escribe su título: «Una serie de estacas colocadas en el suelo a intervalos regulares para formar un rectángulo colgado de estaca a estaca para marcar en una rejilla un rectángulo sustraído». Pero sí que relata la situación. Cómo contrastan sus estacas y cuerdas con las maderas, piedras y el metal de la escultura «seria» minimalista de Andre, destaca Buchloh. Pero la propuesta de Lawrence dura poco: unos estudiantes la vandalizan y destrozan. Cabe imaginar el cuerpo desgarbado de Lawrence enfundado en una gabardina no muy nueva, con su barba larga y el cigarrillo colgando, esbozando una sonrisa de qué le vamos a hacer. De hecho, es así de literal, esa experiencia es muy útil, porque decide que da igual, que la obra es su descripción, una *sentence*, una frase, un título y luego su construcción o no, su continuidad ya depende de otras cosas –«ce sont les regardeurs que font les tableaux», diría Marcel Duchamp–. Y es entonces cuando deja una de sus más importantes sentencias:

STATEMENT OF INTENT
1. THE ARTIST MAY CONSTRUCT THE PIECE
2. THE PIECE MAY BE FABRICATED
3. THE PIECE MAY NOT BE BUILT

Un intento de declaración con tres puntos: «el artista puede hacer la obra»; «la obra puede ser fabricada» sería la traducción literal, pero en este caso, es más indicada la traducción habitual en el sentido figurado de *fabricated*, «la obra puede ser inventada»; y «la obra no necesita ser construida».

Así que, es igual si la fotografía en blanco y negro de una mancha de pintura que podría ser blanca o no sobre un suelo de madera fue la primera que realizó Lawrence. De hecho, cualquiera puede repetirla, o no. Basta con que sea inventada, pensada, ideada, que exista en la cabeza. Las manchas de Lawrence, las del estudio de Ignasi, las de un juguetito japonés controlado a distancia, las de Lynda, las manchas rojas y negras sobre un fondo plateado que lo parecen pero solo son atribuidas, todas son semejantes. Aunque cada una tiene su historia.

–¡Quiero crear, crear ahora, crear belleza, crear algo! ¡Crear algo que tenga que ver con nosotros, con ahora, que haga pensar en las bombas! –grita Niki de Saint Phalle, es enfática. La palabra *bomba* como una onomatopeya abre paso a pura energía desbocada–. ¡Y que todo explote y que sea el fin del mundo! –Y para acompañar ese fin del mundo hace un gesto con los brazos, abriéndolos y tirando la cabeza hacia atrás, como si el cuerpo explotase.

Niki explota así en un vídeo entre las piezas y otros documentos de su exposición en el Grand Palais de París en 2014. Ella no se pudo pasear como Francis Bacon por esas salas, había muerto en 2002. Pero, de alguna manera, toda la exposición está llena de su vitalidad. La vitalidad o la energía de Niki es uno de sus rasgos distintivos. Habla en un tono alto. No tiene problemas para enfrentarse a un entrevistador cuando cuestiona su trabajo por ser feminista:

–¡Ah! Es usted uno de esos antifeministas –exclama a Roger Kahane en 1965.

Por lo demás, no pierde la sonrisa. Es asertiva, explosiva, enfática y simpática. Siempre. En todos sus vídeos. Extraordinariamente atractiva, con ojos expresivos y enormes.

No solo ella es excesiva, enfática, comunicativa, vital. Su trabajo también. Durante el verano de 1966, *Hon* ocupó la entrada del Moderna Museet de Estocolmo. Una escultura de veintiocho metros de largo, nueve de ancho y seis de alto, que reproduce el cuerpo de una mujer tumbada, llena de colores, con las piernas abiertas y dejando entrada para que cualquiera pudiese introducirse. Algo así como entrar en *El origen del mundo* de Courbet o en el maniquí patiabierto de Duchamp en *Étant donnés* y transitar por el interior de ese cuerpo y poder recorrer cada una de sus partes como un espacio lúdico diferente: una escultura móvil de Jean Tinguely nada más entrar a través de la vagina; un acuario con peces tropicales; un rincón para enamorados con micrófonos ocultos que transmitían las conversaciones íntimas al bar que estaba en el pecho derecho, mientras que en el izquierdo había instalado un planetario; en una de las piernas un enorme tobogán para los niños; en la otra, una exposición con falsos cuadros de Paul Klee y Jackson Pollock.

Pero Niki no lanzaba pintura ni se agachaba sobre la tela dejando que chorrease, ella es más expeditiva. Ella la revienta. Unos años antes de exponer su primera gran mujer en Estocolmo, en 1961, en el mismo museo participa en la exposición *Movement in art*, comisariada por Pontus Hultén con más de ochenta artistas participantes. Un momento. Ese es un lugar icónico en la recepción de la obra de Marcel Duchamp. Ulf Linde, director del museo, es el primero no perteneciente al contexto próximo de Marcel en interesarse por su obra, en interesarse por qué ha pasado ahí, en ese artista que se había quedado al margen. Ulf Linde prepara para la exposición la primera réplica de *El gran vidrio*, también una réplica de la rueda de bicicleta y la máquina *Rotative plaques de verre* que una vez estalló en el estudio de Duchamp y lanzó cristales por toda la habitación. *Movement in art* no es una exposición dedicada a Marcel Duchamp, pero este es el detonante sobre el que gira la exposición, que busca reivindicarlo en el contexto de las prácticas artísticas de los años sesenta.

Durante los días de montaje, Niki de Saint Phalle ha encontrado una gran tela por los almacenes del museo. Para el día de la inauguración la extiende en el hall principal, dispone unas bolsas con pintura y lo tapa todo con un gran plástico. Más tarde, ahora sí durante la inauguración, Robert Rauschenberg y ella bailan sobre el plástico mientras las bolsas de pintura van reventándose. Es puro gesto, movimiento dentro del cuadro, baile, risas, fiesta, en algún momento se tropiezan, se aguantan, caen sobre la tela... Al final, el resultado es una tela de cuatro metros por dos, como un gran dripping, tan grande como uno de los mayores de Pollock, pero mucho más lúdico. Han quedado algunos chorretones de color azul y amarillo, pero sobre todo se ven manchas como explosiones de más azul, amarillo, naranja y rojo. Algunos de los rayajos son también debidos a que al final de la noche Rauschenberg ha querido añadir un toque más a la pintura. La ha sacado fuera del museo, a la calle Djurgården, sobre el asfalto, para que algunos coches pasen por encima.

El miércoles 17 de mayo de 1961, Niki estaba bailando sobre una tela aplastando bolsas de pintura en Estocolmo. Un mes más tarde, el 20 de junio, está en París. De nuevo acompañada de Robert Rauschenberg y Jean Tinguely, en el teatro de la embajada de Estados Unidos. Ha colgado una madera vertical en la que hay algunos objetos enganchados: un hacha, una zapatilla, lo que podría ser un trozo de una palangana o urinal, una pistola de juguete... todos están pintados y encalados en blanco. Es una pintura blanca impoluta con objetos enganchados y en la parte superior una serie de bolsas llenas de pintura. Niki ha contratado a un francotirador, que va disparando a las bolsas y provoca que revienten y la pintura explote y chorree sobre la madera blanca y los objetos. El MoMA de Nueva York guarda el cuadro alargado con bolsas arrugadas en la parte superior y chorretones de pintura que recorren los objetos.

En el cartel que anuncia la exposición de Niki en el Grand Palais en París en 2014, su nombre está escrito con una tipografía punteada de rosa palo que recuerda a los carteles luminosos. Pero, sobre todo, en el centro aparece ella apuntándonos con un fusil, guiñando un ojo, la melena pelirroja. El Grand Palais ha preparado también un vídeo promocional de la exposición, aparece su nieta, directora de la Niki Charitable Art Foundation. El vídeo está dedicado a los disparos. Ahora ya será siempre Niki quien dispare. Sobre cuadros con símbolos políticos, símbolos religiosos, el papa, objetos, lo que sea, en cuadros grandes, montando un escenario como un retablo, en el exterior, siempre encalados y blancos, con botes de pintura en espray de colores, no como la de Lawrence Weiner, y bolsas de colores incrustadas, rodeada de público. Niki carga una escopeta. Sonríe. Y dispara contra la pintura que explota. Va vestida de blanco. Y lleva un corte de pelo recto de media melena. Por la sonrisa, especialmente por una risotada amplia final en uno de los vídeos en los que dispara, por la violencia del acto y por sus rasgos de ojos grandes y boca abierta me recuerda a Uma Thurman en *Kill Bill.*

Niki no evita aclarar que es un acto violento, que disfruta, que está aniquilando la pintura, disparando contra representaciones de cosas que en su mayoría tienen que ver con violencia: «Al disparar, disparo sobre la sociedad y sus injusticias, al disparar con violencia, disparo contra la violencia de los tiempos» es la sentencia inicial con la que arranca el documental sobre los tiros de Niki de Saint Phalle del Grand Palais.

Una violencia que contrasta con todas aquellas esculturas de madres sobre las que los niños juegan, se deslizan en un tobogán por la pierna, entran en la vagina y se encuentran con un móvil de Tinguely y luego una pecera. También en parques. En Garavicchio, Italia, lleno de construcciones en las que penetrar, subir escaleras, deslizarse por rampas... En muchas esculturas que el MoMA reúne en una exposición en el PS1 en 2021: *Niki de Saint Phalle: Structures for Life*. También están los globos. El museo de Nueva York ha recuperado un vídeo de los años setenta en el que Niki, vestida toda de negro con un pañuelo también negro en la cabeza, se presenta en un inglés impecable con un ligero acento francés, dice su nombre, que es artista, que nació en París y muestra sus *Nana Balloons*, algo así como sus globos niñas o abuelas, depende de si la traducción se hace desde el francés o desde el inglés. Son globos con forma de mujeres. Ella está envuelta entre ellas, con los cuerpos muy sonrosados, las piernas y los brazos abiertos, algunas con bañadores de colores, con un corazón en un pecho, otras con bragas y más corazones verdes. De nuevo, a Niki se la ve divertida, lúdica. Dice que ha tenido dos razones para hacer las *Nana Balloons*. La primera, hacer un objeto para todo el mundo, un objeto de arte que todo el mundo pueda tener. Y la segunda razón, es que quería ser millonaria. Pero no millonaria sin ningún objetivo, para tumbarse a la bartola. Tener mucho dinero le servirá para poder hacer muchos más proyectos artísticos. Esa es la clave. Ser artista todo el tiempo, aprovechar para ser creativa, es lo que gritaba en el vídeo del Grand Palais, «¡quiero crear!». También como forma de resistencia:

–Los hombres han inventado muchas cosas, muchas máquinas, han inventado la era industrial, pero no han sabido como hacer el mundo mejor. –Siempre con buen tono, apoyada cn un banco en Central Park durante una entrevista.

Frente a ellos, muñecas voladoras.

–¡Y este sería el fin de la pintura! –exclamó Andy Warhol mientras abría una de las ventanas de la galería Castelli en la cuarta planta del número 77 de la calle Cuatro Este y dejaba escapar una de sus nubes plateadas infladas en helio.

Lo recuerda Kenneth Brummel, comisario de su exposición en Ontario en 2021. Estaba allí en 1966 y vio como Warhol abría la ventana y dejaba escapar uno de los muchos globos que ocupaban el espacio. Eran globos que formaban nubes rectangulares hechas con un material laminado plateado, que había sido ensamblado en su Factory, la Silver Factory. Estaban rellenos de helio, así que flotaban y volaban por el espacio lentamente, como almohadas plateadas ondeando sutilmente y reaccionando a los pequeños empujones y golpes de los asistentes. Son lúdicos, puro jolgorio infantil. Tienen un problema, solo aguantan unos días inflados. Algunos solo un día, otros llegan hasta siete. Leo Castelli ha hecho todos los esfuerzos para que sean vendibles, como ofrecer las cargas de helio gratuitas, pero no, con las nubes de Warhol ninguno de los dos se hará millonario.

Warhol había ganado ya mucho dinero y era reconocido, pero como ilustrador para el *Harper's Magazine*, no como artista. Eso, ser un ilustrador, no un pintor, y el aspecto de Andy siempre generaron suspicacias. Ese hablar como en susurros que Jean-Noël Liaut en su biografía dice que había copiado de los gestos y ademanes de Jackie Kennedy, la voz Bouvier (el apellido de soltera de Jackie), que hacía que pareciese que flotaba, que no tenía opinión o que no supieses qué opinión tenía sobre las cosas, sus inconsistentes «síes» y «tal vez» y «no sé» o «no tengo nada que decir sobre eso» que inundan sus entrevistas recopiladas en una edición de Kenneth Goldsmith. Y el Warhol amanerado, retraído, el afeminado. Lo señala Stuart Preston, dice que entonces un pintor debía ser rudo, como los expresionistas abstractos. En 1951 quince de los expresionistas abstractos, incluido Pollock, habían aparecido fotografiados como grupo para *Life*. Solo una mujer, Hedda Sterne, subida a una silla al fondo de la imagen. El resto haciendo honor al pie de la fotografía que los señalaba como un grupo irascible: muy muy serios. Robert Rauschenberg y Jasper Johns también posan serios años después. Los dos son altos. Y atentos. Tienen un aire apuesto y juvenil. Son cultos. En una fotografía del estudio que compartían se ve a Rauschenberg sentado en el borde de una gran cama, mira directamente a cámara. El espacio es grande, con suelo de madera, no parece el lugar de trabajo, sino más bien el espacio común que comparten: una cama, un armario, unas estanterías con libros, discos, una planta y un montón de cuadros de otros artistas en la pared. Entre esos objetos hay un secabotellas. Rauschenberg lo había recuperado de la exposición *Art and objet-trouvé* de 1960 en la American Federation For The Arts. Man Ray había enviado unos seis u ocho secabotellas como el que Marcel Duchamp había declarado ready-made en 1914. Se lo habían reclamado para la exposición, su hermana Suzanne, no sabía dónde lo había metido y Man Ray decidió enviar un montón. Lo contaba el propio Robert:

–Estaba cenando con el chico que estaba montando la exposición y me dijo que todas las piezas de la muestra estaban a la venta. Así que salté y dije: «¿Qué pasa con el botellero?» Y él dijo: «Sí, eso está a la venta por tres dólares». Así que lo compré, por supuesto.

Ese mismo año, Jasper Johns compró una de las *Boîte-en-valise* de Marcel Duchamp, las cajas en las que Marcel había reunido sus trabajos en miniatura, como un museo portátil. Y el propio Marcel Duchamp, acompañado de Teeny, visitó el estudio de ambos para entregar la *Boîte* a Jasper. Robert está nervioso. Se lo confiesa a Teeny: no ha podido dormir en toda la noche pensando en la visita y en si sería apropiado o insultante pedirle a Duchamp que firme el botellero:

–Oh, no seas tonto, Bob. Él firmará cualquier cosa –fue la respuesta de Teeny.

Robert le insiste en que, de todas formas, había algo inscrito en la base del botellero. Marcel no lo recuerda. Así que añade: «Impossible de me rappeler la phrase originale M. D./Marcel Duchamp/1960».

Warhol compartía la misma pasión por Marcel Duchamp. Duchamp también era la figura clave para Leo Castelli. Según él, era el artista más importante e influyente de su galería, aunque nunca hubiese expuesto.

Warhol expondría en la galería de Castelli sus nubes plateadas y papeles pintados con vacas. Esa exposición seguía a la de Donald Judd unos meses antes, entre febrero y marzo, en el mismo espacio. Allí, Donald Judd, con el aspecto rudo de un hombre blanco de Misuri, con una poblada barba negra y una abundante mata de pelo, mostraba por primera vez sus cajas metálicas. Esa especie de estanterías que conforman el lenguaje de la escultura minimal: cuadrados metálicos, pulidos, iguales, superpuestos como una escalera o una estantería que puede llevar al infinito, y que resumen la cualidad abstracta de la escultura. Judd está persuadido de la cualidad inmanente y, por lo tanto, superior de la escultura frente a la condición ilustrativa de la pintura.

Esos estantes son los que años más tarde copiará Haim Steinbach para acumular objetos banales y pop. Aunque también Andy se refería a ellos con sus nubes plateadas. Al fin y al cabo, esas nubes eran rectángulos metálicos que Warhol liberaba. Eran un comentario explícito a Donald Judd. Máxime al expresar que eran el fin de la pintura. A ese fin al que Judd se había referido en tantas ocasiones y para el que había usado a Warhol como objeto de mofa. De nuevo, Warhol el ilustrador, Warhol el amanerado, Warhol el simple, Warhol, al que todo el mundo odia.

Y, sin embargo, él abre su casa, la Factory es su casa. La primera, la Silver Factory, está toda forrada de plateado, sin ventilación. Una factoría es un experimento, un lugar en el que invertir todo el dinero que ha ganado como ilustrador y generar proyectos artísticos. «Crear, crear, crear», gritaba Niki. A esa factory le seguirían dos más.

Victor Hugo era asistente de Warhol en la última de ellas, en los años setenta. Es la tercera, ya no se parece a la mítica Silver Factory, sino a unas oficinas. Parte del trabajo de Victor Hugo pasa por visitar los Everard Baths en la calle 28 Oeste y, más abajo en el East Village, los St. Marks Baths. Los chicos se pasean desnudos o en ropa de cuero, rudos con botas y cadenas, como Robert Morris en aquella fotografía que usó para publicitar su exposición. Bob Colacello, que también trabaja en la Factory y es el editor de *Interview*, recuerda The Toilet y sus bañeras y bebederos donde hombres desnudos yacían para que otros hombres desnudos orinaran sobre ellos. Robert Mapplethorpe también frecuenta esos baños. Y recoge modelos que fotografía enfundados en cuero sentados en un sofá uno sobre el otro besándose en la boca, en un primer plano de la bragueta con tachuelas, un tipo con una máscara de cuero con una serpiente pitón rodeándole el cuello... También fotografía a Jim y Tom: es un espacio interior, podría ser un sótano, con una escalera a la izquierda, es gris y oscuro con sombras que tapan las caras de los protagonistas; Tom, con barba, está en cuclillas, echado hacia delante, Jim de pie con pantalones de cuero, las rodillas semiflexionadas, se sujeta la polla mientras mea en la boca abierta de Tom. Ese mismo año 1977 y en aquellos baños, Victor Hugo busca chicos que meen o se corran. Luego le acompañan a la Factory de Warhol. Cuando entra Victor con los chicos, Andy los fotografía, a veces practican sexo allí mismo, Bob Colacello dice que en ocasiones las cosas se les iban de las manos.

También Andy coloca lienzos sobre el suelo o apoyados en la pared cubiertos con pintura de cobre, y mientras está todavía húmeda, los chicos orinan, de tal forma que el amoniaco del pis provoca un efecto químico, la pintura cambia de color hacia el tornasolado, violeta y verde, con una cualidad abstracta. Son Pollocks hechos con pis. Ya no es necesaria la brocha como metáfora del pene goteante, ni el agacharse. Pero el mensaje es distinto. Estos no son los hombres haciendo gala de la virilidad heterosexual de la fotografía de *Life* con todos los expresionistas abstractos. Parece que la literalidad de pintar con la polla marca una frontera con el imaginario del pintor macho y rudo del expresionismo abstracto, a quien le bastaba con hacer de su hombría una metáfora. Warhol no usa metáforas. Es directo.

Para Warhol es importante que no sea él mismo quien mee sobre las pinturas, porque se dejaría llevar por ciertas decisiones estéticas, si lo hacen otros es más casual. En su diario anota el 28 de junio de 1977: «Le dije a Ronnie que no orine cuando se levanta por la mañana, que trate de aguantar hasta que llegue a la oficina, porque toma mucha vitamina B, por lo que el lienzo se vuelve de un color muy bonito cuando es su orina».

No solo pis, también prepara cuadros de corridas sobre lienzos con imprimación. Los títulos son claros y descriptivos: *Oxidation, Piss* y *Cum*. Oxidación, pis y corrida.

Escondida en la *Boîte-en-valise* número 12, Marcel Duchamp guardó semen. Las *Boîte-en-valise* eran aquellas maletas en las que el artista reprodujo sus ready-mades, algunas de sus pinturas, *El gran vidrio* en miniatura y alguna fotografía. Eran un museo portátil. Como las salas de un museo que guardasen la colección dedicada a un solo artista, pero en pequeño y, más importante, multiplicada, es decir, seriada, al alcance de no poca gente. Llegó a realizar 312 entre 1941 y 1966 destinadas a suscriptores (Jasper Johns fue uno de ellos, acudieron a su estudio para hacer la entrega Teeny y Marcel); si hubiese habido más interesados, habría hecho más. Aunque Marcel solo ensambló las veintidós primeras. Después se encargaron otros, entre ellos su amigo Henri-Pierre Roché. Esas veintidós han pasado a tener un tratamiento de edición «deluxe» no solo por estar montadas por él, sino porque además todas incluían un pequeño original de Marcel Duchamp, como un dibujo, por ejemplo. La número 12 de 1946 incorporaba una pequeña tela de satén negro de 21 por 17 centímetros cubierta por un acetato transparente de astralón, de los usados para fotografía, que protegía una extraña forma abstracta con colores anaranjados y blanquecinos, y el título *Paysage fautif*.

En 1989 la Menil Collection de Houston organizó una exposición comisariada por William A. Camfield y titulada *Marcel Duchamp: Fountain*. Allí se expuso por primera vez aquella pequeña pintura abstracta sobre satén negro. Para investigar el material con el que estaba hecha, el departamento de conservación del museo envió el dibujo a los laboratorios del FBI en Houston. El FBI certificó que se trataba de semen.

Eso también era pintar con la polla, sin metáforas, sin brochas gordas descargando pintura agachado. Solo que la pintura de Duchamp era un mensaje privado.

Dalí también había enviado un mensaje privado con semen. Pero a su padre. Después de declarar públicamente que escupía con gusto sobre el retrato de su madre, el 28 de diciembre de 1929, Dalí padre lo desheredó y le prohibió regresar jamás a Figueres. Hay varias versiones: que Dalí hijo le entregó el semen en una botella, en un preservativo o en una carta. Hay que imaginarse al padre de Salvador Dalí abriendo un sobre con un papel dentro doblado enganchado, haciendo un poco de fuerza para despegarlo y encontrarse con una mancha amarillenta y una escueta nota: «Toma. ¡Ya no te debo nada!».

Lo de Dalí siempre tiene ese tono psicoanalítico. Como si hubiese leído *La interpretación de los sueños* de Freud de manera muy literal, como un manual de instrucciones a las que aplicarse. Lo de Duchamp y el semen es distinto. Era, en efecto, un mensaje privado destinado a la poseedora de la *Boîte-en-valise* número 12, Maria Martins, la artista brasileña con la que Marcel mantuvo una relación. En 1946 Maria había regresado a Brasil con su marido mientras que Duchamp estaba solo en Nueva York. A esas alturas, con casi sesenta años, veía su relación acabada. *Paysage fautif* es un último mensaje. Es un paisaje en falta, al que le falta algo, que es fallido, echado a perder... El artista soltero, el que había construido máquinas solteras y reivindicado esa condición *célibataire* como una manera de oponerse a la productividad del mundo capitalista, aquella insistencia en que no hacía nada, podría ser que por un momento aludiese en un peculiar mensaje de amor a su soledad, a que había algo fallido en el desperdicio de una corrida. Y, claro, era una alusión directa a la relación fallida. Pero también, y aunque fuese en un mensaje privado, a la falta, a lo fallido, a lo echado a perder de una abstracción, del hecho tan macho de pintor serio, rotundo, viril, de pintar con la polla. Judith Housez, en la última biografía de Duchamp, habla de su relación con los pintores de la escuela de Nueva York, Rothko, Motherwell, Krasner o, a veces, Pollock, y las sesiones de dibujo automático, psicología junguiana y mitos primitivos a las que se entregaban y de las que Duchamp fue testigo en ocasiones. Escribe sobre cierta incomodidad entre ellos y Duchamp, que la manera de operar desde el instinto de los primeros no encajaba con la reivindicación del azar del segundo como forma de evitar la expresión subjetiva. Y Housez lo relaciona con el supuesto abandono de la práctica artística de Marcel. Todo eso sucede en 1946-1947. El momento en el que Pollock empieza a practicar con el dripping y Duchamp hace un paisaje secreto con una corrida.

Pintar con la polla y pintar con el coño: Shigeko Kubota, *Vagina Painting*. A partir de las nueve de la noche del 4 de junio de 1965 tuvo lugar el Perpetual Fluxus Festival, en la primera sede de la Cinemathèque creada por Jonas Mekas para salvaguardar la producción cinematográfica y videográfica que no pertenece al *mainstream* de la industria, en el número 85 de la calle Cuatro Este de Nueva York, en un semisótano, antigua entrada de servicio, donde actualmente hay un club de la comedia. George Maciunas y Nam June Paik, con el que Shigeko Kubota se casaría en 1977, le insisten para que participe con una performance. Su nombre aparece en el cartel del festival, en el que mezclan diferentes tipografías: una tipo salón de película del Oeste para anunciar el FLUXFEST, después Yoko Ono, «Shigeko Kubota, see vagina painting» y, más abajo, Ben Vautier, que realizará una de sus pinturas espectáculo. Antes Shigeko sale al escenario. Solo unas pocas imágenes documentan la performance. Lleva un vestido (tal vez rojo, las fotografías son en blanco y negro) sin mangas y muy corto. En sus bragas oscuras se ha enganchado una brocha que cuelga entre sus piernas de tal manera que parece que la brocha salga efectivamente de su vagina y vaya a pintar con ella. Flexiona las rodillas y unta la brocha en un cubo de pintura roja (ahí sí que todas las crónicas señalan el color de la pintura). Luego empieza a soltar brochazos sobre el escenario agachándose y moviendo la pelvis. En alguna de las fotografías se la ve en cuclillas con los brazos hacia delante para mantener el equilibrio, el pelo negro y liso le tapa la cara mientras baja la cabeza para observar cómo va la pintura: rayajos y chorreo rojo que parece salir del coño, como si pintase con sangre... como si fuesen fluidos propios, sangre menstrual.

Tres años más tarde, el 10 de marzo de 1968, Shigeko vuela desde Nueva York a Búfalo. Ha colaborado con David Behrman, con el que acaba de casarse, es su primer marido, en la música para el espectáculo *Walkaround Time* de Merce Cunningham. Es un espectáculo basado en *El gran vidrio* de Marcel Duchamp y que ha contado con la colaboración de otros artistas. Jasper Johns ha encerrado los diferentes elementos de *El gran vidrio* en unos cubos rectangulares transparentes que flotan en el espacio, como globos que se mueven durante la coreografía planeada por Cunningham. La *première* tendrá lugar en el teatro del Buffalo State College. Durante el trayecto en avión desde Nueva York en el que viaja Shigeko, una gran tormenta de nieve sobre las cataratas del Niágara obliga a desviar el vuelo al aeropuerto de Rochester, a una hora de Búfalo. En ese avión también viajan Marcel Duchamp y Teeny para acudir al estreno. Durante el desplazamiento hasta Búfalo, Shigeko comparte espacio y conversación con Marcel. Más tarde le fotografiará jugando al ajedrez con John Cage. Y poco más, porque en octubre Marcel muere en su casa de Neuilly-sur-Seine. Pero Shigeko siempre recordará ese encuentro, aquella hora de conversación camino de Búfalo. En su exposición en la galería René Block en 1976 reproducirá la puerta que abría la habitación y cerraba el lavabo al mismo tiempo del apartamento de Duchamp en la rue Larrey. También mostrará una ventana como la de Marcel Duchamp, *Fresh Widow*, pero en lugar del cuero negro pulido que sustituía los cristales en el ready-made duchampiano, Shigeko colocará una pantalla de televisión con nieve. Nieve de la televisión, pero también la nieve que caía sobre la zona de las cataratas del Niágara y que propició un encuentro de una hora entre Duchamp, que había enviado una corrida a su novia, y Shigeko, que había pintado con pintura roja como si fuese sangre menstrual.

No estaría mal como proyecto de comisariado: *Paysage fautif* frente a las fotos de *Vagina Painting*, acompañadas de la *Fresh Widow* de Marcel Duchamp frente a la *Meta-Marcel: Window* de Shigeko Kubota, en una los cristales sustituidos por cuero negro y en la otra sustituidos por una pantalla de televisión con nieve. Esas cuatro piezas podrían ser el detonante para relatar un contexto, una historia, la de un encuentro y la de una coincidencia entre obras que parecen laterales a ambos artistas: la corrida de Duchamp era un secreto, y la *Vagina Painting* no volvió a suceder, ya que Shigeko después se enfocará más en las instalaciones. Quizá anecdótico, como casi todo lo que cuento aquí. También quizá efectivamente podrían usarse como detonante para un proyecto más amplio que pasaría por la recepción de Duchamp en los años sesenta. La influencia tan comentada en Merce Cunningham, Robert Rauschenberg o Jasper Johns. Y en los artistas Fluxus: George Maciunas, Nam June Paik. Y, a partir de ahí, revisar los carteles de los festivales Fluxus, en los que aplastados entre nombres masculinos aparecen Shigeko Kubota o Carolee Schneemann.

En *Arte y performance. Una historia desde la vanguardias hasta la actualidad*, Pedro A. Cruz Sánchez recupera una entrevista a Carolee Schneemann en la que afirma que el Judson Memorial Church de Manhattan, donde presenta *Looseleaf*, era el único espacio que prestaba atención a las artistas. Es la primera vez que ella misma actúa. Los también artistas Mark Brusse y Bruce Conner entran en escena. Se sientan a una mesa con mantel, platos, cubiertos, servilletas, una jarra y velas. Aparece Carolee ataviada con un pequeño delantal. Les sirve agua y pasteles. Se oye una doble grabación superpuesta con la voz de Carolee hablando sobre el cuerpo, la percepción o el medio ambiente. Al principio simplemente les sirve comida. Un muy breve diálogo acompaña el servicio:

–Aquí están sus pasteles.

–Gracias.

Van comiendo con educación, de manera «apropiada». Poco a poco, Mark y Bruce empiezan a prescindir de los cubiertos y a jugar con la comida, a tratar los pasteles como trozos de materia moldeable. Los usan como pintura manchando y rayando, untándoselos por el cuerpo. Cuando la grabación se detiene, paran. Se lavan y se marchan.

Así describía Carolee Schneemann un año más tarde la performance en un texto mecanografiado de una página firmado por ella.

En *Loose leaf* hay acción, hay comida, hay pringue y una extraña relación entre los hombres, que se dejan llevar por instintos y pintan y manchan, y la mujer, que sirve y observa.

Poco más de un mes después, el 2 de marzo del 64, Carolee vuelve a estar en escena. Esta vez solo actúa, participa en una performance de Robert Morris: *Site*. Forma parte de la programación denominada Surplus Dance Theater que tiene lugar en el Stage 73, en la parte alta de la ciudad de Nueva York. Robert Morris va vestido de blanco con una camiseta sin mangas, un pantalón ancho y una máscara que reproduce su propia fisonomía que le ha hecho Jasper Johns. Robert Morris disfrazado de sí mismo: harán falta que pasen diez años para que se disfrace como el protagonista de un bar gay-leather en un juego con Lynda Benglis. Ahora, aquí, en el escenario de ese teatro de la parte alta de Manhattan hay una especie de caja de madera blanca grande. Una voz en off va dando instrucciones. Robert las sigue. Se acerca a la caja. Va retirando los paneles, que son grandes pero puede mover. Al retirarlos desvela el cuerpo desnudo de Carolee. Está reclinada sobre unos cojines con las piernas apoyadas en una estructura que simula un diván. Con una mano cubre levemente su sexo. Mira directamente a la audiencia. En el cuello luce una cinta negra con un lazo. La pose reproduce la del cuadro *Olympia* de Édouard Manet.

En un artículo muy breve de Carolee tras la muerte de Robert Morris en 2018, un año antes de que ella también fallezca, recuerda cómo le propuso participar y transcribe como si fuese un diálogo una conversación de hace cincuenta años:

–Tengo otra idea, tenemos que ir a mi estudio en la calle Canal Street. He construido un pequeño estante como experimento. Probemos: te sientas en este estante mientras muevo una estructura de tablas de cuatro por dos metros y medio que te bloquean la vista. Habrá un momento en el que quitaré estas tablas y revelaré que estás posando como el desnudo de Manet –le propuso Robert.

Mientras Carolee está desnuda como Olympia, Robert mueve los paneles como en una danza. Al final de la performance, la voz en off, muy grave, masculina y profunda, reclama al artista que devuelva los paneles a su lugar. Carolee/Olympia vuelve a quedar encerrada. Hay una serie de fotografías que tomó Hans Namuth durante los ensayos. Namuth está en todas partes y lo fotografía todo. También hay un vídeo en el que la voz de fondo es la de Burroughs.

Víctor del Río García mantiene un bloc en el que publica algunos de los trabajos de sus alumnos de la Universidad de Salamanca. En uno de ellos, Cristina Parellada Bezares reflexiona sobre la performance de Morris. Escribe que sus movimientos emulan el proceso de ejecución de una obra y que es posible que aludan «a las danzas de Pollock». Para ilustrar la afirmación sobre la sombra de Jackson Pollock en la performance de Robert Morris, incluye un peculiar dibujo de este último al carboncillo que formaba parte de la exposición de dibujos del escultor minimalista en el IVAM de Valencia en 2011. En las fotografías que documentan la exposición, Consuelo Ciscar, entonces directora del museo, posa con una americana roja con ribetes blancos y su característico pelo crepado pelirrojo. Al fondo se distingue el dibujo al carboncillo que ilustra el artículo de Cristina Parellada. En primer plano del dibujo de Morris aparece Pollock encorvado metiendo la mano en un bote de pintura tal y como lo retrató Hans Namuth. Y a la izquierda, arriba, oscuro, sobre negro, ha dibujado la escena en la que se ve a Carolee/Olympia y a él mismo transportando un panel. Carolee Schneemann, Robert Morris y Jackson Pollock en la misma escena.

Recuerdo a Carolee Schneemann en Murcia en 2006. Entonces ella tenía sesenta y siete años, yo apenas entraba en la crisis de los cuarenta. Formábamos parte del mismo panel de conferencias organizado por la Universidad de Murcia y el CENDEAC (Centro de Documentación y Estudios Avanzados de Arte Contemporáneo). La habían entrevistado en el periódico de la región *La Verdad*. Era una entrevista convertida en reportaje. Como titular destacaba una declaración de Carolee: «Cuanto más sexo, mucho mejor».

Durante la comida, Miguel Ángel Hernández Navarro, que hacía de anfitrión del evento, le seguía las bromas sobre el escandaloso destacado de la prensa murciana. Por contra, yo me sentía muy cohibido, cortado o apocado. Tal vez Shigeko Kubota también se sintió así al inicio de su encuentro con Marcel Duchamp. Había leído sobre ella todavía como estudiante en el mítico libro de Simón Marchán Fiz *Del arte objetual al arte de concepto*. El libro tenía uno de esos títulos para los que no hace falta un resumen: del arte que hace objetos al arte que trabaja con conceptos. Condensaba en una frase la estrategia que había llevado desde la escultura minimalista hasta la performance. O cómo en la acción de verter pintura sobre el suelo se produce un desplazamiento de la forma de la pintura a la acción. Y, sin embargo, el lenguaje de Marchán Fiz era complicado. Avanzaba ese tipo de escritura de los ochenta y primeros noventa en la crítica de arte en español, muy influenciada por filósofos como Derrida, Deleuze y, más tarde, Baudrillard, que era especialmente retorcida, que en su deseo de precisión y objetividad entraba en un bucle (una cosa rizomática, para usar un término muy en boga y muy de Deleuze) que caracterizó a críticos como Manel Clot. En unas memorias sobre sus primeros años como comisario en Barcelona, Martí Manen ha escrito sobre Manel Clot, recordando algunos encuentros en los que se enfrentaba a aquella especie de voluntad por cerrar en una caja hermenéutica el discurso del arte y la de la nueva crítica, más enfocada a abrirlo comunicativamente.

Pero la gran referencia para unos y otros era José Luis Brea. Sus textos eran distintos. Más aforísticos. La complejidad no estaba en su gramática. Lo rizomático, esa cosa tan de Deleuze, era la manera de pensar, el rodear los temas. Ahí estaba la sofisticación. José Luis quiere ser máquina pensante, y eso exige cierta dificultad, abstrusa. Es su forma de pensar, aquejada por el mal de la filosofía, por el mal de Deleuze, ese mal que Santiago Auserón contaba a Emili Manzano en una entrevista en TV3 mientras recordaba sus clases en Vincennes. Un mal que exige un esfuerzo. El cantante explicaba que ahí es donde encuentra gratificación, en desentrañar el galimatías o, mejor, en entrar en la complejidad, lo que tiene que ver con la necesidad de discurrir y de discutir, esa herencia de Foucault que implica pensar a contrapelo.

José Luis solía tener un gesto concentrado, pensante, que contrastaba con su extrema amabilidad y afabilidad. Así lo recuerdo, sofisticado, de hablar pausado, con un jersey de cuello alto oscuro, muy flaco, tal vez entonces ya estaba enfermo del cáncer que le consumió. Y recuerdo una fina sonrisa y un hablar sincero. Cenábamos en el Dezaseis, a escasos metros del Centro Galego de Arte Contemporánea en Santiago de Compostela, *carne ó caldeiro* y *pulpo graellado*. Allí hablamos de Santiago Auserón y de Deleuze.

Unos días antes, en plena procrastinación, me había topado con un vídeo suyo: de cuando en los años ochenta había aparecido en el programa de la segunda cadena de televisión española *La edad de oro*. Paloma Chamorro, la presentadora y directora, le pregunta por el último videoclip de Radio Futura, el grupo que lideraba Santiago Auserón:

–Quizá mostraría algunas reservas, quizá la primera impresión puede decepcionarte, pero en cuanto lo ves más veces, cualquiera que sea el producto que toque Radio Futura asegura una calidad que lo hace absolutamente interesante. En este caso diría que es bueno y es superinteresante porque no es un videoclip, no tiene ni su lenguaje ni su estructura narrativa de cascada de imágenes. No tiene nada de eso. Es una experimentación narrativa –responde José Luis.

Y empieza el videoclip. Santiago es el cantante solista, su hermano Luis toca bajo eléctrico, Enrique la guitarra, y Solrac la batería, pero en el vídeo aparecen como camareros en un bar nocturno con un gran escenario. No hay nadie más.

Llevan pantalones y camisa negra con tirantes y una pajarita blanca. Luis prepara copas y Enrique juega con un cubilete y unos dados, ambos muy serios, mientras en el centro de la pista, vacía, Santiago y Solrac bailan automáticamente, con gestos espasmódicos. Entran dos chicas bien vestidas, miran el reloj, son las cuatro de la mañana. Les sirven copas, les vierten alguna droga dentro, cruzan las miradas. Caen dormidas, les levantan la falda, les estampan en el culo ESCUELA DE CALOR y las meten, raptan, en una furgoneta. Parece un oscuro *affaire*, aunque la canción no es «Un oscuro affaire», otro de los temas del disco, sino «Escuela de calor». Efectivamente, como decía Brea, hay narrativa.

Cenando con José Luis Brea en Galicia le recordé su participación en *La edad de oro* presentando un vídeo de *Radio Futura.* La conversación cambió de tono. Abandonamos el vaivén sobre la universidad y las conferencias en las que acabábamos de participar y José Luis se volcó a hablar de Santiago Auserón. Explicó que habían sido compañeros en la universidad en Madrid. Recordaba el seminario que Santiago montó a su regreso de París con las notas tomadas en las clases de Deleuze. En un artículo titulado «Los 70 son los 90: algunos recuerdos mezclados» rememoraba aquellos años, hablaba de Santiago Auserón, de Armando Montesinos y de un bar en el que servían tortillas llamado El Figón de Juanita, un punto de reunión después de los seminarios en la plaza Santa Bárbara de Madrid haciendo esquina con la librería Paradox. Armando también escribe sobre El Figón de Juanita en un artículo a propósito de la movida madrileña que dice que se ve obligado a escribir o que se siente forzado a escribir porque no tiene interés en relecturas historicistas. Pero habla, escribe y recuerda, también, la furia. La furia implícita en un lugar que es punto de reunión para «anarquistas y miembros del frente de liberación gay –algunos pegan carteles en la esquina con la librería Paradox–, locutores de radio, jovencísimos punkis con la música en la sangre, cineastas en ciernes, rockeros y modernos». Según Armando, «un oscuro Affaire» que cantaban en uno de los temas de su disco *Radio Futura* y la escena extraña que planteaba el vídeo de «Escuela de calor» respondían a una paranoia, a la psicosis de estársela jugando, a la sensación de que estaban en peligro. Demasiadas veces se ha pensado en los ochenta desde la fiesta, la cosa desinhibida. Sin embargo, pensando en los años ochenta me viene muchas veces a la cabeza la imagen de Debbie Harry de Blondie cantando «Dreaming» subida a un andamio rodeada de gente vestida con ropas de colores, faldas al vuelo, corbatas estrechas sobre camisas amarillas y ella dando saltitos y subiéndose la camisa de seda azul con un escote palabra de honor. Pero los ochenta también son grises como en «Barcelona ciudad», de Loquillo y los Trogloditas, que retrata a una ciudad otoñal, sin luz, fea y sin futuro. Armando recuerda los peligros, las persecuciones y el valor político que tiene salir a la calle con el pelo teñido de colores, acudir a manifestaciones por la libertad sexual o andarse con anarquistas y revolucionarios en el Madrid posfranquista. Lo hace mientras tomamos un café durante la feria ARCO de Madrid hacia 2011. Allí sentados charlando, está más suelto que en el texto de su forzado artículo revisionista, evidentemente, la conversación siempre es más propicia a dejarse ir. Y se fija en los detalles que aparecen como flashazos en la memoria: la mugre, el olor a fritanga aliado al característico suelo lleno de restos, servilletas estrujadas, trozos de comida, palillos o colillas (se fuma en todas partes) que inundan muchos bares de Madrid. Y recuerda una deliciosa tortilla de ajo y perejil en aquel bar de la plaza Santa Bárbara. La que recordaba José Luis era de finas hierbas.

Cuando pienso en José Luis Brea visualizo la portada negra de *Las auras frías*. Pero también recuerdo una tortilla que jamás probé, que no sé si era de finas hierbas o de ajo y perejil. Así como recupero de la memoria aquella imagen del baile espasmódico de Santiago y Solrac en una pista de baile.

Mientras cenábamos una espesa carne cocida y un pulpo lleno de pimentón y aceite en un local tradicional gallego de Santiago de Compostela, descubría que Radio Futura y Deleuze estaban en el mismo cajón. Descubría que el origen de cierto pensamiento complejo en arte, la ruptura con la tradición diletante de la crítica de arte que participó de la eclosión de la pintura en los años ochenta en España, la reivindicación de aquellas «auras frías» sobre las que escribía José Luis Brea a principios de los noventa recuperando el legado de Duchamp, que el origen de todo ello había que buscarlo en Santiago Auserón, en sus apuntes de las clases de Deleuze, en las canciones que había escuchado de Radio Futura. Y en la mugre de un bar lleno de colillas, con olor a fritanga pero que servía unas tortillas que en la memoria de Armando y José Luis seguían siendo deliciosas.

Es extraño, pero también recuerdo comer carne en Murcia sentado a la mesa con Carolee Schneemann y Miguel Ángel Hernández Navarro. Ellos, sin embargo, compartían un arroz marinero. Me parece que Carolee había anunciado que no comía carne. Yo había leído que antes de cualquier tarea que requiera concentración, como en mi caso una charla, nunca hay que comer hidratos de carbono, porque provocan digestiones pesadas, el estómago requiere mucha sangre durante un tiempo prolongado, el cuerpo se abotarga y la cabeza deja de funcionar bien. Y ahí es imprescindible una siesta. Una siesta que, antes de la charla y a pesar de compartir mesa con Miguel Ángel, entonces no podía permitirme. Por contra, la carne roja excita, mantiene alerta, al acecho y despierto. A Carolee, Miguel Ángel y compañía no parecía importarles la cuestión de la digestión. A mí me preocupaba mi charla y al mismo tiempo miraba a Carolee y recordaba dos fotografías de dos de sus performances que tenía muy presentes porque siempre aparecen en los libros de historia de la performance. La primera, *Up to and Including Her Limits* de 1973. Carolee está en el suelo tumbada, recostada sobre su derecha, mantiene un pie sujeto a una especie de arnés y cuerda que cae desde las alturas y lo levanta levemente, el espacio es blanco sin límites, tanto que parece un fotomontaje en el que se haya incrustado el cuerpo de la performer sobre un fondo. Ese fondo blanco está lleno de rayajos y alguna palabra escrita. La web del MoMA de Nueva York recoge una descripción de la acción de la propia Carolee: «Estoy suspendida en un arnés de podador de árboles y una cuerda que puedo subir o bajar para sostenerme mientras dibujo en un estado de trance: mi brazo extendido sostiene lápices con los que recorro las paredes circundantes, formando una telaraña de marcas de colores». También añade que la performance fue «el resultado directo del proceso de pintura física de Pollock». La segunda fotografía que tenía presente y que aparece como un referente en todos los libros de historia de la performance pertenecía a una de sus acciones más conocidas: *Interior Scroll*.

Han invitado a Carolee a participar en el Festival de Cine de Telluride en Colorado, una pequeña ciudad rodeada de una naturaleza majestuosa, bosques, montañas, grandes árboles, nieve, camisas de franela y comidas hipercalóricas. El cartel del festival es curioso, las letras que indican que se trata de la cuarta edición que tendrá lugar entre el 2 y el 5 de septiembre de 1977 en la Sheridan Opera House de la ciudad en realidad tapan el cuerpo dibujado de un hombre que se abre la gabardina como un exhibicionista. Además, parece que el cartel quiera reproducir el movimiento del hombre al repetir la figura cuatro veces, como desde el arranque de abrirse la ropa, que de hecho se inicia desde un letrero con la palabra SHOW en mayúsculas, como si fuese un cartel. ¿Quién sabe lo que le pasó por la cabeza a Carolee al verlo? Tal vez se acordó de VALIE EXPORT y su *Tapp und Tastfilm* unos años antes en Viena, Múnich, Londres y otras tantas ciudades europeas, participando también en un festival de cine, y esperando al público en el exterior con una gabardina que tapaba una caja en la que cualquiera podía introducir las manos y tocarle las tetas durante un minuto. Tal vez pensó en lo lejos que estaba el cartel de un hombre exhibicionista de la propuesta de una performer que se enfrentaba a la sexualidad reprimida de la sociedad heteropatriarcal. Tal vez lo pensó todo más tarde, o el cartel fue el detonante inconsciente para ella también de exhibirse en un escenario de confrontación y repetir *Interior Scroll*, que solo había llevado a cabo en una ocasión, tres años antes, lejos en Nueva York. Porque en realidad no estaba allí para hacer la performance. Lo pensó en el último momento. Antes había evaluado si salir corriendo de allí, si volverse a Nueva York tras comprobar que sus películas y por las que había sido invitada, *Fuses* y *Meat Joy*, habían sido incluidas en una sección del festival titulada «The Erotic Woman». Nada más lejos de las intenciones de Carolee que ser leída o consumida en términos de erotismo. Su trabajo está en la misma línea de confrontación, de empoderamiento, de reivindicación de la propia sexualidad que los trabajos de VALIE EXPORT.

Yves Klein había salido huyendo de Cannes cuando vio sus *Anthropométries* acompañadas de la sinfonía *Monotone* convertidas en algo entre el chiste y el erotismo blando en *Mondo cane*, una película sobre rarezas del mundo. En el Festival de Cine de Telluride, Carolee Schneemann, decepcionada por la invitación, no huye, se queda. Decide hacer *Interior Scroll.* Y así, según declara más tarde, dar un giro a esa mujer erótica que anuncia la sección, para no ser objeto sino sujeto: una mujer erótica que puede ser «primitiva, devoradora, insaciable, clínica, obscena; o directa, valiente, integral» explica en la publicación que recoge todos sus escritos, *More Than Meat Joy*.

También ahí explica el desarrollo de la performance y algunas de sus claves.

Carolee se acerca a una mesa larga envuelta en una sábana y se sube. Después aclara al público que leerá fragmentos de su libro *Cézanne, She Was A Great Painter*, publicado un año antes. Deja caer la sábana, solo lleva puesto un delantal, y se aplica brochazos de pintura oscura en la cara y el cuerpo. Sostiene el libro en una mano y lee trozos arrodillada, tumbada, a cuatro patas. Dice que son «posturas de acción» y «de modelo de vida». Luego se quita el delantal y lentamente saca un papel delgado de su vagina. Carolee escribe:

> La imagen de sacar una fuente de conocimiento del interior de mi cuerpo, de mi otra «boca», se originó en un sueño. Pensé en la vagina de muchas maneras, física y conceptualmente: como una forma escultórica, un referente arquitectónico, la fuente del conocimiento sagrado, el éxtasis, el paso del nacimiento, la transformación. Vi la vagina como una cámara translúcida de la que la serpiente era un modelo exterior: animada por su paso de lo visible a lo invisible, una espiral enroscada con la forma del deseo y los misterios generativos, atributos de los poderes sexuales tanto femeninos como masculinos. Esta fuente de «conocimiento interior» se simbolizaría como el índice primario que une el espíritu y la carne... la fuente de conceptualización, de interacción con los materiales, de imaginar el mundo y componer sus imágenes. El mensaje leído del *scroll* es de mi film *Kitch's Last Meal.*

Esa película de la que habla relataba una conversación con lo que llama «un cineasta estructuralista» en la que la artista contrapone la intuición y los procesos corporales, tradicionalmente asociados con la mujer, a las nociones de orden y racionalidad, tradicionalmente masculinas.

El texto aparece reproducido con letra mayúscula mecanografiada en un díptico color sepia en el que destacan dos fotos centrales de Carolee desnuda extrayendo el papel y leyendo:

> Encontré un hombre feliz
> un cineasta estructuralista dice
> eres encantadora
> pero no nos pidas que veamos tus películas
> no podemos
> hay ciertas películas
> que no podemos ver
> por el caos personal
> por la persistencia de los sentimientos
> por la sensibilidad manual
> por la indulgencia diarística
> por el desorden pictórico
> por la densa Gestalt
> por sus técnicas primitivas.

Parecía que ese «cineasta estructuralista» era Anthony McCall, que entonces era amante de Carolee y que realizaba unos *Solid Light Films*, películas que proyectaban luces fijas configurando formas abstractas en el espacio. Aunque en 1988, en una entrevista con Scott MacDonald, Carolee Schneemann confiesa que en realidad ese texto poco tenía que ver con su examante y que era una carta:

–Es una doble invención y una transmutación: no está dirigida a un hombre, sino que es una carta dirigida a una mujer. Pertenece a una carta secreta enviada a la crítica Annette Michelson, hecha con citas de sus estudiantes. –Entonces Annette Michelson acababa de dejar la redacción de *Artforum* a raíz de la publicación de aquella fotografía en la que Lynda Benglis aparecía con el cuerpo untado en aceite, las rodillas flexionadas y una gran polla de plástico que emergía de su entrepierna–. Parece que Annette Michelson tampoco podía ver mis películas. Después de muchos años diciendo que quería verlas y que estaba muy interesada, se quedó dormida durante mi proyección. Se lo comenté a un amigo que era estudiante suyo, le dije que me sorprendía que no hubiera aguantado. Quiero decir, hay muchas películas que no soporto, pero si fuera crítica, creo que tendría que hacerlo.

El texto es diferente en un vídeo de 1995 que lleva por título *Interior Scroll: The Cave* y documenta la acción repetida dos décadas después. En esta ocasión la acompañan siete mujeres. Sacan textos enrollados de sus vaginas. Hay primeros planos mostrando el movimiento de los labios menores de alguna de las participantes. El vídeo, en color, casi podríamos decir que en color rosado, que destaca durante los casi diez minutos de duración, es confuso, como un collage, se mezclan las imágenes, se parece a otros de sus filmes, como *Fuses* o *Meat Joy*.

También hay una serie de trece fotografías realizadas por Anthony McCall en 1975, la primera vez que presentó la performance, y dos de ellas ilustran el díptico que reproduce su texto. Aparece Carolee desnuda subida a una mesa. También a cuatro patas leyendo. Tiene el cuerpo pintado con brochazos que enmarcan su cara, los brazos, las costillas... En algunas de las fotografías tiene las rodillas semiflexionadas y extrae una tira de papel de su coño que lleva hasta delante de su mirada y lee. Las fotografías documentan la acción, son las únicas que se conservan, pero son previas a la presentación, no hay público, en una de ellas se distingue a tres tipos sujetando cámaras delante de ella durante el ensayo. Como en las fotos con Robert Morris: primero Carolee realiza el ensayo y lo fotografía, luego hace la performance.

Estrena *Interior Scroll* en el contexto de la exposición *Women Here and Now*, organizada por la asociación Woman

Artists Filmakers en Ashawagh Hall, un *community space* en East Hampton, a casi tres horas en coche del centro de Manhattan. Ella aparece encabezando el cartel de la muestra anunciando que hará la performance el viernes 29 de agosto, a las ocho de la tarde, cuando el calor del agosto va sofocándose con las suaves brisas húmedas del Atlántico que soplan en las costas de East Hampton. Joan Semmel expone unos cuadros que muestran grandes desnudos femeninos. También es la comisaria de la exposición, que incluye las pinturas blandas de Lynda Benglis o cuadros de Elaine de Kooning. Elaine conoce bien el espacio. Está a medio camino entre el estudio que desde principios de los sesenta comparte con Willem de Kooning y el estudio y vivienda de Lee Krasner y Jackson Pollock. En plena área natural de East Hampton en el estado de Nueva York, Ashawagh Hall está a solo cuatro minutos caminando de aquel estudio que cubría con un linóleo las huellas de la pintura de Pollock. Allí, Carolee se untó el cuerpo de pintura y sacó un papel enrollado de su interior, flexionó las rodillas y se agachó.

DENTRO / ALTERNATIVA A LA EXPOSICIÓN

Hay muchas maneras de ser Pollock: copiarlo en pequeño con pintura plateada y roja en un rincón de su estudio; soltar metódicamente pigmento sobre el suelo mezclado con un elemento solidificante que cree lagos de color pastel; hacer que la pintura explote disparando a cuadros blancos llenos de botes y bolsas de colores; llenarse el cuerpo de pintura y retozar en el suelo; pintarse; bailar y dar vueltas, sin ropa, convertir el hecho de pintar en una danza o en ritual; puede ser liberador, como una terapia, descargar todo tipo de malos humos con pinturas sobre una tela blanca; también puede ser divertido restregarse entre colores y disfrutar como un niño enguarrándose; pintar con la polla o el coño; o decir que no, que esas manchas y grumos, el all-over y el goteo de pintura, nada tienen que ver con dar brochazos, con pintar, con la terapia, el baile y ni siquiera con la abstracción y mostrar un Pollock diciendo que en realidad es un retrato. La Tate Modern de Londres conserva una copia del *Portrait of V. I. Lenin with Cap, in the Style of Jackson Pollock III* del grupo denominado Art & Language, formado por Michael Baldwin y Mel Ramsden. Realmente es un Pollock: dripping, chorreo de pintura, formato cuadrado, all-over, colores negros verdes y la característica madeja de líneas de un Pollock. Pero el título indica que en realidad representa algo: un retrato de Lenin. El cuadro forma parte de la investigación de Art & Language sobre los límites a los que se puede someter la representación, los límites de la pintura, de la imagen, del valor sígnico o de las contradicciones entre imagen y lenguaje. Y hay algo chistoso también en el contraste entre ver unas manchas de pintura y que enuncien que se trata de un retrato, como cada vez que se intenta hacer mofa de la abstracción o del arte contemporáneo colocando algunos cachivaches y enunciando un título rimbombante. De hecho, Art & Language reflexionan sobre todo ello en un artículo homónimo, «Portrait of V.I. Lenin with Cap, in the Style of Jackson Pollock III», que publican ese año en *Artforum*, aunque en ese texto no dan ninguna pista sobre el cuadro.

También lleva ese título una canción de la banda The Red Crayola incluida en su disco de 1981 *Kangaroo?*, en la que colaboran los miembros de Art & Language. El sonido de The Red Crayola es una mezcla de referencias psicodélicas y ochenteras. En ocasiones recuerdan a los discos más mordaces de Frank Zappa. Como Zappa, no se trata de un simple grupo psicodélico de los setenta. Por la banda pasó Lora Logic, que fundó la banda punk X-Ray Spex, Gina Birch del grupo pospunk The Raincoats, George Harley de la también banda punk Minutemen. Y en los ochenta compartieron productor, Geoff Travis, con bandas experimentales de noise, pospunk y música industrial como Cabaret Voltaire o Primal Scream. Para definir a The Red Crayola, la página de Wikipedia añade a la etiqueta de psicodelia la de *avant-garde*. Esa etiqueta hace referencia a su carácter experimental y, al mismo tiempo, a la colaboración con artistas. En la banda participó el artista alemán Markus Oehlen, el también artista Stephen Prina y, claro, Art & Language. Mayo Thompson, el guitarrista de la banda, decía de ellos que eran «los bastardos más malos del bloque». Pura química entonces entre aquellos artistas «bastardos» y la banda germen de tantos grupos punk.

El tema «Portrait of V. I. Lenin with Cap, in the Style of Jackson Pollock III» está dividido en dos partes. La primera tiene un punto ochentero con un sonido alegre y un ritmo rápido unido a un tono psicodélico característico de la banda: es la parte dedicada a Pollock. La segunda es más profunda, cantada por una voz masculina, está dedicada a Lenin como líder de la revolución en Rusia.

Sobre el artista del dripping, la voz dulce de Lora Logic canta:

> Jackson Pollock fue el artista del Plan Marshall.
> Rompió el hielo para los artistas cuando comenzó la
> Guerra Fría.
> Fue el artista líder de la Escuela de Nueva York.

El tema sigue con un resumen muy básico sobre la pintura y la trayectoria de Pollock: menciona el movimiento al pintar con la estrofa «un paso adelante, uno atrás»; que los cuadros no se ven hasta que se cuelgan; que la revista *Life* le dedicó un reportaje; o que se estrelló con su coche Ford contra un árbol. Lo mismo sucede con la parte dedicada a Lenin en la segunda parte: un repaso básico por su figura y la Revolución rusa.

En esas tres primeras estrofas de la canción resuenan ecos del libro *De cómo Nueva York robó la idea de arte moderno*, de Serge Guilbaut. Plan Marshall, Guerra Fría y cómo la pintura americana fue utilizada por el gobierno de Estados Unidos, CIA incluida, para expandir la idea del individuo libre creativo frente al estatismo estalinista, forman parte del argumento central del libro de Guilbaut. Ahí, la figura de Pollock es clave: desde el artículo de *Life*, que Guilbaut incluye en la misma dinámica propagandística auspiciada por fondos gubernamentales (de hecho, ese reportaje era uno de los elementos que más destacaba la exposición *Bajo la bomba* en el MACBA, basada en el libro y comisariada por su autor), hasta la muerte del artista en un accidente. Todo sirve para encumbrar la idea del individuo libre. Y todo muy James Dean: mi libertad, aunque implique un yo atormentado, no tiene límites. La muerte de Pollock, como preludio de la de James Dean, podía servir para afianzar la idea de que es mejor morir libre que vivir sin poder realizarse.

Esa cuestión de la libertad era básica. Había formado parte de las deliberaciones sobre cuál era el propósito del arte durante el primer congreso de los escritores soviéticos en 1934. Para establecer el papel del artista en el socialismo estalinista era preciso hacer una evaluación de lo que había pasado en arte durante los primeros años del siglo: básicamente que el arte de las vanguardias había estado al servicio de la burguesía y del enaltecimiento del individualismo a través del subjetivismo. Frente a la «deriva» vanguardista que implicaba el desarrollo de una subjetividad que empuja al individualismo, el congreso de los escritores soviéticos dictamina los principios del realismo socialista como enaltecimiento de lo colectivo y de los líderes a través de un lenguaje comprensible. Es decir, utilizar los medios de la pintura realista y figurativa con un fin colectivo y de expansión de la revolución. La pintura realista y figurativa se adopta bajo el argumento de que ofrece un lenguaje fácilmente reconocible, inteligible.

Un grupo de mujeres vuelven de trabajar en el campo. Caminan decididas con los rastrillos apoyados en el hombro. Una brisa mece sus faldas blancas y de colores, también los pañuelos en la cabeza. La primera avanza decidida entre un campo lleno de flores de saúco blancas. Es un día luminoso, con el cielo despejado. Parece que regresen felices de trabajar, aunque no se distinguen las caras. El tratamiento de la pintura es como del primer impresionismo. La pincelada que borra la individualidad de las caras va en consonancia con la voluntad de que el tema no sea el individuo sino el colectivo. El color y la luz recuerdan tanto a Manet como, también por el tema del campesinado, a Millet. Andréi Andreiévich Mylnikov ha tomado un punto de vista muy bajo, como si la cámara estuviese a la altura de los pies, para pintar *En campos pacíficos*. El cuadro es enorme. De cuatro metros por dos. Un poco más pequeño que *One (Number 31, 1950)*, de Pollock, que llega a los cinco metros y pico de ancho. Los dos están pintados el mismo año. Entre los dos se establece una extraña relación de antónimos: lo colectivo frente a lo individual; el reconocimiento y la desaparición del individuo frente a la abstracción y la presencia de lo subjetivo; o la felicidad frente a la libertad, la felicidad de las campesinas que quiere representar Andréi Mylnikov, frente a la libertad de expresarse.

Malévich también había pensado en cómo poner al arte al servicio de la revolución, cómo cumplir con aquellos anhelos de las vanguardias de cambiar el arte para cambiar la vida. Malévich era más doméstico: lo suyo pasaba por proponer una gama de colores y formas para redecorar las casas, para que fuesen más habitables; pensar en los lugares que habitamos. Ese es el camino del artista: cómo elaborar un diccionario de imágenes que sustituyan las religiosas, aristócratas y burguesas. Para Malévich, la evaluación había sido la siguiente: en el futuro paraíso igualitario, la vida no tiene por qué ser fea, pero para eso es necesario que el arte no establezca diferencias de clase a través del gusto. Ese había sido el problema del arte: que ha servido para establecer distinciones de clase a través del gusto, «mi gusto diferenciado me permite valorar tal cosa».

El sociólogo francés Pierre Bourdieu ha escrito sobre la distinción de clase a través del gusto en, justamente, *La distinción*. Todo atiende a esa distinción: reconocer unos cuadros o determinadas pinturas como buen gusto frente a aquellos que no lo saben ver; escuchar determinada música que otros o no la reconocen como tal o no tienen el oído educado; incluso llamarse Jennifer, Bosco o Max (en una ciudad como Barcelona podríamos sin mucho riesgo a equivocarnos adivinar el barrio en el que vive cada uno de ellos); o llevar determinada ropa que es casi idéntica a otra pero cuya distinción solo unos cuantos reconocen. En una de las escenas de la serie de telerrealidad *Alaska y Mario*, que sigue la vida de la pareja mediática española, Mario está en una tienda muy exclusiva de Madrid. Reconocemos de inmediato esa exclusividad por los espacios. Otra vez la distinción. No se trata de un zoco o un mercadillo con toda la ropa apelotonada. Si en algo reconocemos una tienda exclusiva es en el derroche de espacio. Las grandes entradas, el hall, los espacios intermedios, etc., definen en general los lugares de lujo. El arquitecto Ricardo Bofill, desde su casa-estudio instalada en una enorme fábrica en desuso en Sant Just, pegada al Walden-7, decía que el auténtico lujo es el espacio.

Mario Vaquerizo, en el espacio blanco y gris enorme de una boutique exclusiva, inmaculado, flaco, con los ojos pintados, pantalones pitillo y una camiseta de los Ramones, con una imagen que replica la de Alice Cooper, duda. Duda entre dos cazadoras de cuero. Ambas son de modelo motero cruzado, la clásica biker. Ambas llevan tachuelas en una de las solapas y están desgastadas. La diferencia es que una tiene las mangas rojas y la otra es toda negra. Mario no se decide. Y acaba comprando las dos. Cada una vale diez mil euros. La cuestión no está en los diez mil o en los veinte mil –el dinero siempre conlleva juicios morales–, sino en si somos capaces de distinguir una de esas cazadoras de motero desgastadas de unos miles de euros, de cualquier otra cazadora de motero desgastada comprada en una tienda de segunda mano del Rastro de Madrid por veinte euros. Mejor dicho, la cuestión es saber quién está en disposición de distinguirlo. Y ahí es donde el reconocimiento y el gusto actúan como elemento de distinción de clase. La serie *Alaska y Mario* es un manual. Sucede todo el tiempo. Ocurre mientras Alaska descubre objetos en una tienda de segunda mano en Los Ángeles que tienen un valor que ella reconoce y que la convierte en prescriptora. Ocurre en su casa llena de objetos que pueden parecer de dudoso gusto en otro lugar, por ejemplo, en una de las fotos publicitarias de la serie posan entre dos leopardos de porcelana tamaño natural sobre un fondo rosa. Y ocurre cada vez, es decir, todo el tiempo, que Alaska y Mario manifiestan sus elecciones y buscan un reconocimiento de clase a través de esos gustos. Así que nada debe sorprender la afiliación o la simpatía de ambos por los miembros del partido conservador español (Mario ha alabado en diversas ocasiones a Esperanza Aguirre o ahora a Isabel Ayuso). Al contrario, es perfectamente coherente con su voluntad por distinguirse a través de un gusto específico de una clase poderosa y ser al mismo tiempo prescriptores de ese gusto elitista. Como eran perfectamente coherentes las cazadoras de cuero, los *tattoos*, las modelos y el tabaco de Axl Rose y el resto de los integrantes de Guns N' Roses con la heteronormalidad que asientan, incluida la presencia de un cura en aquel vídeo de la canción «November rain», y que hacían del músico de rock cómplice y artífice de un retorno conservador de las costumbres. Que el aspecto de Mario pueda coincidir con el de una estrella punk no debe llevar a confusión. O sí. De hecho, si te confundes es que no lo entiendes, es decir, no estás en el ajo.

En el primer manifiesto dadá, Tristan Tzara se preguntaba si «¿se hace arte para ganar dinero y adular a los amables burgueses?». Los textos del dadaísmo y de Tzara están llenos de alusiones a la necesidad de acabar con el sistema del arte: «Se está considerando la aniquilación (siempre cercana) del arte. Nosotros deseamos un arte más arte. La higiene se convierte en pureza diosmío diosmío» (*Manifiesto sobre el amor débil y el sabor amargo*); «DADÁ se sitúa en el marco europeo de las debilidades, aun así es una mierda pero en adelante queremos cagar en diferentes colores para decorar el jardín zoológico del arte con todas las banderas de los consulados» (*Manifiesto del señor Antipirina*); «La obra de arte no debe ser la belleza en sí misma, pues está muerta; ni alegre ni triste, ni clara ni oscura, regocijar o maltratar las individualidades sirviéndoles los pasteles de santas aureolas o los sudores de una trayectoria arqueada a través de las atmósferas» (Manifiesto de 1918). Casi podemos oír el grito de Tristan cuando escribe una de sus proclamaciones: «¡EL ARTE NECESITA UNA OPERACIÓN!».

Lo de dadá es casi intuitivo: ya en 1917 haber detectado que se ha fraguado una relación entre la práctica artística y la opulencia burguesa. Esa era también la intuición de Duchamp con los ready-mades. Una conexión entre extremos, entre Nueva York, donde estaba Marcel, y Zúrich, donde se encontraba Tristan. Las noticias corren más lentas, pero las conexiones existen y la intuición de que hay que romper con esa complicidad en la que el arte, más que ser un instrumento de libertad, se ha convertido en un instrumento de legitimación social a través del gusto vuela como un ruido sordo. Por eso las proclamas dadá tienen que ver con la abolición del gusto. De ahí el extraño disfraz con el que Hugo Ball recitaba el poema «Karawane»: con unos guantes como pinzas rojas que sobresalen de una capa de cartón plateada y un sombrero de rayas verticales. En su atuendo nada casa con nada, nada tiene que ver con lo que significa el buen gusto. Ese es el lugar al que atacar.

No es casual el ataque al gusto, implica detectar que ahí está el problema. De la misma manera veinticinco años antes Santiago Salvador había detectado el objetivo: lanzar unas bombas sobre la platea del Teatre del Liceu en Barcelona era no errar el tiro. Ese, un espacio de cultura y de las artes, también es un espacio de complicidad de clase. Todavía el Cercle del Liceu guarda el retrato de *La Sargantain*, de Ramon Casas, con su vestido amarillo en el que todas las arrugas convergen en el sexo. La cuestión está en la posesión que asegura la distinción a través del ejercicio del gusto.

Esa también es la medida del fracaso. Desde la cazadora motera convertida en objeto de lujo hasta *La Sargantain* resuena el fracaso del arte para desligarse de la idea del gusto. Una vez más, Marcel Duchamp lo ejemplificaba de manera muy clara cuando le preguntaban por el urinario y declaraba que «les lancé el urinario a la cara y lo recogieron como objeto de delectación estética».

Ese era el problema también para Malévich: justamente la complicidad del arte o el servicio del arte en el ejercicio del gusto como manera de diferenciación de clase. Para Malévich, la forma de afrontar esa complejidad es asumir que el papel del artista es trabajar como guía para determinar formas, modos y espacios de vida mejores para todos, en los que el arte no sea un instrumento para la distinción, sino para la convivencia de todos. Las utópicas intenciones de Malévich resonarán como un eco en el célebre alegato de Joseph Beuys de que todo ser humano es un artista.

Hay una fotografía en blanco y negro de la primera exposición de Malévich: la mítica titulada *0,10*, entre el 15 de diciembre de 1915 y el 17 de enero de 1916, en la Galerie Dobytschina de la Petrogrado revolucionaria, antes y después San Petersburgo. La imagen retrata una esquina pero se pueden contar más de una veintena de cuadros. Hay una silla pegada a la pared y los cuadros de Malévich están colgados de manera azarosa, no siguen una línea en los muros o no mantienen la misma altura, están dispersos, acompañados por un número o letra, no se distingue bien, en la base, que remite a una cartela en cirílico. Llama la atención el *Cuadrado negro sobre fondo blanco* colocado en la esquina superior de la habitación, justo en el espacio de confluencia entre el techo y las dos paredes. Un lugar que en las casas y en las iglesias rusas ortodoxas estaba destinado a los iconos. Malévich parece proponer una nueva forma de icono, algo así como sustituir los iconos tradicionales por formas abstractas. ¡Quitad vuestros iconos! Un cuadrado negro en la esquina que ocupaba un icono es trabajar para que las casas mantengan elementos decorativos pero sin significado religioso. Como aquella capilla de Rothko en Houston que es pura religiosidad sin religión pero todavía en un estado inicial, o más bien, como si Rothko lo hubiese reproducido hasta llevar al extremo el principio de sustitución de una imagen religiosa por una laica.

El resto de los cuadros de la exposición *0,10* seguirían esa misma lógica de sustitución: en vez de un paisaje, unos rectángulos alargados rojos, amarillos y negros; o en lugar de un retrato, un conjunto de líneas y formas de colores. ¡Fuera los símbolos religiosos! ¡Poned un cuadro con formas y colores! ¡Sacad los paisajes también y los retratos! ¡Cambiadlos por bonitas formas amarillas y rojas, y líneas y cuadrados y triángulos! ¡Y hacedlo vosotros mismos! Si el artista es un guía, la exposición es un diccionario o la suma de una serie de propuestas, no como obras únicas, sino propuestas para que sean repetidas, una propuesta de *do-it-yourself*, de la misma manera que los ready-mades podían ser propuestas para que cada uno las replicase (Duchamp insistió durante un tiempo, hasta las réplicas autentificadas de Arturo Schwarz, en que no había copias, sino que cualquiera podía repetir un ready-made, que sería original). La exposición de Malévich parece un libro de instrucciones doméstico, casi una de aquellas habitaciones muestra de Ikea en las que sugieren cómo amueblar tu casa según dispongas de más o menos espacio.

Amueblar tu casa o ser poeta. Necesitamos tiempo para ser poetas o artistas, para dedicarnos a escribir o pensar, a dibujar o planear, a no hacer nada, delante de un papel en blanco, paseando y elucubrando o en un estudio o taller. Es lo que hacía Ignasi Aballí viendo cómo el Sol pintaba unos cartones mientras él esperaba. O Antonio Ortega dejando que una patata creciese en su estudio solo cuando él iba allí a trabajar. La pobre planta de la patata solo recibía luz entonces. Como estaba cerca de su casa, muchas veces Antonio iba a su estudio, un bajo en la calle Calabria de Barcelona, enfrente de la sede de la ONCE, solo para pasar el rato y que la pobre planta recibiese algo de luz. Allí simplemente pensaba, ordenaba las cosas, planificaba cómo modificar el estudio, decorar su casa o simplemente dejaba pasar el tiempo.

Paul Lafargue había escrito sobre el uso del tiempo en *El derecho a la pereza*. Pensaba en cómo sería la sociedad después de la revolución. Todos concentrados en hacer la revolución y alguien tenía que pensar en si valdría la pena o no. Y sí valía la pena. Después de evaluar producción y mano de obra en Inglaterra, Lafargue llegaba a la conclusión de que en un Estado justo e igualitario solo serían necesarias cuatro horas de trabajo diarias. Hay que repescar a Lafargue. Volver a sus cuatro horas de trabajo. Bajar la productividad. Frenar el motor devastador del capitalismo. Lafargue con sus cuatro horas de trabajo será útil. ¿Qué hacer el resto del tiempo? Disfrutar de la familia y los amigos, practicar deporte, pasear, hacer el amor... Karl Marx debió leer con preocupación aquellas teorías. La edición española de *El derecho a la pereza* viene precedida de algunas de las cartas del pensador comunista, suegro de Lafargue, que a su vez era de origen criollo, en las que alerta del carácter temperamental e impulsivo de los de su «raza». Marx preocupado por las relaciones de su hija con un criollo. Que solo piensa en destinar ese tiempo que quedará libre en follar. También podríamos pintar, escribir poesía... Todo el mundo podría ser poeta o artista. Si tienes el tiempo podrás escribir poesía. Tristan Tzara leyó su libro. En 1922 daba las instrucciones para que cualquiera pudiese ser poeta, eso sí, un poeta dadaísta:

> Para hacer un poema dadaísta coja un periódico, unas tijeras, y escoja un artículo de longitud similar al poema que quiera hacer. Recorte el artículo. Después recorte todas las palabras que lo conforman e introdúzcalas en una bolsa. Agítela suavemente. A continuación coja cada una de ellas y colóquelas una tras otra en el mismo orden en el que salieron de la bolsa. Cópielas concienzudamente. El poema se le parecerá. Y será un escritor infinitamente original dotado de una encantadora sensibilidad, aunque incomprendido por el vulgo.

La mejor parte de las instrucciones de Tzara es el final, cuando enfatiza que ese método casual nos hará originales y que el poema, por arte del azar, se nos parecerá. Pero, en todo caso, es proselitista, busca proponer una autoría que no tiene que ver con la propiedad y para la que el poeta también será un guía. La cuestión no está en las obras, en los objetos finales, en la propiedad ni en la autoridad, sino en las maneras, no se tratará del qué sino del cómo. La cuestión no estaría tanto en apreciar los cuadros de Malévich en *0,10* como objetos finales, no se trata de admirarlo allí, con cara de contemplación frente a la unicidad, sino en tomarlos como ejemplos, modelos a seguir.

Marie Gasper-Hulvat ha revisado la historia de las exposiciones de Malévich. Especialmente se ha fijado en la retrospectiva que le dedica la galería Tretiakov de Moscú en 1929. Una propuesta compleja para el artista ruso: en pleno desarrollo estalinista y en el momento de definición del realismo socialista previo al primer congreso de los escritores soviéticos, es decir, en plena gestación del descrédito de la pintura de las vanguardias, del suprematismo ruso, por su carácter cómplice con el sistema burgués.

Konstantín Yuon acaba de presentar *Vacaciones en la cooperativa.* Como en las felices campesinas que regresaban del trabajo pintadas por su compatriota Andréi Mylnikov, aquí tampoco se distingue ningún rostro. También el tratamiento de la pintura puede recordar a Manet por el intento de plasmación de la realidad, de ser una cámara, y por el uso de los colores vivos. Retrata una reunión frente a una dacha tradicional rusa, azul y blanca, en un día soleado, hay niños sentados en la hierba, pancartas y un centenar de personas atendiendo a un mitin, todos dan la espalda, y a pesar de todo, el color transmite algo festivo...

Mientras Konstantín Yuon pinta *Vacaciones en la cooperativa*, Malévich está retirado. Según historiadores clásicos como Herbert Read, vive en la oscuridad y la pobreza. Como otros compatriotas artistas vanguardistas, habría quedado condenado al ostracismo, fruto del descrédito de las vanguardias, leídas en clave revolucionaria como burguesas. Es el fracaso de las vanguardias como proyecto emancipador, ni popular ni entendido, lo que habría llevado a Malévich a dejar la pintura. Así parece atestiguarlo aquella exposición en la galería Tretiakov, en la que muestra obras anteriores a 1920, como si en los últimos diez años no hubiese vuelto a pintar.

Marie Gasper-Hulvat explica que no fue exactamente así. Que Malévich no estuvo tan desocupado ni tan descomprometido. Explica que recibió el encargo desde Moscú cuando inauguraba una gran exposición con decenas de sus obras en Varsovia. Y que para la exhibición de Moscú se enfrentaba a un doble problema. Por un lado, muchas de sus obras previas a los años veinte habían desaparecido. Y, por otro, mostrar las pinturas supremacistas sobre las que había seguido trabajando podría suponerle un problema con la deriva que estaban tomando las cosas en el contexto posrevolucionario de Stalin y la aceptación del realismo socialista como lenguaje propio del comunismo. Así que, como trabajaba sobre tipologías de imágenes dispuestas a ser usadas como un diccionario y bien podría haberse estado copiando a sí mismo en los últimos años, decidió algo muy simple: sencillamente cambió las fechas de sus pinturas y aquellas recientes las dató como anteriores a 1920. Adiós al problema:

–Sí, es verdad, lo dejé, fueron tonterías de vanguardistas. Nada, no he vuelto a pintar. Bueno, sí que he encontrado estas pinturas de antes. Si queréis, será lo que expondré.

Podemos imaginar a Malévich explicando con la pintura todavía húmeda que esos cuadros supremacistas son antiguos, de cuando era joven, pero que ya no.

Es fácil exigir a los demás coherencia e integridad. Pero hay que estar ahí, pendiente del propio pellejo, de la supervivencia, de ti mismo y tu trabajo: «¿Qué será de mí? ¿Tendré que volver a dormir en camas incómodas en apartamentos fríos? Hace frío en Varsovia y en Moscú, como en Petrogrado. ¿Y si hay más guerra? Parece que sí habrá más guerra. Ya he pasado una. Y mi familia, mis amigos, mis cosas, qué pasará ahora que todos los que me rodean me acusan de algo que no soy, dicen que mi arte es cómplice del sistema burgués aunque no lo pensé así, solo quise pintar, vivir, ayudar. ¿Qué pensarán de mí? ¿Y si invento un poquito? Total, no importa mucho, me he estado copiando estos últimos años».

Otra vez un artista construyéndose, construyendo su imagen, su trayectoria como un artista que había *de facto* abandonado la práctica de la pintura, primero para vivir y también para asegurarse un poco de recuerdo.

Hace solo un año que ha muerto, pero Malévich ocupa un lugar importante en la exposición *Cubism and Abstract Art* en el MoMA de Nueva York en 1936. La web del museo americano ha digitalizado fotografías, dosieres de prensa y catálogos de muchas de sus exposiciones. Sobre esta, la gran muestra comisariada por su director Alfred H. Barr, la documentación es profusa: notas de prensa, listado de obras, catálogo y fotografías de las salas. En las setenta y una fotografías de la exposición disponibles se puede distinguir un Delaunay instalado en una puerta, Picassos y Braques, el *Dinamismo de un perro con correa* de Giacomo Balla, algunas máquinas de Picabia, la *Mariée* y el *Nu descendant un escalier no. 2* de Duchamp, esculturas de su hermano Raymond Duchamp-Villon, pinturas de Léger, cuadros que muestran la evolución de Mondrian desde el paisaje con un árbol en el que las ramas han quedado resumidas a un conjunto de líneas, hasta los cuadrados amarillos, rojos y azules entre líneas negras cuadrangulares, pósteres y muebles de la Bauhaus, la silla Rietveld o la butaca de Breuer, están colgados de la pared como cuadros abstractos, y, de manera tan destacada como los Picassos, Malévich. Sus cuadros ocupan toda una pared bajo el epígrafe SUPREMATISM. Llama la atención el *Cuadrado blanco sobre blanco* colgado entre dos ventanas características americanas de guillotina con la parte inferior forrada de papel blanco, de tal manera que parece que no haya uno sino tres cuadros blancos. ¿En qué estaría pensando Alfred H. Barr al colgar el cuadrado blanco entre dos ventanas? Si el cuadrado negro en la esquina de las paredes y el techo sustituía a un icono en *0,10*, esa pintura como una ventana más tal vez era para el comisario y director del museo un comentario sobre la idea del cuadro como ventana que ha perseguido la pintura desde el Renacimiento. Tal vez, Barr estaba diciendo que desde Malévich eso se había acabado, que la pintura era otra cosa: al fin y al cabo, las ventanas estaban cerradas.

Salvo el montaje inquietante de ese cuadro como si hubiese tres ventanas blancas repetidas, dos elementos arquitectónicos reales del museo y la otra un cuadro de Malévich, las otras pinturas del artista ruso están colgadas de manera muy diferente a como lo estaban en la exposición *0,10* en Petrogrado. Ya no están distribuidas por la pared un poco al azar, sino a la misma altura, siguiendo la tradicional regla para colgar las pinturas en un museo sobre una pared blanca a entre 145 y 160 centímetros del suelo contando desde la mitad del cuadro. En el fondo es todo lo que hay que saber sobre comisariado: una pared blanca y cuadros alineados. Es el principio del *white cube* o la concepción del espacio blanco no connotado como el lugar idóneo para contemplar obras de arte a la altura perfecta (aunque un poco más alta en los países nórdicos, más justita aquí). Ahí la mirada puede concentrarse sin caer en distracciones. Implica separar la obra del entorno, que se valga por sí misma, y destinar los museos a ser espacios de pura contemplación apartada del mundanal ruido. Y que la pintura sea ella sola, no el diccionario o la propuesta para nada, sino esa cosa única que requiere de determinada concentración para ser consumida. Lo explica Brian O'Doherty en un libro que se ha convertido en un manual de referencia: *Inside the White Cube*.

Inside: se trata de estar dentro. Ese estar dentro implica, de hecho, separación. O'Doherty repasa la adecuación del espacio de la exposición a ser un lugar aislado y blanco desde los artistas de De Stijl y de la Bauhaus y la voluntad por eliminar la distracción: Mondrian esperando que nada distraiga de la pura elucubración visual que propone, que el espectador se concentre en las líneas y colores planos, en la composición. El libro también pasa por Alfred H. Barr y el MoMA. Ahí donde la disposición de los Malévich no se parece en nada a como los había colgado veinte años antes el propio artista. Ya no son cuadros que sirven como modelo a imitar, opciones de decoración que permutan un icono ruso por un cuadrado negro, y que hacían del artista un guía. Aquí, ahora, en el museo son una obra única, cerrada, un espacio en el que concentrarse y pedir silencio. En los museos se pide silencio para ver mejor. Son un mausoleo, dirá el crítico y comisario mexicano Cuauhtémoc Medina.

Cuauhtémoc visita la Escola Massana para una charla. Antes de entrar en la antigua sede de la escuela se detiene ante el cartel que preside este antiguo edificio que fue un hospital; de hecho, el hospital en el que murió Gaudí después de ser atropellado por un tranvía, la modernidad se lo llevó por delante. Cuando Cuauhtémoc inicia su charla sobre comisariado menciona que no podría estar en un lugar mejor para hablar de la tarea del comisario de exposiciones. Y recuerda el cartel que acaba de ver presidiendo la entrada de la escuela con letras impresas sobre azulejos blancos: CONSERVATORIO MUNICIPAL DE ARTES SUNTUARIAS MASSANA. E insiste:

–A eso nos dedicamos, a las artes suntuarias. Tras los familiares, somos los comisarios y los directores de museo los primeros en llegar, antes que la morgue, cuando un artista muere. Lo recogemos todo. Nos dedicamos a las artes suntuarias.

El museo como un mausoleo; los cuadros como lápidas con espacio suficiente entre cada uno; las cartelas, el silencio... Los bloques de Carl Andre ¿no se parecen demasiado a aquellos cementerios de muertos en la guerra mundial que aparecen en tantas películas como una enorme red de crucifijos perfectamente ordenados sobre un campo de hierba verde? De la misma manera que la capilla de Rothko es un espacio de recogimiento, como una religión sin culto, he escrito. Pero también perfectamente coherente con una religiosidad protestante, sin imágenes, pura concentración, como aquellas iglesias blancas de madera, con un interior blanco. Nada que ver con las iglesias de tradición romana y barroca. Una iglesia protestante es un *white cube* o un museo es como una iglesia protestante.

En el proceso de *0,10* a las paredes del MoMA en 1936, las pinturas de Malévich pasan de la utilidad a la contemplación, de servir como modelo para la copia a ser un objeto único de delectación. Todo está dispuesto para ello: las paredes blancas, los espacios entre obras, las cartelas separadas en la pared contigua para que nada distraiga, la altura que las iguala...

Pero en esa disposición chirría la del *Cuadrado blanco sobre fondo blanco* entre dos ventanas blancas. Sucede en muchas más ocasiones a lo largo de la exposición *Cubism and Abstract Art* en el MoMA: cuadros en puertas (como el de Delaunay) o sobre los huecos de las paredes que separan una sala de otra. Como la primera vez que Marcel Duchamp mostró el urinario en una exposición que él comisariaba. Dedicada al movimiento dadá, en 1953 en la galería Sidney Janis de Nueva York, colgó el urinario del dintel entre las dos salas (un urinario que el galerista había comprado en un *marché aux puces* de París y expuesto dos años antes y que ahora está en el Museo de Arte de Filadelfia frente *El gran vidrio*); a su vez, del urinario colgaba una rama de muérdago: un espacio para besarse.

Sidney Janis aparece con Alfred H. Barr y Marcel Duchamp en una fotografía en alguna estancia interior del MoMA. Los tres están sentados. Forman el jurado del premio de pintura Bel Ami International Art Competition en 1946. El entorno no es ordenado. Se distinguen cuadros apilados detrás de ellos tres, sobre el suelo de madera una alfombra y sobre esta, otra más, y una ventana tapada al fondo. Marcel mantiene una pose característica suya: con las piernas cruzadas, una mano en el regazo mientras con la otra sujeta una pipa, cómodamente sentado, un poco repanchingado. Mira concentrado un cuadro del que solo vemos el dorso. Se distingue claramente una de las palabras escritas, «temptation», y a la izquierda las siglas de Nueva York, NYC, un número de serie y un nombre: Max Ernst. Podría ser una de las versiones de las tentaciones de san Antonio del pintor de origen alemán. De ahí la cara de concentración de Marcel, escudriñando el paisaje onírico del cuadro. Sidney parece más retraído, como si se protegiese frente a la pintura, mirándola de tres cuartos guardando las distancias. Y Barr, el único en mangas de camisa y tirantes, está echado hacia delante, con los codos apoyados en las rodillas, atento. Hay que mirar con detenimiento un Max Ernst. Barr había incluido cuadros suyos en *Cubism and Abstract Art*. Marcel Duchamp también los había incluido en una exposición que había organizado unos años antes, en 1942, en la Whitelaw Reid Mansion en Madison Avenue, a cinco minutos caminando del MoMA. Solo que en la exposición de Duchamp se hacía difícil contemplar con la misma dedicación la pintura de Marx Ernst, ni las otras que formaban parte de *First Papers of Surrealism*.

La Whitelaw Reid Mansion es una réplica de un palacio renacentista, con el característico orden de mampostería en la planta baja, subiendo los pisos aumentan las volutas hasta la cubicrta, inspirado en el Palazzo della Cancelleria de Roma, oculto entre grandes edificios acristalados de oficinas de la zona próxima al Central Park. Y la exposición tiene lugar en una de las salas de fiestas, un espacio alargado con las paredes paneladas en madera llenas de ornamentos decorativos, el techo también de madera y pintado, en un ambiente más propio de un interior cortesano rococó del siglo XVIII que de la mitad del siglo XX. Para salvar el problema de las paredes intocables, Duchamp encarga una serie de paneles blancos autosostenibles no muy anchos que utiliza para colgar cuadros a lado y lado. En una de las fotografías, la más general de la exposición, se distingue un Mondrian que queda encajonado. En esa imagen es en la que mejor se ve la maraña de cuerdas que como una telaraña recorre la exposición y de hecho imposibilita visitarla, acceder a ella. De ahí el sobrenombre que le dio Duchamp: *Sixteen Miles of String*. Por su parte, André

Breton la llamó *Duchamp's twine*. «Dieciséis millas de cuerda» o «Las cuerdas de Duchamp»: ambos hacen referencia al peculiar montaje de cuerdas que inventó Marcel. Unas cuerdas recorriendo la exposición que podían recordar líneas en el cielo o la trayectoria de disparos. James Housefield, en un artículo titulado «Marcel Duchamp's Guernica?: "His Twine", the First Papers of Surrealism (1942), and Aerial Warfare in Europe», compara la exposición con el *Guernica* de Picasso como obra y exposición ambas contra la guerra. Y se fija en una fotografía, una toma general de la sala de la Whitelaw Reid Mansion, publicada en la revista *VVV*, una revista surrealista en la que participaba el propio Duchamp y André Breton. La fotografía tiene la peculiaridad de que está impresa al revés, de tal manera que las líneas de las cuerdas parecen las trayectorias de proyectiles que sobrevuelan el cielo pintado en el techo, ahora bocabajo, de la estancia. Es más, James Housefield pone en paralelo esa imagen con una fotografía anónima publicada entonces en la prensa que muestra las líneas que dibujan en el cielo los proyectiles antiaéreos alemanes durante la Segunda Guerra Mundial. Podría ser que *First Papers of Surrealism* fuese una exposición antibelicista. O más bien, que el montaje, el comisariado, era antibelicista.

Durante la inauguración, unos niños, entre ellos el hijo de Sidney Janis, juegan con una pelota entre las cuerdas, los paneles, los cuadros y los visitantes. Si alguien les llama la atención, tienen claras las explicaciones que deben dar:

–Pregunte por Marcel Duchamp. Nos ha dicho que jugásemos.

Los niños incordian y hacen ruido. Las cuerdas son insalvables para una visita que busque deleitarse en los cuadros. Atraviesan el espacio entre las pinturas y las tocan, las cruzan. Paco Barragán declara que tocar los cuadros es el límite cuando en otoño de 2022 y para su exposición *El vértigo de la vida moderna*, en el Domus Artium (DA2) de Salamanca, replica aquel montaje de paneles y cuerdas. Lo declara en una larga entrevista de Maribel Castro Díaz para la revista *Artishock*. Como titular destaca una frase: «El "cubo blanco" está muerto». En la entrevista, Barragán repasa la historia de las exposiciones y los modos de exponer. Critica la poca precisión en los datos que había usado Brian O'Doherty en *Inside the White Cube*. Y cuestiona los modos de exponer que constantemente replican los mismos modelos. Por ello se ha basado en distintas maneras de exponer alejadas del *white cube*, entre ellas la de Duchamp y las cuerdas. Para la entrevista posa replicando una de las fotos de Duchamp en la exposición de 1942: detrás de la maraña de cuerdas sujetando una pipa con la mano.

La exposición de Duchamp en aquel palacio renacentista en el centro de Manhattan estaba lejos del cubo blanco. Aunque Marcel parecía mucho más comedido que en otra de las exposiciones que comisarió sobre el surrealismo aún unos años antes, esta vez en París, en la Galerie des Beaux-Arts, que desaparecería como espacio de exposiciones un par de años después. Estaba en la rue du Faubourg-Saint-Honoré, muy cerca de los Campos Elíseos y de la rue de la Boétie, donde Picasso había tenido un estudio. A la galería se entraba por un *cour*, un patio característico de los edificios parisinos del plan Haussmann. Ahí Duchamp había dejado el coche de Dalí, un taxi recorrido por ramas y flores en su exterior y ocupado por dos maniquíes, un chófer y una pasajera en la parte de atrás, sentados sobre verduras mientras cae la lluvia en el interior del vehículo y los caracoles recorren sus cuerpos. Una versión posterior ocupa también el patio de la Fundación Dalí de Figueres.

Era obligado pasar por delante del taxi en la exposición de París. Justo detrás del coche, una pancarta con el título *Exposition internationale du Surréalisme* anunciaba la entrada a través de una puerta de rejas metálicas. Dentro, en la primera de las dos salas, formando un pasillo, había colocado una serie de maniquíes femeninos vestidos por algunos de los artistas que participaban en la exposición: André Masson había encerrado la cabeza de su maniquí con una jaula para pájaros, el de Yves Tanguy parecía salido de una tienda de sadomasoquismo y cuero... Marcel Duchamp aprovechó para hacer una versión inversa de su *alter ego* Rrose Sélavy vistiéndola con sombrero y una americana masculina. Para acceder a la sala interior, los visitantes disponían de unas linternas de gas porque dentro apenas había luz y era preciso acercarse e iluminar cada obra para verla. La escasa iluminación provenía de una estufa en el centro. Por el suelo, restos de carbón que caía de los sacos que colgaban del techo. El olor a café recién hecho se mezclaba con el del humo y el carbón. Las fotografías que documentan la exposición muestran algunos visitantes con actitud poco confortable, más bien con caras de incomodidad patente, obvia, evidente, incluso con rictus de desaprobación. Muy lejos de la llamada a la concentración, de la búsqueda de una visualidad pura y una visita cómoda entre salas blancas, bien iluminadas, con las pinturas a la altura de los ojos. Al contrario, como si el arte fuese o tuviese que ser algo incómodo. Un visitante se agacha mientras alumbra con su linterna una pintura demasiado baja.

En una de las visitas al número 11 de la rue Larrey en París, mirando hacia arriba, hacia la buhardilla donde Duchamp tenía aquel apartamento con una puerta que abría y cerraba el baño y la habitación al mismo tiempo, alejado de Montmartre y otros barrios de artistas, al lado de la gran mezquita de París, mientras tomamos un té con menta, Pepo Salazar me explica que ha descubierto que en la esquina contraria al edificio de Marcel, en un local que ahora está vacío, había un comercio dedicado a la venta y distribución de carbón. La estufa de Marcel en su apartamento, que también calentaba el agua, era de carbón. Seguro que visitó aquel local, seguro que vio sacos colgando. Pepo asegura que se le ocurrió aquella instalación para *Exposition internationale du Surréalisme* comprando carbón para su estufa.

Los cuadros de Max Ernst también estaban en la exposición que Alfred H. Barr inauguraba justo después de *Cubism and Abstract Art.* Era, como las posteriores de Duchamp, una exposición dedicada al contexto de surrealismo: *Fantastic Art, Dada, Surrealism.* Aunque ahí no había ni sacos de carbón, ni cuerdas ni niños que obstaculizasen el paso. En marzo de 1968 los que obstaculizaban el paso eran los manifestantes frente a la inauguración de la exposición *Dada, Surrealism and Their Heritage.* Unos trescientos, entre los que se encontraban miembros de los Motherfuckers y Ben Morea (que unos meses más tarde volvería para manifestarse a favor de Valerie Solanas), criticaban la exposición como la encarnación de «una narrativa formalista y evolutiva de la historia del arte» que omitía las facetas radicales del dadaísmo.

En *Fantastic Art, Dada, Surrealism* de 1937, los cuadros de Ernst, De Chirico, Picasso, Hans Arp, Picabia o Chagall estaban expuestos como en la muestra anterior sobre cubismo y pintura abstracta, sobre una línea imaginaria a metro y medio del suelo desde la mitad de la pintura. También Duchamp. Toda una pared dedicada, con la *Mariée* en el centro, sobre un hueco en la pared, se distinguen los límites del plafón sobre los que está colgada, acompañada del molinillo de café, uno de los cuadros de *3 stoppages étalon* y el ready-made *Why Not Sneeze, Rrose Sélavy?*, formado por una jaula para pájaros rellena con falsos cubos de azúcar hechos con mármol, un hueso de sepia y, para subrayar la frialdad de esa aparente dulzura, un termómetro. También hay pinturas de Joan Miró, uno de los artistas que Alfred H. Barr más aprecia. En él ve la confluencia del surrealismo con la especulación pictórica o formal que ha atribuido a la evolución del arte occidental. En Joan Miró confluye su pasión por el surrealismo (Barr era el único que se reclinaba hacia delante en aquella foto con Duchamp y Sidney Janis mirando un Max Ernst), con la explicación que había intentado dar sobre la evolución de las vanguardias en la portada del catálogo de la exposición sobre arte abstracto y cubista. En las constelaciones de Miró veía formas animales, oníricas, mezcla de referentes, caras, ojos o animales simplificados como insectos, pero que también eran formas simples de colores primarios; y estaban hechas como de impulsos, de pensamiento primario, no razonado, espontáneo, que daba como resultado cuadros que podían parecer abstractos y all-over.

Ahora podemos consultar las fotos, el dosier de prensa, los listados de obras de *Cubism and Abstract Art*. Lo estoy haciendo. También el catálogo. Aunque no es necesario ir hasta la web del MoMA para consultar la portada: es fácil de encontrar, miles de veces reproducida. Mostraba aquel esquema del arte desde 1890 hasta 1935 que Alfred H. Barr había diseñado. Un mapa del arte con flechas e influencias, líneas y flechas, movimientos artísticos y artistas. Se pueden seguir las conexiones en uno u otro sentido, desde Cézanne al cubismo y continuar con el constructivismo. Ir al revés, desde el surrealismo al movimiento dadá, pasar por el futurismo, viajar hasta el cubismo y acabar en el neoimpresionismo. Los movimientos artísticos y los artistas, unos llevan a otros. Algunas influencias externas: los grabados japoneses, el arte de Oriente Próximo, la estética de la máquina y la escultura negra. Todo simplemente ordenado por periodos de cinco años.

Nada externo entra en esa superficie blanca, austera, alejada del mundo, sobre la que la portada del catálogo ordena los movimientos. Ese blanco de fondo es una metáfora del blanco del museo. La hoja blanca y la pared blanca como espacios similares.

Ese esquema era el punto de partida para una exposición en la Fundación March y el Museo Picasso de Málaga en otoño de 2019 e invierno de 2020, en pleno confinamiento. La exposición mostraba también el dibujo original de Barr, mucho menos organizado, un galimatías de líneas descompensado hacia la derecha. E incluía otros diseños suyos en los que ilustra el momento actual del arte con dibujos en los que representa la forma de un misil: la escuela de Nueva York en la punta como detonante y detrás haciendo de motor la escuela de París. En sus dibujos de misiles, Barr también incluye a los muralistas mexicanos. Pero siempre la escuela de Nueva York delante. Algunos de esos dibujos son de los años cuarenta, otros previos a la exposición del MoMA. Hay algo intuitivo en ellos. No solo muestran una capacidad impresionante para resumir sin distancia lo que está pasando en arte. Otra vez se trata de una evaluación de lo que ha pasado en las vanguardias con una mirada retrospectiva. También en unos y otros dibujos o diseños parece prever o, más bien, indicar la preeminencia de la pintura americana. Como si se adelantase a las tesis de Serge Guilbaut en *De cómo Nueva York robó la idea de arte moderno*. O como si, tal vez inconscientemente o estando en el ajo, estuviese dando algunas indicaciones de cuál es el camino que hay que seguir. No en vano dibuja misiles: el arte es la guerra por otros medios. En el esquema de la portada del catálogo de *Cubism and Abstract Art* es más sutil e interpretativo. Todas aquellas relaciones entre movimientos y artistas acababan convergiendo en dos posibilidades: «arte abstracto geométrico» o «arte abstracto no geométrico». Solo habrá que, un poco más tarde, poner nombres ahí. Nombres estadounidenses.

Además de la capacidad para resumir y prever, Alfred H. Barr trabaja sus exposiciones como un auténtico diccionario. Son exhaustivas, grandes. Si una de las directrices que entran en juego en el comisariado es cómo establecer narrativas a través de los espacios, narrativas que recorremos con el cuerpo, en las que los ojos son también cuerpo, en las que hay una dimensión física, una dimensión que Duchamp intentaba fortalecer o destacar en sus exposiciones a través de madejas de cuerdas o hasta con el olor a café que llevase la experiencia de la visita a lo físico, cuesta imaginar cómo en algunas grandes exposiciones se manejan tal cantidad de datos. ¿Cómo tener en la cabeza los enormes pasillos del Arsenale en la Bienal de Venecia? ¿Cómo pensar los kilómetros de salas del MoMA? ¿Cómo organizar la exposición, la narrativa, más allá del metro y medio de altura y las paredes blancas?

En los años treinta, la investigación, la búsqueda y la erudición de las exposiciones de Barr le convertían en un oráculo para algunos.

Barr el oráculo. Annie Cohen-Solal, en la biografía de Leo Castelli, *El galerista*, recupera una de sus entrevistas y recuerda la fascinación que le produjo:

–El día en que conocí a Alfred Barr fue uno de los más importantes de mi vida. –Fue en marzo de 1941. Annie Cohen-Solal señala el énfasis con el que habla Castelli, en su inglés atropellado con acento italiano–. Darme cuenta de que no sabía nada de arte hasta que llegué allí me dejó perplejo. Estaba deslumbrado. Alfred Barr presentaba una enciclopedia del arte europeo inconcebible para ningún museo europeo de la época. Allí había surrealistas franceses, expresionistas alemanes y futuristas rusos, todos codo con codo. A diferencia de lo que ocurría en Francia, además de la enorme colección de impresionistas galos podías encontrarte a artistas de otros países completamente desconocidos en Francia, cuya obra (como la de los expresionistas alemanes) había dado origen a muchas corrientes posteriores.

Los ojos avispados de Leo Castelli, un hombre pequeño, flaco, con trajes impecables, de comidas frugales pero exquisitas, están dispuestos a absorberlo todo. Es impresionante el retrato que hace su biógrafa. Es vívido. Uno puede oír su acento, sentir el humo constante de sus cigarros, saborear sus comidas (*stracciatella alla romana, piccata al limone* y una ensalada), ver su detenimiento frente a las obras de los artistas, descifrar las palabras que salen de su boca como una metralleta. También el peso del dinero guardado en fajos en un cajón de su despacho o en billetes grandes en su cartera de piel. El dinero, esa obsesión tan americana que Leo adquiere con facilidad. Annie Cohen-Solal señala su capacidad de absorción de información y su sensibilidad. No puede ser de otra manera. También el buen gusto, al comer, al vestir, al beber, al amueblar su casa, al rodearse de amigos o al escoger artistas. Una de las cosas que más sorprende es que Leo Castelli, el galerista, y este es el título de su biografía, como si no hubiese otro o fuese el modelo, el galerista modelo de galerías, por el que pasaron expresionistas abstractos, artistas minimal, pop, conceptuales, abrió su primera galería cuando ya tenía cincuenta años. Parecería como si no hubiese tenido tanto tiempo para conseguir ser un mito del arte contemporáneo, o como si fuese demasiado tarde para triunfar. A esa edad, Duchamp ya había decidido que pasaba a un segundo plano.

Y luego estaba Ileana, su mujer. Siempre había estado ahí. Así lo recuerda, en la biografía de Leo Castelli, Barbara Jakobson, coleccionista y miembro de los comités de varios grandes museos estadounidenses. Literalmente dice que Ileana estaba al fondo de la galería. Y la define como coqueta, encantadora y tímida, luminosa y excéntrica al mismo tiempo. Recuerda un «vestidito» negro. Es curiosa la definición de Ileana. Podría ser la definición de la propia Barbara Jakobson, vestida también con un vestido negro muy recatado, zapatos austeros pero extraelegantes (seguro que Mario descubriría la firma, hay que estar en el ajo para poder hacerlo), el pelo oscuro en un corte recto que parece partirle el cuello largo en dos, solo un collar de brillantes llama la atención, se la ve delgadísima, frágil, estrecha de hombros, en la esquina de un gran sofá de terciopelo que parece que la esté engullendo, está seria esbozando una muy leve sonrisa y mira a cámara, a la cámara de Robert Mapplethorpe, siempre con esa capacidad para retratar en profundidad.

Annie Cohen-Solal recuerda e insiste en que la galería era una iniciativa de ambos, de Leo e Ileana. Pero necesita corroborarlo. Y para atestiguarlo recupera una entrevista en la que Leo también afirma que la galería es un proyecto conjunto aunque lleve únicamente el nombre de él:

–Sí, Ileana andaba por allí. Pasamos unos años verdaderamente duros entre el final de la guerra y el momento en que creé la galería.

A decir verdad, lo corrobora a medias. Él creó la galería y ella andaba por ahí.

Andaba por ahí en el piso que compartían en la calle 77, delante del Central Park. Andaba por ahí preparando la cena. Frugal seguramente. Fue la última que le sirvió. No pudo más. Otra queja más y estalla. Como si estuviese de moda estallar. Como si recordase a Pollock el día de Acción de Gracias en compañía de Hans Namuth. O como si recordase a Marlon Brando en *Un tranvía llamado deseo*. Al igual que ellos, tiró del mantel y arrojó toda la comida al suelo.

Sucedía un día frío de invierno a principios de 1959. Un día largo e intenso para Ileana. Había viajado a Atlanta en avión para ratificar la compra de un terreno. Según las leyes del estado de Georgia, una mujer blanca, libre, mayor de veintiún años y que poseyera tierras podía divorciarse de su marido sin necesidad de consentimiento. Así lo hizo Ileana: compró un terreno, se divorció y, según la biografía de Leo, en el camino del aeropuerto revendió la propiedad. Al llegar a casa sirvió la cena, arrastró el mantel y le planteó la cuestión:

–Olvídate, Leo. Ya no soy tu mujer. Hoy me he divorciado.

Poco después se casó con el galerista Michael Sonnabend, según la tradición americana cambió su apellido y trabajó en la nueva galería de ambos.

Para Leo la explicación era sencilla:

–Tuvo una especie de depresión en aquella época.

Ileana y Leo habían pasado más de veinticinco años juntos, él tenía veintiséis y ella diecinueve cuando se casaron, habían emigrado desde Italia a Estados Unidos; en un inicio, Leo había usado prósperamente el dinero familiar de Ileana y, finalmente, después de mucho tiempo trabajando en el sistema del arte hacía solo dos años habían abierto la galería. Leo tiene cincuenta años y todo ha cambiado.

También la admiración de Leo Castelli por Alfred H. Barr. Las tornas se han cambiado. Las relaciones son así. Van y vienen. Las amistades coinciden y luego desaparecen. Y está la intuición. ¿Quién tiene la intuición? Nuria Peist, en el *El éxito en el arte moderno*, ha reflexionado sobre los círculos de reconocimiento: las amistades, los prescriptores, la institución. Y luego están las conversaciones, lo que se murmura, lo que se habla, las redes de conocimiento que se montan a través del compartir observaciones. Ahí cada uno tiene su momento. No sirve para siempre. A veces se tiene la intuición y se ve, se observa, podrías asegurarlo, lo aseguras... Otras se pierde el ojo, la perspectiva o te pilla con el pie cambiado.

Barr había tenido la intuición en aquel esquema. Le había faltado poner los últimos nombres. Desde la distancia es más fácil. Vemos el esquema de Barr y fácilmente allí donde como resolución de todo, como destino final al que desembocan todos los caminos posibles a través de las vanguardias, él sitúa el «arte abstracto no-geométrico» y el «arte abstracto geométrico» ahora podríamos poner los nombres, podríamos poner a Pollock y a Rothko como opuestos. Todo llevaba a uno o al otro, aunque Barr todavía no podía saber quiénes eran, de hecho, entonces, en 1936, cuando inauguró *Cubism and Abstract Art*, apenas habían empezado a pintar.

Y tarda en poner los nombres. Una vez más, a través de Leo Castelli, Annie Cohen-Solal lo explica muy gráficamente. Explica cómo Leo le devuelve la pelota a Alfred, cómo le enseña fotografías de Pollock, Kline o De Kooning y el director del MoMA anota concienzudamente el nombre de cada uno en el dorso. «Si había sido el norteamericano Barr quien había elaborado el discurso del arte europeo y había guiado a Castelli durante su tardío aprendizaje, ahora era Castelli, el europeo, quien iniciaba a lo grande a Alfred H. Barr, más tardíamente aún, en el nuevo espíritu de los pintores norteamericanos y quien le presentaría a toda una red de artistas locales completamente desconocidos para el director del MoMA», escribe Annie Cohen-Solal. Leo recuerda la conversación en una de tantas veces que ambos han quedado. En esta ocasión, lejos del MoMA y las galerías del *uptown* como la suya. En un bar de Greenwich Village, al lado de la universidad, bajo un edificio de apartamentos muy alto, tanto como el que compartían Ana Mendieta y Carl Andre años después y que casualmente está en la esquina opuesta. El Cedar Tavern es un local de copas con una barra larga, mesas instaladas entre sillones enclaustrados en cubículos y la característica entrada de muchos bares estadounidenses bajo un toldo redondo. Es un local que frecuentan desde Jackson Pollock, los De Kooning, Robert Motherwell o Franz Kline hasta Allen Ginsberg o Jack Kerouac. Tal vez la historia del arte sea una historia de los bares: los fumaderos de opio donde acudían Picasso y Braque; Els Quatre Gats de Romeu y Casas; Chez Moineau, que frecuentaban los situacionistas; el de Francis Bacon y los Young British Artists; el Cedar Tavern en Nueva York en los cincuenta, como el Mudd Club en los ochenta; o en Barcelona, de carrerilla, los desaparecidos Ginger y Club 13, y el Belvedere, Berlanga, Caribbean Club... También podría ser una historia de las bebidas: desde la absenta al gin-tonic pasando por el bourbon que se consumía en los cincuenta en lugares como el Cedar Tavern. Phillip Barcio recuerda ese bar de Manhattan en el bloc *IdeelArt [The online gallerist for contemporary abstract art]* y hace un resumen de sus noches:

> Si tiene suerte, esta noche será testigo de lo bueno, lo malo y lo feo: lo bueno representado por Elaine de Kooning hundiendo a un colega masculino en un debate, demostrando el ingenio superior que perfeccionó para competir en el campo del arte misógino; lo malo demostrado por un pintor desconocido, demacrado y desesperado que apenas evita el hambre comiendo sopa de tomate improvisada mezclando paquetes de kétchup con agua del grifo; lo feo tal vez interpretado por Pollock gritando insultos homófobos a un artista gay, o por un surrealista haciendo una escena porque alguien se negó a intercambiar esposas por la noche. Tal vez suceda algo épico, tal vez esta sea la noche en que Pollock arranca una puerta de sus goznes y se la arroja a alguien –se nos está haciendo muy cansino lo suyo ya–. O, más probablemente, esta será una de los miles de noches completamente ordinarias, tranquilas y sombrías en el Cedar, cuando no sucede casi nada perceptible para un extraño, excepto una conversación mesurada entre humanos que aspiran a ser mejores de lo que son.

Quién sabe si aquel galerista y aquel director de museo aspiraban a ser mejores de lo que eran.

Hay muchas fotografías del interior del Cedar Tavern en esos años. Más que el alboroto que narra el artículo de *IdeelArt* se intuye cierto jolgorio. Un jolgorio más por aglomeración de personas que por otra cosa. Comparable al de las fotografías del bar de los situacionistas, y menor que el desfase que se intuía en las fotografías de Damien Hirst, Sarah Lucas y Tracey Emin en el Colony Room de Londres. Y sí hay muchas fotografías de gente charlando, de esas noches ordinarias, tranquilas y sombrías. Muchas son indiscretas. Es decir, nadie posa, sino que documentan de manera anónima, oculta, como un fotógrafo fisgón, lo que ahí sucede. En una de ellas comparten mesa Barnett Newman y Clement Greenberg. Hay una tercera persona de espaldas, también sentada con ellos. No se miran. Están serios. Barnett Newman dirige su mirada hacia abajo, Greenberg observa alguna cosa en el otro extremo del bar.

Seguro que allí también Leo se encontró en muchas ocasiones con Greenberg. Y conversaron. Castelli recuerda con precisión una conversación, aunque no especifica dónde. Recuerda como el crítico americano le dijo:

–Te voy a enseñar lo que está pasando aquí, lo que están haciendo los jóvenes artistas estadounidenses.

Greenberg le presentó a Arshile Gorky y a Jackson Pollock, De Kooning, Robert Motherwell, Franz Kline... Tal vez allí mismo, en el Cedar Tavern, entre copas de bourbon, algunas noches en dosis excesivas, mal digeridas, con poca comida en el estómago que haga esponja, que generan situaciones violentas, impulsivas, como la nueva pintura americana. Tal vez ahí, en medio del meollo, le dieron fotos de pinturas que estaban acabando, de cuadros que Leo había visto en algún taller y que necesitaba para recordarlas o, tal vez, se las dio el propio Clement Greenberg. A Alfred H. Barr le habría reventado saber que aquellas fotos en las que él escribía el nombre del artista meticulosamente en el dorso podrían haber sido de Greenberg, al que no soportaba.

«El arte moderno, decía Barr, es casi tan variable y complejo como la vida moderna», cita Fernando Castro Flórez en uno de sus vídeos sobre teorías del arte en YouTube, en concreto en el titulado *Barr: la definición del arte moderno.*

A pesar de que aquel esquema del catálogo del MoMA parecía muy cerrado en su final, a pesar de los misiles, en esa declaración que recupera Fernando, Barr parece que entiende el arte desde la complejidad. Tal vez me he equivocado al centrarme en el final que solo da dos opciones: «arte abstracto geométrico» y «arte abstracto no geométrico». Debería haber prestado atención a la maraña de líneas de influencias entre artistas y movimientos. Sobre todo a aquel dibujo original, antes de pasar por el diseñador, que proponía ni un esquema ni un mapa, más bien una confluencia. Ahí se delata esa concepción del arte como algo variable y complejo. Y esa es la principal diferencia con Greenberg, que este último no admite desviaciones. Por ello, unos capítulos atrás, te proponía leer *Vanguardia y kitsch* al revés y que fuese un texto desviado, un texto trans, para evidenciar su dirigismo.

Cuando Thierry de Duve escribe *Clement Greenberg entre líneas*, lo hace preguntándose qué podría rescatar del crítico más allá de su carácter doctrinario. Ese carácter doctrinario de Greenberg es indiscutible, para De Duve es una premisa. Pero busca más allá. El libro de Thierry de Duve es muy inteligente. Admite que Greenberg es doctrinario, es la premisa, pero dice que en realidad habría que pensar que eso es solo la forma, que podríamos rescatar la actitud. Y cuando se refiere a «actitud», quiere destacar aspectos como el uso de la opinión o el posicionamiento que más allá de Greenberg han caracterizado a la crítica de arte. También la voluntad por debatir. De Duve debate con él públicamente, en Ottawa, en 1987.

La edición inglesa de *Clement Greenberg Between the Lines: Including a Debate with Clement Greenberg* reproduce una imagen del encuentro en la portada con los dos sentados tras una mesa de debate. De hecho, toda la cubierta está ocupada por Greenberg, De Duve solo aparece en la continuación de la foto en el lomo y la contraportada, en la que se superponen las notas biográficas e información de la publicación. Obviamente, en esa fotografía, Greenberg está muy mayor, tiene setenta y nueve años, está delgado y destacan las grandes gafas que no lleva en imágenes anteriores. Tal vez las usaba y se las quitaba para las fotografías o tardó mucho en utilizarlas y opuso cierta resistencia coqueta. Por lo menos hay dos imágenes de Greenberg que muestran cierta coquetería. Son de las fotografías más reproducidas del crítico. En la primera, de 1974, de Cora Ward, está de espaldas concentrado frente a una pintura de Kenneth Noland. Es cierto que está de espaldas. Pero Greenberg posa: las manos en las caderas, el cuerpo un poco contorsionado, la cabeza apuntando a los círculos concéntricos de la pintura. Kenneth Noland le había regalado una obra semejante que había expuesto en la Bienal de Venecia de 1964 con la aclaración en la cartela que era un regalo para Greenberg. Esa pintura también aparecía en una foto de un año antes para la revista *Vogue* ilustrando el interior del despacho de un crítico, estaba justo encima de su mesa. La fotografía, como no podía ser de otra manera, era de Hans Namuth. La segunda imagen de Greenberg coqueto es de Arnold Newman. En esta mira de tres cuartos a la cámara mientras sostiene su cara con la mano derecha, el dedo índice estira las arrugas del ojo mientras que el pulgar encaja bajo la barbilla presionando la papada. Es una pose prototípica para evitar aparecer fotografiado con arrugas y papada. Me llaman la atención esas dos fotos, como si incluyesen un factor humano en la férrea visión del crítico. O como si diesen la razón a De Duve cuando intenta mirar bajo la superficie doctrinaria para encontrar otros aspectos.

Por su parte, Donald Kuspit, en un artículo sobre la relación entre Pollock y Greenberg en *Artnet*, detecta con los años cierto arrepentimiento en el crítico americano. Recuerda un fragmento de una entrevista de 1969 en la que, según Kuspit, parece pensar en Pollock y su accidente, en lo que creían de jóvenes. Greenberg reflexiona sobre la vida:

–Hay, por supuesto, cosas más importantes que el arte: la vida misma, lo que realmente te sucede. Puede parecer una tontería, pero tengo que decirlo, teniendo en cuenta que lo he escuchado de la gente tonta del arte toda mi vida. Si tienes que elegir entre la vida y la felicidad o el arte, elige la vida y la felicidad. El arte no debe sobrevalorarse. Lo bueno y lo miserable de los seres humanos va primero. Deploro la tendencia a sobrevalorar el arte.

El arte ya no es el objetivo final para Greenberg el doctrinario, primero está la vida. Al menos entonces. Robert Filliou contestará a la misma cuestión con una frase un poco más sofisticada: «El arte es aquello que hace que la vida sea más interesante que el arte». No se trata de que una cosa excluya a otra. Hay capas. Es más rizomático. Más francés. Como si el arte en realidad fuese una excusa para salir, relacionarse, hacer amigos, charlar, pelearse, debatir, dialogar y, en fin, tener vida.

En Ottawa con Thierry de Duve, Greenberg es dialogante. Parece que le encanta debatir. Y es hábil. Listísimo. Se escapa por la tangente. Mantiene intacto el instinto. Cuando le pregunta por Duchamp, Greenberg contesta que lo suyo no eran obras de arte sino obras de teoría del arte. Lejos de la complejidad de Barr, siempre hace esfuerzos para que las cosas encajen. Y si no encajan las hace encajar.

En 1944 visita con Jackson Pollock la galería de Peggy Guggenheim en Nueva York, Art of This Century. El documental *Peggy Guggenheim: Art Addict* traza el semblante de una personalidad compleja: de las huidas de la coleccionista de Europa a causa de la guerra, de lo que deja atrás, de la conflictiva relación con los hombres, de sus perros, de la relación con los artistas, de una cierta excentricidad, del complejo con su físico y de la fuerza de voluntad o el autocastigo, cuando al operarse la nariz para intentar corregírsela le hacen un desastre aún mayor decide no volverlo a intentar, dejarla tal cual, castigarse por haber sido tan presuntuosa; también el documental muestra su pasión por el arte, cómo ha pasado a estar en el centro de su vida, a ser un espacio habitable, una escapatoria, una excusa para hacer de la vida algo interesante. Su galería de Nueva York no es un *white cube*. La ha diseñado un amigo de Marcel Duchamp con el que colabora en múltiples ocasiones, Frederick Kiesler. En 2014, La Casa Encendida de Madrid le dedica una exposición y reproduce en una de las salas su diseño para la galería de Peggy Art of This Century: las paredes son curvas, los cuadros sobresalen de la pared y quedan como flotando en el espacio, las luces son cambiantes y siempre hay música que acompaña a las exposiciones. Es la sala surrealista. En la sala cinética ha instalado un complejo sistema móvil para ver aleatoriamente piezas de la *Boîte-en-valise* de Marcel Duchamp. En la sala abstracta, las paredes están ocupadas por lonas de color que crean una superficie tensa, mientras los cuadros cuelgan de unas estructuras flexibles del techo. Pollock expone allí en 1943. Peggy aprovecha para encargarle un gran mural para la entrada del edificio en la calle 61 Este, donde se ha mudado a la planta baja. Duchamp sugiere que, mejor que un mural, pinte un cuadro grande, así podrá moverlo. Y Peggy estipula un sueldo por la realización del cuadro/mural como un encargo. Cada mes le paga para que avance. Se ven y hablan mucho porque parece que Pollock no avanza. Peggy no aguanta más. Febrero es la fecha límite.

El mural es enorme. Mide seis metros de largo y casi dos y medio de alto. Ocupa toda la pared de la entrada. Peggy posa con sus perros en el regazo acompañada de Pollock, el mural de fondo. La pintura ocupa toda la superficie del cuadro en una serie de trazos verticales de color amarillo, verde, azul, ocre... Parecen representar olas o una aglomeración de personas o un Picasso más próximo a la abstracción de lo que estaba el pintor del *Guernica*. Es una pintura intensa y con movimiento. Tal vez podemos hablar de all-over, el ocupar todo el espacio pictórico en una especie de *horror vacui*. Pero no podríamos decir con decisión que es una pintura abstracta. Tampoco podemos hablar de dripping, ni chorreo ni goteo abstracto. Pollock aún no ha visto nada de eso. Ni Greenberg, que alucina con el mural de casa de Peggy.

De hecho, ven dripping y all-over y abstracción poco después. Es en esa visita conjunta un año más tarde a las salas de Art of This Century, en concreto a la sala de la abstracción. Ven cuadros no muy grandes hechos de chorretones de pintura, con colores vivos, que ocupan todo el espacio pictórico en una maraña continua que no deja huecos en los que respirar. Entre la maraña de trazos, grumos y pintura lanzada a brochazos a veces aparece alguna cara, como en los cuadros de Max Ernst. Greenberg recuerda aquella visita:

> Jackson se había fijado en una o dos pinturas curiosas de una pintora primitiva, Janet Sobel, que era, y sigue siendo, ama de casa en Brooklyn. Pollock y yo admirábamos estas imágenes más bien furtivamente. Mostraban pequeños dibujos esquemáticos de rostros casi perdidos en una densa tracería de finas líneas negras que se extendían por encima y por debajo de un campo moteado de color predominantemente cálido y translúcido –esta capacidad para describir con precisión es lo que fascina a Thierry de Duve–. El efecto fue extrañamente agradable: realmente fue el primer all-over que había visto, hasta la exposición de Tobey que llegó meses después. Más tarde, Pollock ad-

mitió que estas imágenes le habían impresionado. Aunque él había anticipado su propio all-overness en un mural que hizo para Peggy Guggenheim a principios de 1944.

Hay una fotografía en la que aparece Janet Sobel con cincuenta años tirada en el suelo sobre una manta con un cuadro delante de ella también en el suelo mientras, efectivamente, aplica pintura con una brocha. Pero las suyas solo eran pinturas curiosas, primitivas, de un ama de casa, madre de cinco hijos en Brooklyn, que sirvieron de inspiración a Pollock. Hay que prestar atención a la adjetivación que le aplica Greenberg: un ama de casa «primitiva». Y a la manera en la que puntualiza que sirvieron de inspiración. ¿Qué podía hacer la buena de Janet sino retirarse a su casa en Brooklyn y dejar que otro continuase su trabajo? Otro que lo tenía todo encarrilado. Así encaja todo mejor. Se trata siempre de que encajen las piezas: las del arte al servicio de la libertad creativa, testosterónica, masculina, hetero; como las del arte al servicio de la revolución... y las del arte degenerado.

Las filmaciones de la época muestran colas multitudinarias de gente esperando para entrar en la exposición en Múnich en julio de 1937. También salas abarrotadas. Aunque nadie habla. Pasean y observan. Goebbels, con gabardina larga y las manos cruzadas en la espalda, camina entre las salas de *Entartete Kunst* (el arte degenerado). Siempre con esa pose altiva propia de fachas, nazis y demás. Sonríe levemente, aunque contrasta su pose respetuosa con las paredes llenas de cuadros torcidos o en el suelo. Los Max Ernst, Klees, Max Beckmann, Chagall, Kandinsky se ven apelotonados en las paredes, unos pegados a otros, entre textos de sala y cartelas que indican y ayudan al visitante: ESTA ERA LA INCOMPETENCIA Y EL DESCARO RECONOCIDOS; ¡LA INCOMPETENCIA Y LA IMPERTINENCIA SON LAS CARACTERÍSTICAS DE LA LEY JUDÍA!; ASÍ VEÍAN EL MUNDO LOS CHARLATANES,

JUDÍOS, LOS MAESTROS DE LA DECADENCIA PAGADOS CON LOS IMPUESTOS DEL PUEBLO TRABAJADOR ALEMÁN. Otra vez el dinero utilizado con argumentos morales, siempre eficaz para la demagogia antiarte. Todos estos textos se distinguen en las fotos de la exposición en letras góticas, nunca rectas, formando curvas, rodeando los cuadros. Es también una alternativa al *white cube*. En el cartel de la exposición, bajo el rubro de *Entartete Kunst*, un subtítulo aclara el contenido de la muestra por si hay dudas: «Exposición de arte bolchevique y destrucción judía». Diez años antes, Paul Schultze-Naumburg, en *Arte y raza*, resumía la tesis de la exposición: «El arte moderno es el resultado de la degeneración y corrupción de las razas».

También aparecen con la mirada altiva, deleitándose en el paseo, Goebbels o Hitler por la exposición némesis de *Entartete Kunst*, en la inauguración de *Tag Der Deutschen Kunst* (El gran arte alemán) un día antes en la Casa del Arte Alemán. Pasean entre esculturas neoclásicas, pinturas con paisajes, retratos, retratos ecuestres, escenas bélicas, desnudos varoniles... o acuarelas como las que había pintado Hitler en Múnich cuando era estudiante de arte antes de la Primera Guerra Mundial y frecuentaba los bares a los que van los artistas. No fue admitido en la escuela de Bellas Artes. También en Múnich estaba Marcel Duchamp. No se sabe muy bien qué hacía. Solo estuvo tres meses en verano de 1912. El artista Rudolf Herz desarrolló un proyecto para celebrar el centenario de la estancia de Duchamp en Múnich con el título: *Marcel Duchamp. Le Mystère de Munich*. El también artista Kendell Geers destina en una conferencia de más de cuatro horas a, entre otras cosas, demostrar que Duchamp era un espía. Sobre el misterio de Múnich especula con que aquel acuarelista mediocre con un bigotito ridículo y el autor del *Nu descendant un escalier* coincidieron en la capital bávara. Una ciudad pequeña, con algún bar en el que se reúnen los estudiantes de arte y los artistas a beber cerveza. Para Kendell Geers está claro que tuvieron que encontrarse. Y se pregunta de qué demonios hablarían ese dibujante y acuarelista conservador y el tipo francés con sonrisa irónica que quería acabar con la pintura y el arte.

Años después, en Múnich, Hitler se pasea entre grandes obras de arte alemán. Los espacios son diáfanos, las paredes blancas, no hay textos ni elementos que enturbien la delectación de las obras, hay un silencio respetuoso.

En apenas tres años, tres momentos hacen una evaluación de lo que han sido las vanguardias y proponen soluciones y modelos para mostrar arte; también delimitan el espacio ideológico del arte.

En sentido inverso.

1937: el arte degenerado de los nazis parte de la evaluación de que, efectivamente, el arte de las vanguardias ha sido cosa de comunistas, revolucionarios, judíos, homosexuales; su evaluación es profundamente ideológica, ha sido un arte contrasistema, frente a ello oponen formas de arte y, sobre todo, de exposición ordenadas, blancas, silenciosas, concentradas, apartadas del desfase de una exposición caótica.

1936: Alfred H. Barr revisa el arte de las vanguardias en el MoMA y lo hace afirmativamente, pero sobre un fondo blanco, como especulación formal, de respuesta de unos a otros, apartado de la ideología.

1934: la Unión de Escritores Soviéticos evalúa el arte de las vanguardias como fallido, corrupto, individualista y cómplice del burgués, un elemento del capitalismo, y opone cuadros serenos, inteligibles, de colectivos, nada que ver con la confusa propuesta emancipadora de Malévich, que hacía una evaluación distinta de la situación y fracasaba.

Dos evaluaciones en negativo y una en positivo. Las negativas: una subraya el fracaso del arte en la revolución; la otra afirma su carácter ideológico (las vanguardias han sido *queer*). La positiva resta el valor ideológico, Malévich ya no es un guía, sino un hacedor de obras de arte únicas dispuestas a ser admiradas, como si diese la razón a los rusos quitándosela a los nazis. Siempre la confusión como método. El precio de la reivindicación de las vanguardias será quitarle el peso ideológico *queer* para afirmar su carácter individualista, portador de la libertad en la sociedad burguesa, en el capitalismo.

En *De cómo Nueva York robó la idea de arte moderno*, Serge Guilbaut profundizaba en el uso ideológico del arte como portador de la idea de libertad. Que eso había sucedido patrocinado gubernamentalmente. Y en esa concepción del arte como expresión de la libertad individual también quedaba desplazado el entendimiento de las prácticas artísticas como un espacio de conflicto. El conflicto implica una idea menos utilitarista, más en relación con el espíritu dadá de crear desde el conflicto, de destruir el esquema de mundo, cambiar el arte para cambiar la vida. En el libro de Guilbaut, no solo el título, el subtítulo es muy claro en sus intenciones: «Expresionismo abstracto, libertad y Guerra Fría». La cubierta de la actual edición francesa del libro incluye una fotografía del interior del Museo Guggenheim de Nueva York. Es una imagen pequeña, apenas se distinguen cinco visitantes y tres de las rampas curvas que recorren el museo diseñado por Frank Lloyd Wright. Un museo pensado para esa visualidad concentrada en la que ni siquiera complejos pasadizos y escaleras enturbien la visita, para deslizarnos desde el piso de arriba por las rampas recorriendo salas y al final salir centrifugados por la tienda. Obviamente hay un componente ideológico en relación con el contenido en esa imagen de portada. Menos *arty* pero también evocadora es la portada de la edición española. Incluye una vista de Manhattan desde dentro del puente de Brooklyn: una mención explícita al Nueva York del título. La portada de la edición inglesa es más compleja en sus referentes. También es más confusa o barroca. De hecho, incluye dos imágenes. La imagen de fondo en tonos azules está pixelada, pero parece que se corresponde con la nube de una bomba o una explosión. Implicaría una doble referencia hacia delante y hacia atrás: primero, el peligro atómico ligado a la Guerra Fría como tema del libro; y en avance se relacionaría con la exposición *Bajo la bomba* comisariada por el propio Serge Guilbaut en el MACBA en 2007. La otra imagen muestra un gran panel con cientos de soldados fotografiados y, sobre el panel, fotografías de familias americanas. Pertenece a una vista de *Road to Victory* en el verano de 1942 en el MoMA de Nueva York. Una exposición obligada, contextual, motivadora, política, forzada y de guerra: se inauguró seis meses después del ataque a Pearl Harbor, con el inicio de la implicación de Estados Unidos en la Segunda Guerra Mundial. Edward Steichen, comisario de fotografía del museo, había colocado murales y fotografías por todas partes: de militares preparándose para la guerra, escenas rurales, indios americanos, el Gran Cañón, búfalos, bosques de secuoyas, campesinos recogiendo paja mirando altivos al sol, hombres en una ganadería, grandes prados, el interior de una casa, chicos en un bar, familias comiendo, gente en un cine, fábricas, torres de comunicaciones... Una loa al esfuerzo colectivo, una llamada a la guerra desde el MoMA. El espacio del arte como elemento de guerra, claramente ideológico y propagandístico, sin subterfugios. Una exposición que apela a la emoción, al sentimiento colectivo... Describe el paisaje humano de Estados Unidos.

Años más tarde, siete enormes pantallas ovaladas flotando bajo una cúpula acristalada muestran imágenes aéreas de cruces de autopistas al amanecer, grandes extensiones de campos, bosques, playas y granjas, casas, calles, familias desayunando, hombres dirigiéndose al trabajo y niños a la escuela... La voz en off de Charles Eames describe la vida en Estados Unidos y resuena en el auditorio del parque Sokolniki de Moscú. *Glimpses of the U.S.A.* es el montaje que han preparado Charles y Ray Eames como una parte de la American National Exhibition en la capital soviética que inaugurará Richard Nixon, entonces todavía vicepresidente de Estados Unidos.

Hay una fotografía en la que Ray Eames, a la que Charles saca una cabeza, escoge sobre una mesa de luz una diapositiva. Parece que las está organizando, forman parte del montaje, de la narrativa de las dos mil doscientas fotografías que se proyectan siguiendo una línea argumental en *Glimpses of the U.S.A.* Charles, a su lado, sujeta con despreocupación las gafas y mira hacia otro lado. Ray está concentrada y sonríe, su cara mantiene un rictus de sonrisa.

También cuando aparece en el programa *Home* de la NBC presentado por Arlene Francis. Arlene aparece tras mostrar una silla de Eames colgando de un hilo transparente flotando en el espacio. Su voz comenta como esa silla se ha convertido en un objeto clásico en los hogares estadounidenses y ahora se exhibe en el MoMA. Se abre el campo dc cámara y muestra el plató de televisión con más sillas. Arlene, rubia con el pelo ondulado en media melena y un vestido entallado hasta la cintura con una falda de vuelo, saluda a Charles Eames, que aparece por la derecha, le felicita, le coge la mano y empiezan a charlar. Enseguida Arlene señala que el señor Eames está hablando de sus proyectos en plural, que ha dicho «nuestros proyectos». Así que presenta a la persona que incluye ese «nuestros», que anuncia que, como siempre, detrás de todo gran hombre hay una gran mujer. Ray entra en el plató y Arlene continúa hablando para cederle la palabra anunciando que «Ray nos va a explicar cómo ayuda a Charles».

Ray mantiene la sonrisa. Intenta disimular diciendo que hay mil cosas que hacer en el estudio para inteligentemente desviar la respuesta hacia el trabajo, lo complejo de gestionar una dimensión crítica de la realidad desde los diseños, de verlos críticamente y ocuparse de una gran oficina. Pero Arlene resume sus palabras, las traduce:

–¡Lo importante que es en una vida familiar tener una visión crítica del trabajo de tu marido! Así él puede mejorar –concluye Arlene. Charles mira distraídamente. Ray sonríe incómoda–. Ahora Charles nos comentará algunas de las sillas. Ray, dejaremos que Charles lo haga. –Le indica que salga. Y ella se retira–. Ya se lo dije, siempre hay una mujer detrás del hombre.

Ella ha quedado fuera.

LONGITUD. ANCHURA. ESPESOR. DURACIÓN / COPIAR Y TRANSFORMAR

Tom Cruise se aferra a una silla de ruedas mientras es zarandeado entre una multitud. Una periodista se abalanza para colocarle un micrófono en la boca. El aspecto del actor se aparta del esquema de joven apuesto que le había caracterizado. Lleva el pelo largo a pesar de unas entradas incipientes que anuncian calvicie, un bigote que se extiende por debajo de la línea de los labios y viste una chaqueta militar desgastada pero llena de medallas. Tom Cruise interpreta al activista contra la guerra del Vietnam Ron Kovic lanzando proclamas y arengas contra la intervención militar. La escena pertenece a la película *Nacido el cuatro de julio* de Oliver Stone y retrata un momento de las manifestaciones contra la intervención en Vietnam durante la convención republicana de 1972 en la que Nixon será elegido candidato. En el exterior ha habido altercados entre la policía, los asistentes a la convención y los manifestantes. Acuden desde la concentración en Flamingo Park, donde la policía ha cargado contra ellos, y ahora han conseguido llegar hasta las puertas del Miami Beach Convention Center.

El Miami Beach Convention Center solo está a cinco minutos caminando de la playa, entre los característicos edificios de un par o tres de plantas de Miami Beach, todos con reminiscencias art déco, como los clásicos que hay en South Beach al final de la Española Way. Un recorrido habitual para los visitantes de la Miami Art Basel, instalada allí como una franquicia de la feria de arte suiza desde 2002. Recuerdo el buen clima en Miami en diciembre, el final de un concierto de Iggy Pop en la playa, una fiesta en torno a la piscina del recién inaugurado SLS Hotel diseñado por Philippe Starck y cenar cocodrilo en una terraza en el último piso por encima del Convention Center; con más artistas y críticos descolocados buscando el próximo lugar en el que pillar algo de fiesta, comida o copas gratis; entre galeristas con cara de agotados ávidos de ventas y ricos coleccionistas latinoamericanos enfundados en americanas coloridas, en las que se detecta un abultamiento de fajos de billetes de dólar, sobre una camiseta color pastel, aquí hace calor y no es necesaria la camisa ni la corbata, de tal forma que quizá no sean billetes lo que abulta en la americana sino pectorales inflados por una combinación de esteroides e implantes. Y todos mezclados con más buscavidas del arte a la caza de lo que sea deambulando por los mismos espacios del Flamingo Park, las zonas públicas cercanas a la playa y el centro de convenciones donde en 1989 Oliver Stone ambientaba una de las escenas centrales de su película.

En 1989, el mismo año en el que Oliver Stone filma *Nacido el cuatro de julio*, Abbie Hoffman ingirió ciento cincuenta píldoras de fenobarbital y dejó escrito: «Es demasiado tarde. No podemos ganar. Se han hecho demasiado poderosos». Abbie también había estado en las calles de Miami en 1972, aunque es conocido sobre todo por participar en las manifestaciones contra la convención del 68. Aaron Sorkin en *El juicio de los 7 de Chicago* recuerda el proceso judicial al que fue sometido y sus mofas constantes ante el juez. A finales de los ochenta se deba por vencido, no veía opciones. En su nota de suicidio resonaban ecos de la de su amiga Jean

Seberg, cuando en 1979 había dejado escrito que no podía más. La policía la encontró desnuda en la parte de atrás de un Renault cerca de su apartamento de la rue de Longchamp en París con una sobredosis de barbitúricos y media botella de agua. Como decía Abbie, se habían hecho demasiado poderosos, la habían minado desde el FBI, no le perdonaban su activismo, haberse involucrado con The Black Panther Party o haber colaborado con Abbie en la organización de un festival de cine político en Nueva York en 1968 y en la producción de un documental sobre el juicio de los Siete de Chicago en 1970.

Romain Gary, segundo marido de Jean Seberg, que a su vez fue su segunda esposa, de la que se había separado nueve años antes del suicidio de ella, tras la muerte de su excompañera salió a denunciar que había sido objeto de una persecución por parte del FBI. Jean habría sido perseguida por su relación con el activista Hakim Jamal hasta conducirla a un estado de psicosis. Una de las novelas de más éxito de Romain Gary fue *Perro blanco*, sobre la que Samuel Fuller dirigió una película homónima. La novela se inicia con los propios Romain Gary y Jean Seberg como protagonistas. Encuentran un perro blanco que cuidan y del que pronto se dan cuenta de que está amaestrado para atacar a personas con la piel oscura. El libro y la película son alegatos contra el racismo y se anticipan a toda una serie de acosos, enfrentamientos y abusos que van desde el asesinato de Martin Luther King, dos meses después de publicar la novela, hasta el #BlackLivesMatter, y entremedio los Motherfuckers o Abbie Hoffman.

Un año y pico después del suicidio de Jean Seberg, también Romain Gary se suicidó: el 2 de diciembre de 1980 en su apartamento de la rue du Bac se metió un revólver Smith & Wesson en la boca y apretó el gatillo.

–¿Qué le parece lo de envejecer? –le preguntaron en una ocasión.

–Una catástrofe –respondió contundente Romain–. Pero eso no me pasará a mí. Nunca. Imagino que debe de ser algo atroz, pero como yo soy incapaz de envejecer, hice un pacto con el señor ese de ahí arriba. ¿Lo conoces? Hice un pacto según el cual nunca envejeceré.

Sentido del humor y visionario. Lo tenía planeado como Hunter S. Thompson. Lo de envejecer no lo contemplaban. El suicidio estaba ahí presente como para otros muchos. Una reseña había calificado su libro *L'Angoisse du Roi Salomon* como una elaborada nota de suicidio. En otra ocasión, Romain Gary había escrito «la vida no es siempre la solución».

Romain Gary tal vez es el único suicida que al matarse se cargó a dos escritores al tiempo. A su lado dejaba el manuscrito del libro *Vie et mort d'Émile Ajar* (La vida y la muerte de Émile Ajar). Un librito corto. Confesional. En el que revelaba que él era también el autor que firmaba bajo el nombre Émile Ajar. La cosa curiosa es que había conseguido ganar el premio Goncourt como Romain Gary en 1956 por *Las raíces del cielo* y como Émile Ajar en 1975 con *La vida ante sí*. Un premio que solo se otorga en una ocasión a un mismo escritor. Aunque quiso rechazar el segundo, no pudo evitarlo. Su primo se hizo pasar por Émile Ajar en alguna ocasión. Algunos dicen que se sintió agobiado por el éxito de su *alter ego*. Una vez, en televisión, mientras se discutía sobre quién estaba detrás del misterioso autor Émile Ajar, alguien citó su nombre, pero enseguida quedó desmentido, se arguyó que era imposible, que el convencionalismo de Romain Gary no podía compararse con la brillantez de Émile Ajar. Mira tú por dónde, de un tiro se los cargó a los dos. Nunca conoces del todo a nadie, y menos si no lo has conocido. Me parece poco verosímil la teoría de unos posibles celos de un *alter ego*, es decir, celos de uno mismo, de ese yo que es otro. Romain Gary, un tipo que básicamente dijo medias verdades sobre su vida, o sea que ya vendió su vida como una ficción o como la de un personaje. Y que tuvo una especie de incontinencia de notas de suicidio: la que dejó escrita, alguna anticipada, el libro de memorias sobre Émile Ajar y la sentencia final del propio libro... «Me lo he pasado muy bien. Adiós y gracias.»

Ya lo ha dicho todo. No queda nada.

Lo ha disfrutado. No puede más.

Agradece.

Y se despide.

Al lado de su cadáver con una bala en la cabeza, una nota manuscrita enviaba a ese final del libro que también dejó a su costado:

> Para la prensa. Día D. Nada que ver con Jean Seberg. Se insta a los devotos desconsolados a buscar en otra parte. Obviamente, esto se puede atribuir a un ataque de nervios. Pero hay que reconocer que esto ha durado desde que yo era hombre y me ha permitido llevar a cabo mi obra literaria. Entonces: ¿por qué? Quizá deberíamos buscar la respuesta en el título de mi obra autobiográfica, *La nuit sera calme*, y en las últimas palabras de mi última novela: no lo podría decir mejor. Finalmente me expresé completamente.

En el día D se acordó de Jean Seberg.

Jean Seberg con una camiseta del *New York Herald Tribune* vendiendo periódicos y paseando por un bulevar parisino acompañada de Jean-Paul Belmondo, en plan macarra, en *Al final de la escapada*. Obviamente, son las calles de París en 1960 y, más que caminar, deambulan, se dejan llevar como a la deriva. Y hay algo del aspecto chuleta de Belmondo, de su pasar sin hacer nada, de la intensidad, que me recuerda a Debord. Cuando pienso en el París de los años sesenta, entre la aparición de los situacionistas de Guy Debord y los acontecimientos de mayo del 68, me vienen las imágenes de Guy bebiendo y compartiendo mesa con amigos en Chez Moineau o tirados en la calle abrigados y abrazados a una botella de vino, borrachos, a las que se suman las calles incendiadas de la Rive Gauche y un grupo de gendarmes apaleando manifestantes o intentando atrapar a Jean-Luc Godard mientras se zafa con fiereza. La fotografía de Gérard Leroux que muestra a Godard intentando librarse de la policía está entre las que documentan las revoluciones de 1968 en la exposición que rememora el cuarenta aniversario en los encuentros de la fotografía de Arles: *1968, quelle histoire! BARRICADES, EXPRESSION, RÉPRESSION.*

En 1972 eran las calles de Miami. Por Flamingo Park, la policía perseguía a los manifestantes. A Abbie Hoffman y los activistas contra la guerra como Ron Kovic. En *Nacido el cuatro de julio*, Oliver Stone mostraba a Tom Cruise caracterizado como Ron Kovic entrando en la convención republicana.

De hecho, esa escena estaba copiada plano a plano del documento que habían filmado el grupo de activistas, artistas y periodistas TVTV, las siglas de Top Value Television, bajo el título *Four more years*, para documentar todo lo que sucedió durante la convención republicana de 1972. La web de Media Burn. Independent video archive. Documentaries with a social justice lens ofrece una copia consultable en abierto del vídeo de TVTV, seguida de un índice preciso minuto a minuto de lo que acontece en la filmación, desde los primeros planos de los miembros de la convención gritando enloquecidamente el nombre de Nixon y la proclama «Four more years» para su reelección, hasta el momento de su proclamación como presidenciable, pasando por planos con jóvenes republicanos eufóricos y otros manifestándose en el Flamingo Park, por donde también anda el activista Abbie Hoffman, o la escena en la que Ron Kovic, dentro del palacio de congresos, desde su silla de ruedas, rodeado de republicanos y guardas de seguridad, grita:

–¡Dejad de bombardear! –Lo hace ya casi sin fuerzas, sudado, agarrándose como puede a su silla de ruedas.

El día ha sido agotador. Ron Kovic se ha manifestado por las calles de Miami, cuando las cosas se ponían feas en Flamingo Park le han subido a un coche y se ha plantado con su silla de ruedas en el centro de convenciones. Hay multitudes y es muy difícil abrirse paso entre los que acuden a la convención, por mucho que otros veteranos contra la guerra le apoyen y formen un grupo. Hay empujones y les increpan, intentan entrar en la convención pero no les dejan. Y ahí intervienen TVTV. A Ron Kovic y otros activistas les entregan sus propios pases de prensa. Es periodismo y activismo. Michael Shamberg, uno de los miembros de TVTV, habla de hacer televisión de guerrilla, de usar la tecnología para producir efectos sociales revolucionarios. Hay muchos elementos en común con los situacionistas en la reflexión sobre la utilización de los elementos de la sociedad del espectáculo para usarlos en su contra. También mucho en común con el periodismo «gonzo» de Hunter S. Thompson: el narrador metido en aquello que está explicando. Se trata de intervenir en la noticia, romper la separación, participar, nada de mantener una supuesta distancia, sino ser activistas desde el uso de la televisión. Así que, lejos de quedarse expectantes, entregan sus pases a los manifestantes, intervienen en la realidad. Los manifestantes y Ron Kovic jamás habrían conseguido entrar y alzar su voz ahí sin la complicidad de TVTV, que registran los hechos e intervienen al mismo tiempo que documentan.

La cámara de TVTV registra muchos primeros planos, parece que el micrófono salga desde nuestras propias manos. Es un intento muy literal de acercarse a la realidad. En la versión porno del «gonzo», el actor es también cámara, de tal manera que el espectador queda involucrado en la escena.

En *Four more years* las caras de los jóvenes manifestantes se ven muy próximas y la imagen de unas a otras, también la de Ronald Reagan, que se escabulle, mira con desprecio y continúa, o de Henry Kissinger, pillado a la salida de la convención según entra en un coche con chófer:

–¿Cómo puede ser que esté costando cuatro años llevar la paz a Vietnam? –le pregunta Maureen Orth.

–Porque es un problema muy complejo y no depende solo de nosotros –responde él, en ese momento, consejero de Seguridad Nacional.

–¿Lo ha pasado bien aquí? –pregunta cambiando súbitamente de tema, Maureen se refiere ahora a la convención.

–Lo he pasado muy bien.

–¿Qué le han parecido las chicas?

–Son muy agradables –remata Kissinger sin desprenderse de una mueca irónica y girándose según sube al coche.

Se veía seguro. A todos se les veía seguros y eufóricos, displicentes con los manifestantes. Sabían que Nixon saldría reelegido. A pesar de las protestas, del clima inestable de los años setenta, a pesar de TVTV, de Jane Fonda o de Abbie Hoffman, al que Michael Shamberg también entrevistaría más tarde. E incluso a pesar de Robert Redford haciendo campaña para los demócratas, que se cruzaría en el mismo hotel de Miami con Abbie Hoffman. O de Andy Warhol, que colaboró en la campaña de apoyo al candidato demócrata George McGovern, más bien en contra de Nixon.

La cara de Nixon aparece teñida de un azul turquesa, con los dientes y los ojos amarillos. Además, en la fotografía que ha elegido Warhol para hacer un cartel en pro de la candidatura demócrata y sobre el que ha pintado con colores planos, Nixon no mira a cámara, sino a un punto indeterminado encima de nosotros. Aprieta los dientes. Parece ido, ajeno al mundo, con un rictus cruel y además enmohecido, muerto o enfermo. En la versión de Warhol, Nixon se asemeja a un ser de pesadilla, un muerto viviente. Debajo, escrita a mano, Andy ha incorporado una simple llamada: «Vote a McGovern». O, lo que sería lo mismo, no votes por este enfermo, muerto viviente, puro moho. Pero el 7 de noviembre de 1972 Nixon gana las elecciones.

Oliver Stone también filmó una película sobre Nixon. El presidente está interpretado por Anthony Hopkins, que lo hace un poco histriónico, casi una caricatura, con manía persecutoria, adicto a las escuchas, encorvado y huraño, malhumorado y hasta con un ojo que no controla, que parece cerrársele involuntariamente. Era la tercera película en la que Oliver Stone se proponía revisar algunos de los episodios de la historia reciente de Estados Unidos. *Nacido el cuatro de julio*, con Tom Cruise como Ron Kovic, en la que había reproducido plano a plano un fragmento del documento de TVTV sobre la convención republicana de 1972, había sido la primera. Dos años más tarde, en *JFK* revisaba el asesinato de Kennedy recuperando todas las teorías de la conspiración. Oliver Stone rescataba la famosa película Zapruder: el filme que con una pequeña cámara tomavistas había filmado Abraham Zapruder en un pequeño promontorio desde el que podía divisar toda la plaza Dealey y el paso de la comitiva del presidente. Allí, a las 12:30 del 22 de noviembre de 1963, mientras Aldous Huxley se tomaba su último viaje de LSD que le libraría del cáncer y le llevaría a la una dulce muerte, Zapruder filmó el asesinato de Kennedy.

La película de Zapruder era importante. Debía servir para dilucidar el tiempo entre los disparos y, así, avalar o no la teoría de los múltiples tiradores. Por ello estuvo confiscada para su análisis durante doce años en las oficinas del FBI. No se hizo pública para el «pueblo americano» hasta 1975.

La noche del 6 de marzo de 1975, Chip Lord, Doug Michels, Doug Hall y Jody Procter estaban plantados delante de la televisión viendo el *late-show Good Night America.*

Geraldo Rivera, el presentador, está especialmente serio, con rictus trascendental. Han anunciado que mostrarán por primera vez la película del asesinato de Kennedy. Avisa de la crudeza de las imágenes que van a ver y que sus colaboradores especialistas las comentarán. En el momento más virulento de la filmación, cuando le explota la cabeza al presidente fruto del segundo disparo, se oye un «¡oh!» angustioso entre el público. Repiten la escena con más detalle, haciendo zum en la cabeza. Rivera insiste en que son imágenes muy duras que nunca habría querido ver. Sin embargo, formarán parte de un drama nacional revivido en televisión insistentemente a lo largo de las siguientes semanas.

Al mismo tiempo, aquellos cuatro jóvenes que habían visto por primera vez la película en televisión, hippies melenudos, arquitectos, artistas y activistas, imbuidos de voluntad de cambio y de necesidad de revolución, empezaban a pensar en cómo revertir el efecto del asesinato de Kennedy. Chip Lord y Doug Michels se habían encontrado tras los estudios de arquitectura y forman un grupo de arquitectura experimental y reflexión sobre los *mass media* denominado Ant Farm. Cada vez más interesados por la importancia de los medios de comunicación de masas y cómo usarlos como elemento de transformación social. Muy en la línea de TVTV. De hecho, Chip Lord había formado parte de TVTV. Por su parte, Doug Hall y Jody Procter colaboran bajo el nombre de T. R. Uthco (un acrónimo de «la compañía de la verdad») y realizan performances en las que se fotografían como esculturas, pintados de blanco en espacios públicos. Doug Hall, ya a finales de los sesenta, ha experimentado también con los *mass media*. En *The Inner Space Simulation Module* había construido una réplica de una estación espacial y durante siete días se encerró comunicándose con el exterior solo a través de las pantallas.

Y resulta que Doug Hall es capaz de imitar a JFK, el acento pijo afectado del presidente que estira las sílabas al final de cada frase y subraya de manera peculiar un sonido *th* en muchas palabras. Aparece como el presidente muerto, con un asombroso parecido, para la celebración del 4 de julio de 1975 que han propuesto Ant Farm. Se reúnen en un parking exterior del Cow Palace, a las afueras de San Francisco. Han dispuesto una pirámide de televisores y un Cadillac transformado en cohete que se estrella contra la pared de pantallas. Un vídeo, *Media Burn*, documenta la acción. También el momento previo, cuando Doug Hall como *the artist/the president* ofrece un pequeño discurso inaugural desde una tarima. Más adelante, en noviembre, el día 22, para celebrar el aniversario del asesinato de Kennedy, filman el *reenactment*, la recreación, del suceso en las calles de Dallas, con Doug Hall como Kennedy y Jody Procter como Jackie. Filman el paso de la comitiva por la plaza Dealey, los ensayos y también las reacciones de la gente que casualmente está por allí, en planos cortos, como si los espectadores fuésemos la cámara, «gonzo». El vídeo lleva por título *The Eternal Frame* y documenta la recreación del magnicidio. Con mayor exactitud, en realidad *The Eternal Frame* documenta la recreación o la copia de la película Zapruder.

Doug Hall actúa como el presidente muerto en *Media Burn* en julio y en *The Eternal Frame* en noviembre de 1975; entre medio, con su compañero en T. R. Uthco, Jody Procter, se fijan en otro hecho que ha mantenido la atención pública en el último año: Patty Hearst. La nieta del magnate de la prensa secuestrada por el Ejército Simbiótico de Liberación (SLA, según sus siglas en inglés) en febrero de 1974 en Berkeley, había reaparecido atracando el Hibernia Bank de San Francisco en abril:

–¡Soy Tanya! ¡Arriba, arriba! ¡Contra la pared! ¡Hijos de puta! –gritaba a los clientes mientras empuñaba un arma de asalto militar estadounidense, una M1Carbine, un arma ligera de calibre 30.

El grito «¡Contra la pared! ¡Hijos de puta!» era conocido por los miembros del SLA. Lo había adoptado el grupo anarquista de la Costa Este, los Motherfuckers, como emblema de autoafirmación, reproduciendo el grito que acostumbra a escupir la policía cuando detienen a ciudadanos de origen afroamericano: «¡Contra la pared! ¡Hijo de puta!».

–Up against the wall! Motherfucker!

Ok, de acuerdo, somos los hijos de puta: los *Motherfuckers.*

Patty se ha convertido en Tanya, una hija de puta. Aparece retratada como miembro del grupo con boina a lo Che Guevara, vestida de negro y sujetando un arma sobre una bandera roja con el símbolo del Ejército Simbiótico de Liberación, una especie de cobra desdoblada en siete cabezas de hidra que remiten a la tradición africana del Kwanzaa.

En 1989, Cady Noland reproduce aquella fotografía de Tanya con la bandera del SLA empuñando un arma sobre una placa de aluminio con el pie tal y como había aparecido en la prensa estadounidense. En 2011 la escultura está expuesta en el MoMA, como una de las obras de la colección, frente a un enorme cuadro de Martin Kippenberger en el que aparece autorretratado de manera realista sentado con pose elegante en un sofá abandonado en la calle en Manhattan y que, de alguna manera, por el escenario, por la pose, recuerda los autorretratos un par de años antes de David Wojnarowicz como Rimbaud por la calle en Nueva York. Kippenberger se siente igual, como un dandi en la gran ciudad. Por su parte, Cady Noland es cien por cien neoyorquina. Es hija del pintor Kenneth Noland, del que uno de sus cuadros aparecía en el estudio de Greenberg y otro servía de fondo para que el crítico americano posase de espaldas con actitud circunspecta. Y es también una artista esquiva. En 2014 *Artnet* se preguntaba si era incluso más difícil trabajar con ella que con Richard Prince, al que situaba en el top de los artistas difíciles. En Berlín impide que una obra suya se exponga en el mismo contexto que una de Santiago Sierra. Denuncia a los coleccionistas Norman y Norah Stone por haber reproducido en un contexto que le parece incorrecto una obra que habían comprado. La socióloga Sarah Thornton explica que no soporta las subastas ni la relación con los coleccionistas. Aunque también aclara que no le ha dado autorización para transcribir sus entrevistas y que lo que cuenta sobre ella en *33 artistas en 3 actos* no está aprobado por Cady. En una de las escasas fotografías en las que aparece se tapa la cara con las dos manos. Está sentada en un sofá en Kassel durante la inauguración de Documenta 9. Había preparado su participación en el gran evento artístico alemán exponiendo en un parking subterráneo: en las paredes, trozos de un texto propio titulado «The tactics of psychopathic manipulators» entre fotografías de accidentes de coches; en medio, dos coches destrozados. También presentó como trabajo propio, como su propia participación, como si su trabajo siempre estuviese hecho del de otros o simplemente como si hubiese escogido exponer como una comisaria, el trabajo de otros artistas compatriotas con obras sobre la destrucción. Ese ha sido el tema de Cady: la destrucción. En un sentido real y metafórico: cómo los iconos culturales estadounidenses a partir de los años setenta han tenido que ver con la destrucción. Esos iconos que forman parte del imaginario estadounidense los saca de contexto, los recorta y los une a otros: pueden ser coches estrellados, accidentes representados por otros amigos artistas; puede ser *Tanya as a Bandit* con Patty Hearst como miembro del SLA sujetando un arma; o puede ser la reproducción del momento del asesinato de Lee Harvey Oswald, también sobre una placa de aluminio perforada como los disparos sobre Oswald o como metáfora de una realidad perforada. La imagen de Lee Harvey Oswald era la que habían captado los periodistas cuando le dispararon mientras se dirigía para ser interrogado por el asesinato de Kennedy.

La imagen de Tanya como terrorista sobre la bandera roja con el emblema del SLA también formaba parte del dosier sobre Patty Hearst que habían elaborado T. R. Uthco. Incluía fotografías «gonzo», con primeros planos y movidas, fruto de la pugna entre el bullicio, o mal encuadradas, realizadas durante el traslado tras la detención de Patty en San Francisco. Ocurrió el 18 de septiembre de 1975. Doug Hall y Jody Procter acudían a los juzgados cargados con sus cámaras a reflejar el espectáculo de la detención, no tanto a Patty como a la mediatización que acompaña a Patty. Son conscientes del momento de explosión mediática y buscan las maneras de participar y a un tiempo darle la vuelta.

Pero septiembre promete más intensidad. Otra vez Doug Hall y Jody Procter, ahora quieren evaluar los sistemas de seguridad preparados para la visita del presidente Gerald Ford a San Francisco. Unos días antes, el 5 de septiembre, en la visita del presidente a Sacramento, Lynette Squeaky Fromme, antigua miembro de la Familia Manson, había sacado de una funda en su muslo una pistola semiautomática calibre 45 y había apuntado con el arma al presidente Gerald Ford mientras este le estrechaba la mano al público, y un agente de seguridad había llegado a tiempo para evitar el disparo. Preocupados por la protección del presidente, en San Francisco se organizó un impresionante destacamento de seguridad. T. R. Uthco pensaron en explorar los límites de esta seguridad. Jody Procter aparece en una serie de fotografías muy serio vestido de policía. Ha comprado el traje en una tienda de segunda mano, le va un poco grande de hombros y mangas. Se sitúa delante de un cartel que avisa que se trata de un vigilante de seguridad en ejercicio de su labor, también entre unos manifestantes por la paz en Palestina, al lado de otros policías y muy cerca del presidente. Nadie le presta atención. Todo el mundo acepta su imitación tosca. T. R. Uthco incluyen la serie de fotografías bajo un panel con el título *The Avant Guard Security Infiltrates the Protection Surrounding President's Ford Visit to San Francisco*. También incluyen la primera página del extra del periódico *San Francisco Examiner* del día siguiente con la cabecera de un nuevo atentado contra el presidente. Sarah Jane Moore había intentado disparar a Gerald Ford cuando salía del Hotel St. Francis, desde un lugar muy cercano a donde el falso oficial de T. R. Uthco había estado ese mismo día.

En marzo de 1975, Doug Hall y Jody Procter veían en televisión por primera vez el asesinato de Kennedy. En julio, Doug imitaba al presidente muerto durante la celebración *Media Burn* de Ant Farm. En septiembre, después de recibir la noticia de un nuevo intento de atentado esta vez contra el presidente Gerald Ford, documentan la presencia de los medios de comunicación cubriendo la detención de Patty Hearst y, más tarde, Jody Procter se hace pasar por un agente de seguridad del presidente. En noviembre viajan hasta Dallas y rehacen el asesinato de Kennedy con Ant Farm. Todo tiene que ver con esa presencia de los medios de masas, con la intuición de que ya están ahí, de que las imágenes perforarán nuestras vidas, que nos construirán. Pero también con imitar, rehacer mejor que hacer, copiar.

Doug Hall vestido con un traje, subido a un Continental descapotable como el de Kennedy, ensaya los movimientos del cuerpo del presidente por efecto del disparo. Lanza la cabeza espasmódicamente primero hacia delante y con otro giro brusco hacia atrás. Jody Procter, vestido como Jackie, salta del coche. Ensayan el momento en el que en la filmación Zapruder se ve como a JFK le explota la cabeza y sale la masa encefálica mientras Jackie no sabe qué hacer y se lanza hacia el maletero trasero del vehículo. En el *reenactment* los chicos de Ant Farm y T. R. Uthco no son tan explícitos, solo reproducen los movimientos. En las filmaciones preparatorias sí que intentan reflejar el estallido de sangre. En una ocasión con unas flores rojas que salen volando. También en unas instantáneas fotografían la cara de Jackie y del presidente llenas de un líquido rojo, como kétchup.

Paul McCarthy vacía un bote de kétchup en un bol blanco sobre una mesa con un mantel también blanco. Está desnudo, sube una pierna a la mesa, coge el kétchup y empieza a untárselo en la entrepierna, en la polla y los testículos, más tarde en la cabeza y, ya subido a la mesa, por todo el cuerpo. Es una de las primeras performances en las que usa kétchup: *Sauce*, de 1974. En *Family Tyranny* y *Cultural Soup*, en colaboración con Mike Kelley, quince años más tarde, la cosa se vuelve más sofisticada. La voz de fondo de Paul va relatando los pequeños gestos que hace dentro de una caseta de madera. Da de comer sopa a unas muñecas. Luego les unta mayonesa. Mike Kelley hace de niño que llora, mientras Paul insiste en que le dará de comer. Mezcla kétchup con mayonesa y sirope de chocolate mientras el humillado Mike solloza en el suelo. La voz de Paul es terrorífica. El escenario es de pesadilla. Hay aspectos de la performance que recuerdan a las acciones rituales de los accionistas vieneses, como si estuviéramos presenciando una repetición de aquellas performances o incluso de las dolorosas y sangrantes de Gina Pane: la misma idea de ritual, la violencia y la perspectiva psicoanalítica de usar la performance como terapia para liberar complejos, malos humores y conflictos familiares y sociales relacionados con la cultura del consumismo. También el uso de fluidos. Aunque aquí no hay sangre, ni mierda ni orina. Hay otra diferencia con los accionistas vieneses, no hay público. Es un acto de constricción privado, una terapia personal que se documenta, que luego tiene un uso público. De hecho, se proyecta en un espacio como La Mamelle en San Francisco, donde también se proyectan los trabajos de Ant Farm y T. R. Uthco. Todo está en el campo de la representación: Mike y Paul se restriegan en kétchup como si fuese sangre, mayonesa que a veces parece semen y otras orina, o crema de cacao que parece mierda. No ha sido necesario cortarse, ni llenarse de heces u orina. No son fluidos aunque lo parecen. Se trata de rehacer. Aunque la habitación ha quedado hecha una porquería.

También es una habitación llena de fluidos la que forma parte de la instalación *Black September* de Christoph Draeger. En el MACBA, en *Punk. Sus rastros en el arte contemporáneo*, decidí exponerla muy cerca de una de las habitaciones que Paul McCarthy usó para una de sus performances: *Pinocchio house / Crooked Leg*. Pero la habitación de Draeger es la reproducción de aquella en la que estuvieron encerrados y finalmente fueron asesinados algunos de los miembros del equipo nacional israelí en las Olimpiadas de Múnich de 1972. Solo unos días después de que Nixon fuese elegido presidenciable en aquella convención republicana en Miami. Las camas deshechas, la ropa manchada de sangre y las colillas de cigarrillos conviven con un vídeo en el que unos actores realizan el *reenactment* del secuestro. Cada parte de la instalación está numerada, archivada, controlada como un objeto que forma parte de ese *reenactment* y que se monta en cada ocasión que se exhibe. Christoph Draeger explica en una entrevista para la serie de podcast titulada *Son[i]a* del museo de Barcelona que pensó en los sucesos de Múnich tras los atentados del 11-S en Nueva York. Entonces vivía allí y fue testigo de la caída de las Torres Gemelas. Decía que quiso pensar en dónde estaba el origen. No tanto del terror como de la confluencia del terrorismo con los medios de comunicación o lo que tenían que ver los atentados del 11-S con los medios o cómo terrorismo y sociedad mediática iban de la mano. Christoph asentía sobre el hecho de que hay una lógica ready-made en los atentados contra las Torres Gemelas. Una lógica propia de Lautréamont y el encuentro casual, la suma de un avión y un edificio concluye en un estallido. Duchamp decía que en la confluencia, en el choque entre objetos disímiles, explotaba el significado. En el 11-S sucede lo mismo. No solo se trata de un atentado ready-made, sino también de reciclado, cambiar el significado a un objeto, resignificarlo y darle otro uso, reusarlo: un avión usado como proyectil es casi infantil. Pero, para Christoph Draeger, la clave estaba en los medios de comunicación, en que los terroristas encerrados en una habitación de una residencia de atletas en Múnich se habían visto por televisión, habían seguido su propio secuestro emitido en directo por la televisión pública alemana a través del aparato de la propia estancia, saludaban desde las cortinas y se veían en directo, y veían el movimiento de los policías, que no contaron con ello, no contaron con que estaban en una sociedad mediatizada. Para Christoph ahí está la conexión: también los estadounidenses verían volar las Torres Gemelas a primera hora de la mañana; tras la llegada del primer avión las cámaras estaban apostadas para ver el segundo. Como si fuese un *reenactment.* Como si el segundo avión fuese la repetición del primero para evitarnos el desagrado de perdernos el directo. Que quede grabado y así podremos dilucidarlo, observarlo, diseccionarlo, examinar cada imagen. Como aquellos seis segundos entre disparo y disparo en el atentado de Kennedy. El atentado que el «pueblo americano» pudo ver doce años después y que Ant Farm & T. R. Uthco reharían para analizar su efecto mediático. La voz de Doug Hall recitaba en un discurso impostando el acento de Kennedy:

–Soy, como todos los últimos presidentes, nada más que una imagen en la cadena de imágenes que consumimos diariamente.

–Al final has sonado demasiado especulativo. –Es la última reflexión que cierra la entrevista que Pierre Huyghe ha hecho a Chip Lord de Ant Farm.

La entrevista aparece en el catálogo que el FRAC Centre de Orleans consagra al grupo de arquitectos y activistas. Un catálogo realizado con motivo de su exposición en el mismo centro a finales de 2007. Es un FRAC especializado en arquitectura experimental. Aquí muestran los proyectos de Ant Farm: fotografías de los Cadillacs clavados en la tierra formando una hilera que podría recordar otra vez una escultura repetitiva minimalista pero con objetos pop, instalada en un rancho en Amarillo, en Texas, en el paso de la ruta 66; documentación sobre el proceso de construcción y el resultado final de la House of the Century, una casa en el lago Mojo al sur de Houston, con formas orgánicas, el exterior como una polla blanca o, menos malicioso, como una nariz con gafas que se adentra en las aguas, y los interiores llenos de maderas, túneles, diferentes niveles con formas curvas, ahora integradas en la vegetación del lago, que ha invadido la casa; o los inflables. Estos guardaban un lugar especial en la exposición un año más tarde de los proyectos de Ant Farm en el Centro Andaluz de Arte Contemporáneo (CAAC) en Sevilla. De hecho, se exponían en paralelo a los del arquitecto español Prada Poole. También inflables con formas orgánicas, instalados en Ibiza en los años setenta como una ciudad hippie. O los iglúes de colores instalados en Pamplona para los Encuentros de Arte de 1972. La forma circular favorecía una acústica perfecta y un espacio de recogimiento. En Igualada, Jordi Enric se dedica a recuperar la tela de los globos aerostáticos, que tienen muy corta vida de vuelo. Ha ideado una forma en la que dos globos quedan unidos y solo es necesario un ventilador de aire para inflarlos y crear cúpulas inflables con una acústica perfecta.

En la entrevista de Pierre Huyghe a Chip Lord, el artista francés no se fija tanto en los proyectos arquitectónicos como en los vídeos de la exposición, en la relación de Ant Farm con los *mass media*. Insiste en preguntar por cómo llevaron a cabo proyectos como *Media Burn*, chocando un Cadillac contra un muro de televisores, o *Media Van*, recorriendo Estados

Unidos con una furgoneta equipada para retransmitir televisión en directo. Obviamente también se interesa por *The Eternal Frame*, por el proceso de realización y por su presentación. Es una conversación en la que se transparenta una cierta complicidad en el lenguaje entre artistas. Se hacen bromas. Ríen. La entrevista transcribe o indica el momento de las risas. De hecho, la alusión final a si Chip Lord ha sido demasiado especulativo tiene que ver con esa complicidad.

Chip recuerda la presentación de *The Eternal Frame* en el Long Beach Museum de Los Ángeles en 1976. Un par de fotografías muestran a Jody Procter, Doug Hall y Chip Lord sentados en un sofá y un sillón de los años sesenta. Reproducen la esquina de un entorno doméstico del año en que asesinaron a Kennedy. En las paredes, sobre papel pintado con motivos florales, han colgado cuadros recogidos de la tienda de souvenirs del Six Floor Museum en la plaza Dealey de Dallas, dedicado a la memoria de JFK. Allí, unos meses antes, había entrado Doug Hall ataviado como *the artist/the president* para dirigir unas palabras a los asistentes. Esa visita está documentada en el vídeo, incluyendo el momento en el que son expulsados con evidente cara de indignación del *curator*. Los souvenirs de Kennedy, sofás, papel pintado, alfombra y, en general, el entorno sesentero del montaje del Long Beach Museum estaba preparado para mostrar los veintipico minutos de *The Eterna l Frame* en una pequeña pantalla de televisión en la esquina, en una posición central, enfocada a los sofás, como en un entorno doméstico y ocupando el lugar más importante en la vida familiar americana.

Pierre Huyghe había pensado exponer uno de sus primeros vídeos, *Remake*, de 1995, de manera semejante: en un entorno doméstico, en una pantalla de televisión, con un sofá pequeño o unas sillas delante para poder sentarse. Lo especifica en la hoja de préstamo del FRAC Languedoc-Roussillon de Montpellier, que fue coproductor de la obra y guarda una copia. En la Fundació Joan Miró de Barcelona, *Remake* formaba parte de la exposición *Falsa inocencia* de 2003, expuesto al final del recorrido, en una sala que queda recóndita, a la que se accede a través de un hueco en la pared como el de una puerta. Dentro, a oscuras, un gran sofá y *Remake* proyectado sobre el muro blanco como una película. *Remake* es una película. Es una versión de *La ventana indiscreta* de Alfred Hitchcock pero filmada con medios precarios: los actores no son profesionales; el escenario lo formaban un par edificios en construcción en la *banlieue* parisina, en Yvelines, cerca de Versalles; el sonido es directo y la cámara, una Handycam Sony para uso doméstico; se rodó durante dos fines de semana y no hubo ninguna preparación. Los actores miran la escena de la película original y sin tiempo a memorizar la reproducen, a veces se equivocan o se quedan bloqueados, la voz de Pierre se oye de fondo ayudándoles y recordándoles lo que deben hacer o decir.

La revista *Marges. Revue d'Art Contemporain* dedica su número anual de 2017 al *remake*, la repetición y el rehacer. En «Vers une pratique communautaire du remake», Mickaël Pierson reflexiona sobre la huella de los primeros trabajos de Pierre Huyghe. Y relaciona el trabajo del artista francés con una serie de vídeos de Christoph Draeger, *Feel Lucky, Punk??!*, en los que vuelve a filmar con actores no profesionales escenas clave de seis películas: *Taxi Driver*, *Pulp Fiction, Thelma y Louise, Harry el fuerte, Asesinos natos* y *Harry el sucio.* De esta última repite la escena inicial, cuando, tras vaciar el cargador de su Magnum 44, Clint Eastwood exclama: «¿No deberías pensar que eres afortunado? Verdad que sí, vago». Es la traducción del doblaje al castellano de *Feel Lucky, Punk??!* que da título a la serie de refilmaciones de Christoph Draeger.

Mickaël Pierson compara las películas de Christoph con *Remake* de Pierre Huyghe. Analiza la voluntad de una repetición en precario, la domesticación de los medios que supone y la idea de repetición. Recuerda como el propio Pierre explica que en esa repetición se revelan detalles más allá de la película, que obligan a que nos fijemos en los errores, en la desviación y, al final, en la dificultad.

Adrian Dannatt pregunta a Pierre en 2001 para una entrevista en *The Art Newspaper* cómo es que tantos artistas jóvenes europeos de su generación se interesan por el cine estadounidense y, en este caso, amplía la lista y cita a Douglas Gordon, Fiona Banner o Pierre Bismuth. Douglas también había hecho películas a partir de Alfred Hitchcock: *24 Hours Psycho,* de 1993, extendía la duración de la película hasta una lentitud extenuante haciendo que el filme durase todo un día; y en *Feature Film*, de 1999, la cámara hace el seguimiento de las manos y las expresiones del director de orquesta James Conlon durante la interpretación de la banda sonora de *Vértigo*. En la pantalla del cine Giorgione Movie D'Essai durante la Bienal de Venecia de 1999, con Harald Szeemann como comisario, las manos de James Conlon se ven con una nitidez impresionante, se observa la gota de sudor que cae de su frente, la atención y la precisión del director de orquesta, como si la repetición de *Vértigo* solo con su música nos revelase detalles de la película de la misma manera que lo hacía la ralentización de *Psicosis* o Pierre Huyghe cuando explicaba que ese era uno de los objetivos de *Remake*.

Adrian Dannatt, cuando entrevistaba a Huyghe, también citaba a Pierre Bismuth. Habían compartido taller en París en los ochenta. También con Xavier Veilhan. Los tres exponían en la galería Fac-simile de Milán en 1988: Xavier Veilhan, cuadros con formas animales sacadas de contexto como la pata de un perro sobre fondo blanco; Pierre Huyghe, unos cuadros y dibujos con objetos de *metalux* que recuerdan tanto a Escher, por las formas paradigmáticas, como a Ashley

Bickerton por los materiales metálicos; y Pierre Bismuth, unos dibujos con pastillas numeradas y repetidas.

En 2008, Pierre Bismuth se enfrascó en intentar recuperar el dibujo de Willem de Kooning que Robert Rauschenberg había borrado en 1953. Robert se había plantado en casa de Willem y delante de él había borrado un dibujo suyo que había comprado. Ha quedado como una obra mítica, con un título muy descriptivo: *Erased De Kooning Drawing*, una hoja blanca con algunas manchas oscuras, restos del dibujo inidentificables. Pero Robert tenía que guardar alguna memoria de cómo debía ser el dibujo original. O eso pensaba Pierre Bismuth. En 2006 escribió a Robert pidiéndole que dibujara lo que recordase del dibujo. Entonces, Rauschenberg, después de dos infartos, había perdido mucha movilidad y finalmente rechazó la invitación. Un año y medio después moría sin haber rehecho el dibujo de De Kooning. Pierre no desistió, buscó un copista en China capaz de reproducir lo que queda del dibujo utilizando las técnicas de carboncillo que había usado De Kooning. *Erased De Kooning Drawing, Robert Rauschenberg 1953 by Fu Site* es la copia de un dibujo borrado y olvidado.

En el salón de su casa en Bruselas, sobre la chimenea, Pierre Bismuth conserva el Óscar que recibió por el guión de *Olvídate de mí* (*Eternal Sunshine of the Spotless Mind*) que escribió con Charlie Kaufman y el director de la película, Michel Gondry. Una película sobre el olvido, el recuerdo y la memoria, también sobre el amor o su imposibilidad. Al visitarlo en su casa olvidé que debía fijarme en ese Óscar sobre la chimenea: ha sido la ocasión que he estado más cerca de la preciada estatuilla pero no la vi, me olvidé.

Pierre Bismuth conversa con Michel Gondry sobre el olvido, el recuerdo y la memoria en su apartamento de Bruselas o en París. Y de la relación entre memoria y repetición. Y también recuerda el *Remake* de Pierre Huyghe. Charlan sobre la fórmula de un cine directo, rehecho, que prescinde de la profesionalidad, que es cámara en mano y pura imaginación. Al igual que Mike y Jerry, interpretados por Jack Black y Mos Def en *Rebobine, por favor* (*Be Kind Rewind*), de 2008, la siguiente película de Michel Gondry, diciendo que hacen «suecadas». En realidad, refilman películas del *mainstream* hollywoodense con bajos recursos, al estilo sueco, como Lars von Trier había escrito en el manifiesto Dogma 95: sin actores profesionales, iluminación adicional, fuera de plató y sin banda sonora más allá del sonido original. Refilman *Los cazafantasmas*, *Robocop* y *Hora punta 2* al estilo sueco. Es un ejercicio de apropiación puro y duro y de confianza en el espectador, en quien confían que sabrá cubrir los vacíos, mirar más allá de los defectos o errores y recomponer la trama, rehacer y terminar la película. Después de todo, los espectadores formados por los vecinos del barrio también participan como actores en las películas que precariamente producen Mike y Jerry desde el original videoclub que administran. Esa es la trama en clave de comedia de *Rebobine, por favor*. Hay momentos hilarantes, como la mera confusión entre el origen danés de Lars von Trier y el decir que hacen «suecadas», pero Michel Gondry también introduce reflexiones agudas al insistir en que no importan los medios, ya que el espectador pone de su parte, cubre lo que falta o hace la película.

Los espectadores son los actores en las películas de la productora Wakaliga Uganda, también conocida como Ramon Film Productions. Su sede está en Kampala, en uno de los barrios más humildes de la capital de Uganda. Allí Isaac Godfrey Geoffrey Nabwana dirige películas con un presupuesto que nunca supera los doscientos dólares, con actores que tampoco son profesionales, vecinos del barrio que ruedan versiones violentas de películas inspiradas en el cine de acción estadounidense. Al final del recorrido del Documenta Halle, el espacio de Documenta 15 cercano a la sede central del Museo Fridericianum, unos carteles de sus películas, fotogramas y dibujos cuelgan de cajas de cartón. Entre ellas se abre un hueco, un cartel advierte sobre las imágenes violentas que se proyectan en el interior, donde unos grandes cojines de colores en el suelo sirven de cómodo mobiliario para ver las películas que se proyectan: *Who Killed Captain Alex?*, *Tebaatusasula*, *Rescue Team*, *Bad Black* y *Crazy World*.

Desde México, Luis Felipe Ortega y Daniel Guzmán no se fijaban en las películas *mainstream* de Hollywood, sino en los artistas de la Costa Oeste y las performances que veían en los catálogos. En aquel vídeo de 1994 filmado en México repetían las performances de artistas estadounidenses como Vito Acconci o Bruce Nauman que habían visto en catálogos. Llevaban la cámara en mano, no tenían presupuesto y de alguna manera eran espectadores y actores al mismo tiempo. Hacían un *remake* en precario de performances que no habían visto nunca, de las que tenían una memoria ajena, hecha de fotos en libros. Aquel vídeo también llevaba por título *Remake*.

Raquel Friera aparece seria mirando a cámara, el pelo corto en tonos rojizos, un jersey negro y fondo blanco neutro, poco a poco va concentrándose, parece que está haciendo un ejercicio de introspección, hacia dentro, enseguida surgen unas primeras lágrimas de sus ojos, caen por las mejillas y se las seca con la mano, empieza a llorar, no puede contenerse y se lleva las manos a la cara ocultándosela. Es la refilmación, el *remake* de la acción del vídeo de Bas Jan Ader *I'm Too Sad to Tell You*. Forma parte de una serie de trabajos que ha titulado *Feminizing Art History*, otra vez muy literal: feminizar la historia del arte a través de la copia y la repetición. Además de Bas Jan Ader, Raquel rehace obras de John Cage, On Kawara y Tehching Hsieh.

La performance de Tehching Hsieh *One Year Performance* consistía en fichar en una máquina como las de las industrias cada hora durante un año, fotografiándose cada vez. El fichar cada hora obligaba a Tehching no solo a no dormir más de una hora seguida, sino que tampoco podía alejarse demasiado, su margen de movimiento no podía pasar de los treinta minutos necesarios para poder regresar. En la versión de Raquel, ella retitula la performance como *One Year Women's Performance 2015-2016*. En su web explica que la realizó con doce mujeres de Sant Cugat que se tomaban una fotografía con una ficha cada vez que realizaban en su casa una tarea considerada como trabajo doméstico o de cuidados. También repite la célebre acción de John Cage *4'33'*: ese era el tiempo durante el cual el músico simplemente abría y cerraba la tapa del teclado del piano, la música era el silencio o un silencio lleno de murmullos, toses y ligeros ruidos aleatorios generados entre el público. Para su versión, Raquel comenta: «Muestro lo que sucede cuando una madre interpreta una pieza musical donde se trata de mantener el silencio durante cuatro minutos y treinta y tres segundos». Y, finamente, replica a On Kawara. On Kawara, que durante años enviaba un telegrama diario con la escueta frase «I'm still alive». Una constatación básica: que sigue vivo. Raquel vuelve a cambiar el punto de vista. En el casal Solleric de Palma de Mallorca ha colgado en medio del espacio veintiuna postales de diferentes mujeres de todo el mundo que le escriben asegurando que están vivas.

On Kawara enviando cada día un telegrama. Al regresar a casa o al hotel dibuja sobre un plano de la ciudad donde reside en ese momento el camino que ha realizado para llegar a la oficina postal y enviar el telegrama, las compras que haya llevado a cabo y las visitas que ha hecho. Luego, tal vez escribe unos cuantos centenares de números que vayan completando la lista del millón de años anteriores a 1970 que está completando. Más tarde coge un lienzo, no muy grande, del tamaño de una hoja de periódico doblada, y pinta el día en el que está, siguiendo el idioma y las reglas ortográficas del lugar, «JULY 9, 1981» o «5.SEPT.1994». Al acabar, dobla una hoja de periódico del día y el lugar y guarda el cuadro en una caja de cartón en la que cabe ajustadísimo a la perfección. En el lomo inscribe la referencia del día, para una vez colocados en una estantería poder diferenciarlos. También los exhibe colgados y con la hoja de periódico en una repisa abajo, o formando un mosaico en una pared. Xavier Aballí me explicaba que la primera vez que hizo un On Kawara pensó que no tendría tiempo para acabarlo en un día. Se angustió. No podía ser que tuviese que dedicar más de una jornada para pintar un cuadro de un día. Así que necesitó hacer pruebas, insistir y practicar a fin de que saliese bien. Tenía que mantener el pulso para que la línea fuese perfecta y comparar qué pigmentos y qué cantidad eran los apropiados para que el color quedase uniforme. Pintar un día parecía fácil y no lo era tanto. También tenía que preparar las cajas de cartón en las que introducir la pintura y el recorte de periódico del día y la inscripción en el lomo y... Había que dedicarse. Copiar lleva tiempo. Ocupa. Abstraído sobre una mesa llena de recortes iluminada por luz cenital, rodeado de libros y objetos, en un altillo en Sant Cugat, Xavier comprobó que en realidad On Kawara, no haciendo gran cosa durante una jornada, en realidad estaba muy ocupado.

El *reenactment*, la repetición y el rehacer revelan aspectos que pueden pasar desapercibidos, que se manifiestan fruto de la atención y el detalle. En realidad, copiar y repetir configuran un proceso de aprendizaje.

Mientras era alumno, Néstor Ceniceros repitió en la sala de exposiciones de la Escola Massana la performance *The artist is present* de Marina Abramović. Marina había permanecido sentada en las salas del MoMA todo el tiempo durante los días de su exposición. El vídeo *The artist is present* que documenta la acción muestra a Marina frente a una silla y una mesa, a la espera que desfile el público. Cuando se sientan, se miran, no se dicen nada, algunos lloran, otros simplemente ríen. La potencia de Marina está en su mirada, no aparta los ojos del interlocutor o visitante. Néstor no llegó a estar más de cuatro horas y acabó agotado. Confesaba que le dolía el culo, que no es fácil mirar a los ojos a todo el mundo y sostener la mirada, que hay personas que de inicio no te entran bien y que hay olores, ruidos, gestos...

Repetir es conocer.

Colaborar, plagiar, replicar, incorporar, comprar y robar. Antonio Ortega categorizaba todas las posibilidades de copia o los mecanismos de la copia. Y los ponía en práctica. En la zona industrial de Volpelleres en Sant Cugat, en una nave, la galería ADN de Barcelona ha instalado ADN Platform, un espacio de proyectos. Allí, Antonio mostraba un ejemplo de cada posibilidad de copia. Empieza por la colaboración: una escultura hecha con espuma instantánea pintada de verde que imita las esculturas blandas sobre ruedas de Franz West. Es una colaboración con The Fucker Bunny, un personaje creado por una artista anónima para follarse al arte. Literalmente: la escultura tiene un agujero por el que ha sido penetrada con un dildo. Encima de donde está situada la escultura amarilla hay un enorme cartel montado sobre una estructura de madera con la palabra CIELO escrita con bombillas blancas. Es el plagio. Un plagio de la portada que el diseñador Gareth Holt presentó para la revista *Netdiver*. La réplica: en la pared cuelga enmarcada la reproducción de un grabado que copia una pintura atribuida a Rubens, *Hélène Fourment aux puces*. Y en la pared opuesta muestra una obra que ha incorporado como propia. Es la incorporación: un cartel indica la contraseña de la red wifi, una propuesta del artista Spencer Stange titulada *Wifi bendecido* que consiste en, efectivamente, una red inalámbrica bendecida por el párroco de Sant Medir. A la derecha hay una pequeña foto enmarcada de Nan Goldin, una prueba de autor destinada a ser regalo para clientes vip de una galería de Londres que Antonio recogió de la mesa del despacho de la galería, abandonada o despistada. Es el robo. Sucedió hace veinte años. El delito ya está prescrito. Habría sido un problema.

El tiempo es el problema. Copiar habilita para conocer las dificultades, los obstáculos y los problemas, también para encontrarte con ellos. Depende de la distancia y el tiempo que haya pasado.

Un linóleo reproduce a tamaño real la entrada de una tienda en el número 623 de la calle Nueve Este de Nueva York. La imagen tomada en 1967 muestra un local con un escaparate y una puerta a la que se le ha caído el primer número y solo queda el 23. Un local que está muy cerca de donde solo seis años antes Claes Oldenburg inaugura The Store, ocho calles más abajo, una tienda llena de objetos de la sociedad de consumo hechos en yeso como si fuesen de goma o se hubiesen reblandecido: una hamburguesa grasienta, un vestido colgado, un estante con un montón de chocolatinas deformadas, una lata aplastada o un cucurucho enorme chorreante. Pero ese linóleo anuncia la exposición de Sturtevant en la entrada de la galería Thaddaeus Ropac en París en la primavera de 2022 recordando la réplica que Sturtevant había hecho de la exposición de Oldenburg. Dentro hay también los objetos que había copiado de Oldenburg: la hamburguesa, el vestido, las chocolatinas, la lata, el vestido... En la galería están dispuestos en el espacio blanco e impoluto sobre peanas y estantes también blancos. No sucedía así en 1967. La puerta de la fotografía se ve en un estado bastante cochambroso. Del interior de la tienda hay una fotografía en la que se distingue a Sturtevant sujetando una copa, sonriendo rodeada de sus objetos reblandecidos copiados de Oldenburg. La fotografía seis años antes de Oldenburg en el primer The Store muestra al artista sentado entre sus objetos, sujetando un trozo de tarta descompuesto, mirando a cámara muy serio.

Sturtevant lo ha copiado todo, idéntico, hasta el cartel. Solo ha añadido su nombre: antes era simplemente *The Store of Claes Oldenburg*, ahora es Sturtevant, *The Store of Claes Oldenburg*. Y ha introducido a Oldenburg en el título: «*The Store of Oldenburg* by Sturtevant». De tal manera que ya no es «la tienda de Oldenburg», sino «la tienda de Oldenburg por Sturtevant». Es un pequeño cambio importante, un pequeño giro en el que se apropia del trabajo.

–Y deberías llamarme Sturtevant –advierte a Bruce Hainley después de que la presente en un debate en el que también participa Michael Lobel.

–Sturtevant, perdona.

–No Elaine –insiste de nuevo.

–Ok. Bueno. Tal vez ese sea un buen tema para comenzar, dado que Bruce y yo te conocemos desde hace unos seis o siete años. ¿Está bien que nos refiramos a ti como Elaine o deberíamos referirnos a ti como Sturtevant durante toda la entrevista? –Los tres estallan en una carcajada.

–Podéis llamarme Elaine.

Más adelante en la grabación que registra ese diálogo en las oficinas de los Archives of American Art, Smithsonian Institution, hablan de la exposición réplica de la de Claes Oldenburg que Elaine había realizado en 1967. Han pasado treinta años pero todavía escuecen algunas reacciones. Elaine dice:

–Claes estaba absolutamente furioso, fuera de sí. Había sido un gran partidario de mi trabajo. Creo que intelectualmente estuvo muy cerca de comprender realmente lo que hacía. Así que le dije: «Claes, no puedes ponerte así. No puedes simplemente empezar a repartir». Pero él respondió: «Puedo hacerlo y lo haré». Así que lo perdí como amigo. –Ahora en la distancia, ríe al recordarlo. Y, aun así, enseguida prosigue–: Pero sí, fue algo muy brutal. Hacer *The Store...* fue duro. Aunque creo que yo buscaba ese tipo de brutalidad.

En otra ocasión recordaría que en ese momento vio claro que mucha gente había empezado a percibir su trabajo como algo peligroso.

Pero ¿acaso Oldenburg no copiaba cosas?, ¿y Warhol? Andy había hecho un montón de copias de *La Gioconda* en una sola tela con un título muy explícito: *Thirty Are Better Than One* (Mejor treinta que una). Y si Warhol copiaba *La Gioconda* es porque Duchamp también lo había hecho, copiaba a *La Gioconda* copiando a Duchamp que había copiado a los *fumistes*. ¿Dónde estaba el problema? ¿Por qué antes sí pero ahora ya no hacía gracia? ¿Tal vez ellos sí hacen gracia copiando elementos domésticos, pero no ella copiándolos a ellos? Copiándolos a todos. En el MoMA de Nueva York.

Double Trouble se titula la exposición. Lo ha reunido todo, todas sus copias: el papel pintado con cabezas de vaca repetidas y un cuadro con una decena de caras de Marilyn como las de Warhol; una diana y unas banderas de Jasper Johns; un dibujo de Keith Haring; las bombillas colgando del techo de Félix González-Torres; vídeos documentando las performances con kétchup o mayonesa de Paul McCarthy que Sturtevant ha repetido; una pintura de Lichtenstein; ella emulando a Joseph Beuys corriendo con un abrigo enorme como Dillinger a la salida del cine; una fotografía en la que aparece, como en una imagen repetida de múltiple exposición de Muybridge, bajando una escalera, igual que la fotografía que Eliot Elisofon había hecho a Marcel Duchamp bajando una escalera con una camisa blanca y un pantalón gris; otra fotografía replicada como la de Duchamp con barba y cuernos hechos con espuma de afeitar; *La Gioconda* con los bigotes pintados y las letras L.H.O.O.Q. inscritas debajo; la fotografía con Rauschenberg desnudos como había fotografiado Man Ray en 1924 a Duchamp y Bronia Perlmutter emulando a su vez una pintura de Lucas Cranach el Viejo; los ready-mades... En una misma sala ha juntado siete reproducciones del ready-made *Fresh Widow*, pegadas a la pared, el cartel WANTED y una proyección con los *Rotoreliefs* de Duchamp, más tres sillas con grasa de Joseph Beuys y un cuadro de flores de Warhol. Sturtevant es una máquina de reciclaje, lo copia todo y lo junta. Cortar y pegar: a ver cómo funciona Beuys junto a Duchamp, al que había criticado tanto, como en un texto, solo que no hay que describirlo, estás dentro, lo tienes delante. Aunque reproducido, replicado, rehecho, pero no hay diferencia, qué más da el original, así es más fácil, no hay que atender a las hojas de préstamo, ni tratar con coleccionistas o pedir condiciones de exposición. Elaine junta cosas, como una comisaria. De hecho, es el sueño de cualquier comisaria, juntar Duchamp y Beuys, o Courbet y Velázquez, como podemos hacer en una clase o en un texto.

Emulando la expresión que usan Ant Farm & T. R. Uthco para hablar de Doug Hall ataviado como JFK, Sturtevant es *the artist / the curator*. Oscar Wilde decía que no hay arte sin crítica de arte, tal vez Sturtevant diría que no hay arte sin exposición o no hay artista sin *curator*. Y ella se guarda ese papel como artista/*curator*.

En el curso de comisariado de cuarto año de la Escola Massana, justo antes de la pandemia, los alumnos han pensado mucho en Sturtevant. Aunque no tienen los medios del MoMA a su alcance. Solo la posibilidad de usar una sala que se esconde detrás del espacio de la galería etHALL en la calle Joaquim Costa de Barcelona, casi en la esquina con Ferlandina, al lado del MACBA. Además de sobre Sturtevant, en estos meses han discutido también sobre trabajos como: el de Andrea Fraser *Museum Highlights: A Gallery Talk*, en el que Andrea, vestida con un traje chaqueta gris, realizaba una visita guiada por el Museo de Arte de Filadelfia señalando al mismo tiempo aspectos anecdóticos como los lavabos y cuestiones de políticas institucionales; el de Pilvi Takala, disfrazada de Blancanieves delante de la puerta de Disneyland París discutiendo con los agentes de seguridad por qué no puede entrar si las niñas disfrazadas sí pueden; o *The artist is present* de Marina Abramović. Para etHALL han preparado un acto de una tarde en el que mostrar los trabajos de esos artistas. Victor se ha vestido con un traje chaqueta con falda como el de Andrea Fraser, hay una mesa con dos sillas para que cualquiera pueda hacer de Marina Abramović y un disfraz de Blancanieves disponible para todo el mundo. En un momento delirante, Blancanieves está sentada frente a Victor como Andrea Fraser en la mesa de Marina haciendo el *reenactment* de *The artist is present*. Ni Sturtevant había llegado a tanto.

Elaine murió en el proceso de montar la exposición en el MoMA. La exposición se inauguraba en noviembre de 2014, ella había muerto en mayo. Estaba en París. Allí, unos años antes, en 2010, había montado un tren del horror, como los de las ferias, solo que en su interior había reproducido escenas de una performance de Paul McCarthy, de la fotografía de una cabeza cortada de Damien Hirst o de las fotografías de torturas en Irak a manos de marines estadounidenses. El tren formaba parte de su exposición en el Musée d'Art Moderne de París, que comparte edificio con el Palais de Tokyo, en la zona de Trocadero, al lado de donde se estrelló Lady Di en el puente de Alma, donde una reproducción a escala 1:1 de la llama dorada de la Estatua de la Libertad de Nueva York se ha convertido en improvisado monumento a la princesa muerta en un accidente de coche: la reproducción de una escultura dorada que ha cambiado de significado.

Provocar un desplazamiento en el significado de los objetos era la estrategia básica que Marcel Duchamp ponía en marcha con los ready-mades: una rueda de bicicleta clavada en un taburete cambia la relación con la utilidad y, por tanto, el significado de ambos objetos. En el urinario, el desplazamiento provoca que ese objeto pierda su función y pase a tener una simbólica. Cambiar cosas y colocarlas en otros lugares, forzar los significados, es lo que sucede en las exposiciones. O en una escultura dorada.

Duchamp había escrito a Hans Richter en 1962 que había arrojado el urinario como una provocación y ahora resulta que admiraban su belleza estética. Sherrie Levine se tomó literalmente la afirmación de Duchamp: que el objeto urinario ahora estaba dedicado a la delectación de la belleza estética. Su reproducción del urinario de 1991 es dorada: *Fountain (After Marcel Duchamp)*. El urinario dorado es como redoblar su función como objeto valioso del mundo del arte. Sherrie Levine, que había copiado a Joan Miró y a Walker Evans: *After Joan Miró* y *After Walker Evans*. En 1986, las réplicas de Sherrie están expuestas en la antigua sede de la Fundació La Caixa en el paseo de Sant Joan de Barcelona, en el Palau Macaya, justo por encima de la esquina con Diagonal, en una exposición dedicada al arte más puntero de Nueva York que se titula *El arte y su doble*. Los Mirós de Sherrie Levine son versiones de las constelaciones del pintor pero pequeñas y pintadas con acuarelas, una técnica supuestamente menor. Las fotografías de Walker Evans son copias refotografiadas de los catálogos del artista reproducidas a tamaño más pequeño. En la exposición también están las pelotas de básquet suspendidas en líquido de Jeff Koons, las estanterías con objetos kitsch de Haim Steinbach, los carteles con proclamas políticas de Barbara Kruger o Jenny Holzer y las fotografías de Cindy Sherman como un personaje femenino secundario en una película de serie B. La exposición es un shock. No tiene nada que ver con las pinturas llenas de capas de colores pastel y veladoras de los pintores de la transvanguardia italiana expuestos unos meses antes en el mismo centro. Ni nada que ver con las pinturas llenas de grumos de Miquel Barceló, del que todo el mundo habla, que aparece en la televisión en reportajes en *La edad de oro.* Dan Cameron, en el catálogo de *El arte y su doble*, cita referencias a Duchamp y al apropiacionismo, a una generación de artistas que ha trazado puentes con el arte conceptual, con el minimal y con aquellos que, como Sturtevant, se han dedicado a copiar y a apropiarse. El caso más extremo es el de Sherrie Levine, que reproduce y sigue las estrategias de Sturtevant. Como si hubiesen llevado al pie de la letra aquello de que cualquiera que reproduzca un ready-made tendrá uno auténtico. O, más bien, como si hubiesen ido más allá probando qué pasa si no es un ready-made, sino un Miró, un Walker Evans o un On Kawara.

Xavier Aballí repite On Kawaras, no los copia exactamente sino que hace cuadros a lo On Kawara con las fechas actuales. El proceso es lento y laborioso. Repitiendo a On Kawara conoce mejor al artista. También copia a Marcel Duchamp. Copiarlo es conocerlo. No solo leer sobre Duchamp ni mirar, la clave está en repetir. Repetir la rueda de bicicleta, repetir el urinario, repetir otros ready-mades en pequeño en un museo imaginario y repetir *Étant donnés*. Según escribo estas líneas, está acabando de modelar la muñeca en miniatura. Ulf Linde también hizo una reproducción en miniatura que se mostraba en la Fundació Miró de Barcelona durante la exposición dedicada a Duchamp y el ajedrez. Una miniatura que permitía ver la pequeña instalación desde todos los ángulos, rodearla. También se podía rodear la versión en la que Richard Baquié trabajó entre 1988 y 1991 y que conserva el Musée d'Art Contemporain de Lyon, solo que en esta ocasión es de tamaño real, te puedes acercar a las ramas sobre las que está reposado el maniquí de un cuerpecito blanco, observar la maquinaria trasera que produce el efecto cascada o ver el ajedrezado de linóleo del suelo. Más próxima todavía es la versión de Serkan Özkaya, también a escala 1:1, instalada en el estudio cerrado en el que Marcel Duchamp trabajó en la calle 11 de Manhattan, un edificio de oficinas lleno de consultas de médicos derruido justo después de que en 2017 la versión de *Étant donnés* de Serkan Özkaya volviese al lugar en el que había sido planeada. Tras la puerta anónima con el número 403 estaba el estudio en el que Marcel trabajó y que comunicaba con su otro estudio, el que estaba abierto a visitas, en el que dejaba entrar, mostraba sus ready-mades, mientras en la puerta de al lado ocultaba una instalación con una muñeca sobre un lecho de ramas. Para Serkan Özkaya, replicar *Étant donnés* en el espacio original donde se había planeado le daba la oportunidad de demostrar que la escultura también funcionaba a la inversa y que los agujeros en la puerta para los ojos podían hacer de cámara oscura que proyectase la luz interior de la instalación a la pared de enfrente. La imagen, según él, era un retrato del propio Duchamp. Brian Boucher, en un artículo en *Artnet*, cuenta su visita después de hacer una reserva y se muestra escéptico. Sí ve una imagen proyectada sobre la pared que proviene de la luz que atraviesa los agujeros de la puerta de la escultura funcionando como lentes de una cámara oscura. Pero no ve más que manchas.

Fue una oportunidad increíble, reproducir *Étant donnés* en el lugar en el que Marcel Duchamp había montado y guardado la instalación un par de años antes de morir. Solo él y Teeny habían entrado allí. Una vez más, Elena Filipovic explica el proceso. Los veinte años en los que Duchamp trabajó en su estudio y apartamento en el cuarto piso sin ascensor en el número 210 de la calle 14 Oeste en el que vivía desde 1943 y que había ampliado con una habitación adicional en 1949. Lo conservó cuando se fue a vivir con Teeny en 1954. Una parte mantenía la función de estudio en el que dejaba que entrasen amigos a ver que no hacía nada y la otra parte, aquella habitación añadida accesible desde el baño, cerrada con llave, era el lugar donde montó *Étant donnés*. El invierno de 1965 tuvo que mudarse. Tomó fotografías y escribió notas para ayudarse en el remontaje en el nuevo estudio de la calle 11. Allí, una vez remontado con la ayuda de Teeny, trabajó en el manual que indica cómo se podía desmontar y volver a montar sin su intervención directa. Elena Filipovic acaba reflexionando que: «Una siente en esta acción que sabía que tal vez no viviría para ver la pieza desarmada ni para verla entrar en el lugar de descanso final que tan cuidadosamente estaba planeando para ella».

«Ella» no es un maniquí, ni una muñeca, ni un cuerpo idealizado o abstracto. Lo señala Elena. Es un cuerpo hecho de cuerpos, aunque le falten partes, las piernas no están acabadas y tiene solo un brazo. Como los cuerpos de muñecas ensambladas de Hans Bellmer. Las fotografía, son de tamaño natural, algunas cubiertas de trapos como si fuesen piel, otra con un torso del que salen un par de piernas por arriba y un par por debajo apoyada en una esquina entre dos paredes, tirada en el suelo o mientras Hans Bellmer la manipula. A veces les faltan trozos. Una de las imágenes del artista muestra solo trozos de cuerpo, a semejanza de un muestrario de piezas: una pierna, un pie ortopédico, un torso forrado de trapo, una mano y una cara: es el material de trabajo con el que luego recomponer los cuerpos. Más cuerpos hechos de trozos como el retrato que hizo Salvador Dalí a Mae West, convertidos los labios en un sofá, la nariz en una chimenea, los ojos en cuadros y el pelo en cortinas. O en su cuadro *La jirafa ardiente*, de 1937, con una mujer con cajones en la pierna y el pecho. La imagen del póster de la película *Chelsea Girls* de Andy Warhol mostraba la fotografía de una chica con las piernas abiertas y los brazos levantados, en la entrepierna había colocado la puerta de entrada al hotel y en su torso se abrían ventanas con los residentes asomados. O como los cuerpos troceados fotografiados por Man Ray. En *Portemanteau*, detrás de un porta-ropa que simula la cabeza y los brazos de una mujer se esconde el cuerpo de una mujer real al que Man Ray ha pintado de negro la mitad de una pierna por debajo de la rodilla de tal manera que parece cortada. En *Minotaur*, de 1921, la cabeza desaparece y los brazos levantados simulan los cuernos de una cabeza de un toro. La posición es la misma que los brazos del cuerpo de *Étant donnés*: hacia arriba. La misma posición en la que apareció muerta, en el Leimert Park de Los Ángeles, Elisabeth Short, «la Dalia Negra». Su cuerpo estaba partido por la mitad, sin sangre, con los brazos levantados, las piernas abiertas y la izquierda semiflexionada, apoyada entre ramas secas. Ahí profundizaban Mark Nelson y Sarah Hudson Bayliss en *Exquisite Corpse: Surrealism and the Black Dahlia Murder*. Relataban la conexión con Man Ray y un posible asesino y se fijaban en la postura idéntica a la de *Étant donnés* como un mensaje póstumo de Duchamp a su amigo Man Ray.

No solo la postura, también la piel blanca era idéntica a la de la Dalia sin vida. Como la piel nacarada de Mary Reynolds, la compañera intermitente de Duchamp desde 1920, que era encuadernadora y le enseñó cómo hacer una piel de pergamino. El pelo de la Dalia era negro y hay un par de fotografías del libro de instrucciones de *Étant donnés* en el que la muñeca tiene el pelo negro. Duchamp explica que es una imagen antigua del maniquí, que el pelo debe ser rubio. Es el pelo rubio de Teeny, como también es suyo el brazo y la mano cerrada que aguanta la lámpara de gas. Finalmente, el cuerpo era el de Maria Martins, la escultora brasileña que en palabras de Elena Filipovic: «Lo traspasó sexualmente pero finalmente lo abandonó»... y se construyó un maniquí a tamaño real para mantenerla. No lo dice explícitamente, pero podría. Michael R. Taylor, en el estudio sobre el montaje y el desarrollo de *Étant donnés* publicado por Yale, sí es más explícito. Recupera las palabras del galerista Julien Levy cuando rememoraba una conversación muy significativa con Marcel Duchamp. Explica que Marcel jugaba con dos piezas flexibles de alambre, doblándolas y haciéndolas girar. Y, de repente, le explica por qué juega con esos alambres:

–Estoy ideando un aparato femenino mecánico. Un maniquí articulado de tamaño natural, una mujer mecánica cuya vagina, construida con engranajes y cojinetes de bolas, será contráctil, posiblemente autolubricante, y se activará con un control remoto, tal vez ubicado en la cabeza, los cables podrían servir como palanca para hacer la conexión. Será como una especie de máquina masturbatoria sin manos.

Étant donnés primero era un proyecto de muñeca sexual. Luego una instalación para ser usada simplemente como *voyeur*. Un mensaje a su amigo Man Ray. Y la suma de los cuerpos de sus amantes. Un cuerpo hecho de cuerpos.

Era extraño pensar en el hijo de Teeny lamentándose de no haber podido ayudar a su padrastro Marcel a montar un cuerpo que tenía partes del de su madre. Teeny había ayudado a Marcel a colocar ese cuerpo que no tenía cara, pero sí su pelo, la piel de una amante anterior y el torso de Maria Martins. También lo tocaron los conservadores del Museo de Arte de Filadelfia. Ulf Linde lo reprodujo en pequeño. Xavier Aballí está acabando la figura. Richard Baquié lo reprodujo a tamaño natural. Y Serkan Özkaya hizo un molde y lo colocó en el taller en el que Marcel y Teeny también lo habían montado en la calle 11 de Manhattan. Al reproducirlo o al reproducir los ready-mades, todos han hecho de Marcel Duchamp. Como si hubiesen atravesado el tiempo y el espacio y se hubiesen transfigurado en otro cuerpo. H. G. Wells escribía en *La máquina del tiempo*: «Todo cuerpo real debe extenderse en cuatro direcciones: debe tener longitud, anchura, espesor y... duración». Esos cuerpos se han alargado, ampliado y extendido. Han tocado, olido y sentido. En la repetición de los gestos interviene una cuestión física. Se trata de estar cerca, muy cerca, aproximarse mucho, poderlo tocar, duplicarse, ser esa otra piel, ser otro.

Cindy Sherman es muchos cuerpos. En las primeras fotografías de los *Film Stills*, que estaban expuestas en *El arte y su doble*, era una mujer voluptuosa morena muy maquillada, agachada en una cocina, que recoge la compra que se ha caído de una bolsa de papel rota; una chica con aspecto adolescente y pelo a lo *garçon* tumbada en ropa interior en la cama; una joven con sombrero y una camisa blanca sobre una chaqueta gris, como si saliese de una de las oficinas de los grandes edificios de Manhattan que asoman por detrás. Luego, en las fotografías en color era como diversas mujeres del Sur bronceadas, con sombrero cowboy o peluca. Más tarde, como personajes de cuadros de Caravaggio y otros pintores barrocos, o escondida entre trozos de cuerpos de muñecas y aparatos sexuales, irreconocible entre detritus y vómitos. ¿Quién es la Cindy real? Cientos de webs y de artículos se hacen la misma pregunta en el titular para empezar a reflexionar sobre la relación de su trabajo con la identidad. Lo recuerda Eva Respini, comisaria de la gran antológica de la artista en el MoMA en 2012, y ella misma titula su texto en el catálogo de la exposición: «Will the Real Cindy Sherman Please Stand Up?» (Por favor, ¿podría ponerse en pie la Cindy real?). También recuerda la portada que en 1983 le había dedicado la revista *ARTnews* con el titular «¿Quién cree Cindy Sherman que es?». No quién se cree que es, sino quién cree que es. Cindy aparece posando en su estudio, están los focos habituales en fotografía, un trípode, la máscara de una cabeza de mujer y Cindy sentada ladeada con un brazo sobre el respaldo de la silla blanca. Mira a cámara con una leve sonrisa. Lleva una camisa blanca, tejanos y una ostentosa peluca rubia. El pie de foto en el interior aclara que es «Cindy Sherman in her studio». Es tan real como todas las otras Cindy que aparecen en sus series. Es lo que defiende Eva Respini en su texto. En el fondo, presuponer que hay una Cindy real diferenciada del resto o que el resto son disfraces equivaldría a suponer que hay algún tipo de esencia y que está jugando con las apariencias. No es un juego. La apariencia es lo real. Mariona Pujol Miravent en *El placer como práctica de resistencia* ha escrito que «el interior solo es importante si eres una croqueta». Andy Warhol, por su parte, decía que si queríamos saber más sobre él solo había que mirar a su superficie. Y Deleuze recuperaba a Paul Valéry cuando recordaba su verso: «No hay nada más profundo que la piel».

Cindy posa como artista en su estudio, como lo hacía Andy Warhol siempre. Eva Respini la compara con Warhol, Joseph Beuys o Gilbert & George actuando como artistas. Y recuerda las fotografías de Duchamp retratado por Man Ray como su *alter ego* Rrose Sélavy con un abrigo con cuello de pelo de animal, un sombrero con motivos geométricos, los ojos y la boca pintados y las manos en una posición que parecen más pequeñas, «femeninas»; una fotografía de Gertrud Arndt, el autorretrato con máscara número 22, de 1930, con la artista de la Bauhaus posando de manera arrogante con la cara cubierta con un velo; una de las múltiples fotografías que Pierre Louis Pierson realizó a Virginia Oldoini, condesa Verasis de Castiglione, a finales de siglo XIX, en las que se vestía para la ocasión y, como Cindy Sherman, escogía los atuendos, el enfoque, la posición de cámara para cada imagen, aquí aparece con una máscara que le tapa la cara y deja ver su ojo derecho; y un retrato de Claude Cahun, con un traje masculino, la cabeza rapada, como un muchacho o de manera andrógina. Siendo otra. Un doble.

Body Double es el título de la serie de vídeos que ha realizado Brice Dellsperger desde mediados de los años noventa copiando trozos de películas que van desde *Vestida para matar* de Brian de Palma hasta *Psicosis*, pasando por *Eyes Wide Shut* de Kubrick. El cuerpo voluminoso tatuado de Jean-Luc Verna yace desnudo en un sofá rojo, con un sujetador que simula unos senos prominentes, las piernas cruzadas muestran algo de vello púbico. Interpreta a la modelo drogada que Tom Cruise atiende en una fiesta al principio de la película de Kubrick. La voz de fondo y el sonido, como siempre en *Body Double*, son los originales del filme. Jean-Luc Verna interpreta todos los papeles. Es la modelo, es Tom Cruise, es uno de los hombres que asisten a aquellas fiestas privadas de la película, es otra modelo. Siempre con un rictus salvaje, a veces ríe y asoman sus dientes plateados entre un piercing y un tatuaje que recorre su mentón. Aun así, hace de su cuerpo, un cuerpo tan marcado, el cuerpo de otro, un cuerpo doble.

Cuando el agente K, interpretado por Ryan Gosling en *Blade Runner 2049*, llega a su diminuto apartamento, después de sortear varios insultos en el rellano y la escalera, en la puerta alguien ha escrito «Fuck Off Skinner», algo así como «jódete, pellejudo», haciendo referencia a que es solo pellejo, que no tiene interior. Dentro le espera Joi, Ana de Armas, servicial, atenta, que le pregunta por su trabajo. K se relaja, se prepara la cena y una copa. Joi simula que le acompaña. Es solo un holograma. Para K es perfecta, pero inaccesible. Sale a la calle, contrata los servicios de una prostituta, Luv, de rasgos y fisonomía semejante, interpretada por Mackenzie Davis. En el apartamento, Joi se toma su tiempo y poco a poco va adaptando sus gestos, sus movimientos y su cuerpo al de Luv. Hay un periodo de transición y Luv pasa a ser Joi. O Joi se convierte en el cuerpo de Luv.

«¿Por qué no puedo ser tú?», cantaba Robert Smith con su grupo, The Cure, en 1987. Y continuaba: «Eres tan magnífica, haré cualquier cosa ¡Todo lo que haces es irresistible! ¡Eres perfecta!».

«Tú serás yo y yo seré tú», canta Genesis P-Orridge con su primer grupo, Throbbing Gristle, en 1978. La canción se titula «United». Irina Mutt, en un artículo en 2012 sobre Genesis, cita la canción como una premonición, como si Genesis en 1978 ya intuyese que se encontraría en 1993 con Lady

Jaye, que ambos se vestirían igual, se maquillarían igual, se cortarían el pelo igual, se lo teñirían del mismo color y que ambos se operarían.

Genesis tiene cincuenta y un años, responde a las preguntas que le plantea Richard Metzger con seriedad, lentamente, recordando, pensándolas y con un cierto halo de tristeza que envuelve su expresión determinada por la caída de ojos y los labios con forma de u invertida. Sus labios son más carnosos que cuando era joven, sus ojos están más abiertos y las cejas ahora forman un amplio semicírculo por encima de las cuencas oculares. Son oscuras, es su color de pelo natural, castaño oscuro, aunque ahora lleva el pelo teñido de un rubio pajizo, con media melena y la raya a la izquierda prolongando la caída del cabello a ambos lados de la cara en un corte recto hasta la nuca. El cabello de Genesis está muy pegado al cuero cabelludo, fijo, con brillos, parece artificial, como si fuese una peluca, o sobrecargado de laca. Está sentado con una camisa azul estampada con los picos del cuello alargados, parece de los años setenta. A Genesis le gusta llevar ropa antigua. El programa, de aproximadamente media hora de duración, forma parte de una serie de entrevistas televisadas que Richard Metzger publica el año 2002 recopiladas en el libro *Disinformation: The Interviews*. Ambos repasan la vida de Genesis. Hablan de cuando deja la Universidad de Hull en 1969 y entra en Exploding Galaxy, una comuna que ocupa un edificio en la calle Islington Park de Londres. Allí, Genesis se desprende de sus pocas propiedades y las comparte, come cuando tiene hambre, sin horarios prefijados, duerme cada noche en una cama y habitación distintas, y se viste cada día con ropa diferente, sea masculina o femenina. Solo está tres meses. Ni el cambio de horarios ni de ropa son el problema, tampoco que la policía entre de tanto en tanto y haga detenciones, busque drogas o provoque algunos destrozos, quizá buscan a miembros o simpatizantes de la

Angry Brigade, tal vez buscan explosivos, instrucciones de cómo preparar explosivos, seguro que encuentran números de la revista anarquista *Black Flag* que les hacen sospechar. Pero lo que le molesta es que haya algunos privilegios para los líderes de la comuna, como que David Medalla, iniciador de Exploding Galaxy, artista y amigo de Jaime Gil de Biedma, disponga de espacios propios. Con Richard Metzger, Genesis también habla de su colaboración con Cosey Fanni Tutti y de las performances que hacen juntos bajo el nombre de COUM Transmissions. Y hablan del grupo de música que forman después, Psychic TV. Su esposa, Lady Jaye Breyer, no está en el plató ni es entrevistada, pero también hablan de ella y aparece en algunas imágenes. Su cara es más fina que la de Genesis, de rasgos más suaves, no es cuadrada, es ovalada, con grandes ojos, como los que ahora empieza a tener Genesis, labios carnosos, como los de Genesis ahora, y es rubia, como el tinte de Genesis. Richard Metzger le pregunta por su encuentro con Lady Jaye y por cómo inician su proyecto conjunto, *Pandrogyne*.

Genesis quiere unirse a Lady Jaye. No solo quiere estar con ella, quiere ser ella. No exactamente, los dos quieren ser iguales, intercambiables. Él se viste con la ropa de ella, se maquilla como ella, se coloca una peluca para parecerse lo más posible a ella, una falda de cuero y botas con grandes tacones; y Lady Jaye se viste con la ropa de Genesis. Se casan el viernes 13 de octubre de 1995 y se fotografían con los papeles intercambiados: él con el pelo largo con rizos y tirabuzones vestido de blanco y ella, más alta y flaca, con el pelo rubio corto con flequillo, un bigotito pintado y pantalón y chaleco de cuero, no lleva camiseta ni sujetador y el chaleco no está abotonado, está abierto, mostrando un collar rojo e insinuando la curva de la copa de sus pechos, pequeños. Se han encontrado, encajan, ríen, bromean, se disfrazan, comparten gustos, disfrutan juntos, se compenetran, uno acaba las frases del otro, comentan algunos de sus amigos en la película de Marie Losier sobre Genesis, *La balada de Genesis y Lady Jaye*, ambos quieren lo mismo, son iguales o quieren serlo... Lady Jaye es diecinueve años más joven, es más alta y delgada y su cara es diferente. Aunque no por mucho tiempo. Es circunstancial. El objetivo que se proponen es parecerse lo máximo posible. En eso consiste *Pandrogyne*, un proyecto de transformación física en el que ser uno, ser indistinguibles.

El 14 de febrero de 2003 es su día, su décimo aniversario, el día de los Enamorados, San Valentín, y se regalan unos implantes mamarios. De nuevo, como en la boda, se fotografían. Siempre lo hacen: con la nariz escayolada o con los ojos hinchados y los mofletes amoratados tras otras intervenciones; ahora, con una venda que cubre sus pechos tras la operación; y luego Genesis enseñando sus nuevos senos. Lady Jaye se opera los pómulos y los labios injertándose grasa autológica, también los pechos con un injerto de bolsa de silicona. Y muere en 2007 a causa de un cáncer de estómago. El proyecto *Pandrogyne* se interrumpe. Aunque no del todo. Queda la mitad. Lady Jaye es la mitad y así lo escribe Genesis en su epitafio sobre su tumba: «Estimada otra mitad de Genesis P.-Orridge. Él/la está (aún) aquí».

Genesis contiene la emoción y recuerda, henchido de candor, con Marie Losier su primer encuentro con Lady Jaye. Ha envejecido y le han diagnosticado diabetes. Sobre imágenes de Lady Jaye rememora...

Está tirado en el suelo. Vive en Los Ángeles, pero ha venido de visita a Nueva York. No recuerda la fecha, es 1993, poco después de abandonar Inglaterra por Estados Unidos en noviembre de 1992 tras un registro completo de su casa de Londres por la policía. Le acusan de escándalo público y enredan el caso con insinuaciones de pederastia en grandes titulares en los periódicos. Lleva desde el jueves o el viernes despierto tomando éxtasis. Aguanta hasta seguramente el domingo o el lunes por la tarde. Y cae. Con Terence Sellers han visitado el Jackie 60 Club, en la calle 14 con Washington. Hay chicos y chicas, hombres y mujeres, jóvenes y adultos, heterosexuales, homosexuales, travestis... El Jackie 60 Club quiere ser el Cabaret Voltaire de los dadaístas en Zúrich trasladado ochenta años más tarde a Nueva York. Y como en el Cabaret Voltaire hay actuaciones. Terence ha hecho algunas lecturas de poemas o de extractos de su libro *The Correct Sadist* en los bajos del club, que son una mazmorra. Y se encarga de programar algunas actuaciones con referencias sadomasoquistas bajo el título *House of Domination*, en las que participa Lady Jaye como ama-dominatrix. Lady Jaye también actúa en pequeñas operetas en las que aparece vestida como una enfermera con la falda tan corta que enseña las bragas, se toma las pastillas destinadas a la enferma y fuma un enorme puro. Pero Genesis no se encuentra con Lady Jaye en el Jackie 60 Club, sino en casa de Terence, en el pasillo de entrada a los bajos. Allí hay cadenas, crucifijos y alguna mesa de tortura. El bajo de la casa es otra mazmorra. Está preparado para espectáculos de sadomasoquismo que Terence monta para grupos. Genesis, tumbado en un colchón en el suelo, cubierto por una sábana blanca, duerme, oye ruidos, abre un ojo, luego el otro, los dos, tiene la cabeza abotargada, todo parece nebuloso. No todo. Entra luz desde la puerta. Mira. Y ve a través de la claridad cómo aparece una mujer joven. Es alta y rubia, con la cara ovalada, va vestida como en los años sesenta, fuma elegantemente un cigarro. Y ve cómo poco a poco se desprende de sus ropas. Y ve cómo se vuelve a vestir. Y ve cómo se enfunda ropa de cuero, látex y cadenas. Tal vez, como en otras ocasiones, una falda de látex ceñida por delante con unas tiras que recorren la parte trasera, que está abierta y deja el culo a la vista. O un tanga de cuero con tirantes largos hasta los hombros recorriendo la espalda desde la raja del culo y pasando por las tetas, rodeándolas y enmarcándolas, y unas botas de látex con tacones de aguja, altas por encima de la rodilla. Lady Jaye se ha metamorfoseado, fuerza un gesto serio porque su expresión habitual es sonriente, tiene la mirada perdida, es miope, antes llevaba un vestido sesentero y ahora es un ama con látigo y látex. Trasforma su imagen con ropa fetichista preparada para una actuación en la mazmorra de Terence. Genesis lo ha visto todo desde el suelo, en medio de un estado de agotamiento tras tantas horas despierto y aún bajo los efectos de las drogas. Vuelve a cerrar los ojos y lanza una súplica, una plegaria, habría rezado si pudiese, no recuerda si lo dice en voz alta o solo lo piensa:

–¡Querido universo, si encontrases una manera para que pudiese estar con esta mujer me quedaría con ella para siempre! ¡Es todo lo que quiero!

Cortar y pegar... y unir. Genesis y Lady Jaye quieren ser uno, anular la distinción física, hacer un collage con partes del cuerpo, cortar y pegar, coger de aquí y de allí y que el resultado sea otra cosa.

Sentado al lado de Orlan en una cena multitudinaria en una terraza después de una inauguración en Arles, la conversación es extremadamente agradable y ella es extremadamente amable. La luz nocturna de la iluminación artificial destaca la piel blanca sobre los labios abultados pintados de color morado muy oscuro y el brillo con el que maquilla los dos bultos que sobresalen a cada lado de su sien, enmarcando la frente amplia. La frente es la de la Gioconda, la boca la toma de un cuadro de François Boucher, la protuberancia en las sienes busca que la forma de los ojos se asemeje a *Psique* de Jean-Léon Gérôme, más el mentón de la Venus de Botticelli y la nariz de una escultura de Diana de la Escuela de Fontainebleau. Todas suman las operaciones a las que se ha sometido para formar su imagen desde 1994 en intervenciones que ha filmado y fotografiado siempre sonriente con anestesia local. Aquella noche, Orlan lleva el cabello erizado y con dos líneas en forma de rayos blancos en los lados como la novia de Frankenstein en la película homónima de 1935.

En «Educando a Frankenstein», Cuauhtémoc Medina hace un símil de la profesión del comisario con Frankenstein. Cuauhtémoc se refiere a que no es una profesión especializada, que tiene algo de mezcla de diferentes maestrías, conocimientos, técnicas, saberes y estares. Cita la preocupación por el intrusismo de algunos *curators* profesionales, el hecho de que filósofos, antropólogos y artistas asuman el papel de productores de exposiciones. Para Cuauhtémoc, sin embargo, esa puede ser su gran virtud: una resistencia crítica, un descontento y una desobediencia frente a las convenciones epistemológicas.

Y más aún, tal vez ser Frankenstein o ser *curator* fuese algo consustancial al sujeto contemporáneo. Construyéndonos e interpretándonos todo el tiempo, a semejanza de Orlan, Jean-Luc Verna, Rrose Sélavy, Genesis, Elaine, Cindy... Construyéndonos cada día como sujetos trans, como sujetos externalizados, de corta y pega: en el perfil de Facebook; a través de los libros que leemos en Instagram; como cuando Memé, la protagonista de la serie *Autodefensa*, escribe en sus *stories* que «mi vida es un mensaje»; o al elegir entre perros, gatos, animales domésticos, hacer deporte, ser vegano o beber vino para etiquetarse en Tinder.

VEO CÓMO ME AMAS EN LOS ESPEJOS PLATEADOS DE TUS OJOS / NARRACIONES AJENAS

La voz profunda de Max von Sydow retumba sobre la banda sonora creada por Joachim Holbek en el inicio de la película *Europa* de Lars von Trier. Música de violines y contrabajo en una cadencia repetitiva acompañan o multiplican la sensación de insistencia del sonido del traqueteo de un tren sobre las vías. En la pantalla únicamente un foco ilumina entre la oscuridad los raíles por los que avanza el ferrocarril. Mientras, como en un mantra o, más bien, en una sesión de hipnosis, la voz en off va contando hasta diez. Entonces estaremos dentro. Todo nos va empujando hacia el interior, a que entremos en el túnel de la imagen. De manera hipnótica dice:

> Ahora escucharás mi voz.
>
> Mi voz te ayudará y te guiará aún más profundamente dentro de Europa.
>
> Cada vez que oigas mi voz, con cada palabra y cada número, entrarás en una capa aún más profunda: abierta, relajada y receptiva. Ahora voy a contar del uno al diez. A la cuenta de diez, estarás en Europa.
>
> Digo uno y, a medida que enfocas tu atención por completo en mi voz, lentamente comenzarás a relajarte.

Dos: tus manos y tus dedos se están calentando y pesan.

Tres: el calor sube por tus brazos, tus hombros y tu cuello.

Cuatro: tus pies y tus piernas se vuelven más pesados.

Cinco: el calor se extiende por todo el cuerpo.

En el seis quiero que vayas más profundo. Digo seis y todo tu cuerpo relajado comienza a hundirse lentamente.

Siete: vas más y más y más profundo.

Ocho: en cada respiración que tomas, vas más profundo.

Nueve: estás flotando.

Contando mentalmente hasta diez, estarás en Europa. Estarás allí a las diez.

Digo diez.

Lees diez.

Esta cuenta atrás tiene una doble función: llevarnos, acompañarnos e hipnotizarnos y, al mismo tiempo, demostrar que la pantalla de cine tiene esa cualidad hipnótica, de engaño o de trampa en la que nos dejamos ir, nos traslada y nos introducimos en ella. A Lars von Trier le gusta pensar el cine desde el cine, desde su propia narrativa. Antes de inventarse el mandato Dogma 95 con los impedimentos o los elementos necesarios para recuperar la naturalidad para filmar, inicia *Europa* con un prólogo en el que avisa que vamos a entrar en la «trampa», el trampantojo, el túnel y, en fin, el acuerdo tácito que implica la pantalla de cine: mientras está en marcha el proyector y la sala esté oscura, voy a dar por verosímil lo que muestre; daré por verosímil un mundo en blanco y negro y daré por verosímil que esa actriz que conozco es otra persona y daré por verosímil que una voz que resuena es la conciencia de algo o alguien.

–Estás escuchando el ruido de la lluvia golpeando contra el metal, acércate, acércate más –me exige la voz profunda de Max von Sydow.

Voy a entrar dentro. Tengo que entrar dentro. Como la cámara que nos introduce en el subsuelo al principio de *Terciopelo azul* de David Lynch: suena la versión original de la canción que da título a la película interpretada por Bobby Vinton, su voz melosa inunda toda la escena, la imagen desciende desde un cielo azul despejado hasta una valla blanca con rosas rojas, un camión de bomberos recorre una calle con una hilera de casas con jardín prototípico de los suburbios acomodados de las ciudades estadounidenses, un bombero subido al estribo saluda, unos niños cruzan un paso de peatones camino de la escuela, un tipo riega el jardín despreocupadamente mientras en el interior su esposa toma un té sentada en un sofá de satén y mira una película en la televisión en la que alguien empuña una pistola, fuera la manguera se queda trabada con una rama, el tipo tira y, como un hecho reflejo del corte de agua, sufre un paro cardiaco, cae al suelo, la manguera sigue expulsando agua caóticamente como un surtidor, un perro subido al hombre juega con ella, ajeno al drama como un niño de apenas dos años que se le acerca; entonces la música cambia, se vuelve más profunda, la voz de Bobby Vinton desaparece, la cámara baja hasta el césped, muy cerca y muy abajo, entre las briznas de hierba y barro los insectos hacen ruidos. Las flores, la inocencia de los niños camino del colegio y el bombero saludando contrastan con el infarto y ese interior de insectos agitándose deprisa como si estuviesen devorando algo. Hay algo muy de Andy Warhol ahí: el interés por mostrarlo todo; dentro de la apariencia, la mugre; como las flores y las sillas eléctricas, los colores y los meados, las pin-ups y los accidentes de coche. De hecho, la escena inicial de *Terciopelo azul* parece que la haya escrito el propio Warhol o por lo menos encaja con la descripción que hace de su país en *América*:

> Ves casas por todas partes, con su césped y sus aspersores, con sus juegos infantiles en el patio de atrás; observas a

los niños yendo al colegio en bicicleta, al cartero pasando sonriente, a la mujer descargando las bolsas de comida del monovolumen, y no puedes evitar pensar: «Esto es la América real». Pero entonces empiezas a enterarte de los detalles. Resulta que al tipo amable que siempre te daba un chicle se le han cruzado los cables y ha matado a su mujer, que el antiguo sacerdote de la parroquia en la que creciste es un borracho de cuidado y ha destrozado ya tres coches, que los padres de tu mejor amigo, siempre tan alegres, se van a divorciar, que la chica de la que te enamoraste en la escuela primaria es ahora una fanática religiosa. En Estados Unidos nadie lleva una vida normal.

En *Terciopelo azul* nadie lleva una vida normal. David Lynch desvela el lado de inmundicia o de perversión que habita entre las casas alineadas con jardín. O más que desvelar, trata de mostrar el anverso y el reverso, los dos lados. Es algo que está inscrito en el hecho de que, en medio de la película, una canción melódica azucarada, «In Dreams», sea interpretada por la voz enferma de Roy Orbison. Y trata de fijarse en el detalle, entrar en el detalle. No busca la profundidad sino ir desvelando capas y entrar con minuciosidad hasta dentro, hasta abajo, hasta las briznas de hierba y el sonido de los insectos al roer. Seguir al pie de la letra el dicho anglosajón según el cual el diablo se esconde en los detalles. Y seguirle, dejarse llevar. Algo así como insistir en que desde la pantalla, siguiendo la cámara, recorriendo el texto, este texto, a partir de ahora, en el diez, te dejarás llevar, a través del montaje de escenas diversas que construyen una historia, de conexiones que configuran un relato.

Dejarse llevar por las conexiones, por la deriva, por un mapa que, como anunciaba, se va construyendo desde los márgenes, un poco intuitivamente, caminando juntos en tantas ocasiones. Adentrarte en el texto como proponía la alocución del inicio de *Europa*: déjate llevar, que está ahí, delante de tus ojos, confía en que te llevo. Más que una exigencia o una voluntad hipnótica sería una súplica o una plegaria, una llamada a la confianza: no oculto mi ignorancia en los pasos a veces a tientas, pero el mapa está ahí, solo que necesitabas todo el relato para darte cuenta, para prestarle atención. Un poco a semejanza del policía Dave Kujan de *Sospechosos habituales*, interpretado por Chazz Palminteri. Lo había anunciado al principio. Solo que sin mala intención, o sin tan mala intención, escondiéndome entre los detalles y engañando un poco, solo un poco, como siempre, como exponiendo un vídeo de manera inadecuada o haciendo que una artista que no quería estar con otro se junte aquí, en el relato. En un relato de corta y pega, trans, que configura el perfil de un sujeto. Un sujeto que habla, que te habla y del que he hablado todo hasta aquí.

Al final de *Sospechosos habituales*, mientras Verbal, interpretado por Kevin Spacey, avanza por la calle, su cojera va desapareciendo, poco a poco endereza el pie con el que caminaba torcido, pisa firme, estira la espalda y deja atrás los hombros encogidos formando chepa, estira la mano que había mantenido agarrotada, levanta la cabeza, la cara con un gesto asustadizo y apocado se transfigura en aplomo y seriedad, enciende un cigarrillo y se convierte en el temido Keyser Söze. Acaba de interrogarle el detective Dave Kujan, que ahora conversa con el sargento Jeffrey. El interrogatorio ha tenido lugar en su despacho:

–Menudo cerdo estás hecho –le acusa el detective sentado a su mesa mirando el desbarajuste a su alrededor, la suma de papeles en la mesa y un tablón en la pared lleno de recortes desordenados.

–Sí, pero todo tiene un sistema, Dave. Si lo miras de cerca no tiene sentido, tienes que darle cierta perspectiva...

Dave mira distraídamente el tablón con anuncios que ha mantenido a su espalda durante todo el interrogatorio y con la boca abierta deja caer la taza que sujetaba en su mano. Al hacerse añicos el fondo de la taza muestra la marca Kobayashi.

Kobayashi era el nombre que, durante las horas de interrogatorio, Verbal aseguraba que era el abogado de Keyser Söze. Cada vez que el detective Dave Kujan levantaba la taza, su interrogado leía ese nombre. Y ahora se había dado cuenta: Keyser Söze, si es que alguna vez había existido, y Verbal son la misma persona. Verbal es su apodo, un apodo muy indicado: «verbal» es el verbo, el verborreico, el que no para de hablar. Y no ha parado. Según le interrogaban iba hilvanando datos, desde la marca oculta en la base de la taza que le ha servido para nombrar a un abogado, hasta todos los nombres, situaciones o lugares que aparecen en las notas, recortes, pósits y papeles que inundan el tablón y la mesa del despacho del interrogatorio.

La escena se conoce como la del truco del diablo. Y hace referencia a que el mejor truco del diablo es habernos convencido de que no existe. Verbal/Keyser Söze parece usar ese truco para desaparecer. Y para ello se ha escondido entre los detalles. El sargento Jeffrey tendrá su sistema, pero Verbal lo ha reordenado de otra manera. De hecho, al hacérsenos evidente que todo el relato de Verbal ha sido un truco es cuando nos damos cuenta de que toda la narración de *thriller* de la película que nos tenía tan enganchados también ha sido una trampa, pura narrativa hecha al instante a base de poner juntos datos disímiles, de juntar y pegar.

Hasta Verbal es un disfraz, un modo adquirido para narrar de determinada manera. En la película le llaman «tullido» por tener una parte del cuerpo inmovilizada. Ha recogido todos los datos de una pizarra, una mesa y el culo de una taza y los ha ido ordenando en un relato. Algo así como escupir nombres y datos en pro de la búsqueda de un mafioso narrados en formato sospechoso tullido. Podrían ser las instrucciones para ChatGPT. Instrucciones como esta:

David: Relaciona el final de *Sospechosos habituales* con el comisariado de exposiciones en el estilo de Roland Barthes.

ChatGPT: El final de *Sospechosos habituales* se basa en la idea de que todo lo que se ha presentado hasta el momento ha sido una construcción, una farsa. De manera similar, el comisariado de exposiciones también implica construir una narrativa, una historia sobre las obras y los artistas que se presentan. Ambos procesos están centrados en la idea de crear una narrativa convincente a partir de fragmentos de información, ya sea para contar una historia en una película o para presentar una muestra coherente en una exposición.

Además, al igual que en la película, el comisariado puede requerir cierto grado de engaño para contar la historia que se desea. Esto puede incluir la selección de ciertas obras para encajar en un tema específico o la colocación de las piezas de una manera particular para crear una sensación de flujo y coherencia. En ambos casos, el objetivo final es crear una experiencia que resuene en el público y se quede en su memoria.

Sin embargo, también hay un elemento de incertidumbre en ambos procesos. Al igual que en *Sospechosos habituales*, donde la verdad real detrás de la historia sigue siendo un misterio, el comisariado de exposiciones también puede involucrar el descubrimiento de nuevos detalles y conexiones que pueden cambiar la historia que se está contando. Por consiguiente, tanto en la película como en el comisariado, la construcción de una narrativa se convierte en un proceso continuo y siempre en evolución.

David: muchas gracias ChatGPT. Básicamente, esa era la cuestión.

La cuestión inicial de este ensayo consistía en preguntarme qué tipo de autor es un comisario. Si es que es un autor y, en todo caso, a qué tipo de sujeto correspondería. Se trataba de indagar a través de referentes que no fuesen necesariamente los del «hacedor de exposiciones», sino los que configuran a ese sujeto. El método era curatorial también: la deriva. Y la travesía ha obligado a detenerse por prácticas y maneras de hacer que se apartasen del modelo de sujeto expansivo, del autor emanador de cosas, que hace objetos. Frente al hacedor, un autor que ni siquiera desarrolla grandes teorías, sino relatos. Y ni eso, fragmentos de relatos. Un sujeto blando, que se adapta y toma varias formas, que ni es uno, sino que cuando se hace autor es autoría múltiple, compartida y construida desde el exterior. Como el protagonista de *Sospechosos habituales*: tullido, inadaptado, llorica, débil. Durante toda la película cumple el papel de desplazado frente a los demás miembros de la banda: la inteligencia exuberante de Dean Keaton, la fuerza bruta de Michael, la arrogancia seductora de Fred, la habilidad manual de Todd o la escrupulosa diligencia de Kobayashi. Ahora ahí, en su disfraz de ser defectuoso, Verbal, sentado gimoteando en un interrogatorio frente a una pizarra, una mesa y una taza, mira. Mira y une.

El comisario de exposiciones Robert Nickas en *Vivre libre ou mourir* explica que en eso consiste su trabajo, en mirar y unir. No da muchas pistas. El libro no es un ensayo sesudo. Apenas una excusa para reunir algunos de sus artículos, más bien proyectos, textos explicativos y guías de sala de exposiciones. Publicado por Les Presses du Réel, en la portada han reproducido la obra de una de sus artistas favoritas, Cady Noland: es un recorte con Lee Harvey Oswald fotografiado en el momento en que fue asesinado. Cada capítulo lleva una pequeña introducción en la que explica el contexto en el que realizó cada proyecto o cada texto. En uno de ellos, hacia el final, explica que en 1998 la galería Elizabeth Cherry de Tucson, Arizona, le propuso hacer un proyecto. El problema es que no tenía ninguna idea. Y es más, que le daba tremenda pereza ponerse a elucubrar y a pensar sobre no se sabe muy bien qué tema. ¡Escoger tema! Así que decidió hacerlo al revés: en lugar de ir de lo general a lo concreto, de las ideas a los artistas, decidió partir de estos últimos. Más sencillo. Simplemente acudir a aquello que le interesaba, lo que más le gustaba. No solo era sencillo, sino además práctico y lo tenía a mano. Explica que siempre lleva consigo una libreta en la que anota los nombres de los artistas que le llaman la atención. La libreta está ordenada alfabéticamente. Escogió la letra C. Sencillamente porque en la C está Maurizio Cattelan y siempre había querido trabajar con él. Tampoco se complicó más la vida y tituló la exposición explícitamente como *C*. A modo de justificación, al inicio del texto dedicado a explicar la exposición, escribía que la vida es demasiado corta. Una exposición a partir de una letra del abecedario era tomar la vía rápida.

También se dio cuenta de la utilidad de un título tan concreto y abstracto. *C* era descriptivo y permitía una polisemia significativa. Al fin y al cabo, todo funcionaba. Era posible establecer cualquier relato, desarrollar cualquier idea, tesis o concepto a partir de ahí. Un hilo en común uniría el humor de las esculturas naturalistas de Cattelan con el hiperrealismo propio de la pintura de Chuck Close que es reflejo de una realidad cruda como la que retrata Larry Clark en sus fotografías de adolescentes. Y podría continuar en círculo relacionando los menores de las imágenes de Larry Clark con el humor infantil de Cattelan.

Los rasgos infantiles, la cara alargada y la gran nariz de Maurizio son el rasgo común en una cincuentena de retratos del propio artista hechos a ciegas por especialistas en retratos robot de la policía. Forman parte de su propuesta *Il super-noi*. Están expuestos formando un círculo en *Falsa inocencia* en la Fundació Joan Miró de Barcelona, muy cerca del vídeo *Remake* de Pierre Huyghe, proyectado sobre una pared como si fuese cine.

También interviene un retrato robot en la trama final de *Sospechosos habituales*. Mientras interrogan a Verbal, el único superviviente que ha visto a Keyser Söze intenta describirlo desde la cama de un hospital entubado y muy malherido. Finalmente envían el retrato resultante por fax al mismo tiempo que en la comisaria acaban el interrogatorio y Verbal sale a la calle. Así, la narración fílmica establece un puente entre el retrato del perfil de Keyser Söze y el relato que va desplegando Verbal. Como si toda la cosmogonía de relaciones que va hilvanando sentado en una silla sollozando encorvado, mirando un cartel y una mesa fuesen configurando su propio retrato como el temible Keyser Söze.

«Toda muestra colectiva comisariada con sentimiento es un retrato del curador, no de los artistas. Los artistas son simplemente los accidentes, las ocasiones. No es a ellos a quienes revela el curador; es más bien el curador quien, en las paredes coloreadas, se revela a sí mismo.» Estas palabras de Robert Nickas encabezan la introducción de Christophe Cherix en *Vivre libre ou mourir*. Parecen encajar con la lógica final de *Sospechosos habituales*: los objetos en el despacho en la comisaría iban configurando el retrato de Keyser Söze narrado por él mismo como Verbal. También, los retratos de Maurizio Cattelan en su diversidad aciertan en el perfil del artista. Intentando escoger ejemplos de la metáfora de los artistas como accidentes y la exposición como retrato del comisario, podríamos pensar que, según esa lógica, en una exposición los artistas serían la rueda y el taburete, mientras que el comisario sería Marcel Duchamp; o serían el periódico enganchado y un trampantojo de madera, mientras que el comisario sería Picasso. Es lo que opinaba Daniel Buren de Harald Szeemann, al que acusaba de entender la exposición como una obra de arte y las piezas como colores de una paleta. Y es lo que llevaba a Robert Morris a negarse a participar en la Documenta 5. Explica sus motivos en una famosa carta abierta a su comisario que publica en la revista *Flash Art*:

Estimado Harald Szeemann:

Deseo que todo mi trabajo sea retirado de la próxima Documenta 5. Puede publicar la siguiente declaración.

No deseo que mi trabajo se utilice para ilustrar principios sociológicos equivocados o categorías históricas del arte pasadas de moda. No deseo participar en exposiciones internacionales que no me consultan sobre qué trabajo podría querer mostrar, sino que me dictan lo que se mostrará. No deseo estar asociado con una exposición que se niegue a comunicarse conmigo después de haber indicado mi deseo de presentar un trabajo distinto al que se ha designado. Finalmente, condeno la exhibición de cualquier obra mía que haya sido prestada por coleccionistas sin que yo haya sido advertido.

Repudia al comisario y condena a la exposición que incluya sus trabajos, no a los coleccionistas. Tal vez ese era su límite.

¡Me rompo el culo trabajando para que tú saques ese beneficio! –clama Robert Rauschenberg mientras zarandea al coleccionista Robert Scull en la famosa subasta de todas sus obras en 1973, un año más tarde de la carta de Morris a Szeemann.

Ese sí que es un desencuentro, hasta violento. Está filmado. Rauschenberg está furioso. Ha saltado desde el lugar destinado a los artistas en segundo plano, entre el público asistente, a las primeras filas de asientos en la subasta, reservadas a coleccionistas y galeristas, hasta llegar a Scull. Acaba de ver como han adjudicado por ochenta y cinco mil dólares una obra suya que había vendido a Scull por novecientos.

Es curioso que Scull y Szeemann compartan algunos rasgos físicos: básicamente la cantidad de cabello, pese a la calvicie tienen pelo desordenado en la cabeza y barba larga que se abre por los laterales de la cara. Por lo demás, poco que ver.

Quizá el deseo de ser protagonistas. Una de las fotografías más reproducidas de Harald Szeemann corresponde al 8 de octubre de 1972, el último día de Documenta: Harald está sentado en un trono de madera rodeado de artistas. En un artículo en la revista *On Curating*, Dorothee Richter compara su pose segura, arrogante, y la disposición de los artistas a su alrededor con una de las figuras del Pantocrátor y con el cuadro *La apoteosis de Homero* de Ingres con el poeta barbudo en un trono rodeado de sus discípulos en una posición central. Por su parte, Scull es rico. Muy rico. Su dinero proviene de que posee la mayor flota de taxis de Nueva York. Es lo que despectivamente se llama un «nuevo rico» (como si fuese más lamentable que haber heredado el dinero, seguramente fruto también de haber explotado a personas y ahora no dar un palo al agua, por no decir que dentro de todo viejo rico hay un nuevo rico en origen). Ileana Sonnabend, la exmujer de Leo Castelli, recuerda que pagaba a tocateja con fajos de cientos o miles de dólares que llevaba en el bolsillo como si tal cosa.

En la sede de Sotheby's, Robert Rauschenberg no era el único que se quejaba. Desde el interior se oían las proclamas de manifestantes que provenían de la calle. Unos portaban pancartas en las que se podía leer: ROBAR A LOS TAXISTAS ES SU MEDIO DE VIDA; COMPRAR A LOS ARTISTAS, SU PASATIEMPO. La Coalición de Trabajadores del Arte y de Mujeres en las Artes también se manifestaba fuera clamando contra la inmoralidad de un sistema según el cual «los objetos artísticos funcionan como mercancía a precios exagerados, con los cuales comercian los ricos para lucrarse y mejorar su estatus».

Aquella noche del 18 de octubre de 1973, Robert Scull vendió cincuenta obras del propio Rauschenberg, de Willem de Kooning, Clyfford Still, Mark Rothko o Barnett Newman y obtuvo un beneficio de más de dos millones de dólares.

Buena parte de ese dinero lo usó para financiar proyectos de los nuevos artistas conceptuales y minimal, como Walter De Maria, Bruce Nauman y Robert Morris.

Robert Morris había escrito una carta a Harald Szeemann rechazando que su obra fuese usada para «ilustrar principios sociológicos equivocados o categorías históricas del arte pasadas de moda». Es el mismo Robert Morris al que hemos visto vestido con cuero y cadenas en un póster que formaba parte de un juego sobre la imagen del artista con Lynda Benglis y que pedía la colaboración de Carolee Schneemann en una performance. Una en la que descubría bajo unos paneles blancos a la artista desnuda ataviada como la *Olympia* de Manet. Una cosa metafórica sobre el artista desvelando el interior de la escultura muy a lo Miguel Ángel afirmando que él extrae la escultura contenida en el mármol, pero con una resonancia feminista al enseñar una versión viviente del cuadro de Manet. Aunque sigue siendo él el artista actuante, el que controla la forma y el contenido. Quien se enrabia si no es utilizado en el sentido que él precisa. Diría que entre Harald Szeemann y Robert Morris resuena una lucha muy masculina, de un ego centralizado, un sujeto cerrado, centrípeto, controlador.

El ego, que tiene su falta de sutileza y sus excrecencias. Esos artefactos que emanan de un sujeto.

¿Qué sujeto? ¿Qué excrecencias? Y, sobre todo, ¿a quién pertenecen esos artefactos? Lo que está en juego es la condición del sujeto. Es decir, si el sujeto es un ente cerrado que emana una serie de artefactos que forman parte de él y hay que respetar. O si esos artefactos forman parte del lenguaje de la cultura, son objetos, palabras o signos, utilizables y recontextualizables como cualquier otro signo, objeto o palabra. Como una biblioteca, un libro al lado de otro, ordenados por temas, alfabéticamente, en tomos... en una biblioteca pública o universitaria. U ordenados por colores en plan frikada;

manteniendo cerca los de los amigos, en plan emocional; dejando a la vista los lujosos de arte, en plan exhibicionista; protegidos por un vidrio los propios, en plan ególatra; apartados en un lugar especial los valiosos por diferentes motivos, en plan fetichista. Y mezclados con objetos diversos, recuerdos, postales, fotografías, algún libro visible o hasta alguna pintura o escultura diminuta. O no tan pequeñas.

La colección permanente del Pompidou de París conserva tras un vidrio una parte del despacho de André Breton en París: una mesa de objetos y una estantería desbordada hacia la pared con amuletos egipcios, un hueso de ballena tallado, máscaras africanas, fósiles, muñecas, algunos libros, cuadros... Allí se sentaba André a trabajar. Delante de ese muro de objetos, *Mur de l'atelier* denominan a ese espacio en el museo, miraba de la misma manera que Verbal observaba un panel en una comisaría de policía, y pensaba, imaginaba cosas, llevaba a cabo sus propios recorridos a través de categorías y principios, los que fuesen. Igual que Aby Warburg paseando por las sesenta tablas con imágenes recortadas de su *Atlas Mnemosyne* buscando que se relacionen entre ellas, que se generen diálogos a través de la confrontación, la yuxtaposición, la comparación, la metonimia... O como proponía André Malraux. La edición española de su libro *El museo imaginario* está ilustrada con una de las múltiples fotografías que Maurice Jarnoux hizo del escritor en su casa, desde arriba en un plano picado que muestra el suelo de una sala con grandes cortinas inundado de imágenes recortadas de libros de historia del arte. Por ahí Malraux se pasea, mira otros libros de los que recorta más imágenes y las incorpora y pone en relación con otras, observa alzado y con gesto pensativo la disposición de algunas, se agacha y hasta parece que baila por encima de ellas. Está dentro de las imágenes y le rodean. El museo imaginario de André Malraux es mejor que cualquier museo, porque es customizable, no hay que pedir disculpas, nadie se molesta, puedes reescribir y relacionar. Toda la historia del arte es como una colección de cromos intercambiable, en la que hacer diversas superposiciones. Sin pedir permiso. Agarrar un cuadro y recortarlo para ponerlo al lado de otro. Está al alcance de cualquiera. Como las instrucciones de Tristan Tzara para hacer un poema dadaísta: basta con coger un artículo de las dimensiones deseadas, recortar las palabras, transcribirlas al azar y así obtendrás un poema semejante a ti, encantador y original.

Se trata de hacer lo mismo con las imágenes y llevar al extremo a Malraux y a Warburg: recortar los cuadros, enganchar otras imágenes y recomponer tu propia historia, narrar tu propio relato. Ya sea *La Gioconda* para pintarle unos bigotes, *La lección de anatomía* de Rembrandt o *La Última Cena* de Leonardo. Mary Beth Edelson recorta ambos. Toma la imagen de *La Última Cena*, quita la cara de Cristo y engancha la de Georgia O'Keeffe. También recorta las caras de todos los demás santos y las sustituye por más mujeres artistas: Lynda Benglis, Helen Frankenthaler, Lee Krasner, Elaine de Kooning, Louise Bourgeois, Yoko Ono... Y añade a lo largo de todo el marco más retratos de mujeres artistas como Carolee Schneeman. Están todas ahí, forman un retrato colectivo y múltiple: *Some Living American Women Artists* de 1972. Es su estantería de colores, en la que guarda los libros favoritos, la que para otros es ególatra, generosa o fetichista, en su caso es reivindicativa de un espacio compartido con otras mujeres artistas. Un autorretrato como mujer artista hecho de un retrato múltiple de todas.

Todas las mujeres artistas o todas y todos los amigos y amigas artistas. Todos los amigos y amigas de Francis Picabia que pasan por casa de Germaine Everling. Al principio, Francis iba y venía de la avenue Charles-Floquet, cerca del Campo de Marte, donde Gabrièle Buffet-Picabia acaba de dar a luz al cuarto hijo en común, al número 14 del boulevard Émile Augier, al otro lado del Sena, en un edificio señorial, con decoraciones góticas en las ventanas, donde vive Germaine. Aunque hay media hora caminando entre un lugar y otro, entre su mujer y su amante, Francis lo recorre en menos de diez minutos volando por las calles de París con su flamante coche, el Mercer 85 HP descapotable, de morro negro larguísimo y grandes ruedas de radios, en el que aparece fotografiado en tantas ocasiones. Man Ray recuerda ir a comer al piso de Germaine en septiembre de 1921. Francis se había apropiado del salón como espacio de trabajo. Los botes de pintura marca Ripolin por el suelo conviven con diversos catálogos de máquinas y partes de maquinaria que usa como modelo para sus cuadros; algunos de ellos, empezados, están apoyados en la pared junto a lienzos en blanco y otra pintura peculiar en la que se fija Man Ray. La recuerda, como recuerda con cariño a Francis, sus alzas en los zapatos para parecer más alto, también su encanto e inteligencia a pesar de las dificultades para comunicarse por la barrera del idioma. En el cuadro en el que se ha fijado Man Ray hay solo un ojo pintado en la parte inferior hacia la derecha, de manera realista, con el iris marrón y una mancha blanca en la pupila. En la parte superior, encuadrado como un cartel publicitario con letras de caja marrones y sombra negra, ha escrito L'ŒIL CACODYLATE. Hay una treintena de firmas y mensajes. El compositor Georges Auric ha sido de los primeros en escribir. El único, al margen de Picabia, que vio el cuadro solo con el ojo pintado. Francis le anima a escribir. No sabe qué hacer y escribe: «No tengo nada que decir». El nombre de Tristan Tzara con un dedo señalándolo en la parte de abajo destaca: «JE ME TROUVE **TRÈS** TRISTAN TZARA». Bernard Marcadé, en la biografía *Francis Picabia, rastaquouère*, compara el tamaño desmesurado de la firma de Tzara con el mensaje de Marcel Duchamp, mucho más discreto según él. De hecho, está semiborrado. Es un mensaje a

Picabia, un juego de palabras. Años después, cuando muera Francis, le enviará un telegrama póstumo desde Nueva York con otro mensaje: «Querido Francis, hasta pronto». Cuando le preguntaban por esa misiva tan escueta a su amigo, Duchamp reflexionaba sobre que qué más podía añadir después de cuarenta años de amistad. Duchamp estaba en su casa cuando Gabrièle parió a su hijo. Había viajado con ellos a toda velocidad montado en sus coches. Picabia se había refugiado de la guerra en su apartamento de Nueva York. Y tenía mucho que ver con la génesis inicial de *El gran vidrio*. En *L'œil cacodylate* no solo había escrito aquella frase semiborrada, también firmaba por primera vez como Rrose Sélavy e incluía dos pequeñas fotografías: una con la cabeza rapada y la otra era aquella de Man Ray en la que mostraba una estrella afeitada en la coronilla. El juego de palabras entre *étoile* (estrella) y *a toile* (un lienzo) mantiene un hilo de relación con la propia pintura de Picabia: la relación entre el ojo y la tela no como espacios de expresión sino de pensamiento, de conocimiento. O, dicho de otra forma, de la misma manera que la pintura está en la cabeza, la mirada no está en el ojo.

El ojo, el ojo de Picabia forma parte de la historia mítica sobre ese cuadro. Según el mito, Francis tenía una enfermedad visual para la que le administraban cacodilato de sodio. Un medicamento que le nublaba la vista. De tal manera, que los amigos que acudían a visitarle terminaron el cuadro que había empezado: *L'œil cacodylate*. Sin embargo, el cacodilato es altamente tóxico; de hecho, contiene arsénico. Aun así, sí que a principios de siglo XX se administraba para combatir enfermedades mentales y trastornos alimenticios ya que abría el apetito. Thierry Lefebvre dedica un artículo en la *Revue d'Histoire de la Pharmacie* a analizar la relación de Picabia con el cacodilato. Podría haberlo ingerido en la clínica de Gstaad, cerca de Berna, donde estuvo ingresado, como parte de un tratamiento por sus trastornos mentales para evitar ser reclutado. Así que el cacodilato no tenía que ver con la vista. Aunque Picabia hubiese por entonces padecido un herpes ocular, que le torturaba, el cacodilato no formaba parte del tratamiento, no era un medicamento que se aplicase en el ojo y cuyo efecto fuese nublar la vista; sino que era un medicamento para tratar trastornos mentales e incentivar el apetito. Así, el ojo del cuadro era un ojo enfermo, que padece un trastorno alimenticio, por eso es cacodilato, necesitaba alimentación, ser alimentado. Como una especie de ojo vampírico. O chupasangre. Que se alimenta de los demás. En la versión de Francis Ford Coppola, que intenta ser fiel al libro de Bram Stoker, Drácula no solo se alimenta de otros cuerpos, sino que tiene una extraordinaria capacidad de transformación. En ocasiones es una especie de monstruo con cuernos, alimentado de sabandijas, su piel se muestra arrugada y tiene el cabello largo completamente cano; sin embargo, cuando está bien alimentado, parece un dandi paseando por las calles de Londres con la piel de un blanco luminoso. Como cuando entraba en un cine con Mina, que, interpretada por Winona Ryder, se escandaliza y al mismo tiempo se excita. Una de las películas muestra actos sexuales. Drácula siempre es tan sexual. Su mordisco es como un orgasmo. Se sacia y, al mismo tiempo, víctimas como la amiga de Mina, Lucy, se dejan llevar sin saber muy bien qué les pasa. Pero Drácula en la sala de cine se siente perseguido. Se esconde tras una cortina y, al reaparecer, su cuerpo se ha dividido en cientos de ratas. Es un cuerpo transformable. Es más que Frankenstein. No son solo trozos. Cuauhtémoc Medina hacía una comparación entre comisariado y Frankenstein pensando en un cuerpo hecho de pedazos de otros de la misma manera que el comisariado serían pedazos de conocimientos unidos. Pero Drácula es muchos cuerpos. Como la imagen del Leviatán de Hobbes, que se levanta por encima de las montañas y una ciudad. El grabado preciosista, meticuloso y detallista de Abraham Bosse permite distinguir cómo su cuerpo está formado por cientos de cuerpos. Es un cuerpo hecho con otros.

Que no era un cuadro suyo, sino hecho por otros, fue el argumento para rechazar la presentación de *L'œil cacodylate* en el Salón de Otoño de París de 1921. Francis había amenazado que mostraría un cuadro explosivo. Bernard Marcadé explica que algunos se lo tomaron al pie de la letra y pensaron que llevaría explosivos. Sin embargo el argumento para rechazar el cuadro del ojo fue que en realidad no era un cuadro suyo, que Picabia apenas había pintado un diez por ciento de la superficie, que todo lo otro eran dibujos, firmas, aforismos y poco más hechos por otros. Como una exposición de otros autores que configura el perfil de un autor o como un cuerpo hecho con otros cuerpos, el cuadro de Picabia es un cuadro suyo hecho por otros. Por muchos otros, más de treinta. Tal vez sea la obra más Picabia de todas las obras de Picabia: el artista que conocía a todo el mundo.

Tras el Salón de Otoño, muchos más rematan el cuadro la Nochevieja de 1921 en casa de la cantante de ópera Marthe Chenal. En una fotografía se ve a Tristan Tzara con su monóculo y la palabra DADA escrita en la frente. Le acompañan en la mesa Georges Ribemont-Dessaignes, Germaine y Francis Picabia, que mira intensamente a cámara. Es una noche dadá. También es la «Nochevieja de cacodilato». Francis ha llevado el cuadro para que se acabe allí. Quedará lleno de firmas y mensajes, como una maraña, colgado hasta 1928 en la pared cercana a la barra del Bœuf sur le Toit, un local puro desenfreno años veinte: a ratos cabaret, allí tocan el piano Jean Wiéner & Clément Doucet con temas reunidos años después bajo la etiqueta *Jean Wiéner & Clément Doucet: les Années Folles* (Los años locos); y a ratos restaurante. Maurice Sachs, en *Au temps du Bœuf sur le Toit*, recuerda el menú escrito a mano: cóctel de ostras, caviar ruso, jamón de Parma, sopa de cebolla, huevos revueltos con trufa, pato o pollo a la americana, lenguado frito, entrecot o riñones de cordero. Y la posibilidad de tomar bocadillos o terrinas de foie si la noche se prolongaba. En las fotos, el ambiente es animado, fuera de cámara es desenfrenado. *L'œil cacodylate* aguanta suspendido sobre la pared de madera. En una fotografía muy probablemente tomada por Jean Cocteau se distingue de lado, colgado a una altura cuyo borde inferior escasamente supera la altura de la cabeza de una persona sentada que le da la espalda. Sobre el cuadro se reflejan las vigas negras que atraviesan el techo. Lleva un cristal que lo protege.

A Francis Bacon no le molestaba que pusiesen vidrios protectores cubriendo alguna de sus pinturas. Al contrario, le resultaba interesante que pudiésemos reflejarnos, que cumpliesen una función espejo, que fuesen como un espejo. Recientemente, Miguel Ángel Hernández Navarro, en una conversación con Jordi Carrión, explicaba que una de las cosas que más le habían llamado la atención al investigar sobre los daguerrotipos para su último libro es que su superficie plateada hace un efecto espejo. Es decir, que no solo retratan al modelo, sino también al observador. Con agudeza, Jordi replicaba que las pantallas también nos reflejan. Quizá no tanto. Pero reflejan. Nos vemos mirando.

–Veo cómo me amas en los espejos plateados de tus ojos –susurra pausadamente Will Graham, el protagonista de *Manhunter*.

Dirigida por Michael Mann en 1986, *Manhunter* es la primera película en la que aparece el personaje de Hannibal Lecter, antes de *El silencio de los corderos*. La acción es lenta, la música propone un entorno asfixiante y de tensión, tiene el característico tono esteticista y oscuro de otras películas de la época con interpretaciones más histriónicas que pausadas. William Petersen interpreta al detective Will Graham, que ha atrapado a Hannibal. Se entrevista con él para conseguir detener a un nuevo asesino en serie, Francis Dolarhyde, interpretado por Tom Noonan. Para ello sigue métodos poco ortodoxos. En momentos parece poseído o transfigurado o como si se encarnase en el propio asesino. Se pasea por la última de las casas en las que ha matado a toda una familia y parece que sea él, que lo esté viendo, que esté repitiendo y replicando sus pasos. Llega hasta la habitación y ve a la víctima con las cuencas de los ojos vacías. Entonces expresa esa necesidad de ver como es amado en los ojos del otro. La versión posterior de 2002, *El dragón rojo*, que funciona como un *remake* de *Manhunter* y una precuela de *El silencio de los corderos* al mismo tiempo, protagonizada por Anthony Hopkins, Edward Norton y Ralph Fiennes, es más explícita.

El asesino, interpretado ahora por Ralph Fiennes, está obsesionado con William Blake. Acude al Museo de Brooklyn donde guardan la acuarela de *El Gran Dragón Rojo* del poeta inglés y se la come, la devora. Se ha tatuado ese dragón. Ocupa toda su espalda como una segunda piel, como transfigurado en él o transformado. De hecho, él devora el dibujo para poder culminar el proceso de transformación física que se ha propuesto y para el que necesita espectadores. Delante de ellos se muestra poderoso, exhibe músculos, ofrece su yo desatado. En sus asesinatos incrusta pedazos de espejo en los ojos de sus víctimas y las acomoda en torno a él. Los cuerpos muertos con trozos de espejo recortados e insertados en los globos oculares forman una especie de teatro que es escenario y platea al mismo tiempo, son espectadores pero con sus ojos reflejan. Y él se ve. Se ve reconstruido en otros cuerpos, hecho a través de otros. Las víctimas son espectadores, sus ojos son espejos en los que el asesino por fin se puede observar.

Es cruento. Los cristales están cortados toscamente, incrustados y así reflejan una realidad astillada. Una realidad rota, que se desmenuza ante la mirada, como la describe Hofmannsthal en aquella carta inventada de un tal lord Chandos al filósofo Francis Bacon. Y que también se asemeja a como Aldous Huxley narraba la experiencia con LSD. O la que en ocasiones perdía de vista Francis Picabia, fruto de un herpes ocular que molestaba su visión y que, durante algunas temporadas, le impidió pintar. Y que aparecía como un punto blanco entre el iris y la pupila de *L'œil cacodylate* como si algo no le permitiese ver bien.

En una serie de fotografías, el artista italiano Giuseppe Penone aparecía retratado con unas lentillas de espejo, sus ojos son espejos. No hay constancia de que Michael Mann lo tuviese en mente al filmar *Manhunter*, tampoco hacen referencia al artista Thomas Harris, el autor de la novela *El dragón rojo*, ni la película homónima. En todo caso, los pedazos de espejo incrustados en los ojos de Giuseppe Penone son perfectos. Ha sustituido el iris y la pupila por una imagen que correspondería al reflejo de lo que ve. Como si el cristalino devolviese la imagen que observa, como si fuesen ojos invertidos. La serie se titula *Rovesciare i propri occhi*: cuatro fotografías, tres en blanco y negro y una en color formando un conjunto de diapositivas que poco a poco van aproximándose a la cara. Giuseppe se retrata en primer plano, serio, hay algo raro en la mirada y solo al acercarnos descubrimos una calle, un pasaje o una figura dentro de sus ojos ocupando toda la pupila y el iris. Una de las fotografías de Giuseppe es usada como la imagen de portada de la hoja de sala de la exposición sobre los documentos del arte povera que el Jeu de Paume muestra en invierno de 2022. El título de la muestra está tomado de la propuesta de Giuseppe: *Renverser ses yeux*.

Dar la vuelta a los ojos, que la imagen no vaya hacia adentro sino hacia afuera, como un cuerpo espejo, que se moldea pero que refleja, que asume a los otros, que habla a través de lo que dicen otros, con una mirada calidoscópica, desde el exterior.

Como esos retratos tan enigmáticos de Arcimboldo: la cara de perfil, la nariz la forma un pepino, el mentón una pera, los mofletes un melocotón, uvas, ajos, mazorcas de maíz, berenjenas o tomates acaban de configurar el retrato. Duchamp se retrató como Arcimboldo con tomates, patatas, zanahorias, una coliflor y un par de moscas muertas: *Sculpture-Morte* de 1959. Es curioso que se fijase en un pintor tan extraño al final de su vida. Cuando se supone que no hacía nada. Beuys le había acusado de que su silencio estaba sobrevalorado. Él parecía responder encogiéndose de hombros como si no tuviese gran cosa que decir. Poco tenía que añadir sobre su amigo Picabia después de su muerte. Duchamp taciturno, poco hablador. Michel Waldberg recuerda en una entrevista con Paul B. Franklin en el número 7 de la revista dedicada a Duchamp, *Étant Donné*, que Marcel nunca hablaba de sí mismo. Lo considera una gran virtud. Así que tenemos a Duchamp el artista silencioso, el artista que no habla de sí mismo, el artista que hace exposiciones de otros, esa labor de comisario es la que reivindica Elena Filipovic... Y que se retrata como Arcimboldo. Tal vez no parezca ahora tan descabellada la idea del artista Serkan Özkaya cuando intentaba probar que *Étant donnés* funcionaba en un doble sentido, también como una cámara oscura que a través de los agujeros para los ojos de la puerta proyectaba una imagen en la pared opuesta y esa imagen era un retrato de Duchamp. Hay más autorretratos del hombre que no hablaba de sí mismo que hacen que la conjetura sea razonable. En 1959, sobre un dibujo a lápiz de su perfil, incorpora un molde de yeso con su lengua apretando contra el moflete. Un par de años antes, Duchamp había recortado su perfil sobre un papel color rosado y lo había titulado *Marcel déchiravit*. Como no podía ser de otra forma, Sturtevant también copia ese recorte y lo hace con ella como modelo diez años después: *Déchiravit after Duchamp*.

Siempre todo desde el exterior: la lengua marcando moflete hacia fuera, como escapando del cuerpo; el retrato de perfil de tal manera que lo que guardas no es la parte de la cara, sino que en *Marcel déchiravit* la parte desechada es justamente la que pertenecería a Duchamp, lo que queda es el papel cuadrado, el exterior... Los ojos con pedazos de espejo incrustados o los de Giuseppe Penone que reflejan, el paseo entre imágenes de André Malraux o André Breton mirándose y viéndose retratados en una biblioteca, forman parte de un sujeto volcado hacia afuera, que se define desde el perfil. O que en realidad, como en el cuadro de Picabia, son los otros los que lo hacen. Los que te explican y los que explicas. Como un ventrílocuo: eres hablado a través de otros o haces que otros hablen a través de ti o padeces una extraña enfermedad, una especie de minusvalía, según la cual tu creatividad es la de otros, es ajena...

Se trata de hablar por boca ajena. Ser empáticos hasta el extremo. Es una minusvalía común, compartida. Por George Sand, que escribía: «No hay nada más interesante en mi vida que los demás». Y Flaubert, que respondía: «Mi individuo actual es resultado de mil individualidades desaparecidas». O Hugo Ball, que, desde su desesperación migrada de la guerra en Zúrich, insistía poéticamente en la necesidad de ser empáticos: «Los hombres que están helados y secos en su raíz, los que ya no pueden transformarse ni ponerse en otro lugar, dejan de tener pensamientos y de ser creativos».

Esa era la condición vampírica y chupasangre también. La narración en el *Drácula* de Bram Stoker es puramente epistolar: las cartas de Mina y de Jonathan Harker; las de Lucy y Van Helsing; las de John Seward y Quincey Morris. La historia está narrada desde sus extremos o desde su perfil exterior, de tal manera que recomponemos un hilo que conduce la trama. Un hilo que dibuja líneas y escribe historias de otros, que narra historias por boca ajena o que tiene experiencias vicarias, experiencias de otros. Un sujeto *fernweh*, un término alemán que significa tener nostalgia por lugares a los que nunca hemos ido y que anhelamos conocer, pero a los que tal vez nunca podremos ir. Algo así como tener nostalgia de otras personas o echar de menos a otros sujetos con los que no hemos estado y tal vez no podamos estar en lugares que no podremos visitar porque necesitaríamos una máquina del tiempo, aquella que nos permitía desdoblarnos en longitud, anchura, espesor y duración. Ese desdoblamiento en cuatro dimensiones es también el que buscaba Lawrence Durrell en *El cuarteto de Alejandría* como libro que debía desplegarse en el tiempo y el espacio, en visiones paralelas; como un texto que va abriéndose camino; o como un metatexto que no se deja ver para que podamos ver. Como si llevásemos espejos incrustados en los ojos o haciendo uso de nuestra capacidad transformadora, que el cuerpo sea espejo, como Joi en *Blade Runner 2049* metiéndose en el cuerpo de otra, como Genesis transformándose en Lady Jaye y Lady Jaye en Genesis, como Jean-Luc Verna haciendo de Tom Cruise en la versión de *Eyes Wide Shut* de Brice Dellsperger, como David Wojnarowicz con una máscara de Rimbaud por Nueva York en los años setenta, como Claude Cahun, Cindy Sherman o Chiara Fumai.

Chiara recitando el manifiesto *SCUM* (Society for Cutting Up Men, la sociedad para acabar con los hombres) de Valerie Solanas o como Zalumma Agra gritando la proclama feminista *I Say I* de Rivolta Femminile escrita por Carla Lonzi. Chiara abre la puerta de la casa que ha construido Kassel para la Documenta 13 toda vestida de negro, la ropa que viste tiene reminiscencias victorianas, en la cabeza se ha colocado una peluca con pelo afro y grita mostrando los dientes y apuntando con el dedo índice hacia arriba. La casa es una reproducción de la que construyeron en el siglo XIX las hermanas Fox en el estado de Nueva York para sus sesiones de espiritismo. Está hecha con tablones de madera pintados de blanco en el exterior. Dentro tiene collages, algunos con reproducciones de obras de William Blake. Chiara es al mismo tiempo el personaje del siglo XIX Zalumma Agra, las hermanas espiritistas Fox y Carla Lonzi de Rivolta Femminile. En ocasiones, esas transformaciones de Chiara tomaban la forma de una aparición, como si hubiese revivido o viniese del más allá, generando un puente, una especie de conexión temporal según la cual ella se convertía en agente de otros cuerpos en los que ella era otra. En un vídeo aparece reencarnada en Zalumma como en una aparición a través de un espejo. Lleva la peluca afro, pero va vestida de blanco y el fondo de la imagen es rojo, como si hubiese una cortina. Chiara grita y acaba pidiendo silencio llevándose el dedo a la boca. Está al final de la exposición antológica que le dedica La Casa Encendida de Madrid en primavera de 2022: *Poems I will Never Release. Chiara Fumai 2007-2017*. Un enorme catálogo publicado por el Centre d'Art Contemporain de Ginebra, de donde proviene la muestra, recoge toda su producción. Y expone los poemas que Chiara titulaba enigmáticamente como poemas que no mostraría.

–¡Te patearé el culo! –exclamaba Chiara transformada en Zalumma Agra.

Conocí a Chiara Fumai un par de años antes de que se suicidase. Pensé mucho en ella cuando lo supe. Me dio más de una noche de insomnio que con Marc Caellas nos llevaron a conversaciones y proyectos sobre las notas de los suicidas. «Nuestros queridos suicidas» les hemos llamado en ocasiones, como para quitarle hierro, para empatizar, y como una manera de expresar ese límite en el que intentamos entender por qué quiere uno dejar de vivir y al mismo tiempo admirar la decisión. No es de extrañar entonces que este texto esté atravesado y recorrido por suicidas (Aldous Huxley, Mark Rothko, Guy Debord, Chiara Fumai...). Por un sujeto que se suicida: como si un autor desautorizado implicase la muerte del sujeto. Podría hacerse esa lectura. Pensar que este texto tiene un índice suicida o que es un tanto por ciento suicida. Como decía Tristan Tzara:

> Me duermo muy tarde. Me suicido al 65 %. Llevo una vida muy barata; para mí es solo el 30 % de la vida. Mi vida tiene el 30 % de la vida. Le faltan las mangas, hilos y algunos botones. El otro 5 % está consagrado a un estado de estupor semilúcido acompañado de crepitaciones anémicas. Este 5 % se llama DADÁ. Así pues, la vida es barata. La muerte es un poco más cara. Pero la vida es encantadora y la muerte también es encantadora.

Tristan murió el día de Navidad de 1963 después de padecer un cáncer de pulmón. El inicio de *Cómo me volví encantador, simpático y fascinante* apela a que se suicida en un 65 %, parece revelador, como anticipatorio, como una nota de suicidio avanzada, aunque exagerado en el porcentaje.

Chiara Fumai no dejó nota de suicidio escrita. Al menos una que se hiciese pública. Sin embargo, llevaba tiempo intentando comunicarse con el más allá. Si el arte es una forma de comunicación y si las notas de suicidio son el último intento por comunicarse, tal vez esas ventanas que Chiara abría al más allá eran notas de suicidio anticipadas. Como cuando recuperaba la presencia de Valerie Solanas.

Conocí a Chiara a través de Valerie Solanas. Había escrito sobre ella. Valerie no era una persona plana. Estaba llena de energía y había hecho una cosa tremenda. Una tipa peculiar, recordada básicamente por haber disparado a Andy Warhol. *I Shot Andy Warhol* es la película que narra el episodio más célebre de su vida. Participó en alguna de las películas del artista pop, por las que cobró unos dólares. Se prostituyó. Escribió una obra de teatro que al parecer era muy explícita sexualmente titulada *Up your ass*. Se la dejó a Warhol y él la perdió. Por eso le disparó.

Al día siguiente, delante del MoMA de Nueva York, a pocos días de que cerrase la exposición *Dada, Surrealism and Their Heritage*, Ben Morea volvía a manifestarse, en esta ocasión él solo repartiendo octavillas en apoyo de Valerie. Las octavillas las firmaba el grupo anarquista King Mob y los Motherfuckers, negros activistas cercanos al Ejército Simbiótico de Liberación, los que secuestraron a Patricia Hearst antes de que cambiase su nombre, convertida a la causa, por el de Tanya, empuñando un arma semiautomática tal y como aparece en la escultura de Cady Noland expuesta en el mismo MoMA, *Tanya as a Bandit*, precursores de movimientos como los Black Panthers de los que fue miembro destacado Hakim Jamal, amante de Jean Seberg, que se suicidó (o la suicidaron) con una sobredosis de barbitúricos en 1979.

Valerie, desde sus encierros psiquiátricos y ya apartada de Nueva York, siguió llamando a Andy para recordarle que no había acabado con él. En el panfleto que Ben Morea repartía al día siguiente de ser detenida hablaba de ella como la auténtica artista dadá. Tal vez, como se proponía Tristan Tzara, Valerie se suicidaba en un tanto por ciento. Un tanto por ciento bastante más próximo al 65 que confesaba Tristan Tzara. Cada día fumaba más de dos paquetes de tabaco. Murió con solo cincuenta y dos años a consecuencia de un enfisema pulmonar como el que tenía Mark Rothko cuando se suicidó. En el manifiesto *SCUM* proponía varios pasos: primero, los hombres buenos colaborarían con las mujeres eliminando al resto de los hombres inútiles que o no piensan o solo lo hacen con la polla y buscarían juntos la forma de poder fecundarse sin un macho; una vez conseguido ese objetivo, podría eliminarse al resto de los hombres. Chiara se había filmado leyéndolo. De hecho, múltiples grupos de feministas hacen lecturas públicas del manifiesto, es muy fácil encontrarlas por YouTube. Chiara no solo lo leía sino que había hecho un esquema del libro. Y aparecía delante de un cartel que reproducía una de las expresiones de Valerie: «Un hombre artista es una contradicción en los términos».

Obviamente hay un lado luchador, feminista, de reclamación de un lugar propio y de reivindicación del espacio del arte para las mujeres y, al mismo tiempo, de denuncia de las mecánicas del mundo del arte como machistas. Todo eso está en Chiara. A nadie se le escapa: una joven artista leyendo el manifiesto *SCUM* con un cuchillo en la mano y una frase de Valerie Solanas sobre los hombres artistas. Sin embargo, Chiara leía el manifiesto de una manera peculiar, no como los otros vídeos que encontramos en YouTube. No era exactamente afirmativa o declamativa. Tampoco irónica. Se movía entre dos aguas: como si el manifiesto de Valerie contuviese una gran verdad en una forma inadecuada, como si estuviese a medio camino de la burla y lo serio.

Creo que a Chiara también le fascinaba la complejidad de Valerie Solanas.

Valerie Solanas aparecía en la lista de cosas buenas y malas de una camiseta que Vivienne Westwood había diseñado para los Sex Pistols: «Te levantarás un día y sabrás en qué lado de la cama estás». Por supuesto, Valerie Solanas, con otros grupos anarquistas y terroristas, estaba del lado «bueno». El terrorismo de los años setenta fue un referente para los grupos punk. No solo los Motherfuckers y el Ejército Simbiótico de Liberación, también la banda Baader Meinhof (de la que formaba parte la invocada por Chiara, Ulrike Meinhof) o las Brigate Rosse (en una de las fotografías más célebres de Joe Strummer, el líder de The Clash aparece con una camiseta con el logo de la banda terrorista italiana). Por eso, la exposición *Punk. Sus rastros en el arte contemporáneo* dedicaba una parte al imaginario del terrorismo en el arte contemporáneo como un reflejo o un rastro de la actitud punk. Por eso la instalación y performance de Chiara Fumai sobre Valerie Solanas era imprescindible. Y por eso conocí a Chiara, a causa de Valerie.

Chiara vino al montaje de la instalación sobre Valerie Solanas en el CA2M en Madrid en 2015. Un grupo de estudiantes de Bellas Artes la ayudaron a pintar las proclamas de Valerie sobre la pared. Entabló una relación cordial con ellos. Un año después, en mayo de 2016, no vino para el montaje de la exposición en Barcelona. Envió las instrucciones.

Hubo cierta controversia tras su suicidio el viernes 17 de agosto de 2017 en Bari. En una mezcla entre sensacionalismo y confusión, un diario italiano publicó que había muerto por sobredosis. *Artnet* replicó la información. Decían que atravesaba una depresión. Sus amigos más próximos, entre los que estaban sus galeristas de Bari, se apresuraron a aclarar que no y que no era momento para levantar falsos testimonios ante una situación dolorosa para familia y allegados. Chiara estaba desarrollando un proyecto en la galería Doppelgaenger de Bari. Allí apareció colgada.

Colgada como Ian Curtis, líder de Joy Division, en el tendedero de la cocina de su casa. Así narraba Esteban Feune de Colombi su muerte en una de las escenas de *Suicide notes*: «Ian Curtis se suicidó en su casa siguiendo un ritual: se tomó una jarra de café, envenenó la comida de las palomas que alimentaba regularmente en su terraza y que, para él, eran el reflejo de su alma agobiada pero libre, vio la película *Stroszek*, de Werner Herzog (que va sobre un músico callejero que se suicida), terminó una botella de whisky, escuchó *The Idiot* de Iggy Pop y se colgó de un viejo tendedero que había en la cocina. Dejó una nota: "En este momento quisiera estar muerto. No aguanto más"».

Tras la muerte de un suicida todo parece significativo. Todo forma parte de la nota: *Stroszek*, Herzog, *The Idiot*, Iggy Pop, el whisky, el tendedero y las palomas. Recuerdo que cuando María Gainza en *El nervio óptico* relata el suicidio de Mark Rothko, describe la pileta de la bañera llena de sangre tras cortarse las venas de las muñecas comparándola con la superficie de sus cuadros monocromáticos rojos.

Chiara conjuraba a mujeres muertas. Intentaba rescatarlas del olvido. La fundación que trabaja para mantener a Chiara alejada del olvido se llama The Church of Chiara Fumai como un intento por preservar su relevancia de la misma manera que ella buscaba destacar la de determinadas mujeres. Kari Conte, en el catálogo de la exposición dedicada a repasar el trabajo de Chiara inaugurada en el International Studio & Curatorial Program de Nueva York en 2020, escribe: «Es más arduo honrar el recuerdo de los seres anónimos que el de los renombrados. La construcción de la historia está consagrada a la memoria de los sin-nombre». En realidad, Kari Conte reproduce una cita de Walter Benjamin (sobredosis de morfina la noche del 25 de septiembre de 1940 en Portbou). Por su parte, Chiara escribió «los fantasmas son el futuro».

Raquel Friera también ha conjurado a artistas desaparecidos como Bas Jan Ader. En julio de 1975, el artista de origen neerlandés se subió en un barco de apenas cuatro metros de largo en el puerto de Chatham, en Massachusetts, dispuesto a cruzar el Atlántico hasta el puerto de Falmouth, en Inglaterra. Diez meses después, un pesquero gallego encontró trozos del barco flotando a la deriva cerca de Irlanda. Nunca más se supo de Bas Jan Ader. En una de las últimas fotografías del artista se le ve subido al barco *Ocean Wave*, que en comparación con su altura (como buen holandés, medía casi dos metros) se ve minúsculo. Un viaje suicida. Unos pocos años antes se había filmado a sí mismo llorando desconsoladamente para un vídeo titulado *I'm Too Sad to Tell You*. Una especie de nota de suicidio avanzada. Justamente, Raquel se fijaba en aquella filmación y la repetía, invocando de alguna manera al artista neerlandés, en 2016. Como diría Chiara: un fantasma en el futuro.

Tras la muerte de un suicida, todo forma parte de su nota: las paredes del estudio de Chiara llenas de inscripciones y símbolos para conectar con amigos desconocidos; la güija que formaba parte de sus instalaciones invocadoras y que me explicaba la última vez que nos vimos en la feria ARCO de Madrid en febrero de 2016.

Un año antes había sido muy amable y próxima con los chicos y chicas que la ayudaron a acabar su instalación, también en Madrid. Chiara era una mujer entrada en la treintena, delgada y alta, elegante y muy atractiva. Simpática e introvertida al mismo tiempo, hablaba claro. Un día cenamos con más artistas de la exposición. Hablamos del punk y de Valerie Solanas. Fue la primera persona que me habló de Tinder. Me explicó que, como siempre estaba de viaje, era una aplicación extraordinariamente útil para conocer gente y tener una vida sexualmente saludable.

Visitando la exposición que le dedicaba La Casa Encendida, recordaba aquellos encuentros y pensaba en ella. Inevitable, por razones obvias. Pero también porque, más allá de visitar la exposición de una persona que has conocido, con la que has trabajado y que tomó la potente decisión de acabar con su vida, ella estaba muy presente. Es una artista muy presente en sus trabajos, la ves, la detectas en cada aspecto. Pero, además, la muestra reconstruía en la entrada el pequeño estudio en el que trabajaba y vivía: con la cama en un altillo. Estaban los libros sobre ocultismo y feminismo, los vestidos con los que se transformaba, fotografías de sus performances, y documentación de aquellas personas en las que se había transfigurado. Recuerdo pensar en que había un efecto espejo entre ella como mujer empoderada que cita a mujeres empoderadas. Y pensé en la referencia a Tinder. En mis notas escribí: «La mujer empoderada que cita a mujeres empoderadas. Tinder como una metáfora de la importancia de la vida». Y a continuación, en esa misma nota escribí una referencia a una entrevista en la que preguntaron a Guy Debord por qué él, un tipo tan inteligente, había escrito tan poco. Debord había respondido que no le había dado tiempo, que se había pasado buena parte de su vida borracho.

Si pensé en Tinder como una metáfora de la importancia de la vida, volviendo al principio, el alcohol también desde la explicación de Guy podría aparecer como una metáfora de la importancia de la vida. Quizá no te suicidas porque la vida tenga poca importancia, sino porque tiene demasiada.

Recorriendo con la mirada el estudio de Chiara no daba abasto, no me llegaba entre recortes, libros, objetos, dibujos... Se transparentaba su intensidad y obsesión, estudio y dedicación, como una voluntad por absorberlo todo, por corporeizarlo todo. Unas cosas estaban ligadas a otras y se referenciaban llenas de notas. Había escrito encima de los dibujos y los textos con una letra continua.

Su caligrafía era peculiar. Estaba en muchos lugares de la exposición, uniendo fotografías, otros textos o dibujos. Tiene la característica de ser continua, de tal manera que una palabra y la siguiente están unidas por el trazo, generando una filigrana, como si no quisiese perder el hilo de la narración, de la historia, de los hilvanados entre diferentes cosas. No perder el hilo de manera literal. Su caligrafía circula entre los collages en los que junta recortes de prensa y fotografías con trozos de edificios, cuerpos de mujeres, manos, bombas, titulares, caras... cuya acumulación recuerda a los collages dadá de Hannah Höch. En la serie *With love from $inister*, sobre páginas de libro recortadas con más imágenes enganchadas ha cosido literalmente su texto con hilo y aguja.

El texto está cosido.

ÍNDICE

Prefacio / Buscar más problemas 11
Cuando sea mayor, fumaré opio / Un sujeto externalizado 25
En Brokeback Mountain / Crear es plural 59
A Pablo Picasso nunca le llamaron gilipollas / No producir 89
Fue horrible / Crítica a la genialidad 143
Una cuenta de la lavandería / Desautorizando 189
¿Qué puedo hacer por vosotras? / La autora centrífuga 227
Dentro / Alternativa a la exposición 271
Longitud. Anchura. Espesor. Duración / Copiar y transformar 315
Veo cómo me amas en los espejos plateados de tus ojos / Narraciones ajenas 363